KB260980

한국
경제가
사라진다

한국 경제가 사라진다

사라진다

| 이찬근 외 지음 |

한국경제에 미래는 있는가 투기자본에 짓눌린 실물경제 외환위기의 회고 자본자유화와

환위기 자본자유화와 경제성장 그리고 위기 자본자유화의 환상과 대안 금융글로벌

와 실 한국 내 외국 투기자본의 실상 은행경영의 형태 변화와 경제적 효과 금융의

금융 규제 투기자본의 제2금융권 지배와 그 폐해 적대적 M&A의 위협과 대책 금

21세기북스

한국경제에 미래는 있는가

외환위기가 터진 지 만 7년이 지났다. 그런데 지금의 경제 위기감은 위기 초 금모으기운동을 벌일 때보다 훨씬 더 큰 것 같다. 손님을 기다리며 줄지어 늘어선 택시, 빌딩 곳곳의 빈공간을 보면 공황의 분위기마저 느껴진다. 외환위기가 터지고 경제가 모두 회복되었다고 외쳤는데 왜 이렇게 된 걸까? 왜 달러 부족의 한시적 위기가 전례없는 자신감의 위기로까지 증폭 확산되고 있는 걸까? 이 책은 그 변화에 대한 원인 진단과 대안 모색을 위한 기획물이다.

노무현 정부의 출범과 함께 정책논쟁의 화두가 된 것은 성장과 분배 중 무엇이 우선이냐 하는 것이었다. 그런데 현 한국사회를 살펴보면 자신감의 위기 이면에는 '분배' 보다는 '성장' 에 대한 두려움이 더 큰 것 같다. 그 주된 원인으로는 두 가지를 꼽을 수 있다. 첫째는 '중국블랙홀론' 으로서, 세계의 공장으로 부상한 중국이 한국의 산업을 빠르게 흡수하고 있는 상황에서 새로운 성장동력을 찾지 못하고 있는 점이다. 둘째, 진보적인 사회저변의 기류 변화 속에서 친노동자적 혹은 반시장적인 정권이 출범함으로써 국내외의 자본이 투자를 꺼리는 '자본스트라이크론'이다.

하지만 이 책에서는 그 원인 진단을 전혀 다른 관점에서 바라본다. 한국경제가 성장동력을 찾지 못하고 있다는 점에서는 전적으로 공감하지만, 그 원인은 다른 데 있다고 파악한다. 중국 팩터(factor), 정치사회 변동 팩터가 활력 상실의 현상적인 원인일 수는 있지만, 보다 심층의 구조적인 원인을 찾아야 한다는 입장이다. 그 구조적인 원인으로 우리는 '외자=개혁의 파트너'라는 외자순기능론을 바탕으로, 외국자본이 한국경제의 핵심을 장악함으로써 우량기업은 있지만 투자와 일자리 창출이 멈춘 현실의 딜레마를 지적하고자 한다. 이른바 '외자지배가 초래한 우량의 역설'로 인해 한국경제가 조로현상을 보이고 있다는 것이 이 책의 주된 관점이다.

이 책을 준비한 18명의 필자들이 모두 동일한 시각과 관점을 갖고 있는 것은 아니다. 그러나 자유방임적 외자지배가 지속 강화될 경우 자칫 한국경제가 중남미경제로 전락할 수도 있다는 공동의 위기의식을 갖고 있다. 그 이유는 다음과 같다.

첫째, 외환위기 이후 한국경제에 유입되는 외국자본은 종래 대출자본에서 주주자본으로 그 형태가 크게 바뀌었다. 이로써 외국자본은 과거 채권자의 지위였다면 이제는 주주로서 기업의 주인 행세를 하고 있다. 이들 외국계 주주자본은 기업이 창출한 이익을 어떻게 처분해야 할 것인가에 대한 강력한 발언권을 갖고 기업의 운명을 좌우할 수 있게 되었다. 과연 이 자본들이 인내심을 갖고 한국기업의 고부가가치화를 견인할 것인지, 아니면 단기적으로 이윤만 챙기고 떠날 것인지는 전적으로 그들의 의사결정에 달려 있다. 이것이 한국경제 중남미화의 1단계를 의미한다.

둘째, 외국계 주주자본은 단기적 이익극대화를 추구함으로써 한국기업이 적극적인 중장기투자로 고부가가치화를 달성할 수 있는 여지를 축소하고 있다. 그래서 국내에는 투자가 위축되고 남아도는 돈이 넘치고 있다. 이자율은 인플레를 보상하기도 어려울 만큼 하락해 버렸고, 돈 있는 자들은 어디에 투자해야 할지 망설이는 상황이 되고 말았다. 이런 식으로 자본수요의 위축이 심화될 경우 발생할 수 있는 문제가 바로 '자본도피현상'이다. 국내에서 투자처를 잃은 자본이 해외로, 다시 해외로 도망치는 현상이 벌어지게 되는 것이다. 이것이 바로 중남미화의 2단계를 의미한다.

셋째, 이처럼 한국의 시장은 충분히 자유화된 시장이고, 자본의 국내외 이동은 제약 없이 자유롭다. 이는 자본의 협상력이 더욱 강력해졌음을 의미한다. 이런 가운데 한국의 정치는 빠른 속도로 민주화되었고 개혁에 대한 국민들의 요구도 많은 편이다. 그런데 브라질의 룰라 정권과 같이 현재 민주화된 정부는 뚜렷한 정책수단이 없다. 정권은 얻었지만 자본을 다스려낼 정책수단이 별로 없다는 뜻이다. 이런 상황에서 정권이 경제를 활성화시키지 못하고 있으니 과거사만 들먹이고 있는 것이다. 이것이 바로 포퓰리즘(populism)의 경향이고, 중남미경제가 30년 이상 허덕이고 있는 부가가치 없는 정치의 모습이다. 따라서 이런 사정에 비추어 중남미화의 3단계를 우려하지 않을 수 없다.

이에 주주이익 극대화의 포로가 된 국민경제를 살려낼 대안정책의 모색이 시급하다. 외자지배가 심각한 수준으로 진행된 은행권과 적대적 인수합병(M&A)의 위협을 받고 있는 재벌기업에 대해 각기 다른 접근법을 모색할 필요가 있다. 중요한 것은 은행이든 재벌이든 그들의 이윤추구 행위가 결과적으로 국민경제의 발전과 안정에 기여할 수 있는 방향으로 진행되어야 한다는 것이다.

은행은 성격상 공공성을 부정할 수 없으므로 규제를 받아들여야 한다는 원칙을 분명히 함으로써 다스릴 수 있다. 한 예로 올 한해 동안 우리나라 시중은행들이 벌어들일 경상이익은 총 10조 원인데, 이는 삼성전자의 이익과 비슷한 규모다. 그런데 이들 양자는 이윤의 원천에 있어서는 전혀 상이하다.

삼성전자의 경우 해외매출을 통해 벌어들이는 이익이 큰 비중이라면, 시중은행의 경우에는 해외에서 벌어들인 돈은 거의 없다. 다시 말하면 삼성전자의 경우 한국경제가 흔들려도 당분간 버틸 수 있는 힘이 있지만, 시중은행의 경우 한국경제가 몰락하면 살아날 방도가 없다는 것이다. 따라서 은행업은 국민경제와 생사를 함께하는 산업이며, 살아남기 위해서라도 국민경제를 돌보지 않을 수 없는, 다시 말해 수익성의 달성을 위해 공공성을 지키지 않을 수 없는 특수한 산업이다. 즉, 은행은 공공성 차원에서 도입된 소정의 금융규제를 받아들여야 하며, 이러한 규제산업적 특성은 은행의 운명이기도 하다. 이 점에 관한 한 외자계 자본이 대주주로 등장한 은행도 예외일 수 없다.

재벌에 대한 우리 사회의 시각은 이중적이다. 사실상 소액주주에 불과한 족벌 가문이 계열사 간 순환출자를 통해 기업집단을 지배하고 있는 데 대해 분노하고 있지만, 다른 한편으로는 어려운 여건을 극복하고 세계시장에서 한국제품의 우수성을 알리는 데 대해서는 자부심을 느낀다.

이런 재벌에게도 최근 큰 변화가 일어나고 있다. 주식시장의 개방과 함께 외국계 펀드가 주요 재벌사의 지배적인 지분을 확보하기에 이르렀고, 적대적 M&A의 가능성도 보이고 있다. 외국자본의 영향

력으로 족벌체제를 무너뜨리고 지배구조를 투명화할 수 있다는 긍
정적인 측면도 거론되지만 아직은 불안하기만 하다. 특히 단기적
이윤극대화에만 관심을 두는 외국자본이 이윤만 챙기고 중장기적
인 경쟁력 확보를 위한 투자에는 무관심하게 되지 않을까 우려된
다. 바로 이 때문에 어떤 방식으로든 재벌에 대한 국민적·사회적
통제력의 확보가 절실히 요구되며, 국경 없는 세계화시대에서도 자
본의 국적성을 유지할 필요가 있다는 담론으로 이어진다. 요컨대
재벌사가 창출한 이익의 상당 부분을 국내에서의 재투자로 연결짓
기 위해서는 재벌사들이 외국 주주자본의 집합적 지배로부터 벗어
날 수 있도록 소유·지배구조를 안정화시킬 필요가 있다. 이것은
재벌의 차별적 혹은 국민경제 부합적 행동을 유도하기 위한 필요조
건이다.

경제학에는 전략이란 개념이 없다. 그러나 국가 간에 경쟁이 있다
는 사실을 중시한다면 국가적 차원에서 전략은 반드시 필요하다. 이
에 경영학의 기본 패러다임을 접목시킬 필요가 있다. 이른바 조직체
가 환경변화에 살아남기 위해서는 전략이 필요하고, 이 전략이 가동
되기 위해서는 적절한 조직과 시스템을 갖춰야 한다. 다시 말해 환
경-전략-조직을 잇는 연결적 사고가 필요하다. 특히 우리나라와
같은 중소규모의 국민경제는 내부요인보다는 외부조건이 모든 것을
결정짓는 외부규정성이 매우 높기 때문에 전략적 사고의 중요성은
매우 크다고 볼 수 있다.

한국경제는 이미 높은 수준으로 개방화 체제에 편입되었다. 개방
은 숙명이므로 탈개방은 대안이 될 수 없다. 단지 어떻게 적용할 것
인가가 절체절명의 과제일 뿐이다. 그러나 개방은 자칫 양극화와 탈
민족화의 폐해를 심화시킬 수 있으므로, 이를 최소화할 수 있는 정

책적 대안의 모색은 절실하다. 이른바 금융규제를 통한 금융 공공성
의 회복, 자본의 국적성을 전제로 한 재벌개혁이 한국경제를 다시
일으켜세우는 열쇠가 되지 않을까 조심스럽게 제안해 본다.

외환위기 만 7년을 맞으며

2004. 12. 3

저자를 대표하여

이찬근

| 차례 |

머리말_ 한국경제에 미래는 있는가 | 004

서론_ 투기자본에 짓눌린 실물경제 (이찬근) | 015

1부. 외환위기의 회고

1장 _ 자본자유화와 외환위기 (김진일) | 035

2장 _ 자본자유화와 경제성장 그리고 위기 – 한국의 경험을 중심으로

　　　(이강국) | 052

3장 _ 자본자유화의 환상과 대안 (왕윤종, 이재상) | 074

4장 _ 금융글로벌화의 허와 실 (강호병) | 096

2부. 한국 내 외국 투기자본의 실상

5장 _ 은행경영의 형태 변화와 경제적 효과 (조복현) | 117

6장 _ 금융의 공공성과 금융 규제 (김용기) | 143

7장 _ 투기자본의 제2금융권 지배와 그 폐해 (장화식) | 166

8장 _ 적대적 M&A의 위협과 대책 (왕윤종, 이우성) | 180

9장 _ 금융자본 주도의 기업지배구조와 노사관계의 변화 (임운택) | 200

10장 _ 재벌과 외자의 딜레마 (유철규) | 217

11장 _ 한미투자협정 비판 – 미국의 〈1994년 표준안〉을 중심으로 (이해영)

   | 234

사례연구. 외자 투기사례 분석

진로와 골드만삭스 (고형식) | 269

SK는 어떻게 JP모건의 희생양이 되었나 (윤창현) | 285

소버린의 SK(주) 경영권 위협 (김용기) | 303

3부. 외국 투기자본의 본질

12장 _ 신자유쥬의질서—세계경제 번영의 길인가, 투기의 세계화인가

(조원희) | 315

13장 _ 개혁으로 덧칠된 투기경제화 (장진호) | 334

14장 _ 주주이익 극대화의 함의 (정승일) | 350

15장 _ 기관투자가의 발전과 기업지배 (조복현) | 375

결론. 대안정책의 모색

대안정책의 모색 (이찬근) | 401

1, 2차 투기자본 국민대토론회 _ 투기자본 감시활동 어떻게 할 것인가 | 420

투기자본에 짓눌린 실물경제

◎이찬근(인천대학교 무역학과 교수)

핵심을 놓친 위기논쟁

긴 역사적 관점에서 보면 현 정부는 일단 진보를 희망하는 우리 사회 저변의 기류를 타고 정권을 획득했다고 생각된다. 이와 관련해 현재 보수-진보 간 논쟁거리 중 하나는 한국경제가 위기냐 아니냐 하는 것이다. 정치-사회적인 변화, 즉 친노동자적 혹은 반시장적인 현 정권이 들어서면서 자본이 투자를 하지 않게 되었고 경제위기가 초래되었다는 위기론은 주요 신문사, 재벌 등 보수 측이 내놓은 것이고, 반면 현 정부는 위기론을 극력 부정하고 있는 상황이다.

그런데 신자유주의의 파괴성에 문제의식을 갖고 있는 필자와 같은 이들의 입장에서는 지금의 한국경제는 틀림없는 위기상황이라고 말할 수 있다. 위기는 위기인데 보수 측에서 주장하는 위기의 진단과는 분명히 다른 관점에서 위기를 보고 있는 것이다. 보수 측은 우리 사회의 변화, 특히 민주화세력 내지는 진보세력의 득세를 그 이유로 들고 있지만, 필자가 볼 때는 외환위기 이후에 한국경제의 대안으로 급조된 영미식 시스템에 문제가 있다고 생각한다.

영미식 시스템의 핵심은 자본시장을 통해 경제를 규율하는 것이다. 흔히 자본시장이라고 하면 주식시장이 대표적인데, 주식시장을 통해 경제를 규율하겠다는 금융의 논리가 한국경제의 발목을 잡고 있다. 따라서 현재의 위기는 외환위기 이후에 영미식을 받아들여서 한국의 시스템을 전면적으로 바꾸었는데 그 시스템 개혁이 잘못되었다는 데 있다. 따라서 우리 몸에 맞는 새로운 시스템을 개발하기 전까지 이 위기는 해결되기 힘들 것이다.

골자부터 말하면 한국의 리딩그룹의 머릿속에는 외국자본이 한국에서 순기능을 한다는 것, 그렇기 때문에 외국자본의 자유로운 유출입을 위해서 자본시장을 전면개방해야 한다는 것, 그리고 외국자본이 한국에 들어와서 자유롭게 이윤을 추구할 수 있도록 주주이익의 극대화를 받아들여야 한다는 것, 이 세 가지가 이데올로기로 각인되어 있다. 정리하면, 외국자본 순기능론, 자본시장 전면개방론, 주주이익 극대화론, 이 세 가지가 한국경제를 망치고 있는 주범이라 할 수 있다.

대출자본에서 주주자본으로

외국자본과 관련해서 우리나라에는 매우 놀라운 변화가 일어나고 있다. 외환위기 이전에 한국에 유입되었던 외국자본은 주로 은행의 대출자본(credit capital)이었다. 즉, 서방은행의 단기 대출자본이 주된 형태였는데, 외환위기 이후 한국에 들어오고 있는 외국자본은 기관투자자를 중심으로 한 주주자본(shareholder capital)이 주된 형태이다. 다시 말해 '주주'라는 꼬리표를 단 금융자본이 한국에 들어오기 시작한 것이다. 그 돈이 무려 150조 원이다. 이것은 매우 무서운 변화다.

2차 세계대전 이후 20년 이상 중남미는 한국보다 경제성장률이 높은 편이었다. 그런데 이후 중남미는 쇠퇴하고 한국은 산업화에 비교적 절반의 성공을 이루었다. 그 차이는 어디에서 비롯되는 것인가? 역사적으로 보면 중남미에 들어간 외국자본은 주주자본 위주였다. 요즘으로 말하면 FDI(외국인 직접투자) 형태로 투자되면서 선진국에 본사를 둔 외국자본이 자회사를 설립하면서 들어간 것이다. 말하자면 다국적기업 형태로의 진출이다. 반면 한국의 경제발전은 외국자본을 주주자본 형태로 받아들인 것이 아니라 주주는 어디까지나 한국에 남겨놓고 외국자본을 채권자로서 받아들인 형태였다.

그 차이점을 따져보면, 중남미에 들어간 외국계 다국적기업은 중남미를 교두보로 그 기업을 국제적인 기업으로 키우지 않았다. 철저히 중남미 각국의 내수시장을 수탈하는 개념으로 자본이 활동했을 뿐 중남미에 생산기지를 키워 세계적인 기업으로 만들지 않았다는 것이다. 반면 한국은 외국자본을 대출자본 형태로 받아들이고 회사의 주권을 지켰기 때문에 비교적 유력한 기업 몇 개를 만들어낼 수 있었다. 그런데 외환위기 이후부터 주주자본이 한국을 강점하는 체제로 바뀌고 있다. 만약 한국에 외환위기가 한 번 더 일어난다면 한국은 이를 방어하기 힘들 것이다. 그나마 1차 외환위기를 방어할 수 있었던 것은 외화 가득력이 있는 국내기업이 다수 있었기 때문이었다. 그런데 지금과 같은 식으로 외국자본들이 국내기업을 삼켜버리면 외화 가득력에서 상당히 큰 문제가 발생하고, 재정위기를 동반한 외환위기를 맞을 가능성이 매우 높다고 할 수 있다. 필자는 국내에서 이처럼 대출자본에서 주주자본으로 진출의 양태를 바꾼 외국자본을 바라보면서 한국경제가 중남미화의 제1단계로 진입한 것이 아닌가 우려한다.

외국자본이 한국에 유입되어 지배하는 정도를 보면, 주식시장에 150조 원이 들어와 있고 이는 주식시장 시가총액의 약 45% 이상을 차지하고 있다. 그런데 실제적으로는 65% 수준을 장악한 것이나 다름없다고 필자는 분석한다. 그 근거는 다음과 같다. 우리나라는 재벌이란 독특한 체제를 갖고 있는데 재벌들이 계열사 간의 내부지분을 가지고 지배권을 유지하고 있다. 그런데 내부지분률은 거래되지 않는 붙박이 주식들이다. 그런 주식이 우리나라 전체 상장주식 시가총액의 30%를 차지한다고 볼 때, 유동주식은 70%밖에 안 되고 그 중에 외국자본이 45%를 차지한다고 봐야 한다. 이처럼 외국자본은 한국 주식시장을 마음대로 좌지우지하고 있다고 말할 수 있다.

그 다음으로 중요한 것은 외국자본이 기관투자자를 중심으로 들어왔다는 것인데, 이것이 단기적 자본이냐 중장기적 자본이냐를 따져봐야 한다. 그런데 그 구별이 애매하다. 필자가 분석하기로는 90% 이상을 단기자본으로 봐야 한다. 왜냐하면 예를 들어 한미은행을 집어삼켰던 칼라일 그룹은 3년간 한미은행 주식을 '붙들고' 있다가 최근 씨티은행에게 팔고 나갔다. 그러나 3년간 가지고 있었다고 중장기자본이라고 한다면 그것은 넌센스다. 당초에 최소한 3년은 갖고 있기로 각서를 맺었고, 그래서 3년을 참고 기다렸을 뿐이다. 따라서 속성 자체로 인식해야 한다. 이들 자본에게는 참고 기다려야 할 이유가 없고, 단기적으로 이윤을 추구하려는 속성이 매우 강하다.

외국자본과 관련한 가장 중요한 특징은, 현재 우리나라의 상장기업이 670여 개가 있는데 외국인 주주자본이 이들 기업에 골고루 투자하고 있는 것이 아니라 약 30개 기업에 집중투자하고 있다는 사실이다. 30개 기업, 이른바 한국의 알짜기업들에만 투자한 것이다. 포항제철이 60%를 넘었고 삼성전자도 60%를 웃돌며, 국민은행은 70%를 넘었고 현대자동차는 50%를 넘었다. 이외에도 기아자동차, SK텔레콤 등 한국의 소위 우량기업들은 외국인 주주자본이 집중적으로 주식지분을 갖고 있고 강력한 영향력을 행사하고 있다.

그 다음으로 주목해야 할 점은 외국자본이 다수의 은행을 인수 혹은 접수했다는 사실이다. 국내에는 민영화된 8개의 시중은행이 있는데, 이들 시중은행에 대한 외자 평균지분률이 이미 60%를 넘었다. 아직 우리금융지주회사가 민영화되지 않은 채 남아 있지만, 이를 해외자본에 매각하고 나면 은행권은 전면 외자지배체제로 넘어가게 된다. 조사에 의하면 전 세계적으로 은행을 이처럼 외국자본에 넘긴 경우는 한국, 멕시코 두 나라밖에 없다. 그 어떤 나라도 은행을 외자에 송두리째 팔아넘긴 사례는 없다.

외국자본, 왜 문제인가

국내 주식시장을 장악한 외국자본은 다양한 형태의 투기적 수탈행위를 감행함으로써 외자지배의 문제가 경제 전반의 투기화로 연결되고 있다. 대표적인 투기 사례와 문제점은 다음과 같다.

〈표 1〉의 사례에서 보듯이 외국계 투기자본의 행동에는 몇 가지 공통점이 있다.

첫째, 계속기업(going concern)의 원칙을 위배하는 방식으로 주주에 의한 이윤탈취가 이루어지고 있다. 당기순이익의 범위를 크게 상회하는 고배당조치(최근 외자계 증권사의 행태), 무상증자-유상감자를 통한 투자원본 회수(브릿지증권, OB맥주, 만도기계), 그리고 구조조정-다운사이징(downsizing)을 통해 이윤을 짜내고 이를 비정상적으로 탈취하는 행위가 바로 그것이다.

둘째, 기업의 사회적 책임이 전적으로 무시되고 있다. 시세차익에 대해 세금을 전혀 내지 않고 과실을 송금하거나(칼라일의 한미은행 매

〈표 1〉 외국자본의 투기·수탈 사례

– 뉴브리지캐피탈의 제일은행 인수 • 풋백옵션을 통한 위험의 전가 • 수익성 지상주의에 따른 일방적 수수료 인상	– 외자계 은행의 무임승차 • 시스템 리스크에 대한 공동 책임 부정 • 대우사태, LG카드 사태 이후 노골화
– 칼라일의 한미은행 인수 및 매각 • 중장기 경영에 대한 무관심 • 7000억 원의 시세차익에 대한 무과세	– 씨티은행의 한미은행 인수 • 주식공개 모집 후 상장폐지 • 국내저축의 해외이탈 및 이윤처분상의 문제점
– JP모건의 동남아 위험투자 유인 • SK증권에 대한 위험고지의무 위배 • 대한생명의 뉴욕지법에서의 승소판결	– 외자계 증권사의 고배당 조치 • 당기순이익을 크게 상회하는 고배당의 관행화 • 계속기업으로서의 의지가 의문시됨
– 타이거펀드의 SKT 그린메일링 시도 • 국내 소액주주운동을 활용한 이윤탈취 행위 • SKT의 중장기투자 제약	– 부동산 시장 잠식 • 론스타, 골드만삭스, 싱가폴투자청 등 • 국내 규정 미비
– 소버린의 (주)SK 지분매집 • 재벌지배구조 개혁을 명분으로 한 지분매집 • 주식매집공시의무 위반과 당국의 미온적 대처	– 브릿지증권의 유상감자 • 무상증자 이후 유상감자를 통한 유보이익 탈취 • 만도기계, OB맥주에서도 동일한 문제 발생
– 론스타의 외환은행 인수 • 은행인수자격의 적격성 문제 • 외환카드 인수과정에서의 시장교란(두 차례에 걸친 현금서비스 중단)	– 국내기업 채권매집 후 강제처분 • 진로에 대한 골드만삭스의 배임성 채권매집과 법정관리 공방 • 하이닉스 반도체에 대한 씨티은행의 채권매집과 해외매각 가능성

각), 시장을 교란하는 행위를 서슴치 않고 있으며(론스타), 시장 안정화를 위한 정부의 조치에 최소한의 협력도 하지 않고 있다(외자지분이 높은 은행들의 무임승차). 또한 스톡옵션(stock option)이란 제도를 통해 경영자를 주주의 이익에 포획함으로써 기업을 사회와 무관한 존재로 만들고 있다.

셋째, 건전한 기업문화, 조직문화를 파괴하고 있다. 비정규직의 양산, 편차가 심한 연봉제의 실시, 합법적인 노동운동 탄압, 단협·노사합의를 무시하는 경우가 빈발하고 있다. 이로써 기업은 개개인의 이익추구, 생계수단으로 바뀌어 공동체로서의 통합응집력이 훼손되고 공동의 가치와 목표추구라는 궁극적 의미를 상실하고 있다.

이러한 외국계 투기성 금융자본의 움직임을 정당화하는 기제 중 하나는 '주주가치 극대화의 원리'이다. 이들은 기업은 주주의 것이고 이사회와 경영자는 주주이익 극대화를 최우선으로 추구해야 한다는 소위 영미식 기업지배구조 개혁을 압박하고 있다.

그러나 주주이익 극대화는 기업의 이익 극대화와 전적으로 다른 개념이다. 기업의 이익 극대화는 치열한 시장경쟁 속에서 기업의 생존을 위해 기업이 적극적으로 이윤창출을 의도해야 한다는 의미를 갖는 것으로서 자본주의 시장경제체제에서 그 정당성이 인정되는 규율 개념이다. 하지만 주주이익 극대화는 주주에 대한 이익의 일방적 처분을 의도하는 개념으로서 시장경제의 규율과는 원천적으로 무관한 별개의 문제이다. 따라서 주주가치 극대화 원리에 입각한 경영압박과 기업지배구조의 주주편향적 개혁은 자칫 투기성 금융자본에 의한 이윤추구를 정당화할 수 있는 논리임을 이해할 필요가 있다.

무엇이 투기화를 촉진하는가

한국경제의 투기화를 초래한 첫 단추는 외환위기에 대한 잘못된 진단과 처방이다. 특히 외환위기 당시 인식의 혼란이 있었다. 투기적 금융자본을 양산시키고 자유로운 이동을 가능케 하는 국제 금융질서의 모순으로 인해 위기가 발생했다는 외부조건론적인 관점은 거의 전적으로 무시되었고, '재벌체제-정경유착-관치금융'의 파행성이 중첩되어 위기가 발생했다는 내부결함론의 관점이 지배적으로 수용되었다.

그 결과 내부결함론에 입각해 전면적인 구조조정이 정당성을 확보했고, 외국자본은 한국경제의 개혁, 구조조정을 위해 필수불가결한 선의의 전략적 파트너로서 지정되었다. 이로써 경제개혁의 전도사로 인정받은 외국자본은 자본시장 개방을 통해 아주 손쉽게 들어왔고, 주주이익 극대화를 주창하기 시작했다. 그러나 주주이익 극대화는 투기적 금융자본의 이익추구를 정당화하는 논리로서 실물경제의 건전한 성장과 투자확대, 그리고 양질의 일자리 창출을 저해했다. 결국 한국경제에 투기화의 구조를 배태시킨 근본 원인은 '내부결함론-구조조정론-외자순기능론-자본시장개방론-주주가치극대화론'으로 이어지는 왜곡된 가치체계 때문이라고 볼 수 있다.

외환위기와 함께 시작된 한국경제의 투기화는 이를 재촉·강화하는 요인이 합세함으로써 더욱 가속화되고 있다. 투기화를 강화하는 요인을 필자는 다음의 네 가지 측면에서 살펴보고자 한다.

- 자본자유화의 무차별적 수용
- 외자순기능론을 확산시킨 사회적 조건

- 현장 실무진의 무지와 정신적 해이
- 정부당국자의 무책임

1. 자본자유화의 무차별적 수용

1997년 동아시아 외환위기 이후 국제금융체제 개편이 중요한 과제로 등장했으나, 논의만 무성할 뿐 근본적인 개혁은 이루어지지 않았다. 개혁은 주로 외국자본을 받아들여야 하는 입장인 개도국의 금융시스템을 글로벌스탠더드(Global Standard)에 맞게 개혁하자는 수요자 중심의 개혁으로 초점을 잡았고, 투기자본의 공급을 제한하자는 공급자 중심의 개혁방안(헤지펀드 규제, 단기자본 규제, 순차적 자본자유화, 국제파산법원을 통한 순차적 채무조정 방안 등)은 뒷전으로 밀렸다. 이는 철저한 선진국의 논리에 따른 것이다.

문제는 개도국이 자본자유화를 위해 아무리 제도를 개혁해도 일단 자본자유화를 추진하고 나면 거시경제의 안정이 사실상 불가능하다는 점이다. 정책삼위일체의 불가능성(Impossible Trinity) 가설에 따르면, 자본자유화를 수용할 경우 통화정책주권과 환율의 안정성 중 한 가지는 포기해야 한다. 따라서 수출을 위해 환율의 안정성을 추구하는 국가는 대체로 통화정책의 주권을 포기할 수밖에 없다. 또한 외국자본은 매우 경기순응적(pro-cyclical)인 행동패턴을 보임으로써 위기를 맞을 가능성이 높아진다. 즉, 외국자본은 경기가 좋을 때 과다유입되어 경기를 과열시키고, 경기가 나쁠 때에는 과다유출되어 경기를 급격히 냉각시키는 경향이 있다. 한편 개도국의 경우에는 자본시장의 폭과 깊이가 없어 외국자본의 영향력이 매우 강할 수밖에 없고, 이로 인해 외자의 유출입에 따라 소비와 GDP가 급격한 등락을 보이는 냄비경제의 특성이 고착화될 수 있다.

이런 문제점에도 불구하고, 한국 내에서는 아직도 자본자유화의 폐해에 대한 문제의식이 높지 않으며, 오히려 자본자유화를 전면수용하자는 입장이 지배적이다. 외환위기 이후 외환관리법이 외국인 투자촉진법으로 바뀌고, 주식·채권시장의 초고속개방이 이루어진 후 토착자본의 붕괴현상, 국부유출 현상이 심각히 나타나고 있지만 금융개방론자, 금융허브론자들은 선진국 주가지수편입을 위해 추가적인 자유화 조치가 필요하다고 주장하고 있다.[1] 또한 한미투자협정(BIT), 자유무역협정(FTA)이 추진되고 있고, 이들 협정의 체결은 자본자유화의 완성, 전면적 투기화의 폐해를 초래할 수 있는 독소조항을 담고 있어 크게 우려된다.[2]

2. 외자순기능론을 확산시킨 사회적 조건

역설적으로 한국은 자본자유화를 핵심적인 내용으로 하는 IMF 구제금융 이행조건(conditionality)을 가장 모범적으로 수용한 사례로 거론되고 있다. 동시에 가장 빠른 시간 내에 외자순기능론이 확산됨으로써 국제자본에 의한 금융시장 장악이 이루어진 사례로 평가받고 있다. 이것이 가능했던 것은 국제 투기자본의 활동을 가능케 하는

1) FTSE 주가지수 편입에 필요한 요건 ① 외국자본에 대한 국내에서의 레버리지(leverage) 허용 ② 외국자본에 대한 공매도(shortsales) 허용 ③ 현행 외국인 투자등록제의 폐기(이는 모니터링을 위해 꼭 필요하나 미국, 일본에 없다는 이유로)
2) 한미 BIT가 성립되면 바로 이어서 한미 FTA가 체결될 가능성이 매우 높다. FTA에는 상품 서비스 투자에 관한 모든 문제가 다 포함되어 있으며, 이때 투자란 모든 종류의 투자, 즉 투기자본까지 포함된다. 따라서 모든 종류의 투자에 대해서 국제법적으로 최혜국 대우를 해줘야 하고 규제 같은 국가의 부당한 간섭은 철저히 배제된다. 즉, 투기자본에 대한 사회적 민주적 규제조치를 취하면 국제법 위반이 되는 것이다. 예를 들어 칠레는 1990년대 단기 투기자본의 폐해를 막고자 유입된 자본의 30~40%를 중앙은행에 맡길 경우 1년 이내에는 투자회수를 하지 못하도록 하는 제도를 시행했으나, 최근 미국과 FTA를 맺으면서 이 제도를 조항에서 삭제해야만 했다.

사회적 조건이 한국사회 내에 존재했기 때문이다.

외환위기 초기 월가에서 가장 우려한 것 중의 하나는 이른바 대기업(재벌)과 노조가 손을 잡고 국제자본에 대항할 가능성이었다. 그러나 한국에서의 사회적 조직적 저항의 정도는 매우 온건한 편이었다. 이처럼 국제자본이 쉽게 유입될 수 있었던 것은 경실련과 참여연대로 대표되는 한국의 시민운동이 자본자유화에 우호적인 태도로 그 지형을 마련해 주었기 때문이다.

한국에서의 첫 번째 시민운동단체로 꼽히는 경실련은 처음부터 민중운동세력과 일정한 거리를 두면서 자신의 영역을 열어갔으며, 그 운동의 핵심 영역은 경제정의적 관점에서의 재벌개혁이었다. 이들은 재벌에 대한 규제를 강조했지만, 그 기본은 규제완화와 시장에서의 공정경쟁을 확립하자는 것으로서 한국에 시장주의를 뿌리내리는 데 크게 기여했다. 경실련이 시장에서의 공정성을 문제 삼았다면, 참여연대의 소액주주운동은 소유권을 가진 자들 사이에서의 권리를 확정하고자 하는 매우 배타적인 운동을 전개했다. 즉, 자신이 소유권을 갖고 있는 것에 대한 권리 확보가 핵심적인 관심대상일 뿐, 그 권리가 사회적으로 어떤 목적을 수행하는지에 대해서는 관심을 두지 않았다.

이로써 경실련의 유산인 시장만능주의의 성립과 참여연대의 배타적 소유권의 확립이 결합됨으로써 외환위기 이후 주주 자본주의가 뿌리 내릴 수 있는 토양이 마련된다. 이와 관련해 이른바 주주경영 또는 시장의 수호자로 불리운 김정태 전 국민은행장의 스타덤은 주목할 만한 사건이었다. 그가 관철하고자 한 관치로부터의 독립, 주주이익 경영은 투기자본의 이해관계와 정확히 일치하는 것이었다.

경실련과 참여연대가 제공한 구(舊)질서의 해체를 위한 사회적 담론은 1990년대 이후 새롭게 형성되기 시작한 전문가층에 의해 큰 지지를 받아왔다. 오피니언 리더층을 중심으로 하는 이런 지배적 담론은 처음부터 의도한 것은 아니지만, 결과적으로 국제자본의 힘에 대항할 수 있는 기초를 근저로부터 약화시키거나 투기자본을 정당화하는 고리들을 제공했다.

3. 현장 실무진의 무지와 정신적 해이

국가의 법률 및 규제의 체계만으로 투기적 폐해를 막을 수 있다고 기대하기는 어렵다. 실무진의 위험관리능력은 매우 중요하다. 모든 자본에는 높은 이윤을 얻고자 하는 속성이 있으므로, 모든 자본적 거래에는 투기적 이윤획득의 장치가 내장되어 있을 가능성이 있다고 봐야 한다. 이때 투기적 장치는 흔히 계약이란 형태로서 정당화되므로, 계약의 상대방은 이러한 가능성의 여지를 사전에 분석, 인지할 수 있는 능력을 갖추는 것이 매우 중요하다. 본문에 소개되는 몇 가지 투기공략 사례를 통해 현장 실무진의 능력부재와 정신적 해이가 얼마나 엄청난 결과를 초래하는지 볼 수 있을 것이다. 특히 월가의 이름난 투자은행에 대한 막연한 믿음이 화를 자초했다는 점도 짚고 넘어가야 한다.

4. 정부의 무책임한 태도

우리 사회의 민주화 과정에서 '독재＝관치'라는 등식이 성립됨으로써 정부의 시장개입이 개혁대상으로 등장했으며, 외환위기를 계기로 시장주도, 정부퇴진의 분위기가 고조되었다. 이에 정부는 한국경제의 구조적 문제점(재벌의 파행성, 관치금융, 정경유착 등)을 해결하고 경영의 투명화, 선진화를 이루는 데 외국자본이 개혁 파트너의 역할을 할 수 있다는 취지에서 '외국자본 순기능론-자본시장 개방론-주주이익 극대화론'을 적극 지지해 왔다고 볼 수 있다.

이런 안이한 인식으로 그 동안 정부는 투기적 외국자본의 파행성을 규제하기 위한 노력을 적극적으로 펼치지 않았고, 최근 국내적 인수 대안으로 토종 사모펀드를 조성하겠다는 것이 고작이다. 외자의 회사청산형 투기적 행태와 관련, 정부는 문제점은 인정되지만 현행법상 다른 방법이 없다고 계속 미루었고, 추후의 사태를 막기 위한 규제마련 등의 노력을 하지 않고 있다. 또한 대우종합기계 등 워크아웃이 종료된 기업의 처분과 관련해 종래의 경영권을 포함하는 지분 일괄매각 방식을 고집하고 있어 그 결과가 우려된다. 왜냐하면 이는 국내기업·금융기관의 외국 투기자본에 의한 인수로 이어질 가능성이 농후하기 때문이다. 아울러 정부는 한미투자협정(BIT), 자유무역협정(FTA)을 추진 중인데, 이 협정들이 체결될 경우 모든 투기적 행위가 투자자유화라는 미명하에 전면개방의 대상이 될 것이다. 더욱이 체결된 이후에는 정부가 일체의 새로운 규제나 과세조치를 취할 수 없다는 점은 매우 심각한 문제이다.

경제위기의 본질과 대안을 찾아

이 책은 외환위기 만 7년을 맞은 현 시점에서 국민경제 투기화의 문제에 관심을 갖는 주요 연구자 및 현장활동가 및 전문가의 현상인식, 분석시각 그리고 그들이 제안하는 정책대안을 두루 망라하고 있다. 학계, 노동계, 재계, 법조계 등 각계에 몸담고 있는 필자들은 지난 7월 초 투기자본연구모임을 구성하고 정례간담회와 국민대토론

정부 무책임의 극치 – 외환은행 불법매각

– 불법성의 문제

은행법상 동일인이 은행지분의 일정 부분(예컨대 10%)을 초과해 취득하는 경우나 비금융주력자가 은행지분을 취득하는 것은 매우 제한적으로 인정되고 있다. 그러나 론스타펀드의 경우에는 외환은행을 인수하면서 금융기관에 해당되지 않으면서도 경영권 행사에 필요한 51% 지분을 취득했다. 물론 은행법 시행령 제8조가 금융감독위원회에게 은행법 시행령 제5조의 요건을 충족하지 않는 경우에도 "부실금융기관의 정리 등 특별한 사유"가 있으면 동일인의 금융기관 주식 지분취득 한도 초과를 승인할 수 있도록 하고 있어, 외견상으로는 금감위에게 재량권을 부여한 것으로 보이지만 은행법 제15조의 취지상 이는 매우 제한적으로 해석되어야만 한다.

금감위가 이 사건에 대한 승인처분을 하는 데 있어 은행법 시행령 제8조를 근거로 재량권을 행사하려면 외환은행의 경영상태를 정밀 실사하는 등 일정한 절차를 거쳐 외환은행의 경영상태 악화가 "부실금융기관의 정리"에 준하는 "특별한 사유"에 해당할 정도에 있음을 확인해야 했다. 그런데 그 과정이 생략되어 있을 뿐만 아니라 도대체 '특별한 사유' 라는 것이 존재하는지도 의문이다. 외환은행의 매각이 진행된 2003년도 하반기를 기준으로 발표된 각종 지표를 보더라도 외환은행은 이미 부실의 징후를 발견할 수 없고, 오히려 당기순이익이 크게 개선되는 등 영업실적이 대폭 호전되어 소위 잠재적부실도 해결할 수 있는 상황이었다.

– 특혜성의 문제

수출입은행과 한국은행을 통해 외환은행에 대해 대주주 지분을 확보하고 있는 정부는 외환은행의 경영권 매각을 위해 신주를 발행함에 있어 액면가 이하의 할인발행을 허용했으며, 발행되는 신주를 제3자 배정방식으로 론스타펀드에 배정하기까지 했다. 이런 방식은 통상적으로 해당 회사가 극심한 자금난으로 기존의 경영진으로서는 회사의 존속이 불가능하다는 판단이 있을 때만 가능한 것이다. 그렇지 않을 경우 특혜라고 봐야 한다.

또한 론스타펀드는 외환은행을 인수하면서 미국 은행지주회사법을 회피하기 위해 외환은행의 미국내 5개 지점을 폐쇄하고, 현지법인인 PUB를 매각하기로 결정했다. 이는 외환은행이 미주 지역에서 환전, 송금, 예금과 관련해서 대표적인 국내창구 역할을 해오던 은행이란 점에 비추어 매우 큰 혼란을 야기하는 것이다. 더 큰 문제는 금감위가 이러한 문제의 가능성을 사전에 인지하고 있었다는 점이다.

– 대주주 적격성의 문제

금감위는 2004년 5월 론스타펀드가 불법채권추심행위를 했다는 이유로 검찰에 이 펀드를 고발했다. 이는 론스타펀드가 외환은행 주식을 매수할 당시 이미 불법영업을 하고 있었다는 것인데, 이는 은행법상 한도초과보유주주로서 그 적격성에 매우 치명적인 하자이다.

한편 외환은행은 2004년 3월 30일에 개최된 주주총회에서 상임이사 1명과 사외이사 7명을 선임했는데, 선임된 사외이사 7명 중 4명이 최대주주인 론스타 측과 관계 있는 자들이다. 이는 명백히 불법행위일 뿐만 아니라, 은행의 공공성을 고려할 때 사외이사가 갖는 경영감시자로서의 공정성이 무시되는 등 최대주주 론스타의 자격에 의구심을 갖기에 충분하다.

회를 통해 외환위기 이후 투기화가 급속히 진행되고 있는 원인, 외환위기와의 관련성, 개별 투기공략 사례에 담긴 충격적 내용과 시사점, 그리고 금융세계화란 제약조건하에서 실천 가능한 정책적 대안의 범위에 대해 논의해 왔다. 이 책은 이러한 노력의 결실이며, 지속되는 연구과정에서의 중간보고서적인 성격을 갖는다.

1부에서는 외환위기가 어떤 원인에 의해 촉발되었는지를 중점적으로 규명하고, 외환위기 이후 한국경제가 왜 새로운 덫에 빠지게 되었는지를 살펴볼 것이다.

2부에서는 외환위기 이후 외국자본이 한국경제를 지배하면서 나타난 현상을 분석할 것이다. 이 부분에서는 특히 외국자본의 지배가 두드러지는 대기업과 금융권을 중점적으로 살펴볼 것이다. 현재 기업이 막대한 현금을 보유하면서도 투자를 꺼리고 일자리를 줄이는 현상은 국가적 문제로 대두되고 있는데, 이것이 외국자본의 기업지배와 직접적인 연관이 있음을 알 수 있을 것이다. 그리고 금융권의 서비스 개편이 어떤 논리에 따라 이루어지는지도 이해할 수 있을 것이다. 또한 한-칠레 FTA에 이어 뜨거운 쟁점이 되고 있는 한미BIT나 한미 FTA가 한국경제에 미칠 영향을 심도 있게 살펴볼 것이다.

3부에서는 이러한 현실을 만들어낸 논리, 즉 신자유주의 질서의 본질이 '투기성'이라는 사실을 규명할 것이다. 2부에서 소개한 현상이 발생한 근거를 보다 이론적으로 숙고할 수 있을 것이다.

결론에서는 현재의 문제를 극복할 대안을 모색할 것이다. 여기서는 다양한 입장을 두루 살펴볼 수 있도록 하기 위해 투기자본감시센터와 금융경제연구소에서 주최한 투기자본 국민토론회 내용을 함께 실었다.

아울러 2부와 3부 사이에 투기자본의 대표적인 국내기업 공략 사례를 소개할 것이다. 한때 사회적 이슈가 되었던 SK(주) 사태와 진로의 파산 사례를 통해 외국자본이 어떻게 국내기업을 이용했으며, 이에 대해 국내기업은 얼마나 안이하게 대응했는지를 알 수 있을 것이다.

1부 | 외환위기의 회고

1장 **자본자유화와 외환위기** | 김진일 (국민대학교 경제학부 교수)

2장 **자본자유화와 경제성장 그리고 위기 – 한국의 경험을 중심으로** | 이강국 (일본 리츠메이칸 대학교 경제대학원 교수)

3장 **자본자유화의 환상과 대안** | 왕윤종 (SK경영경제연구소 상무), 이재상 (SK경영경제연구소 수석연구원)

4장 **금융글로벌화의 허와 실** | 강호병 (「머니투데이」 경제부장)

자본자유화와 외환위기

◎ 김진일(국민대학교 경제학부 교수)

한국의 외환위기에 대한 두 가지 관점

교통사고가 발생했을 때 우리는 그 원인을 두 가지로 추측할 수 있다. 첫째는 운전자가 부주의해서 교통사고가 날 수 있다. 또 다른 가능성은 운전자가 주의했음에도 불구하고 도로 자체의 결함으로 사고가 발생할 수도 있다. 한국의 외환위기 역시 교통사고의 발생 원인처럼 크게 두 가지 관점으로 나눌 수 있다. 하나는 한국경제의 기초여건들이 잘못되었다는 관점, 즉 '운전자의 잘못' 이라는 관점이고, 다른 하나는 자유화된 국제 자본시장에 내재된 불안정성이 그 원인이라는 관점, 즉 '도로 자체에 문제가 있다' 라는 관점이다. 이제 이 두 가지 관점에 대해서 자세히 살펴보자.

첫 번째는 한국의 외환위기가 흔히 경제의 펀더멘털(Fundamental)이라고 불리는 거시경제적인 기초여건들의 악화 때문에 발생했다고 보는 관점이다. 비록 국제 금융시장이 과잉반응하는 바람에 예상보다 위기가 더욱 심화되었지만, 근본 원인은 거시경제적인 기초여건들의 악화라는 경제 시스템의 문제라는 것이다. 이 관점에 따르면 과도한 정부의 개입(정경유착에 따른)으로, 금융권이 재벌들에게 과잉융자를 해줌으로써 재벌들이 수익성이 없는 사업에까지 과잉투자한 것이 문제의 근본 원인이다. Coresetti et al.(1998)은 다른 아시아 외환위기 국가들의 문제는 부동산에 대한 과잉투자라면, 한국의 문제는 재벌들의 과잉투자로 인한 금융권의 부실채권이며 이는 재벌들의 높은 부채/자산(debt/equity)비율이 대변해 주고 있다고 주장했다. 특히 Coresetti et al.(1998)은 한국의 외환위기는 10월 말부터 시달렸던 원화의 하락에 의해 유발된 것도 아니며, 11월 이후 나타났던 투자자들의 금융공황(financial panic)에 의해 유발된 것도 아닌, 바로 일련의 재벌기업들의 도산에 의해 유발된 것이라고 주장했다.

첫 번째 관점의 또 다른 주요한 주장은 재벌들의 과잉투자가 '모럴해저드(moral hazard, 도덕적 해이)'[1] 때문에 발생했다는 것이다. 즉, 이들은 재벌들의 높은 부채/자산 시스템은 정부의 금융기관이나 재벌에 대한 명시적 또는 묵시적인 보장 때문에 가능했다고 본다. 이처럼 '재벌은 쉽게 쓰러지지 않는다' 는 식의 모럴해저드가 금융기관의 무분별한 대출로 이어져 재벌기업의 무분별한 투자로 이어졌다는 것이다.[2]

---

1) 모럴해저드란 시장 또는 기업, 공공기관 등 조직에서 계약의 한쪽 당사자가 정보나 자기만 가진 유리한 조건을 이용해 다른 사람들을 희생시켜 이득을 취하는 행위를 말한다. 지구촌 경제에서 초국적 거대기업, 국제적 금융자본이 세계인을 희생하여 이득을 취하는 행위야말로 역사상 가장 대규모로 이루어지는 모럴해저드라 할 것이다.
2) 아이러니컬하게 이러한 입장을 주장한 많은 주류 경제학자들은 이전의 한국 경제발전이 모럴해저드를 부추기는 정책이 없었기 때문이라고 강변했다.

이와 달리 자유화된 국제 자본시장에 내재된 불안정성이 그 원인이라는 관점은 국제 자본시장의 취약성, 특히 시장의 기대와 신뢰감의 갑작스런 변동을 한국 외환위기의 원인으로 꼽는다. 이 관점은 국제 자본시장을 포함한 금융시장은 원래 불안정적이라고 본다. 이에 대해 당시 세계은행의 수석경제학자였던 스티글리츠(Stiglitz)는 이렇게 말했다: 소규모 개방경제들은 마치 바다에 떠 있는 작은 배와 같다. 아무도 이 배가 언제 전복될지는 예측할 수 없다. 노를 잘못 젓거나 배에 물이 새면 물론 전복될 수 있다. 하지만 이런 배들은 아무리 노를 잘 저어도, 또는 그 배의 선원들이 바다에 대해 아무리 잘 알고 있어도 거친 파도가 치면 바로 전복되기가 쉽다.

이들은 다음과 같은 근거를 들어 자신들의 주장을 뒷받침한다. 첫째, 외환위기를 겪은 아시아 5개국의 사적 자본유입이 1996년에는 930억 달러의 순유입에서 1997년에는 120억 달러의 순유출을 보였다. 즉, 단기간에 GDP에서 11%의 변동 차이가 있었다. 둘째, 2003년에 만기가 되는 한국전력공사의 채권에 대한 가산금리는 1997년 상반기에 30포인트(30 basis point : 100 basis point=1%)로 전혀 위기의 징후를 보이지 않았다.[3] 1997년 11월 이전 한국 채권에 대한 가산금리가 멕시코보다 더 낮았다는 결론이다. 셋째, 경제의 기초여건을 강조하는 첫 번째 관점에서의 요소들, 즉 높은 부채/자산비율, 투명성의 결여, 취약한 금융시스템 같은 문제들은 국제투자자들이 대출할 당시에도 이미 알려진 사실이었다. 넷째, 나중에 다시 살펴보겠지만 전통적으로 외환위기와 관련된 경제의 기초여건에는 아무런 문제가 없었다. 오히려 당시 한국은 높은 저축율, 건전한 정부재정,

---

3) 이 가산금리는 10월 말이 되어서야 230포인트(basis point)로 상승하고, 위기 이후 한국의 신용등급이 많이 떨어진 다음에는 700포인트가 된다.

낮은 인플레이션율로 다른 나라들과 비교했을 때 GDP대비 총 해외
부채의 비율도 낮은 수준이었다. 이런 근거들을 들어 두 번째 관점
은 (비록 몇몇 부분에서는 취약점을 보이기도 하지만) 위기의 정도
나 깊이를 볼 때 경제적 기초여건이 아니라 규제가 덜 된 시스템에
서의 금융공황이 원인이라고 본다.

무엇이 한국의 외환위기를 초래했나

여기에서는 한국 외환위기의 발생 원인에 대한 두 가지 관점 중 어
느 관점이 더 타당한가를 살펴보기로 한다. 만약 경제의 기초여건의
악화가 원인이라는 첫 번째 관점이 타당하다면 외환위기 이전에 위
기의 발발 징후를 살펴볼 수 있을 것이다.

경제의 기초여건의 악화로 인한 위기의 징후를 보여주는 선행변
수(leading indicator)들로 실질환율, 실질임금, 국제준비자산, 수출,
수입, 통화공급량(M2), 교역 조건, 생산물 지수, GDP 대비 경상수
지 적자비율[4], 그리고 GDP 대비 재정수지 적자비율 등을 들 수 있
다(Kaminsky, Linzondo and Reinhart, 1997). 즉, 이러한 변수들에서
외환위기 이전에 변동사항 징후를 발견할 수 있으면 경제적 기초여
건의 악화를 위기의 원인으로 보는 첫 번째 관점이 옳은 것이다. 하
지만 이 변수들이 별다른 움직임을 보이지 않는다면 두 번째 관점이
더 타당한 것이라고 볼 수 있다.

비교적 경제가 안정적이었던 1992년에서 1994년 사이 이 변수들

---

4) 자세한 분석에 대해서는 Kim(2002)을 참조하라.

이 움직였던 평균과 외환위기 전후 이 변수들의 움직임을 비교해 보면 다음과 같은 사실을 발견할 수 있다. 많은 외환위기를 설명하는 관점들은 실질환율이 위기 이전에 상당 기간 동안 평가절상된 것이 위기로 인해 다시 본래의 적정 수준으로 돌아가게 된다고 본다. 하지만 이 기간을 기준으로 살펴볼 때 오히려 실질환율은 위기 이전에 평가절하되고 있음을 볼 수 있다.[5] 통화공급도 비록 이전 시기에 비해 아주 미미한 증가를 보이기는 하지만 외환위기를 초래할 만한 수준은 아니다.

첫 번째 관점을 옹호하는 몇몇 문헌들은 외환위기 이전에 한국의 수출이 감소하고 수입이 증가했던 사실을 내세워 경제의 기초여건 악화를 주장한다. 하지만 1995년부터 1996년 말까지 수출이 감소되다가 1997년 들어 회복세를 보이는 것을 볼 때 이러한 주장은 별로 설득력이 없다. 또한 외환위기까지 수입은 꾸준한 감소세를 나타냈다. GDP 대비 경상수지 또한 1997년 들어 증가하는 모습을 보인다. 이와 유사한 입장에서 1996년에 발생한 교역 조건의 악화(수입재가격 대비 수출재가격의 하락)가 경제의 기초여건의 악화를 보여준다는 주장도 1997년 상반기의 교역 조건의 회복 움직임을 볼 때 별로 타당하지 않다.

제조업의 생산성지수도 첫 번째 관점의 주장과는 다르게 평균에서 거의 벗어나지 않았고, 실질임금은 오히려 하락하는 것을 볼 수 있다. 재정수지 역시 남미와 달리 한국의 경우에는 건실한 편이었

---

5) 실질환율은 기준 시점을 언제로 하느냐에 따라 평가가 달라질 수 있다. 한국의 외환위기를 분석하는 많은 연구들이 실질환율이 평가절상되어 있었다고 주장하지만 평가절하되어 있었다는 연구들도 있다. 무엇보다도 위기로 인한 환율의 엄청난 하락은 경제의 기초여건과는 연관이 없는 것으로 보인다.

〈표 1〉 주요 경제지표				(단위 : %)
년도	경제성장률	부채/자산비율	물가상승률	실업률
1990	9.5	297.1	8.5	2.4
1991	9.1	318.0	9.3	2.3
1992	5.1	325.1	6.3	2.4
1993	5.8	312.9	4.8	2.8
1994	8.6	308.1	6.2	2.4
1995	8.9	305.6	4.5	2.0
1996	7.1	335.6	4.9	2.0
1997	5.5	396.3	4.5	2.6

다. 단 문제점으로 지적할 수 있는 것이 국제준비자산인데, 국제준비자산은 외환위기까지 점차 감소하는 추세를 보인다. 하지만 보통 외환위기를 겪은 나라들의 준비자산이 경제가 안정적일 때보다 45% 감소하는 것에 비해 한국의 준비자산은 17% 정도의 감소세를 보이는 정도였다.

요약하면, 선행변수들의 움직임을 볼 때 한국의 외환위기가 경제의 기초여건의 악화에 기인한다는 주장을 뒷받침할 만한 근거를 찾아보기 힘들다. 선행변수들은 별다른 차이를 보이지 않거나 첫 번째 주장과는 반대로 움직였다는 것을 볼 수 있다. 이는 〈표 1〉에서 당시 한국경제의 주요 경제지표들을 통해서도 알 수 있다.

〈표 1〉에서 알 수 있듯이 외환위기 이전의 한국경제는 위기를 상상할 수 없을 정도로 탄탄한 모습을 보이고 있다. 영미식의 기업구조와 비교해서 부채/자산비율이 높긴 하지만 이전과 비교해 볼 때 크게 정상치를 벗어나지 않았다.[6]

그렇다면 선행변수들과 주요 경제지표들이 문제가 아니었다면 외

〈표 2〉 한국의 외채현황			(단위 : 백만 달러, %)	
	총외채	장기외채	단기외채	단기외채의 변화율	총외채의 변화율
1991	54479	29370	25108	10.2	17.2
1992	58958	33755	25230	0.5	8.3
1993	65850	39313	26536	5.2	11.7
1994	85026	46342	38684	45.8	29.1
1995	105510	49761	55748	44.1	24.1
1996	132422	61353	71069	27.5	25.5
1997	161064	98651	62413	−12.2	21.6

*자료 : OECD 외채 통계.

환위기는 무엇 때문이었을까? 우리는 한국의 외채변동을 보여주는 〈표 2〉에서 그 실마리를 찾을 수 있다.

〈표 2〉에서 우리는 외환위기의 단초가 되는 두 가지의 중요한 사실을 발견할 수 있다. 첫째, 총 외채증가율이 1994년을 기점으로 급상승했다는 것이다. 둘째, 단기외채 또한 1994년을 기점으로 엄청난 증가를 보인다. 그리고 총 외채 중에 단기외채가 차지하는 비중이 1994년에는 45.5%, 1995년과 1996년에는 50%를 훨씬 상회하게 된다. 따라서 우리는 상대적으로 건실한 경제여건하에서 어떻게 외환위기를 겪게 되는가에 대해 파악할 수 있다.

---

6) 〈표 1〉에서 1997년의 부채/자산 비율은 396.3%로 나타나 있으나, 이는 외환위기 이후의 수치이며 외환위기 이전의 수준은 333%이다.

준비되지 않은 자본자유화와 개방계획

1993년 한국정부는 3단계 자본자유화와 금융부문 개방계획을 발표하고, OECD 멤버십의 심사를 받게 된다. 1999년 2월 16일자 「뉴욕타임스」에 따르면, OECD 멤버십은 당시 미국의 클린턴 정부가 한국의 금융부문을 개방하기 위한 미끼로 사용하였다고 한다.

김영삼 정부의 신경제 5개년계획의 일환으로 시행된 3단계 개방계획에 따라 1993년 이래 자유화는 광범위하고 급속하게 진행되었다.[7] 더욱이 OECD에 가입하기 위해서 개혁은 원래 3단계 개방계획이 정했던 시한보다 더 빨리 진행되었다. 1994년 4월 20일 서울대학교 최고경영자 과정의 강연에서 홍재형 재경부장관은 "한국은 1996년의 OECD 가입을 위해 금융시장 자유화에 박차를 가하고 있으며, OECD 가입 이전에 1년이나 2년 앞서 개혁을 완수할 예정"이라고 말했다. 그의 말대로 개방, 개혁 일정은 서둘러 이루어졌다.

이처럼 급격히 이루어진 금융자유화는 적절한 감독 조치 없이 이루어졌으며 금융기관들 간의 경쟁을 심화시켰다. 먼저 전통적으로 금융상품과 서비스에 따른 금융기관들 사이의 분할이 무너졌다. 이전까지 종금사들은 기업부문의 단기금융을 통해 이익을 벌어들였으며, 기업부문의 단기금융에 다른 금융기관의 참여는 금지되어 있었다. 하지만 자유화 조치에 따라 상업은행들도 1994년부터 종금사들의 주 수입원이었던 상업어음과 CD를 취급할 수 있게 되었다. 게다가 한국정부는 1994년에서 1996년 사이에 24개의 종금사를 신규로

---

7) 예를 들어 이자율 완전자유화, 자유변동 환율제의 실시 등 광범위하고도 급진적인 자유화 조치들을 담고 있었다. 자본자유화와 관련해 자세한 사항은 이 책의 다른 장들을 참조하라.

허가했다. 이에 따라 종금사들의 이윤은 크게 압박받게 되었다. 더구나 금융자유화에 따라 한국정부는 외환에 대한 규제를 많이 완화했는데, 그 중 하나가 종금사들이 외환 업무를 할 수 있도록 하는 것이었다.

경영 압박을 받던 종금사들은 자연스럽게 해외에서 그 활로를 찾았고, 동남아시아 시장은 그들에게 아주 좋은 기회로 보였다. 게다가 당시 한국은 높은 신용등급을 받고 있었으므로 일본 시장을 포함한 국제 금융시장에서 아주 싼 이자로 차입이 가능했다. 결국 한국의 금융기관들은—나중에 보듯이 종금사의 부채 구조가 특히 취약하다—많은 해외자금을 빌려 동남아에 투자했다. 하지만 동남아의 외환위기로 이들은 투자자금을 회수할 수 없었을 뿐 아니라 돈을 빌려주었던 국제투자자들은 단기대출에 대한 상환을 연장해 주지 않았다. 그 결과 단기대출을 상환하기 위해서 한국의 외환시장에서 무차별적으로 외화를 매입하게 되고, 한국의 외환시장은 1997년 10월부터 불안정한 모습을 보이더니 결국 IMF 구제금융사태를 맞게 되었던 것이다. 즉, 무분별한 규제완화에 따라 초보운전자들이(한국의 금융기관들) 지금껏 가보지 않았던 험한 길(자유화된 국제 금융시장)을 가다가 교통사고(IMF 구제금융 사태)를 당한 것이다.

한국 금융기관의 치명적인 실수

초보운전자들은 자신들이 가보지 않았던 길을 운전하면서 몇 가지 치명적인 실수를 저질렀다. 첫 번째 실수는 자신들의 자산과 부채의 만기구조(maturity)가 심각할 정도로 불일치되게 해외자산을 운용했

		1992	1993	1994	1995	1996	1997
일반은행	장기부채	16,317	19,735	23,432	29,102	35,451	51,212
	단기부채	40,357	43,934	58,672	76,295	92,782	60,401
	장기자산	23,097	25,049	34,842	46,239	55,818	55,173
	단기자산	33,577	38,620	47,762	59,158	72,105	56,441
	유동성a	83.2	87.9	80.6	77.5	77.7	93.4
종금사	장기부채	1,276	1,953	2,182	4,568	5,996	5,428
	단기부채	3,258	3,573	5,083	7,091	12,627	13,684
	장기자산	4,418	5,382	7,114	11,442	17,823	17,106
	단기자산	116	144	151	217	800	2,007
	유동성a	3.6	4.0	3.0	3.1	6.3	14.7

자료 : 감사원, 「1997년 한국의 외환위기」.
a유동성은 단기부채에 대한 단기자산의 비율임.

다는 것이다. 즉, 단기자금을 대출해서 장기대출을 해준 것이다. 한국 금융기관들에게 이러한 불일치 문제가 없었다면, 동남아시아의 외환위기에 따른 불안을 상당 부문 해소할 수 있었을 것이다.

〈표 3〉에서는 3단계 개방계획이 시행된 후 첫 해인 1994년부터 일반 시중은행과 종금사 모두 해외부채가 급증하며, 특히 총 외채 중 단기외채의 비중이 급증하는 것을 볼 수 있다. 또 자산운용에서 기간의 불일치를 잘 보여주는 유동성(단기부채는 상환연장이 이루어지지 않을 경우 빠른 시일 내에 갚아야 하는데, 이를 갚기 위해서 단기자산을 현금화하면 큰 문제가 없기 때문이다)의 경우, 일반 시중은행보다 종금사가 심각한 기간불일치 문제를 보이고 있다. 예를 들어 1997년의 경우 종금사들의 외화부채 중 70%가 단기부채였던 반면 외화대출의 90%는 장기대출이었다. 따라서 종금사들은 동남아시아 문제로 새

로운 대출이 불가능해지고 기존 대출에 대한 상환연장도 거부됨에 따라, 상환불능을 벗어나기 위해서 한국 외환시장에서 외화를 모두 매입할 수밖에 없었다. 이것이 한국 외환시장의 불안을 증폭시켜 위기의 계기가 된 것이다.

그들의 두 번째 실수는 자산운용에서 기간불일치뿐 아니라 통화불일치(currency mismatch) 문제도 저질렀다는 것이다. 즉, 외화차입에 비해 외화대출의 비중이 상대적으로 낮았다. 이는 대출을 회수해서 부채를 상환할 때 환율이 많이 떨어지는 경우, 기간불일치에 시달리고 있었던 금융기관들에게 또 다른 부담으로 작용하게 된다. 〈표 4〉에서 보듯이 예금은행과 다른 금융기관들의 통화불일치 문제는 시간이 지남에 따라 심해지며 다른 금융기관들의 경우가 더 심하다는 것을 알 수 있다.

세 번째로는 자유화와 개방이 급속도로 진행되었던 반면에 적절한 감독과 규제가 이루어지지 않았다는 점을 지적할 수 있다. 통합 감독기구인 금융감독위원회가 외환위기 이후인 1998년 4월에 만들어지기 전에는 금융기관의 감독은 두 기관이 담당하고 있었다. 한국은행 산하의 은행감독원이 일반은행들을, 재정경제부가 특수은행과 비은행 금융기관들을 담당하고 있었다.

일반은행들의 감독과 규제와 관련해 신탁계정이 문제였는데, 이 신탁계정은 특별히 대출한도(exposure)의 제한이 없으며 지불준비금 규정도 적용받지 않았다. 따라서 이 신탁계정은 일반은행들이 대출 규제를 회피하기 위해서 많이 사용했으며, 사실상 당시 일반은행 대출의 40%나 차지했다. 이 대출의 많은 부문이 위기 당시 부실했음은 말할 필요도 없다. 종금사의 경우에는 더욱 극심한 감독과 규제의 부재를 볼 수 있다. 직접 예금을 받지 않는다는 이유로 종금사

<표 4> 금융기관의 자산운용에서 통화불일치 문제 (단위 : 십억 원)

외화대출과 외화부채		1993	1994	1995	1996	1997
금융기관전체	대출(A)	14,448	18,499	23,179	29,811	34,801
	부채(B)	25,692	34,928	41,600	59,898	80,006
	불일치(A/B)	0.56	0.53	0.56	0.49	0.43
예금은행	대출(A)	10,422	13,522	17,654	23,009	24,899
	부채(B)	11,967	16,755	24,513	36,672	44,825
	불일치(A/B)	0.87	0.81	0.72	0.63	0.60

자료 : 한국은행(1998), 『경제통계연보』.

는 규제와 감독을 거의 받지 않았다. 심지어 재정경제부의 사무관 한 명이 30개 종금사 전체를 감독하는 업무를 담당할 정도였다. 또한 국내 금융기관의 역외금융 활동은 규제가 전혀 이루어지지 않았다. 특히 역외금융에서 장외거래(over the counter)되는 파생금융상품에 대해서는 금융감독당국조차 아무런 제재 수단이 없었고, 이는 한국의 외환위기에 큰 영향을 미쳤다.

초보운전자의 또 다른 치명적인 실수는 자기가 잘 알지 못하는 도로(자유화된 국제 금융시장)를 운전하면서 익숙하지 않은 자동차(파생금융상품들과 새로운 금융상품들)로 운전했다는 것이다. 다음에 설명하겠지만 새로운 금융상품들에 대한 투자는 국제투자자들의 권유로 이루어진 경우가 많다.

1992년부터 아시아 금융시장은 국제투자자들의 주요 투자처로 부상했으며, 특히 회사채가 주요한 금융상품이 되었다. 1992년부터 1997년 사이에 발행된 스트럭처드 연동채권(Floating Rate Note : 이하 FRN으로 표기)의 액수는 무려 370억 달러를 상회한다.[8] 다른 국제투자자들이 1996년 하반기부터 동남아시아 채권에 대한 투자로 인한 위험(exposure)을 걱정하고 있을 때, 일본과 한국의 금융기관들은 뒤늦게 이 시장에 뛰어들어 가장 큰 투자자가 된다. 특히 한국의 금융기관들의 활약은 대단했는데, 예를 들어 체이스맨해튼 은행의 아시아 지부가 담당했던 필리핀 항공의 7500만 달러의 FRN의 60%를 한국 은행들이 인수한다. 원래 이 채권은 미국 투자자들을 대상으로 했으나, 미국 투자자들이 위험 때문에 인수를 포기하자 한국 은행들에게 떠넘긴 것이다. 또 UBS 은행도 APP Global Finance의 6000만 달러 상당의 FRN을 한국 은행들에게 떠넘긴다. 한국의 많은 금융기관들은 동남아시아 지역의 FRN에 적극적으로 투자했는데, 특히 인도네시아 FRN에 대한 투자는 '김치 딜'이라는 신조어를 만들어낼 정도였다. 국제 금융시장에서 경험이 거의 없었던 한국의 금융기관들은 이자가 싼 엔화로 자금을 조달해서 높은 이자를 주었던 태국과 인도네시아 회사채에 투자하면서 환 위험에 대해서는 아무런 조치도 취하지 않았다. 결국 이들 나라에서 외환위기가 발발했을 때 한국 금융기관들은 자신들이 투자했던 회사채 가치의 하락으로 고통받았을 뿐 아니라 환율의 변동으로도 엄청난 피해를 입었다.

또 다른 문제는 한국의 금융기관들이 잘 알지도 못하는 파생금융상품에 투자함으로써 생긴다.[9] 1996년 외국의 금융기관들은 점차 아시아 시장에 대한 위험노출을 우려했고 다양한 파생금융상품을 이용해 이러한 위험을 덜어버리려고 했다. 그러나 강한 권유와 상품의 고수익만 본 한국의 금융기관들은 이 상품을 거래하기 시작했다. 이후 동남아 국가들이 외환위기를 겪게 되자, 고수익에 가려져 있었

<hr>

8) W. Rhode, 「Biting the Bullet」 Asia Risk, Dec. 1997.

9) 파생금융상품이 어떤 식으로 한국의 금융기관들을 곤란에 빠뜨리는가에 대한 자세한 설명은 이 책의 다른 저자인 윤창현 교수의 글을 참조하라.

던 고위험은 한국의 금융기관들에게 치명적인 손해를 입히게 된다. 특히 투자한 액수에 비해 아주 큰 손익확대효과를 낳는 파생금융상품의 특성 —레버리지(leverage) 효과라고 하는데, 다른 금융상품에 대한 투자와는 달리 투자한 금액의 몇배의 손해를 입을 수도 있다 —손실이 발생하는 경우 투자자에게 아주 큰 치명타를 입힐 수도 있다. 예를 들어 JP모건의 권유로 SK증권이 주도로 설립한 다이아몬드펀드는 연동채에 대한 거래로 한국 측이 출자한 펀드 자산인 3400만 달러뿐 아니라 JP모건과의 파생금융상품 거래로 1억8900만 달러의 손실을 입게 된다.[10] 한국의 금융기관들을 이 거래에 끌어들이기 위해 JP모건도 5300만 달러를 다이아몬드펀드에 투자하지만 파생금융상품의 거래로 SK증권 측에 그 위험을 모두 전가했다. 또 동남아에서 외환위기가 발발했을 때, 위험에 대해서 문의하자 신경 쓰지 않아도 되는 사소한 일이므로 계약을 파기하지 말도록 종용했다.

이처럼 한국의 수많은 금융기관들은 익숙하지 않는 파생금융상품의 거래로 많은 손실을 입는다. 파생금융상품을 포함한 동남아 금융시장에서 입은 손실에 대한 정확한 자료는 알 수 없지만, 한 연구(Lee, Lee and Lee, 2000)에 따르면 100억 달러 정도에 이르는 것으로 알려졌다. 한국 금융기관이 역외에 설립한 펀드는 1994년부터 빠른 속도로 증가해 1997년에 이르면 무려 166개가 설립된다. 이 중 4개의 증권회사 —대우증권, SK증권, 쌍용증권, LG증권 —가 설립한 다이

---

10) 이 거래의 자세한 내용에 대해서는 앞의 주에서도 언급했듯이 이 책의 다른 저자인 윤창현 교수의 글을 참조하라. 당시 그 거래에 참가했던 SK증권의 실무자는 JP모건과 같은 국제적인 금융사가 추천하기에 아무런 의심없이 그 거래에 응했다고 필자에게 말한 바 있다. 뉴욕법원에서 SK 측 변호사가 이렇게 주장했을 때 당시 재판관이었던 마이클 무카세이(Michael Mukasay) 판사는 위험을 평가하는 것은 금융기관이 해야 하는 당연한 숙제(homework)라고 비웃었다.

아몬드펀드와 같은 형식의 역외펀드만 해도 20개나 되고, 이들의 총 투자액은 26억 달러나 된다. 이들 모두가 다이아몬드펀드가 했던 것처럼 레버리지가 높은 상품에 투자했던 것으로 밝혀졌다.

외환위기에 이르기까지

세계은행이 기적이라고까지 했던 한국경제가 외환위기까지 치닫게 된 과정을 위의 논의를 토대로 재구성해 보자. 한국의 금융기관들은 1993년부터 규제나 대비 없이 급격히 이루어진 자유화와 JP모건과 같은 국제투자자들의 부추김으로 앞다투어 동남아시아 시장으로 진출했다.

앞에서 보았듯이 이 과정에서 한국의 금융기관들은 그 자산운용에서 기간불일치와 통화불일치 문제를 낳았으며, 익숙하지 않았던 금융상품들에도 전혀 위험을 고려하지 않고 투자하기 시작했다. 그 결과 1997년 말 비은행 금융기관을 제외한 은행권만 동남아시아 상품에 무려 200억 달러나 투자했다. 물론 비은행 금융기관의 경우도 〈표 5〉에서 단편적으로 살펴볼 수 있듯이 상당한 액수를 투자했다.

〈표 5〉 1997년 3월 말 주요 한국 증권사들의 역외펀드 투자액			(단위 : 백만 달러)
국민투자신탁증권	396.3	LG증권	176.9
대신증권	106.2	한남투자증권	87.8
대우증권	312.2	현대증권	249.5
SK증권	487.7	동방페레그린증권	111.1
쌍용증권	319.3		

자료 : 『Business Korea』(1998년 4월호).

하지만 이후 동남아시아에서 외환위기의 발발로 한국의 금융기관들은 엄청난 손실을 입게 된다. 한국의 금융기관들은 동남아시아 기업이나 금융기관의 파산으로 인한 순수한 투자 손실과 환 위험에 대비하지 않아 발생한 손실, 고수익투자 상품이 가진 높은 레버리지로 인한 손실 등 투자 원금을 훨씬 상회하는 손해를 입게 된다. 더구나 이들에게 자금을 빌려주었던 국제투자자들도 상환연장을 해주지 않고 자금을 회수함에 따라 한국은 외환위기 상태에 빠지게 된다.[11]

외환위기 이후의 전개과정을 보면, 사실 한국은 당시 지불불능 상황에 빠진 것이 아니라 유동성 위기를 겪었던 것이다. 당시 한국의 GDP 대비 단기부채는 높지 않은 편이었다.[12] 하지만 동남아시아가 위기에 빠짐으로써 개별투자자 또는 소그룹 투자자들의 대출능력(lending capacity)에 비해서는 상당한 수준이었다. 따라서 비록 한국이 중장기적으로 대출을 상환할 능력이 있다고 하더라도, 아무도 상환연장을 해주지 않는 상황에서 새로운 대출을 해주거나 기존 대출의 상환연장을 해줄 수 있는 투자자는 없었다. 오히려 그들은 단기적 손실을 줄이려고 앞다투어 대출을 회수했다. 1997년 10월부터 12월, 즉 IMF 구제금융을 받기까지 모든 투자자들이 한국의 대출에 대

11) 태국이 외환위기에 빠진 후 한 달 반이 지난 뒤 7개의 종금사가 한국 은행의 특별자금으로 하루하루 버텨나가고, 10월 이후엔 모든 종금사와 많은 다른 금융기관들이 외환 보유고에서 지불되는 한은 특별자금으로 간신히 생명을 연장해 가게 된다. 이 과정에서 대차대조표 효과, 즉 환율의 급상승에 따라 부채가 자산에 비해 커짐에 따라 외국투자자가 대출을 회수하게 되는 효과도 작용했다(김진일, 2004a).

12) 〈표 2〉에서 보듯 비록 한국의 외채 규모가 상당했으며 증가하고 있는 추세이긴 했지만 감당할 수 없는 수준은 아니었다. 세계은행은 부채/GNP 비율이 48% 이하인 나라들은 위기 위험이 적은 나라로 분류하고 있었는데, 1996년 말 한국의 경우 이 비율은 22%밖에 안 되었고 외환위기 직전에도 이 비율은 25%에 불과했었다(Chang et al., 1998, p. 738).

해 이자와 원금을 모조리 갚을 것을 요구했다. 예를 들어 일본 투자자들의 경우 11월 한 달 동안 무려 70억 달러나 인출해 갔다.

결국 한국의 외환위기는 준비되지 않는 자본자유화로 지식과 기술이 부족했던 금융기관들이 동남아시아 시장에 잘못 투자함으로써 예견된 것이었다. 동남아시아 시장의 투자는 동남아시아 국가들이 외환위기로 큰 손실을 입은 뒤에 국제투자자들이 앞다투어 그들의 투자를 회수한 것으로 이어졌고, 한국은 외환위기의 상황에 봉착한 것이다.

| 참고문헌 |

김진일, 「환율상승에 따른 경제긴축 가능성에 대한 연구」, 『경제발전연구』, 한국경제발전학회, 2004a.

김진일, 「국제금융의 불안정성과 새로운 공공재 개념의 모색」, 한국사회경제학회 2004 여론학술대회 발표 논문, 2004b.

Chang, H., H. Park, and C. Yoo, 「Interpreting the Korean crisis: financial liberalization, industrial policy and corporate governance」, *Cambridge Journal of Economics*, Vol. 22, No. 6, 1998.

Corsetti, G., P. pesenti, and N. Roubini, 「What caused the Asian currency and financial crisis?」, *NBER Working Paper*, 1998.

Kaminsky, G., S. Lizondo, and C. M. Reinhart, 「Leading indicators of currency crisis」, *IMF Working Paper*, 1997.

Kim, Ginil, 「Essays on the Korean crisis」, New School for Social Research Ph.D. Dissertation, 2002.

Lee, C. H., Keun Lee, and Kangkoo Lee, 「Chaebol, Financial Liberalization, and Economic Crisis: Transformation of Quasi-Internal Organization」, *Seoul National University Economics Department Discussion Paper*, 2002.

Rhode, Williams, 「Biting the Bullet」, *Asia Risk*, December 1997.

2장

자본자유화와 경제성장 그리고 위기
– 한국의 경험을 중심으로

◎이강국(일본 리츠메이칸 대학교 경제대학원 교수)

들어가며

한때 기적이라고까지 일컬어지던 한국경제가 외환위기로 침몰한 지도 벌써 7년이 지났다. 위기 이후 한국경제는 국제통화기금(IMF)의 주도하에서 도입된 신자유주의적 구조조정 정책으로 엄청난 사회경제적 변화를 겪었으나, 성장과 분배의 악화로 여전히 많은 이들은 심각한 우려를 표명하고 있다.

IMF와 정부를 포함한 대부분의 논자들은 한국경제 위기의 근본 원인으로 비효율적인 정부개입과 재벌의 방만한 경영 등 국가주도적 경제발전 모델의 구조적 문제를 지적했고, 이는 위기 이후 구조조정 정책의 기본이 되었다. 그러나 이미 많은 학자들이 이와는 반대로 국가의 경제관리 기능의 약화, 특히 무분별한 금융자유화와 개방정책 그리고 국제 금융시장의 불안정성을 더욱 중요한 요인으로 제시한 바 있다. 이러한 관점에서 본다면 위기 이후 영미식으로 이루어진 전면적인 금융개방 정책과 영미식 경제 구조조정은 '목욕물을 버리면서 아기까지 함께 버리는 행위'라고 할 수 있다.

이 글은 최근 경제학계에서 뜨거운 쟁점이 되고 있는 자본자유화의 경제적 효과를 한국의 경험을 바탕으로 비판적으로 살펴보고자 한다. IMF 등 국제기구와 대부분의 주류 경제학자들은 자본자유화가 개도국의 경제성장을 촉진할 것이라고 주장해 왔다. 하지만 그에 대한 근거는 이론적 혹은 실증적으로 상당히 희박하다.

특히 한국의 경우 1960년대 이후 발전국가의 강력한 자본통제에 기초해 고도성장을 달성했지만, 1990년대 이후 무분별하게 진행된 자본자유화로 인해 심각한 경제위기를 겪었다는 점에서 자본자유화의 위험을 잘 보여주고 있다. 나아가 위기 이후에는 전면적인 금융개방으로 인해 외국자본이 국내경제를 지배하고 국가의 경제관리능력이 해체되는 등 많은 문제점이 발생했다.

이 글에서 우리는 자본자유화의 경제성장 효과에 대한 이론적, 실증적 논쟁을 검토하고 자본자유화의 이득이 불명확하며 경제불안을 심화시킬 수도 있음을 살펴볼 것이다. 그리고 자본통제에 기초한 경제성장, 자본자유화와 금융위기, 그리고 위기를 겪은 한국경제의 흐름을 통시적으로 살펴보고, 외환위기 이후 전면개방과 외국자본의 통제로 대표되는 한국경제의 현실을 분석하고 그 함의를 제시할 것이다.

자본자유화가 경제성장을 가져오는가

1. 이론적 논의들

주류 경제학자들은 대부분 자본자유화와 금융개방의 경제적 이득을 강조한다. 이들에 따르면 우선 자본자유화로 외국자본이 유입되면 미발전된 금융시장을 가진 개도국의 국내투자가 촉진되고, 금융시장이 개방됨으로써 금융산업과 자원배분의 효율성을 증대시켜 경제 전체의 생산성도 향상시킬 수 있다. 그 밖에도 자본자유화는 전 세계적 차원의 투자위험을 분산시키고 방만한 개도국 정부의 거시경제 정책을 규율할 수 있다고 말한다. 결국 자본자유화는 투자와 효율성을 높여 개도국의 경제성장에 도움이 된다는 것이다.

그러나 반론도 만만치 않다. 자본자유화로 자본도피의 가능성이 커질 수 있고 경제의 불안정 증대로 비용이 더 클 수도 있다. 나아가 환율조정과 거시경제의 안정을 위해서는 자본통제가 도움이 될 수 있으며, 한국 등 동아시아 발전국가들의 경우에는 자본통제가 국내적 금융통제와 산업정책 등과 결합되어 경제발전에 도움이 된다는 것이다.

사실 현실에서는 자본자유화의 성공 사례를 찾기 어렵다. 왜냐하면 정보 문제 등으로 인한 금융시장의 심각한 불완전성과 국제자본의 무리짓기 행위 등과 관련된 금융위기가 빈발하기 때문이다. 특히 동아시아 등의 금융위기 이후에는 자본자유화에 대한 우려가 더욱 증대해 크루그만(Krugman)이나 스티글리츠(Stiglitz) 등의 저명한 학자들도 불안정한 단기자본에 대해서는 통제조치가 필요하다고까지 역설한 바 있다.

이러한 현실을 반영해 최근에는 자본자유화의 성공을 위해서는 단순한 개방이 아니라 그 이전에 적절한 전제조건의 확립이 필요하다는 주장이 받아들여지고 있다(Eichengreen and Mussa, 1998). 즉, 어느 정도의 경제성장, 금융시장의 발전, 좋은 제도, 그리고 국내 거시경제의 안정과 무역개방 등의 조건들이 갖추어진다면 자본자유화가 성공할 수 있다는 것이다. 그러나 이러한 제도가 발전하려면 시간이 오래 걸리고, 선진국들조차 금융위기를 겪는 것을 고려할 때 현실에서는 더욱 복잡하다는 것을 알 수 있다.

2. 실증연구의 발전

결국 경제성장의 요인에 대한 실증연구의 결과는 주류 경제학자들에게는 상당히 실망스러운 것이었다.[1] 많은 실증연구에서 자본자유화가 경제성장과 투자, 그리고 투자의 효율성을 촉진시킨다는 증거가 뚜렷하게 나타나지 않았기 때문이다. 이는 IMF 경제학자들의 연구에서도 확인되며, 오히려 자본자유화가 경제의 불안정을 심화시킨다는 것이 보고되고 있다(Prasad et al., 2003). 심지어 경제성장이나 금융시장의 발전 등 흔히 기대되는 전제조건하에서도 자본자유화가 성장을 촉진한다는 증거는 미약하다는 것을 알 수 있다.

필자는 반대로 제도의 질이 높거나 인종적 동일성 등 사회의 통합 정도가 높을 때, 그리고 기업의 부채비율이 높을 때는 오히려 자본통제가 경제성장에 도움이 된다고 본다. 이는 한국과 같은 발전국가들에서는 자유화가 아니라 통제에 기초해 경제성장이 가능했음을

1) 대부분의 실증연구들은 크로스컨트리 모델이라 불리는 표준적 경제성장 모델의 회귀분석을 사용한다. 즉, 장기적인 경제성장률을 설명하는 여러 변수들에 자본자유화 지표를 추가한 계량모델에서 자유화의 효과를 검증하고, 자유화와 전제조건을 나타내는 변수의 상호작용 변수를 사용해 전제조건의 중요성을 확인하는 것이다. 물론 대부분의 실증연구들이 모델 자체의 생략된 변수나 인과관계가 설명변수와 피설명변수 상호간에 나타나는 모델의 내생성 등 여러 문제점을 안고 있는 것도 사실이다. 따라서 실증연구와 함께 면밀한 사례연구가 함께 이루어져야 할 것이다.

확인해 주는 결과이다(Lee and Jayadev, 2005). 한편 시간에 따른 각국 내의 변화도 고려한 패널(panel) 모델 중 고정효과 모델(fixed effects model)에서는 오히려 자본자유화가 성장을 촉진하는 결과를 얻었다.[2] 이는 아마도 자본개방이 단기적으로는 성장을 촉진시킬지도 모르지만 장기적 이득은 없음을 보여주는 것이다.

〈표 1〉은 최근의 중요한 연구들을 정리한 것이다.

한편 최근에는 자본자유화가 금융시장의 효율성과 기업의 투자에 미치는 영향을 살펴보는 미시적인 실증연구들도 발전하고 있다.[3] 이러한 연구들은 상당수가 자본자유화나 금융자유화가 중소기업 투자의 금융제약을 완화한다고 보고한다. 그러나 이들 대부분은 자본자유화 지표 자체에 한계가 있으며 투자모델도 다양한 해석의 여지가 있다. 필자는 한국의 1990년대 데이터를 가지고 이와 유사한 연구를 수행했는데 그 이득이 별로 뚜렷하지 않았다. 이는 특히 재벌 중심의 경제구조와 재벌에 장악된 종금사 등을 통한 해외자본유입이 중소기업에게는 도움이 되지 않았다는 것을 보여준다. 반면, 외국인 지분율 증대는 기업들의 투자를 저하시키는 것을 발견할 수 있었다(Lee, 2003).

---

2) 크로스컨트리 모델이 몇십 년에 걸친 데이터를 평균해 각국마다 하나의 관측치를 가지고 계량분석을 수행하는 반면, 패널 모델은 장기간을 단기로 나누어 시간적인 변화를 고려하는 것이다. 이 중에서 고정효과 모델이란 각국마다 서로 다른 관찰되지 않은 효과(unobserved country-specific effects)를 가정하여 각국마다 서로 다른 더미변수를 부여해서 계량분석을 수행하는 것을 말한다.

3) 자본시장의 불완전성으로 인해 현실에서 중소기업의 투자는 보유현금을 의미하는 캐시플로우(cashflow)에 의해 제약되는 경향이 있지만, 자본자유화는 금융시장을 발전시키고 더욱 효율적으로 만들어 투자의 금융제약(financing restraint)을 완화하는 효과가 있다는 것이다.

〈표 1〉 자본자유화 효과에 대한 주요한 실증연구들

연구	국가수 / 기간	지표	영향	전제조건과 경로
Grilil-Millesi Perreti(1995)	61 / 1966~1989	IMF 더미	성장 (x)	
Quinn(1997)	64 / 1960~1989	Quinn 인덱스	성장 (O)	
Rodrik(1998)	More than 90 / 1960~1989	IMF 더미	성장 (x) 투자 (x)	제도 (x)
Kraay(1998)	64 / 1985~1997	IMF, Quinn's, 자본흐름	성장 (x) 투자 (x)	제도 (x) 금융발전 (x)
Chanda(2001)	82 / 1975~1995	IMF 더미	성장 (x)	언어, 인종적 통합 정도 (−)
Edwards(2001)	59 / 1980s	IMF, Quinn's	성장 (O) 총요소생산성 (O)	성장수준 (O)
Arteta et al.(2001)	59 / 1980s	IMF, Quinn's	성장 (x)	낮은 암시장환율 (O)
O'Donnel(2001)	66 / 1971~1994	IMF 더미, 해외자산과 채무	성장 (x) 금융발전 (x)	금융발전 (x)
Quinn et al.(2001)	76 / 1960~1998	Quinn's	성장 (O)	성장 수준 (x) 신흥시장의 민주주의 (−)
IMF(2001)	57 / 1980~1999	IMF 더미, 해외자산	성장 (x) 투자 (O) 금융발전 (O)	제도 (x)
Klein and Olivei(2001)	69 / 1976~1995	IMF 더미	성장 (O) 금융발전 (O)	금융발전 (O)
Bekaert et al.(2002)	95 / 1980~1997	주식시장 개방연도	성장 (O) 투자 (O)	금융 발전 (x)
Edison et al.(2002a)	89 / 1976~1995	IMF, Quinn's	성장 (O)	
Edison et al.(2002b)	57 / 1980~2000	IMF, Quinn's, 자본흐름	성장 (x)	성장수준 (x) 제도 (x)
Klein(2003)	85 / 1976~1995	IMF, Quinn's		성장수준과 역 U자 관계
Prasad et al.(2003)	76 / 1982~1997	자본흐름	성장 (x) 소비의 불안정성 (O)	
Lee(2004)	108 / 1976~1995	IMF, Quinn's, Lee 인덱스	성장 (x) 투자 (x) 투자효율성 (x)	고부채 (−) 발전국가 (−)

(O : 통계적으로 양의 유의한 관계, x : 유의하지 않음, − : 음의 유의한 관계)

자료 : Lee and Jayadev, 2005.

한국경제의 자본자유화 : 자본통제에서 자본의 통제로

1. 자본통제, 발전국가 그리고 경제발전

한국경제는 1960년대 이후 수십여 년 동안 고도성장과 상대적으로 균등한 분배를 달성했으며 이는 세계경제 역사상 드문 경우였다. 이후 그 성장요인을 둘러싸고 치열한 논쟁이 벌어졌다. 이에 대해 주류 경제학자들은 수출주도적 공업화와 시장의 작동을 강조한 반면, 국가주의자들은 효과적인 산업정책과 대내외적 금융, 자본통제 등 국가의 강력한 역할을 강조했다.

한국정부는 시장에 적극적으로 개입하며 경제발전을 주도했는데, 다른 개도국과 달리 강력한 경제개입이 성공할 수 있었던 제도적인 기반이 강조되고 있다. 즉, 한국은 토지개혁과 오랜 관료제의 역사 등을 배경으로 다른 사회세력들로부터 상대적인 자율성과 관료의 능력이 높았으며, 동시에 국내자본과 밀접한 연계(embedded autonomy)를 맺은 발전국가(developmental state)여서 과도한 부패나 지대추구(rent-seeking)로 인한 정부개입의 실패가 극복되었던 것이다. 물론 이는 미국으로부터의 지원과 냉전체제와 체제경쟁 등 대외적인 요인에도 영향을 받았다. 한국의 발전국가는 금융을 통제하며 규율과 협조를 동시에 수반한 독특한 정부-은행-기업 관계를 형성하여 기업부문의 생산적인 투자와 경제성장을 촉진했던 것이다(Lee, 1998).

주류학자들의 믿음과는 달리, 1960년대 이후 발전국가의 대외정책은 단순한 개방이 아니라 세계경제와의 전략적 통합, 즉 수출촉진과 수입대체의 결합 그리고 무엇보다도 강력한 자본통제 정책이었다. 자본계정과 관련해 정부는 자본유출을 강력하게 통제했고, 외국자본의 직접투자(FDI : foreign direct investment)에 대해서도 그 효과에 대한 면밀한 분석에 기초해 관리와 규제를 가했다(Mardon, 1990). 예를 들어 외국인과 내국인의 합작회사인 조인트벤처만의 허용 등으로 외국인 소유를 제한하거나 국내부품 사용의무화 등 국내산업 발전을 위한 다양한 장치들을 시행했다.

그러나 한편으로는 부족한 국내투자의 재원을 보완하기 위해 정부가 스스로 차관의 형태로 외국자본 도입을 주도하고 촉진하는 데 많은 노력을 기울였다. 1966년 외자유치법 개정으로 정부가 장악한 은행이 사적기업들의 차관도입에 직접 보증을 제공해 1960년대 중반 이후 차관 형태의 자본유입이 급증하였다. 동시에 정부는 차관의 효과와 사적 기업의 투자프로젝트에 대해서도 세심한 검토와 주의를 기울였다. 즉, 한국에서는 직접적인 자본투자와 종속은 제한하면서도 정부가 스스로 차관의 형태로 외국자본 도입을 주도, 통제하는 독특한 자본통제가 나타났으며, 이는 정부에 의해 관리되는 외자의 존적 경제성장으로 이어졌다고 할 수 있다.[4]

재미있는 점은 이러한 자본통제와 발전국가라는 제도적 특징 사이에 호혜적인 상호작용이 나타났다는 것이다. 먼저 효과적인 자본통제는 상대적으로 덜 심각했던 부패와 정부관료의 능력에 기초한 것이었다. 또한 무엇보다도 한국의 자본통제는 국내적 금융통제와 산업정책 등 다른 발전지향적인 정책들과 유기적으로 결합되어 사적부문의 생산적인 투자를 촉진했다. 실제로 정부가 통제하는 해외

---

4) 물론 1960년대와 1970년대 차관도입의 급증으로 1980년대 초반에는 대외부채 문제가 심각해졌으며 많은 진보적 학자들은 대외종속을 우려하기도 했다. 그러나 남미 등과는 달리 자본종속은 심각하지 않았으며 1980년대 초반 미국 등의 도움과 1980년대 중반 이후 3 저호황으로 인한 무역흑자로 외채 문제는 거의 해결된 것으로 보였다.

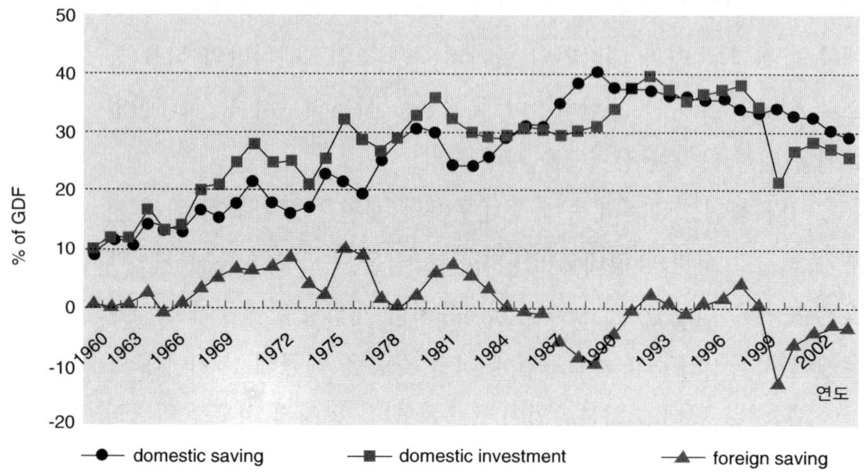

자본은 정책금융에서 가장 중요한 원천이 되었는데, 이렇게 볼 때 자본통제가 국가주도적인 금융시스템, 그리고 발전전략의 중요한 구성요소로 작동했던 것이다. 한편 자본통제는 독특한 정부-기업 관계를 강화해 발전국가 체제에도 도움을 주었다. 기업은 투자를 위해 언제나 조건이 좋은 해외자본을 활용하고자 했지만 해외자본의 유입은 외자유치위원회의 엄격한 심사를 거쳐야 했으므로, 자본통제는 정부의 기업에 대한 우위를 강화하고 정부가 수출성과에 기초해 정책자금을 배분하는 규율기제의 작동에 큰 도움을 주었던 것이다(Lee, 2004b).

2. 자본자유화에서 외환금융위기로

1) 발전국가의 몰락

국가주도의 경제발전은 눈부신 성과를 이루었지만 많은 문제점이 발생한 것도 사실이다. 1979~1980년 중화학 부문의 과잉설비와 대외적인 쇼크로 한국경제는 위기에 빠졌고, 이후 점진적인 자유화와 안정화 정책들이 도입되기 시작한다. 금융부문에서는 1982년 이후 은행민영화와 금리자유화 등이 전개되었고, 1980년대에는 자본유출입에 대한 통제도 점진적으로 완화되기 시작하지만 여전히 국내산업을 고려한 정부의 금융통제는 지속되었고 대외적으로도 금융시스템은 상대적으로 폐쇄되어 있었다.

그럼에도 불구하고 금융시장은 전반적으로 상당한 변화를 겪었고 이로 인해 국가주도적 금융시스템이 약화되었다. 무엇보다도 투자금융회사, 증권회사 등 재벌에 의해 지배되고 있던 비은행금융기관이 급성장했다. 결국 1980년대 말에는 이들 비은행금융기관이 은행에 비해 자금순환에서 더 큰 비중을 차지하게 되었고, 주식시장과 채권시장 등 자본시장도 1980년대 후반에 급성장하였다.

이러한 금융시스템의 변화는 정부의 금융통제 약화와 재벌의 금융자율성 강화로 이어졌다. 실제로 1980년대 후반에는 〈표 2〉에서 나타나듯 기업부문의 자금조달 구조에서 은행과 정부보증에 기초한 차관 등 정부가 통제하는 부분이 급감했다. 경제성장으로 인해 재벌은 1980년대 중반부터 정부의 보증 없이 해외로부터도 자금을 조달할 수 있게 되었으며, 따라서 정부의 도움이 대폭 줄어들었던 것이다(Lee, 1998).

이처럼 금융시스템이 부분적으로 재벌 중심적인 체제로 변화하자, 1980년대 후반 이후 정부-재벌 간의 갈등이 점점 심화되었고 결국은 재벌의 우위가 더욱 뚜렷해져 갔다. 정부는 재벌의 경제력 집중과 높은 부채비율을 우려하며 1980년대 이후 공정거래법 강화와 함께 업종전문화의 유도, 여신관리제도 등 주로 금융적 수단에

	1970	195	1980	1985	1988	1990	1992
간접금융	39.7	27.7	36.0	56.2	27.4	40.9	36.3
은행차입 (A)	30.2	19.1	20.8	35.4	19.4	16.8	15.1
비은행금융기관차입	9.5	8.6	15.2	20.8	8.0	24.1	21.1
직접금융	15.1	26.1	22.9	30.3	59.5	45.2	41.4
국공채	0.1	0.8	0.9	0.8	5.3	3.1	3.3
상업어음	0.0	1.6	5.0	0.4	6.1	4.0	7.6
회사채	1.1	1.1	6.1	16.1	7.5	23.0	12.5
주식	13.9	22.6	10.9	13.0	40.6	14.2	15.9
해외차입 (B)	29.6	29.8	16.6	0.8	6.4	6.8	5.0
기타	15.6	16.4	24.5	12.7	6.7	7.1	17.3
총계	100.0	100.0	100.0	100.0	100.0	100.0	100.0
(A) + (B)	54.8	48.9	37.3	36.2	25.8	23.6	20.1

자료 : 한국은행.
주 : 기타는 정부차입과 상업신용 포함.

기초한 규제를 강화했지만 별다른 효과가 없었다. 1990년에는 1980년대 초반 이후 계속되어 오던 중화학공업부문에 대한 정부의 투자조정도 철폐되었고, 김영삼 정권의 등장 이후에는 국가경쟁력에 대한 고려와 재벌의 로비 등을 배경으로 재벌에 대한 다양한 규제완화가 급속히 진전되었다.

정부-기업 관계가 변화하면서 1980년 후반 이후 발전국가의 다른 조건들도 급속히 변화했다. 외부적으로는 냉전체제의 붕괴와 무역수지의 급증을 배경으로 금융부문에 대한 미국의 시장개방과 자유화의 압력이 더욱 커졌고, 내부적으로는 시장 이데올로기의 득세

와 함께 학계나 정부 내부에서도 정부의 역할 축소와 규제완화가 대
세를 이루었다. 특히 1987년 민주화의 진전과 함께 발전국가는 그
정당성이 더욱 약화되었다. 대중은 독재와 경제개입, 시장과 민주주
의를 동일시하여 관치경제 철폐를 요구했고, 노동자들의 세력이 강
화됨으로 더 이상 국가-자본 연합과 노동자 억압을 기초로 하는 성
장체제가 어려워졌다. 게다가 김영삼 정부하에서는 경제기획원 해
체 등 조직 변화와 경제정책의 혼선 등 경제 변화를 관리하는 정부
의 역량(state capacity)도 크게 약화되었다(Weiss, 2000). 결국 1990년
대 초반 한국의 발전국가는 금융시스템 변화와 대내외적 압력 속에
서 붕괴하고 말았다.

2) 금융개방의 정치경제학과 경제위기

1990년대 초반 이후 급속히 진전된 금융자유화와 개방은 이렇게 변
화한 정치경제적 상황을 반영한 것이었다. 우선 국내적으로 1990년
대 초반 금리자유화와 비은행금융기관에 대한 규제완화 등 상당한
자유화 조치가 진전되었다. 이와 함께 1993년 이후 김영삼 정부는
해외차입 완화를 포함한 금융개방과 자유화 조치들을 대거 도입했
다. 그러나 당시의 금리자유화와 자본자유화는 적절히 관리되지 못
해 아주 위험했으며 경제의 불안정을 크게 심화시켰다.

자본자유화와 관련해 정부는 1993년 이후 재벌과 금융기관의 해
외차입 규제완화와 1994년부터 투금사의 종금사로의 전환 허가 등
단기해외차입과 관련된 부문에 대해 상당한 규제완화 조치들을 도
입했다. 이러한 정책의 이면에는 역시 미국 등의 대외적인 압력과
함께 값싼 재원조달을 위한 재벌의 내부적 압력도 매우 중요한 역할
을 했던 것으로 보인다. 실제로 엄낙용 당시 재무부차관보는 1998년

환란 관련 국회청문회의 증언을 통해서 "위기 이전 자본자유화의 주요한 압력은 국내 재벌과 미국정부로부터 기인했으며, 정부는 해외차입 부문을 너무 많이 개방했고 이것이 위기의 주된 원인이었다"고 인정하기도 했다.

금융개방은 또한 미국의 정책적 압력을 반영한 것으로 실제로 1992년 한미 금융정책협의회의 권고사항이 그대로 한국의 금융자유화 정책에 반영되기도 했다. 그 밖에도 금융개방이 전제조건이었던 정부의 OECD 가입 결정 과정에서 미국정부는 한국의 금융시장 개방을 더욱 강제했다고 보고된다. 하지만 이렇게 폐쇄적이던 금융시스템이 부분적인 개방으로 균열되고 있었음에도 불구하고 외국자본의 유출입과 금융부문에 대한 적절한 규제와 감독은 제대로 이루어지지 않았다(Lee et al., 2002).

금융개방의 결과는 역시 단기해외자본 유입과 대외부채의 급증이었다. 많은 금융기관들은 금리가 싼 해외자본으로 국내기업에 장기로 빌려주는 아비트리지(arbitrage) 거래에 몰두했다. 한편 1990년대 초반 투자조정 해체와 1990년대 중반 수출호황, 그리고 WTO 체제의 등장 등 세계자본주의의 경쟁 격화를 배경으로 재벌들은 주로 부채에 기초해 공격적으로 투자를 늘렸고 해외차입은 주로 이러한 장기투자에 조달되었다. 따라서 기업부문의 수익성과 금융구조는 악화되었고, 금융부문의 환율, 기간 미스매치 문제와 위험, 그리고 취약성이 심화되어 갔다.

결국 1996년 수출시장의 쇼크와 1997년 초 대기업의 파산은 금융부문에 커다란 충격을 주었다. 특히 재벌의 차입금 의존도와 단기차입이 높아진 상황에서 종금사 등의 단기자금 회수의 악순환은 경제 전체를 혼란으로 빠뜨렸다(김동원, 1998). 결국 가을 이후 동남아 금융위기의 전염과 정부의 대응 실수로, 결국 외국인 투자자들은 한국으로부터 등을 돌렸고 단기차입금의 롤오버[5] 거부라는 형태로 자본을 빼냈으며 외환금융위기가 폭발하고 말았다. 12월 한국정부는 IMF에 구제자금을 요청했으나 이것도 위기를 진정시키지 못했고, 선진국 정부들의 협조융자의 부채조정으로 인해 겨우 국가 파산을 모면할 수 있었다.

3. 위기 이후 : 자본통제에서 자본의 통제로

1) 신자유주의적 구조조정과 전면적인 금융개방

1997년 외환금융위기는 한국 역사상 최대의 경제위기였으며 기존의 오랜 발전모델이 완전히 붕괴되는 계기가 되었다. 김대중 정부는 주류의 주장을 그대로 받아들여 IMF의 구조조정 압력 속에서 기업, 금융, 노동시장 등 경제의 전 부문에서 시장의 역할을 증대하고 경제를 영미식의 구조로 바꾸기 위한 신자유주의 개혁을 실시하였다. 금융기관들은 파산 이후 GDP의 30%에 달하는 공적자금을 투입해 실질적으로 국유화됐고 이후 주로 해외자본에 매각되었다. 또한 정부는 이들을 통제하며 재벌들에 대해서는 단기간 내에 부채비율을 줄이고 다각화를 제한하는 기업 구조조정을 독려하였다(Crotty and Lee, 2002).

무엇보다도 위기의 주요한 원인이 금융개방이었음에도 불구하고 금융부문에서는 대외개방이 한층 더 도입되었다. 1998년 주식시장과 채권시장을 포함한 자본시장이 완전히 개방되었고 외국인의 금융기관 소유와 적대적인 M&A도 허용되었다. 1999년 이후 이른바 2

---

5) 롤오버란 단기차입의 만기를 연장시켜 주는 것을 말하는데, 1년 미만의 단기해외차입은 흔히 그 만기의 연장이 관행적이었다.

〈표 3〉 외환위기 전후 외국자본투자의 유입 (단위 : 십억 달러)

	1995	1996	1997	1998	1999	2000	2001	2002
FDI 유입	1.9	3.2	6.9	8.8	15.5	15.2	11.3	9.1
포트폴리오 투자								
유입	10.2	12.6	13.2	16.5	41.7	60.1	43.9	45.8
유출	7.8	8.0	12.1	11.7	36.2	48.8	36.4	49
순유입	2.5	4.6	1.1	4.8	5.5	11.3	7.5	−3.2

자료 : 한국은행, 산업자원부.

주 : 1) FDI는 신고 기준

2) 2002년, 포트폴리오 투자는 3분기까지의 자료

단계 자본자유화 조치를 도입했고, 2001년에는 2단계 정책을 실시해 국내기업의 해외차입에 대한 규제완화, 그리고 증여 송금 등 내외국인의 대외자본거래를 전면적으로 자유화했다.

금융부문의 개방을 위한 IMF 구제금융 협상과정에서 가해진 미국과 금융자본의 압력은 이미 잘 알려져 있으며 이러한 급속도의 전면개방은 기존 OECD 가입과정에서 추진했던 계획보다도 훨씬 앞선 것이었다. 이러한 자본시장의 전면개방과 위기로 폭락한 자산가격 그리고 기업에 대한 구조조정과 자산매각의 압력 등을 배경으로 외국자본이 국내시장에 급속도로 진출, 그 세력이 크게 강화되었다. 나아가 동북아경제 중심 정책하에 더욱 적극적으로 추진되고 있는 정부의 외국인 투자유치정책은 일종의 외국자본 의존적인 성장전략으로 이어질 가능성이 크다(Lee, 2004a).

〈표 3〉에서 보듯 급속도로 증가한 외국자본의 유입은 위기 직후에는 필요했을지도 모른다. 하지만 세계은행의 연구에서조차도 동아시아 위기 이후 외자유입은 주로 M&A 형태였으며 경제회복에는 별로 도움이 되지 않았다고 인정한다(Mody and Negishi, 2001).[6]

주식시장의 경우 외국인 지분율은 1997년 약 15%에서 2004년 중반 약 43%로 급등하였고, 주요 대기업들에 대한 해외자본의 지배는 압도적이며, 특히 은행 등 금융산업에서 외국자본의 힘이 크게 강화되었다.

급속한 구조조정과 전면적 대외개방과 함께 한국경제는 위기 이후 환율의 안정, 외환보유고의 증가를 보이며 빠르게 안정되었으며 1999년 이후에는 빠른 회복을 보였다. 그러나 이는 구조조정의 성과라기보다는 주로 공적자금 등 정부지출의 증가와 폭등한 환율을 배경으로 한 엄청난 무역수지 흑자에 기초한 것이었으며 2001년부터는 다시 침체에 빠져든다.

이후 한국경제는 정부의 적극적인 규제완화와 금융시스템의 변화, 기업금융 축소를 배경으로 가계대출의 급등에 기초한 내수증대로 2002년 다시 호황을 맞지만 가계대출 버블이 붕괴하자 2003년부터는 다시 불황에 빠져들게 된다. 기업의 수익성은 2002년 이후 크게 향상되었고 부채비율은 위기 이후 급속히 감소했지만, 불확실성과 경제의 구조변화 속에서 투자가 심각하게 정체되고 있으며 가계부채와 노동시장 유연화로 인한 분배와 빈곤문제가 악화되고 있다. 즉 영미식 자본주의로의 구조조정, 특히 개방된 자본시장 중심적 금융시스템으로의 급속한 전환이 성장과 분배의 동시적인 악화를 가져오고 있는 것이다.

6) 한국의 경우 1999년 이후 통계상으로는 FDI가 급증했지만 신규공장을 설립하는 green field investment는 극소수였고, 주로 자산매각과 관련된 M&A 관련 투자였으며 실제로 UN의 World Investment Report도 80% 이상을 M&A 관련 투자로 분류하고 있다.

2) 외국자본의 통제 : 우려와 대안

그렇다면 위기 이후 급속도로 진행된 자본자유화와 전면개방, 그리고 이로 인한 외국자본의 통제 강화로 인한 영향은 어떨까?

〈표 4〉 주요 기업들의 외국인 지분율 변화			(단위: %)
기업(2000년 주식가치 순위)	1997. 11.(위기 이전)	2000. 12.	2004. 3. 19
삼성전자 (1)	24.2	54.2	59.4
SK 텔레콤 (2)	26.0	53.2	48.9
KT (3)	—	19.4	49.0
한국전력 (4)	10.6	26.1	29.0
POSCO (5)	20.8	49.0	66.8
국민은행 (6)	25.8	58.2	75.3
주택은행 (7)	37.0	65.4	*
외환은행 우선주 (9)	—	100	**
현대차 (12)	23.6	41.0	52.1
신한은행 (13)	21.9	48.9	64.3
삼성전기 (15)	5.1	30.0	28.1
현대전자 (17)	7.2	35.5	5.1***
SK (20)	13.7	25.3	56.2
삼성전자 우선주 (21)	26.0	33.8	17.0
LG화학 (27)	17.4	28.0	34.1
한미은행 (30)	31.3	61.5	91.2
신세계 (39)	10.7	39.3	49.8
외환은행 (42)	3.6	26.4	70.1

자료 : 금융감독원, 증권거래소.
* 국민은행에 합병.
** 우선주 소멸.
*** 하이닉스로 변화.

<table>
<thead>
<tr><th colspan="8"><표 5> 주요경제지표   (단위 : %, 십억 달러)</th></tr>
<tr><th></th><th>1997</th><th>1998</th><th>1999</th><th>2000</th><th>2001</th><th>2002</th><th>2003*</th></tr>
</thead>
<tbody>
<tr><td>실질경제성장률</td><td>5.0</td><td>−6.7</td><td>10.9</td><td>9.3</td><td>3.1</td><td>6.3</td><td>3.1</td></tr>
<tr><td>실업률</td><td>2.6</td><td>7.0</td><td>6.3</td><td>4.1</td><td>3.8</td><td>3.1</td><td>3.4</td></tr>
<tr><td>소비자물가상승률</td><td>4.4</td><td>7.5</td><td>0.8</td><td>2.3</td><td>4.1</td><td>2.7</td><td>3.6</td></tr>
<tr><td>무역수지</td><td>−3.2</td><td>41.6</td><td>28.5</td><td>16.9</td><td>13.5</td><td>14.8</td><td>22.2</td></tr>
<tr><td>고정자본투자 성장률</td><td>−2.2</td><td>−21.2</td><td>3.7</td><td>11.4</td><td>−1.8</td><td>4.8</td><td>3.6</td></tr>
<tr><td>환율 (원/$), 연말기준</td><td>1,415</td><td>1,208</td><td>1,145</td><td>1,260</td><td>1, 326</td><td>1,200</td><td>1,198</td></tr>
<tr><td>재정수지 / GDP</td><td>−1.5</td><td>−4.2</td><td>−2.7</td><td>1.3</td><td>1.3</td><td>3.9</td><td>—</td></tr>
<tr><td>총국내투자 / GDP</td><td>34.4</td><td>21.3</td><td>26.9</td><td>28.3</td><td>27</td><td>26.1</td><td>29.5</td></tr>
<tr><td>총저축 / GDP</td><td>33.4</td><td>33.9</td><td>32.9</td><td>32.4</td><td>30.2</td><td>29.2</td><td>32.6</td></tr>
<tr><td>가계부채 / GDP</td><td>—</td><td>41.3</td><td>44.3</td><td>51.1</td><td>62.0</td><td>73.6</td><td>—</td></tr>
<tr><td>외환보유고</td><td>8.9</td><td>48.5</td><td>74.1</td><td>96.2</td><td>102.8</td><td>121.4</td><td>155.4</td></tr>
<tr><td>총대외부채</td><td>174.2</td><td>163.8</td><td>152.9</td><td>148.5</td><td>130.8</td><td>143.9</td><td>160.9</td></tr>
<tr><td>상위 20% 소득 / 하위 20% 소득</td><td>4.49</td><td>5.44</td><td>5.49</td><td>5.32</td><td>5.36</td><td>5.18</td><td>5.22</td></tr>
</tbody>
</table>

자료: 한국은행, 국민계정, 기획예산처.
주: 1) 2003 데이터는 2002년 가격 기준, 다른 연도는 1995년 가격기준
　　2) 무역수지는 상품수지

첫째, 자본유출에 대한 규제완화로 인해 이미 국내로부터의 자본이전이 늘어나 다른 개도국에서 심각했던 자본도피(capital flight) 현상조차 우려되고 있다. 실제로 이민자가 증가했고 2004년 1분기의 국내재산 반출은 2년 전 동기간에 비해 3.7배나 늘어났다. 해외의 가족과 친척에게 보내는 경상이전 대외지급액도 증가 추세를 보이며, 부동산 등의 투자를 위해 해외로 불법적으로 투자되는 자금도 급등하고 있다고 보고된다.

둘째, 자본시장의 전면개방으로 인해 포트폴리오 투자 형태의 해

외 투기자본의 급속한 유출입이 급등했다. 기업들의 해외차입의 규제완화는 단기해외부채를 다시 증가시켜 경제의 불안정을 심화시킬 우려가 제기되고 있다. 이미 한국의 주식시장 회전율은 세계 최고 수준이며, 위기 이후 한국 주식시장은 미국시장과의 동조성이 크게 강화되어 자본시장의 변동으로 인한 위기의 가능성이 우려되는 실정이다.

셋째, 이러한 외국자본의 세력 강화는 최근 우려되고 있는 기업부문의 투자 정체와 깊은 관련이 있다. 2004년 현재 재벌들은 역사상 최대의 이윤과 현금보유에도 불구하고 투자를 늘이지 못하고 있는데, 이 배경에는 외국인 지분율의 급증으로 인한 경영권 위협, 그리고 외국인 배당의 급증 등이 상당한 역할을 하고 있다.[7] 즉, 영미식의 개방된 금융시스템과 주주 자본주의를 지향하는 구조개혁이 기업의 투자에 제약이 되고 있는 것이다.

마지막으로, 외국자본의 금융산업 지배로 인해 금융중개 기능의 약화가 우려되고 있다. 실제로 최근 한국은행 보고서도 지적하고 있듯이 외국자본의 은행산업 지배는 라틴아메리카 수준으로 높아졌으며, 그 결과로 멕시코에서 나타났듯 기업부문에 대한 대출 축소가 심화되고 있다. 대기업의 경우 투자재원에서 내부자금의 비중이 급속도로 높아졌고 대출금 자체가 축소되었지만, 중소기업의 경우 은행 부문의 대출감소로 심각한 어려움을 겪고 있는 실정이다. 특히 제일은행 등 외국자본에 장악된 외국계 은행들이 기업대출, 그리고 중소기업 대출의 축소와 가계대출의 확대를 주도한 바 있다.[8]

7) 실제로 단기적 수익의 회수에 큰 관심을 가진 외국인 주주들은 공격적인 투자를 선호하지 않으며 외국자본의 재벌 경영권 위협은 SK 등의 사례에서 잘 나타나고 있다. GDP에서 외국인 주주에 대한 배당이 차지하는 비중은 1998년 0.15%, 2000년 0.36%에서 2003년 0.55%로 급등했다.

따라서 외국자본의 지배를 막고 국내경제의 관리를 위한 국민의 합의와 정부의 적극적인 노력이 필요하다. 우선 불법적, 비생산적인 자금의 해외유출을 제한하기 위한 자본유출에 대한 규제가 필수적이다. 나아가 헤지펀드의 포트폴리오 투자 등 해외단기자본의 불안정한 유출입을 규제하기 위한 다양한 규제조치를 도입할 필요가 있다. 최근 한국을 방문한 스티글리츠가 1년 이하의 단기자본유입에 대해서 일정 부분을 무이자로 중앙은행에 예치하게 하는 가변예치의무 제도(variable deposit requirement)를 조언한 것은 시사적이다. 이 조치는 1991년 이후 칠레에서 시행된 바 있는데, 그 효과성과 비용에 대해서 논란이 있지만 해외자본 유입에서 단기자본의 비중을 축소하고 장기자본의 비중을 늘이는 역할을 했다고 지적된다.

그 외에도 차등의결권 제도나 외국인 주주에 대한 보유상한 규제의 부활, 그리고 민주적 운영에 기초한 연금의 역할 강화 등 주식시장과 국내기업의 소유에서 국내자본의 주권을 유지하기 위한 다양한 노력이 필요하다. 물론 상호주식 보유를 통한 재벌총수의 비민주적인 기업지배라는 문제점을 고려할 때 재벌 내부에서 총수의 전횡 방지를 위한 조치가 함께 나타나야 할 것이다. 사실 외국자본이나 재벌이냐의 사이에서는 선택이 쉽지만, 노동자와 국민의 요구에 기초해 외국자본의 지배를 제한하고 국민경제를 관리, 발전시키는 방향을 골자로 하는 재벌과의 사회적 대타협을 추진해야 할 것이다.

무엇보다도 중요한 과제는 개방된 영미식 금융시스템이 아니라,

---

8) 1997년 전체 예금은행의 원화대출금에서 기업대출이 차지하는 비중은 약 61%였으나 2002년에는 약 44%로 감소했고, 중소기업들은 은행의 대출기피를 배경으로 외부자금 확보의 어려움을 투자 축소의 중요한 이유로 지적하고 있다.

금융중개 기능을 복원하고 생산적 투자를 촉진하기 위해 작동하는 은행중심적 금융시스템을 확립하는 것이다. 과거 식으로 정부의 금융통제에 기초한 정부주도적 금융시스템은 아니지만, 중소기업부문에 대한 대출 등 은행의 역할을 신장시키는 안정적인 관계지향적 금융시스템을 건설할 필요가 있다.[9] 내부자금과 자본시장에 기초한 대기업부문과 중소기업을 지원하는 은행부문, 그리고 벤처기업을 지지하기 위한 벤처펀드 등 각 부문의 상호보완과 협조에 기초한 한 국형의 중층적인 금융시스템(multi-layered financial system)의 고안이 경제성장 촉진을 위해 필수적이다. 특히 이 과정에서 장기적이고 효과적인 금융규제와 금융시장의 설계를 위해 정부의 핵심적인 역할이 중요하며 노동자와 국민의 참여 또한 요구되고 있다.

| 참고문헌 |

김동원, 「경제위기의 원인」, 한국경제학회 정책심포지엄, 1998.

Cho, Y. J., 「Financial Crisis in Korea: A Consequence of Unbalanced Liberalization?」, Mimeo, World Bank, 2000.

Crotty, J. and Lee, K-K., 「A political-economic analysis of the failure of neo-liberal restructuring in post-crisis Korea」, 『*Cambridge Journal of Economics*』 26(5), 2002.

______, 「Was the IMF's Imposition of Economic Regime Change Justified? A Critique of the IMF's Economic and Political Role in Korea During and After the Crisis」, 『PERI(Political Economy Research Institute) working paper』 No. 77, University

---

9) 정부의 구조조정에도 불구하고 경제위기 이후 금융시장에서는 자본시장의 미약한 발전과 비은행금융기관의 취약성을 배경으로 은행의 비중이 더욱 커졌다. 그러나 은행들은 기업 대출 축소와 국공채 매입 등 보수적인 자금운용으로 금융시장의 활성화에 실패하고 있는 실정이다.

of Massachusetts, 2004.

Diaz-Alejandro, C., 「Good Bye Financial Repression, Hello Financial Crash」, 『*Journal of Development Economics*』 vol. 19. no 1~2, 1985.

Lee, C. H., Lee, K. and Lee, K-K., 「Chaebol, Financial Liberalization, and Economic Crisis: Transformation of Quasi-Internal Organization in Korea」, 『*Asian Economic Journal*』 16(2), 2002.

Lee, K-K., 「The Change of Financial System and Developmental State of Korea. Paper presented at WIDER」, World Institute for Development Economics, 1998.

______, 「Capital Account Liberalization and Investment: Did liberalization Spur Investment Efficiency in Korea?」, mimeo, 2003.

______, 「Northeast Asian Economic Hub Country Strategy of Korea」, 『*Ritsumeikan Journal of International Affairs*』 Vol. 2, 2004a.

______, 「The Political Economy of Capital Controls, Liberalization and the Crisis in Korea」, presented at Japanese Society of Political Economy conference, 2004b.

Lee, K-K. and Jayadev, A, 「The Effects of Capital Account Liberalization on growth and the Labor Share of Income: Reviewing and Extending the Cross-Country Evidence. 2005」, forthcoming in *Capital Flight and Capital Controls in Developing Countries, 2005*.

Mardon, R. 「The State and the Effective Control of Foreign Capital: The Case of South Korea」, 『*World Politics*』 43, 1990.

Mody, A. and Negishi, S., 「Cross-Border Mergers and Acquisitions in East Asia: Trends and Implications」, 『*Finance and Development*』 38(1), 2001.

Prasad et al., 「Effects of Financial Globalization on Developing Countries: Some Empirical Evidences」, 『*IMF occasional paper*』 No. 220, 2003.

Weiss, L., 「Developmental States in Transition: Adapting, dismantling, innovating, not 'normalizing'」, 『*Pacific Review*』 13(1), 2000.

3장

자본자유화의 환상과 대안

◎왕윤종(SK경영경제연구소 상무), 이재상(SK경영경제연구소 수석연구원)

들어가며

글로벌 시대에서 자본의 자유로운 국경 간 이동에 대해 부정적 입장을 취하는 학자들은 종종 시대의 흐름을 제대로 읽지 못하거나 1960~1970년대 유행했던 제3세계 민족주의 경제론의 21세기판 재현이라는 비판을 받을 수 있다.

그러나 불과 외환위기가 발생하기 직전까지만 해도 많은 국내 학자들이 자본자유화의 맹목적 추종이 얼마나 위험한 것인가에 대해 언급했는지 다시 한 번 상기할 필요가 있다. 또한 정부의 입장도 자본자유화에 대해 매우 유보적이었다. 일례로 외환위기 이전 3년 이상 장기상업차관의 도입이 금지되어 있었고, 만성적 초과수요가 발생하고 있던 국내 자금시장에서 외국자본의 도입은 기업이 원하던 바였다. 그러나 이러한 장기자본의 도입에 대해 정부는 거시경제적 안정을 해친다는 이유로 금지했었다. 그러던 정부가 외환위기가 터

지자마자 외자도입에 관해 발 벗고 나서는 형국으로 급변하더니 결국 장단기자본에 대한 구분도 없이 핫머니의 유출입이 완전 자유화되었다.

자본자유화의 편익 중 가장 중요한 것은 자금이 만성적으로 부족한 국가에 필요한 자본이 공급됨에 따라 경제성장과 고용창출이 가능하다는 점일 것이다. 그러나 실제로 자본자유화를 단행한 아프리카 대다수 국가들의 경우 여전히 경제성장에 필요한 민간자본은 전혀 공급되지 않고 있다. 현재 국제자본이 몰리고 있는 중국과 인도를 보면, 개발도상국 중에서 가장 자본자유화가 더디게 이루어지고 있는 국가들이다.

경제발전 단계에 맞는 순차적인 자본자유화가 자본시장의 발전과 경제발전을 동시에 가져다준다는 점은 여러 경험적 사례를 통해 확인할 수 있다. 자본자유화가 생산요소의 가장 효율적 배분을 가져다줄 것이라는 환상에서 벗어나는 것이 필요하다. 시장기능이 제대로 작동할 수 있는 경제적 인프라가 갖추어지지 못한 여건하에서 맹목적인 자본자유화는 건전한 시장을 가꾸지 못하고 국내 금융시장을 결국 투기자본의 도박장으로 만들 뿐이다.

자본자유화와 금융위기

금융위기는 어쩌면 숙명이었는지도 모른다. 이는 금융시장의 불완전성을 적극적으로 지지하는 킨들버거(Kindleberger)류의 경제사관을 갖지 않더라도 국제적으로 최종대부자(lender of last resort)의 기능이 제한적일 수밖에 없는 국제 금융체제의 한계를 인정한다면 쉽게 예상할 수 있다. 다만 최근의 위기는 1970~1980년대 중남미 외채위기 사례와 다른 점이 있다. 즉, 통상적인 경상수지 위기에서 발견되는 방만한 재정적자와 통화증발과 같은 현상이 위기 이전에 발견되지 않았을 뿐만 아니라, 위기의 직접적인 원인도 아니라는 점이다.

1990년대 이후에 발생한 여러 차례의 외환·금융위기는 자본자유화(혹은 자본시장 개방)와 관련되어 있다. 즉, 자본자유화를 실시한 이후 과도한 자본이 유입되어 통화가치가 고평가되어 경상수지 적자가 누적될 뿐만 아니라, 단기자본 유입의 비중이 높아 결국 급격한 자본유출이 야기되고 환율폭등으로 기업 및 금융기관의 대외부채 부담이 급속히 증가되어 위기가 촉발되게 된 것이다. 이하에서는 1990년대에 유럽, 남미, 동아시아 세 지역에서 발생한 대표적인 자본수지 유발형 외환·금융위기에 대해 살펴보기로 하자.

1. 유럽 통화위기(1992~1993)

유럽의 통화통합 과정은 1985년 유럽단일의정서(Single European Act : SEA)에 의해 1992년까지 단일시장을 출범시킨다는 계획과 밀접한 관련이 있다. 단일시장계획에 포함된 주요 이행사항 중의 하나가 바로 역내 완전한 자본자유화의 추진이었는데, 유럽은 단일시장에 의해 완전한 자본자유화를 추진하게 될 경우 역내 환율안정 및 독립적인 통화정책의 유지가 사실상 불가능하다는 점을 널리 인식하고 있었다.

이러한 인식하에 통화통합에 대한 정치적 의지가 작용해 1991년 12월 유럽 정상들은 네덜란드의 마스트리히트에서 유럽경제통화동맹을 위한 단계별 추진계획에 합의하게 된다. 그러나 자본자유화 조치가 진행되면서 역내 환율안정장치로서 유럽통화체제(European Monetary System : EMS)는 더 이상 안정적으로 유지되기 어렵게 되었다. 또한 독일 통일 과정에서 발생한 인플레이션 압력에 대응해 독일연방은행이 초긴축적 통화정책을 펼치게 되었다. 이후 독일은 1990년 통일 이후 2년 동안 무려 10차례에 걸쳐 금리인상 조치를 단행했다. 여타 EMS 회원국들은 EMS 체제에 잔류하기 위해서는 독일과 마찬가지로 긴축적 통화정책을 채택해야 했다. 그러나 이러한 독일의 고금리 정책에 따라 불가피하게 금리를 인상해야 했던 영국, 이태리, 스페인 등은 경기침체와 실업률 증가로 자국통화의 평가절하 압력에 시달려야 했다. 통화통합으로 이행해 가는 과정에서 유럽통화체제에 균열이 생기게 된 것이다.

1992년 9월 유럽에서 통화위기가 발생하게 되는데, EMS 회원국은 아니었으나 회원국이 되기를 희망하였던 핀란드와 스웨덴의 마르카와 크로나 등 약세통화들에 대한 투기적 공격이 외환시장에서 먼저 발생했다. 이어서 영국 파운드와 이탈리아 리라에 대한 투기적 공격이 감행되었다. 해당국 중앙은행들이 적극적으로 외환시장에 개입했지만 역부족이었다.

조지 소로스와 같은 대규모 투기자들이 영국 파운드화에 대해 약 150억 달러 정도의 매도 포지션(short position)을 구축한 후 투기적 공격을 개시해 위기를 촉발시켰다. 당시 동원된 헤지펀드의 투기자본은 약 1200억 달러로 추산되고 있으며, 이들 헤지펀드들이 차입을 통한 레버리지 효과를 고려할 때 투기자본의 총 규모는 1조5000억 달러에 달하는 것으로 평가되고 있다. 이 과정에서 영국중앙은행은 약 400억 달러 정도의 외환보유고를 소진하면서 파운드화 가치를 유지하려고 했으나 역부족이었다. 영국 메이저 총리가 영국의 EMS

탈퇴를 선언함으로써 동 사태는 종결되는데, 당시 조지 소로스가 포지션을 정리하고 얻은 수익은 무려 15억 달러에 달하는 것으로 알려지고 있다.

1992년 9월부터 1993년 8월 사이에 발생한 유럽의 통화위기로 인해 영국과 이탈리아가 EMS에서 탈퇴했고, 환율불안으로 인해 유럽 통화통합에 대한 비판적 견해가 다시 팽배해지기 시작했다. 유럽 각국의 불황에 따라 대규모 재정적자가 지속되었고, 많은 국가가 마스트리히트조약에서 요구하는 경제수렴조건을 충족하지 못할 것이라는 전망이 확산되었다.

독일은 1994년부터 통일의 후유증에서 벗어날 수 있었고, 이에 따라 금리인하를 추진할 수 있었다. 이후 EMS 회원국의 경제성장이 통화위기에 따른 경기침체로부터 점차 회복되기 시작했다. 통화위기로 인해 환율변동폭이 2.25%에서 15%로 대폭 확대되어 역내 환율안정장치로서의 EMS의 기능이 사실상 무의미해졌다는 비판론이 확산되었다. 그러나 EMS 참여국들은 기본적으로 중심환율에 자국통화가치를 안정시키려고 노력했다. 또한 완전한 자본자유화가 추진된 여건하에서 통화통합을 늦추게 될 경우 통화위기가 반복될 가능성이 높다는 점을 인식하고 통화통합에 박차를 가하게 된다.

2. 멕시코 페소화 위기(1994~1995)

1994년 말에 발생한 멕시코 페소화 위기도 자본자유화와 관련된 것이다. 멕시코 살리나스 정부는 이른바 신자유주의 정책을 가장 과감하게 실천한 사례로 평가되고 있다. 특히 1995년으로 예정된 북미자유무역협정(NAFTA)의 발족을 앞두고 주식시장과 채권시장을 과감하게 개방하는 자본자유화를 추진했다. 이로 인해 1993~1994년 중

멕시코에 미국자본이 대거 유입되어 멕시코 경제는 큰 호황을 누리게 되었다. 특히 멕시코 정부는 외국자본을 끌어들여 막대한 공공 및 건설투자를 벌여 재정적자 문제가 심화되었다.

1994년 들어 미국의 금리인상, 멕시코의 정치·사회불안 등으로 외자도입이 점차 둔화되고 투자자금이 오히려 유출되기 시작했다. 자본자유화에도 불구하고 고정환율제를 유지하고 있던 멕시코 정부는 외화유출에 따른 환율상승 압력에 직면하게 되었다. 환율방어를 위해 외환시장에 개입했지만, 급격한 외환보유고 감소로 인해 환율방어에 한계를 느끼고 평가절하를 단행하게 되었다.

멕시코의 페소화 위기를 보면 자본자유화와 고정환율제도가 양립하기 어렵다는 점을 알 수 있다. 멕시코 정부가 좀더 일찍 평가절하를 단행해야 했다는 결론에 도달하게 되나, 당시 대통령 선거에 부정적 영향을 줄 것이라는 우려로 인해 집권 정부는 선거가 끝난 후에 평가절하를 시도하기로 했다. 1994년 8월에 대통령으로 당선된 세디오는 평가절하를 단행하기 며칠 전 소수의 부유층 사업가와 금융가에게 페소화가 곧 절하될 것이라는 정보를 주었다. 이러한 정보를 입수한 헤지펀드들과 멕시코 부유층들은 수십억의 페소를 달러로 환전하였다. 마침내 12월 20일 세디오 정부는 페소화의 평가절하를 단행하는데, 평가절하에 대한 예상은 하고 있었지만 시장은 요동치기 시작했다.

멕시코 페소화 위기의 경우 유럽의 통화위기와는 달리 헤지펀드의 직접적인 투기적 공격에 의해 촉발된 것으로 볼 수는 없다. 다만 헤지펀드들이 멕시코가 평가절하 상황에 봉착했다는 것을 감지하고 있었던 것으로 판단된다. 이들은 환위험을 회피하기 위해 페소화를 달러로 급격히 환전하였고, 페소화 표시로 된 채권과 주식을 투매해 환손실을 줄이면서 최대한 이익을 얻는 포지션을 취하려 했던 것으로 보인다. 이후 변동환율제로 이행한 다음 지속적인 평가절하가 이루어지는 가운데 헤지펀드들은 멕시코 페소화의 환투기에 참여해 멕시코 사태를 더욱 악화시키는 데 일조하였다.

3. 동아시아 외환위기

1997년 동아시아 외환위기는 태국에서부터 시작되었다. 1995년 태국은 금융허브를 창설하겠다는 목표를 세우고 자본자유화를 추진했고, 역외금융시장을 개방했다. 개방과 함께 외국자본이 쏟아져 들어와 경제버블이 만들어졌다. 단기적으로 자본이 유입되는 상황하에서 경상수지 적자는 큰 문제로 인식되지 않았다. 또한 환율도 안정적으로 유지될 수 있었다. 그러나 이러한 상황은 장기적으로 계속될 수 없었고, 결국 투기세력의 공격을 받게 되었다. 이러한 태국의 외환금융위기는 이후 인도네시아, 홍콩을 거쳐 한국의 위기로까지 빠르게 이어졌다.

이 지역 외환위기의 특징은 투기세력의 공격이 그 단초를 제공했고, 상업은행마저 투기세력과 동조하여 위기를 심화시켰다는 데 있다. 이는 이 시기 이 지역에 대한 국제유동성 공급이 갑자기 회수된 규모를 보면 잘 알 수 있다. 외환위기가 발생한 동아시아 5개국(한국, 인도네시아, 말레이시아, 태국, 필리핀)에 대한 민간부문의 자금 유출입을 보면, 1996년 930억 달러 순유입이 1997년에는 121억 달러 순유출을 보여 1년 사이에 총 1051억 달러의 차이가 난다. 특히 이러한 자금흐름을 주도한 주체는 상업은행들로, 1996년에 이 지역에 555억 달러의 자금을 들여왔다가 1997년에는 오히려 213억 달러를 회수해 나갔다. 물론 이 지역의 금융외환위기의 결과 외국투자가들이 자금을 회수해 나간 것을 탓할 수는 없다. 그렇지만 이들이 위기 발생에 앞서 공급했던 국제유동성을 갑자기 회수하면서 금융외환위기를 심화시킨 것은 분명하다. 이러한 주장은 과연 1년 사이에 1051억 달러의 자금흐름을 바꿀 만한 경제적인 변화가 이 지역에 있었는가 하는 질문과도 연결된다.

동아시아 위기의 근본적인 원인은 위기가 발생하기 이전, 전근대적 금융시스템 아래 성급한 자본자유화를 추진하면서 비롯된 것으로 볼 수 있다. 금융시스템의 건전성이 충분히 제고되지 못했을 뿐 아니라, 자본자유화에 따른 금융감독기능의 강화가 병행되어야 했음에도 불구하고 느슨한 감독기준과 감독능력의 부재는 동아시아 국가들에 결국 자본수지계정상의 만기 및 통화불일치(maturity and currency mismatch)를 초래했던 것이다.

자본자유화란 자금의 유입이 자유로운 대신 자본의 유출도 자유롭다. 급격한 외국자본의 유입은 경제의 거품을 일으킬 수 있으며, 외국자본의 일시 유출은 결국 환율불안과 금융불안정을 가져오게 된다. 동아시아의 금융위기는 준비되지 않은 자본자유화의 이면을 가장 잘 설명해 주는 예라고 할 수 있겠다.

국제금융체제의 개편 노력

1. 선진국 중심의 논리에 밀린 국제 금융체제의 개편

1990년대 들어 금융외환위기의 발생 빈도가 크게 늘어났을 뿐만 아니라 위기의 강도가 커지고, 그 성격 또한 크게 변모하게 되었다. 이는 선진국뿐만 아니라 상당수의 신흥시장경제(emerging market economies)가 자본 및 금융자유화를 실시함에 따라 금융의 국제화와 통합화가 크게 진전되어 한 나라의 위기가 다른 나라로 쉽게 전염되는 데 기인한다. 즉, 1990년대 세 차례에 걸친 대규모 외환위기는 한 나라에서 발생한 위기가 그 나라에만 영향을 미치는 것이 아니라 지역적 차원에서 확산되는 양상을 보이고 있다. 1992~1993년 유럽통화체제의 위기는 외환위기가 국제 투기자본에 의해 야기될 수 있음을 보여주었고, 1994년 말 멕시코에서 발생한 테킬라 위기(tequila crisis)는 전 IMF 총재인 미쉘 캉드쉬(Michel Camdessus)가 지적했듯이 자본자유화에 따른 강한 전염효과를 동반한 21세기형 금융위기였다.

또한 1997년 7월 태국에서 발생한 아시아 외환위기는 아시아 경제의 실물 및 금융부문을 초토화시키면서 현존하는 국제 금융체제의 여러 가지 문제점을 동시다발적으로 보여주었다. 즉, 최근의 외환위기는 금융위기와 동반해 발생하는 쌍둥이 위기의 양상을 띠고 있으며, 경상수지의 악화에 따른 거시경제적 불균형에 기인하기보다는 신흥시장국가의 자본자유화에 따른 대규모 자본유입과 급속한 자본유출에 의해 야기되는 성격을 갖고 있다.

1990년대의 세 차례에 걸친 외환위기 중 첫 번째 유럽통화체제의 위기는 유럽의 단일통화 도입을 가속화시키는 계기로 작용하면서 국제 통화체제에 변화를 가져왔다. 반면 1990년대 중반 이후 발생한 신흥시장경제의 외환위기는 좁게는 신흥시장경제의 환율제도를 어떻게 개선시킬 것인가의 논쟁을 불러일으켰으며, 넓게는 국제 통화제도를 포함한 국제 금융체제의 개편 논의로 확산되었다.

그러나 불행히도 이와 같은 국제 금융체제의 폭 넓은 논의는 기득권을 가지고 있는 선진국 중심의 논리에 의해 근본적인 개혁은 이루어지지 않은 채 실효를 거두지 못하고 있다. 지금까지 진행되어 온 개혁은 주로 외국자본을 받아들여야 하는 입장인 것이다. 다시 말해 개도국의 금융시스템을 글로벌스탠더드에 맞게 개혁하자는 수요자 중심의 개혁으로 맞추었고, 투기자본의 공급을 제한하자는 공급자 중심의 개혁방안(헤지펀드 규제, 단기자본 규제, 순차적 자본자유화, 국제파산법원을 통한 순차적 채무조정 방안 등)은 뒷전으로 밀려났다. 이는 철저히 선진국의 논리에 따른 것이며, 수정된 '원죄론(Original Sin)'으로 설명될 수 있는 부분이다.

최초의 원죄론은 페르난데스-아리아스 및 하우스만(1999)[1]에 의해 주창되었다. 이들은 금융외환위기의 원인을 신흥시장국가들이 원죄의 굴레를 벗어나지 못하고 있다는 데서 찾는다. 즉, 신흥시장 국가들은 선진국과는 달리 국제 금융시장의 접근이 제약되고 있기 때문에 자국통화로 장기차입이 불가능하게 된다. 신흥시장국가들이 금융시스템을 선진화하기까지는 시간이 오래 걸리고, 자본자유화를 추진하는 과정에서 근본적으로 자본수지의 위기가 발생할 위험에 노출될 수밖에 없다는 것이 신흥시장 '원죄론'의 요체다. 따라서 이들은 토빈세의 도입이나 칠레 식의 자본통제와 같은 투기자본의 유출입을 제한하는 제도적 장치의 도입으로 근본원인을 차단하지 않는 한, 자본수지계정상의 유동성 위험은 항상 존재할 수밖에 없다고 주장한다. 또한 최근 아이켄그린, 하우스만 및 파니자(2003)[2]는 신흥시장국가들이 원죄를 극복하기 위해 자국의 금융제도와 정책을

---

1) Fernandez-Arias, E., and R. Hausmann, 「What's Wrong with International Financial Markets」, paper presented at the Tenth International Forum on Latin American Perspectives, Paris, November, 1999, pp. 25~26.
2) Eichengreen, B., R. Hausmann and U. Panizza, 「The Mystery of Original Sin」, mimeo, 2003.

선진화하는 것이 필요하지만 이는 충분조건이 될 수 없다고 여러 실증자료를 통해 논증하고 있다. 이들은 국제 금융시장의 후발주자들은 선진국이 이미 누리고 있는 선발자 이득(first-mover advantage)을 쉽게 탈취할 수 없다고 주장한다.

이러한 관점을 전적으로 수용하지 않는다고 하더라도 동아시아 금융위기로부터 얻을 수 있는 교훈은 동아시아 국가들이 '금융시스템의 강화'라는 절대절명의 과제를 해결하지 않는 한 미래의 위기로부터 결코 자유로울 수 없다는 점이다. 그러한 노력의 일환으로 아시아 금융위기 이후 범세계적 차원에서 새로운 국제 금융질서를 창출하기 위한 작업이 진행되어 왔다. 그러나 G7을 중심으로 다양한 논의를 수렴하면서 진행되고 있는 국제 금융체제의 개편은 큰 진전을 보이지 못하고 있다. 이는 선진국 간에도 이해관계가 일치하지 않고 있기 때문이다. 더욱이 선진국 중심의 국제 금융질서 재편에 대한 신흥시장국가의 불만을 무마하기 위해 일부 신흥시장국가가 포함된 G20회의를 창설[3]하기도 했지만, 여전히 신흥시장국가들은 국제기준의 설정과정에서부터 소외되고 있는 실정이다. 또한 G20은 국제결제은행(Bank for International Settlements : BIS) 산하에 금융안정화포럼(Financial Stability Forum : FSF)을 두고 헤지펀드 규제를 위한 두 가지의 중요한 보고서를 채택했으나, 이 역시 사실상 무용지물이 되었다.

3) G20회의는 선진국과 신흥시장국 간의 협의채널을 공식화할 필요가 있다는 인식하에 1999년 11월 발족했다. 선진국 간 정책협의체인 G7에 추가해 12개 신흥시장국과 EU가 참여하고 있다. 신흥시장국으로는 한국, 중국, 호주, 멕시코, 브라질, 아르헨티나, 남아프리카공화국, 사우디아라비아, 인도네시아, 인도, 러시아, 터키 등이 포함되어 있다.

2. 지역 차원의 금융협력 노력과 실패

1997년 아시아 금융위기를 계기로 동아시아 국가들은 제2의 금융위기를 예방하기 위한 자구적 경제통합의 필요성을 절감하게 되었다. 즉, 동아시아 금융위기 이후 금융시스템을 강화하고 아울러 외환시장을 투기적 공격으로부터 보호하자는 데 일차적인 금융협력의 목적을 두게 되었다.

이러한 논의는 동아시아 금융위기 발생 이후 현 국제 금융체제의 유효성에 대한 반성과 함께 IMF의 대응방식에 대한 비판이 고조된 가운데 일본의 주도하에 아시아지역통화기금(Asian Monetary Fund : AMF)의 창설 제안으로 발전되었고, 상당수의 역내 국가가 호응한 바 있다. 그러나 AMF의 창설은 모럴해저드의 심화, IMF와의 중복 등 기존의 국제 금융체제를 약화시킬 수 있다는 우려 때문에 결실을 보지 못했다. 즉, IMF는 AMF가 창설되어 독자적인 유동성 지원 장치를 마련할 경우 IMF의 위상이 약화된다는 국제정치경제학적 역학관계에서 AMF의 창설을 반대하였다. 또한 중국, 일본 간의 주도권 다툼 등 국가 간의 갈등도 AMF 창설에 걸림돌이 되었다.

3. 헤지펀드 규제 노력

금융위기는 국제 투기자본의 군집행위(herd behavior)에 의한 급격한 자본이동과 시장의 과잉반응에 의해 증폭된 측면이 있기 때문에 금융시장이 취약한 국가들에 있어 자본이동 제한조치의 필요성이 제기되었다. 특히 세계 각국의 거시경제변수를 분석해 투자대상국으로 선정하고, 그곳의 금융 및 실물자산에 투자하는 가장 공격적인 펀드인 '거시경제형' 헤지펀드[4)]가 아시아 금융위기의 주범으로 지목되면서 국가 간 투기적 자금 이동에 대한 우려가 크게 높아졌다.

이러한 우려는 1998년 7월 미국의 대형 헤지펀드인 롱텀캐피탈(LTCM)의 도산 위기와 함께 선진국들에게 과다차입기관(Highly Leveraged Institution : HLI)에 대한 규제 및 감독 논의에 적극 참여하는 계기를 제공했다. 이에 따라 과다차입기관 또는 헤지펀드로 하여금 시장별 투자상황 및 전체 투자포지션에 대한 정보를 공시하도록 하고, 과다차입기관과 거래하는 금융기관의 위험관리 강화 등 건전성을 제고하고 감독을 강화하며, 과다차입기관에 대한 영업인가, 자본금 기준 등 설립요건 및 위험관리기준을 부과하는 방안이 모색된 바 있다. 이와 더불어 역외 금융센터들이 조세피난처(tax haven)뿐만 아니라 규제피난처(regulatory haven)로서 과다차입기관, 즉 헤지펀드들의 주 활동무대가 되는 경향이 있기 때문에 역외금융센터에 대한 규제 논의도 제기되었다.

그러나 헤지펀드 등록을 강제하는 등의 직접적인 규제방안은 무산되었다. 다만, 헤지펀드의 금융기관 차입 정보를 파악해 유사시 은행권 전염 가능성을 방지하겠다는 차원에서 헤지펀드에 자금을 대출하는 은행들과 금융감독당국 간의 정보공유를 통한 모니터링 제도가 도입되었을 뿐이다.

워싱턴 컨센서스에 대한 비판

1. 워싱턴 컨센서스의 형성

1990년대의 자본수지 유발형 외환금융위기 이후 워싱턴 컨센서스의

---

4) 대표적인 펀드로는 소로스의 퀀텀그룹펀드(Quantum Group Fund), 타이거펀드, 스타인하트펀드(Steinhart Fund), 오메가펀드(Omega Overseas Fund) 등이 있다.

내용상 큰 변화가 있었다. 하지만 개도국에 대한 선진국의 자본자유화 강행의지가 늦추어진 것은 결코 아니다. 1990년대 이전의 제1세대 워싱턴 컨센서스(Washington Consensus I)는 철저한 시장만능주의에 입각한 것으로 자본시장 개방은 자원배분의 효율성을 높이고, 시장경쟁을 높여 경제성장에 기여한다는 것이었다. 그러나 1990년대 수차례에 걸친 외환금융위기가 빈번하게 발생하면서 선진국은 제2세대 워싱턴 컨센서스(Washington Consensus II)를 형성하고, 자본자유화의 실익을 거두기 위해서는 개도국들이 적절한 제도를 갖출 필요가 있다는 쪽으로 내용을 수정했다.

워싱턴 컨센서스에서 말하는 '워싱턴'이란 백악관과 미 재무성, IMF, 세계은행, IDB(미주개발은행), IIE(국제경제연구소) 등의 씽크탱크(Think-Tank), 투자은행가, 세계 각국의 재무장관 등 이 지역에 모이는 각종의 기관과 요인, 그리고 그 네트워크를 의미한다. 한편 '컨센서스'란 이들의 개발도상국, 특히 라틴아메리카에 대한 전략과 관련해 일정한 합의가 이루어지게 되었다는 것을 의미한다.

워싱턴 컨센서스 I은 경제환경의 변화로 인해 약 10년이 지난 후 그 내용이 변모하게 된다. 즉 1970~1980년대의 외환위기 때에는 IMF 프로그램이 고금리, 긴축재정 등 거시경제 안정화 정책에 중점을 두었으나, 1990년대 이후에는 거시경제 안정화 정책 외에도 위기 당사국을 대상으로 강도 높은 구조조정 및 제도개혁을 요구하게 된다. 이와 같이 워싱턴 컨센서스 II는 기본적으로 자유화, 민영화, 규제완화에 역점을 둔 시장경제원리에 기초하고 있지만, 시장원리의 원활한 작동을 위해서는 법과 제도의 개선이 필요하다는 논리로 발전된다. 그러나 법과 제도의 선진화란 선진국 일반에서 보편화된 글로벌스탠더드를 채택하는 것과 같다.

2. 워싱턴 컨센서스의 폐해와 비판

워싱턴 컨센서스에 대한 비판은 결국 '월스트리트-재무성 복합체 (Wall Street-Treasury Complex)'에 대한 비판과 일맥상통한다. 월스트리트-재무성 복합체라고 하는 것은 사실상 미국 금융자본에 의한 국제적 수탈의 현대적 구조를 총괄한 것이라고 할 수 있다. 이 복합체는 보다 정확히 표현하자면 '월스트리트-재무성-IMF 복합체'라고 할 수 있으며, 이는 결국 워싱턴 컨센서스에서의 워싱턴의 의미와 동일하다. 이와 같은 미국 금융자본, 미국정부 및 국제 금융기관의 일체화야말로 오늘날 세계 자본주의 혹은 세계 금융시스템의 추진적 중추라 할 것이다.

이와 같은 시스템과 자본자유화에 대해 미국 콜럼비아 대학 교수인 바그와티(Jagdish Bhagwati)는 「자본의 신화[5](The Capital Myth)」라는 논문에서 강도 높게 비판한 바 있다. 바그와티는 논문에서 아시아 금융위기 이후에도 여전히 자본자유화에 대한 환상을 버리지 못하고 있다는 점을 지적하며, 자본자유화의 폐해가 금융 외환위기를 넘어 한 나라의 경제정책의 독립성마저 상실하는 요인이 된다고 설명한다. 이러한 자본자유화를 통해 가장 큰 이득을 보고 있는 것은 선진국, 특히 미국의 금융기관이며, 이를 위해 '월스트리트-재무성 복합체'가 움직이고 있다고 한다. 따라서 바그와티는 자본자유화의 위험이 너무도 명확하기 때문에 "사실을 존중하고 논리의 힘에 의거한다면 취해야 할 방법은 정반대, 결국 자본의 규제를 가하는 방향이다"라고 주장하고 있다.

분명 선진국의 논리에만 따른 자본자유화에는 문제가 있다. 개도

5) Jagdish Bhagwati, 「The Capital Myth」, Foreign Affairs, May/Jun98, Vol. 77 Issue 3, pp. 7~12.

국이 자본자유화를 위해 아무리 제도를 개혁해도 일단 자본자유화를 추진하고 나면 거시경제 안정이 사실상 불가능하게 된다. '삼위일체 불가능성(Impossible Trinity)' 가설에 따르면, 자본자유화를 수용할 경우 통화정책주권과 환율의 안정성 중에서 한 가지는 포기해야 한다. 결국 수출을 위해 환율의 안정성을 추구하는 나라는 대체로 통화정책의 주권을 포기할 수밖에 없다.

또한 경기가 좋을 때 과다유입되어 경기를 과열시키고, 경기가 나쁠 때에는 과다유출되어 경기를 급격히 냉각시키는 경향을 가진 외국자본은 매우 경기순응적(pro-cyclical)인 행동패턴을 보임으로써 위기가능성을 높이게 된다. 게다가 개도국의 경우에는 자본시장의 폭과 깊이가 없어 외국자본의 영향력이 매우 강할 수밖에 없고, 이로 인해 외자의 유·출입에 따라 소비와 GDP가 급격한 등락을 보이는 냄비경제의 특성이 고착화된다. 스티글리츠[6]와 삭스[7]도 그들의 논문에서 아시아 국가들이 자본의 자유로운 이동을 규제했거나, 개도국 은행들의 적정자본요건을 현격하게 증가시키는 조치를 취했다면 금융위기를 피할 수 있었을 것이라고 주장하고 있다.

자본자유화가 경제적 효율성을 높이고 경제성장을 촉진하는 효과에 대해 우려를 나타내며 맹목적인 자유화를 경계해야 한다는 주장도 제기되고 있다. 이러한 주장은 자본·금융자유화로 인해 경제성장이 저하된다고 할 수는 없지만, 경제성장을 촉진한다는 주장도 성립하지 않는다는 것을 말한다. 그에 대해서는 실증적 증거가 취

6) Stiglitz Joseph E., 「Capital-market liberalization, globalization, and the IMF」, 『Oxford Review of Economic Policy』 20, 2004, pp. 57~71.

7) Sachs, Jeffrey E., 「Alternative approaches to financial crises in emerging markets」, in Miles Kahler, ed.: Capital Flows and Financial Crises. chap. 9, 1998, pp. 247~262(Manchester University Press: Manchester, U.K.).

약할 뿐 아니라 오히려 금융자유화는 경제변동성을 높이고, 경제변동성의 확대는 경제성장을 낮추게 하는 경향을 가진다는 것이다.

1990년대 초반까지는 금융발전이 경제발전을 촉진시킨다는 이론이 지배적이었고, 최근 국내에서 금융허브 창설론을 주장하는 자들의 이론적 근거를 형성하고 있다. 그러나 1990년대 후반에서 2000년대 초까지 금융발전과 경제성장에 대한 국가별 시계열자료를 분석한 다수의 연구결과를 보면, 자본자유화나 금융발전이 경제발전을 촉진시킨다는 가설은 입증되지 못했다.

먼저, 그릴리 및 밀레시-페레티(1995)[8]의 연구[9]가 첫 시도 중 하나인데, 1966년부터 1989년 기간 중 61개 국가를 대상으로 자본자유화와 경제성장 간의 관계를 설명하는 실증적인 분석을 시도했으나, 양자 간에 유의성을 발견하지 못했다. 가장 널리 알려진 연구 중 하나로는 로드릭(1998)[10]의 연구가 있다. 그는 100여 개의 국가를 1975년에서 1989년까지의 시계열 자료로 분석해 자본자유화와 경제성장의 관계를 살펴보았으나, 유의한 관계를 찾지 못했다. 크라이(1998)[11]의 유사한 연구도 양자 간의 관계를 찾는 데 실패한 바 있다. 최근에는 에디슨 등(2002)[12]이 자본자유화가 경제성장에 미치는

---

8) Grilli, Vittorio, and Gian Maria Milesi-Ferretti, 「Economic Effects and Structural Determinants of Capital Controls」, 『Staff Paper, International Monetary Fund』 Vol. 42, No. 3, 1995, pp. 517~551.

9) 그러나 이들 논문의 주제가 자본자유화가 경제성장에 미치는 영향을 다루는 것은 아니다.

10) Rodrik, Dani, 「Who Needs Capital-Account Convertibility?」 in Should the IMF Pursue Capital Account Convertibility? Essays in International Finance No. 207, May, ed. by Stanley Fischer and others, 1998(Princeton, New Jersey: Princeton University, Department of Economics, International Finance Section).

11) Kraay, Aart, 「In Search of the Macroeconomic Effects of Capital Account Liberalization」, 1998(unpublished: Washington: World Bank).

12) Edison, Hali, J., Ross Levine, Luca Ricci and Torsten Sl k, 「International

영향을 여러 가지 계량경제학적 기법을 통해 추정해 보았으나, 역시 자본자유화가 경제성장에 직접적인 영향을 미친다는 증거를 찾아내지는 못했다.[13] 이와 같은 연구에서 알 수 있듯이 금융허브 창설론자들의 이론적 근거는 결코 보편적인 가설로 수용하기 어렵다고 할 수 있다.

자본자유화에 대한 환상과 대안

1. 금융허브화에 대한 환상

자본자유화의 문제점이 드러남에도 불구하고, 한국 내에서는 아직도 자본자유화의 폐해에 대한 문제의식이 높지 않은 편이다. 외환위기 이후 '외국인 투자관리법'이 '외국인 투자촉진법'으로 바뀌고, 주식/채권시장의 초고속개방이 이루어진 후 토착자본의 붕괴현상, 국부유출 현상이 나타나고 있다. 그럼에도 불구하고 금융허브론자들은 금융허브의 조기달성을 위해 외국자본의 장외거래 및 공매도의 허용 등 추가적인 자본자유화 조치가 필요하다고 주장하고 있다.

중장기적으로 금융허브를 추진하는 것은 타당할 수 있으나, 금융선진화에 대한 조급증은 버려야 한다. 국내증시에는 세계적인 유력기업들이 상장되어 있지 않으므로 조기에 성장가능성이 없다. 또한 외국인이 주식거래의 70%, 외환거래의 90%를 차지하는 현실에서 금융허브화의 과속추진은 국내 금융시장을 투기자본의 독무대로 만

Financial Integration and Economic Growth」, 『Journal of International Money and Finance』 Vol. 21(November), 2002, pp. 749~776.

13) 그러나 Edison 등의 연구는 자본시장 개방이 1인당 실질 GDP, 교육달성도, 은행부문 및 주식시장의 발달 등에는 긍정적인 영향을 미친다는 것을 발견했다.

들 수 있기 때문이다.

동아시아의 국가개입형 경제발전 모델은 종래 독재체제하에서 채택 운영되어 왔으므로, 동아시아 국가의 민주화 과정 속에서 이를 해체하자는 내적 논리가 매우 강하다. 그 결과 동아시아 국가들은 산업정책을 폐기하고, 자본시장을 자유화하는 등 강도 높은 경제자유화를 추진하고 있으나, 이것이 과연 바람직한 방향인지에 대해서는 점검이 필요하다. 특히 자본자유화에 대한 대응체제를 적절히 마련하지 않으면 동아시아의 성장은 급격히 후퇴할 수 있다는 점에 유의해야 할 것이다.

결론적으로 자본자유화 혹은 금융세계화의 이득을 주장하는 그대로 받아들이는 데에는 상당한 주의를 기울여야 할 것이며, 자유화에 따른 비용도 만만치 않다는 것을 인식해야 할 것이다. 국내에 진출한 외국자본은 장기 전략적 투자자이기보다는 대부분 단기 내지 투기적 성향의 투자자로, 순기능보다는 역기능이 더욱 크게 나타나고 있다. 자본자유화의 흐름이 국제적 대세임에는 틀림없다. 그러나 어떤 환상에도 휩싸이지 말고, 지금까지의 실패를 교훈 삼아 우리나라에 필요한 보완책을 마련해야 할 것이다. 물론 이러한 보완책 역시 최대한 시장원리에 기반을 두어야 할 것이다.

2. 시장원리에 충실한 대응방안들

먼저 외국인 투자자에게만 유리하게 되어 있는 규칙을 정비해 줄 필요가 있다. 이를 위해 가장 먼저 공시제도에 관한 규정부터 바꾸어야 한다. 미국에서는 5% 이상의 지분을 취득한 자에 대해서는 누가, 어떤 목적으로 투자한다는 것을 상세히 공시할 것을 요구하고 있다. 즉, 미국의 경우에는 경영권 취득이 목적이 되는 주식 보유의 경우 모든 이해관계자들의 인적사항은 물론이고, 계약관계, 심지어는 궁극적으로 통제하는 자가 누구인지(Person ultimately in control)까지도 보고해야 하며, 상황에 따라 공시 내용이 100페이지에 달하는 경우도 있다. 우리나라도 5% 공시규정을 도입, 시행하고 있으나 그 보고의 깊이와 넓이는 미국의 제도에 비하면 너무나 간단한 수준이다. 그러다 보니 보고자의 정확한 실체와 투자 목적에 대해 파악하는 것이 현실적으로 불가능하며, 특히 외국인의 경우에는 그 정도가 더욱 심하다. 따라서 적대적 M&A 등을 시도할 경우, 공격자의 입장에서는 공시규정의 제도적 허점을 이용, 기존 지배주주와 일반주주들에게 고의로 정보를 제한하여 제공하는 행위가 생길 수 있다.

우리나라는 증권거래법에서 허위공시 내지 공시의무에 대해 의결권의 박탈 내지 심지어는 주식의 강제매각 명령 조항까지 포함하고 있다. 이는 국제적으로도 가장 강력한 수준이라고 한다. 그럼에도 불구하고 외국인의 5% 공시규정 위반에 대해서는 "규정을 잘 몰랐다"는 등의 이유를 대는 외국인에게 "제재를 하기가 애매한 상황"이라며 아무런 제재를 못 하고 있는 경우가 허다하다. 이와 같은 공시제도의 개정은 자본자유화의 폐해를 막을 수 있는 가장 기본적인 기초공사라고 할 수 있다. 아직까지 이런 기초공사도 제대로 되지 않은 상황에서 현행 그나마 유지하고 있는 외국자본에 대한 장외거래 및 공매도 금지 제도 등을 해제하자는 것은 분명 시기상조인 것으로 판단된다.

또한 투신, 보험을 비롯한 기존 국내 기관투자자의 주식투자 규모를 확대하고, 연기금 등 신규 기관투자자를 적극 육성하여 국적 우량기업과의 관계투자를 활성화할 필요가 있다. 이는 시장에 외국 투기자본에 대한 견제세력이 될 만한 세력을 보강하는 것으로서 시장

원리에 입각한 조치라 할 것이다.

기관투자자를 적극 육성하여 주식투자를 허용하게 되면, 첫째 대형자본의 주식시장 참여로 주식시장 자체가 활성화된다. 둘째, 대형 기관투자자의 경우 자본의 규모상 어쩔 수 없이 장기투자를 하는 형태로 자본을 운용하기 때문에 주식시장의 안정화가 이루어진다. 즉, 투기자본과는 달리 대형 기관투자자가 장기투자를 하는 시장에서는 주식시장에 미치는 충격에 대한 인내의 정도가 클 것이다. 셋째, 의결권을 보유한 대형 기관투자자는 관계투자자로서의 역할도 겸할 수밖에 없기 때문에 피투자회사로서는 지배구조 개선이나 회계 투명성 등에 대한 압력이 높아지고, 또한 이러한 노력은 결국 회사의 실적과 연계됨으로써 상호간에 시너지효과를 가져올 수 있다.

마지막으로 대형 기관투자자의 투자 행태는 그 특성상 대형 우량주에 집중하게 될 가능성이 높다. 우리나라의 대형 우량주는 대부분이 국가기간산업과 관계가 높다. 삼성전자, 포스코, SK, 현대차 등이 그렇다. 대형 기관투자자, 특히 연기금 등은 자산 운용의 안정성을 고려, 보수적인 투자가 불가피하기 때문에 투자가 우량기업에 집중될 것이고, 우량기업 대부분이 외국인 투기자본에 무차별적으로 노출되어 있는 점을 고려할 때 연기금이 외국 투기자본에 대항할 수 있는 가장 효과적인 견제세력이 될 수 있을 것이다.

우리나라 대표기업들의 주가가 낮게 형성되어 있는 것을 지칭하여 '코리아 디스카운트(Korea Discount)'라고 한다. 이렇게 불리는 이유 중 하나로 한국기업의 지배구조가 후진적이라는 점이 흔히 지적된다. 그러나 한국 주식시장의 근본적인 문제점은 외국자본이 많다는 데 있는 것이 아니라, 국내자본이 주식시장을 외면하고 있다는 데 있다. 코리아 디스카운트의 가장 중요한 요인은 안정적인 투자자

로서 기관투자자들이 주식을 사고 싶어도 자유롭게 살 수 없다는 데
있다. 국내 기관투자자들의 투자를 묶어둔 상황에서 바로 그 빈자리
를 외국자본이 지배하고 있는 것이다. 건전하고 튼튼한 자본시장을
갖추지 못한 상황에서 섣부른 금융허브 추진과 추가적인 자본자유
화는 국제 투기자본을 가져올 것이고 한국경제의 미래는 더욱 암담
해질 것이다.

4장

금융글로벌화의 허와 실

◎강호병(「머니투데이」 경제부장)

글로벌화란 무엇인가

고추, 생선, 야채 등등 이제는 너무나 흔해서 당연한 것처럼 되어버린 중국농산물, 어디를 가도 쉽게 볼 수 있는 미국 패스트푸트 체인점, 뉴욕 주식시장이 기침하면 한국의 주식시장은 감기 걸린다는 말이 나올 정도로 뉴욕주가와 쌍둥이처럼 움직이는 주가, 평균 40%를 넘어선 외국인 상장기업 주식소유비율, 특히 삼성전자, 국민은행, SK텔레콤 등 간판기업은 외국인 소유 50%를 넘어 70% 시대를 내다보고 있는 게 지금의 한국경제 현실이다.

씨티, 푸르덴셜, ING, AIG 본토 간판을 달고 시장을 맹렬히 파고드는 외국계 금융기관, 론스타 뉴브릿지캐피탈 등 처음 들어보는 외국계 펀드가 기업에서 부동산, 심지어 은행까지 소유하는 현실, 간신히 버티고 있지만 쏟아지는 개방압력에 언제 무너질지 모르는 쌀시장, 영화 스크린쿼터……

이 모든 것은 글로벌라이제이션(globalization, 이하 글로벌화)이라는 큰 물결에서 파생되는 현상이다. 크게 무역자유화와 자본자유화를 양대 축으로 진행되고 있는 이 현상은 그 깊이를 해마다 더해 가며 지구촌경제를 형성해 가고 있다. 처음에는 공산품 중심의 무역자유화에서 시작했던 것이 자본 및 금융서비스로 확산되고, 더 나아가 농산물, 노동시장, 교육 등 전통적으로 폐쇄적인 것으로 여겨졌던 분야까지 맹렬히 파고들고 있다.

금융에만 국한시켜 보면, 시기적으로 1980년대 미국 레이건 정권, 영국의 대처정권 등 보수적 정권의 규제완화, 증권시장 및 신금융기법 발달에서 글로벌화의 흐름이 보이고, 1990년대 들어서면서부터는 인터넷으로 대표되는 정보통신기술의 획기적 진전과 자본자유화의 물결로 완성 단계에 접어들고 있다. 특히 이러한 변화를 추동한 것은 1990년대 중후반의 아시아 외환위기였다. 당시 아시아는 위기 상황에서 그 동안 굳게 문을 닫고 있던 금융서비스 등의 개방을 요구받았고 또 그렇게 했다.

사전적으로 글로벌화란 각국 시장, 제도의 통합화, 동질화를 말한다. "이제 돈과 상품이 흐르는 길에는 시간도 국경도 존재하지 않는다"는 말로 그 의미를 요약할 수 있다. 그야말로 컴퓨터 버튼 하나만 누르면 전 세계 어디라도 몇백 억, 몇천 억 달러의 송금이 가능한 시대인 것이다.

가장 실감나는 것은 거래의 시간적, 지리적 장벽이 없어진다는 것이다. 특히 금융거래가 대표적이다. 적어도 금융거래에 관한 한 지구표면상의 장소, 시간에 구애받지 않고 24시간거래(24 hours trading)가 이뤄지고 있다. 외환시장을 예로 들면 뉴욕이 폐장하면 그것을 받아 동경시장이 문을 열고 오후쯤에 홍콩, 싱가포르 시장이 개장한다. 이어 동경시장이 문을 닫으면 곧이어 런던 등 유럽시장이 문을 열 준비를 한다. 시장별 개장시간은 다르지만 외환시장은 하나인 것처럼 거래가 연속적으로 이루어지고 있다.

좀더 나아가면 상품과 서비스, 제도가 '글로벌스탠더드(Global Standard)'라는 이름하에 보편화, 균일화, 동질화되어 가는 현상이 생긴다. 한 명의 투자자가 세계지도를 펼쳐놓고 여러 곳에 투자하다 보면 가치를 서로 쉽게 비교할 수 있도록 하기 위해 상품 및 서비스 구조, 규제, 심지어 기업의 지배구조까지 똑같이 만들어주도록 요구하기 때문이다. 은행의 건전성 규제 기준으로 쓰이는 BIS자기자본 비율처럼 금융시장을 규제하는 기구, 제도, 기능, 관행, 금융수단 등이 점차 통합화되고 동질화되어 가는 것도 그러한 과정의 하나다.

그러나 시장의 통합화, 동질화가 진전되면 될수록 각국의 경제정책은 주권을 잃어간다. 경제상황이 국내적 상황보다 대외적 상황에 더 민감하게 반응하기 때문이다. 금융정책, 경제정책, 무역정책 등이 국경의 한계를 초월해 국제적 협조, 연대라는 이름하에 동일한 방향으로 움직이게 되는 것이다. 이른바 '정책의 동질화'가 이루어진다. 글로벌이란 자국을 지구표면상의 불특정한 한 개의 점으로 전락시키는 것으로서, 우리나라 전체를 세계에 비유하면 한국은 하나의 지방으로 예속되는 것이다.

세계경제 속에는 앞서가는 자와 뒤처진 자, 자본과 기술을 가진 자가 있고 그렇지 못한 자가 있게 마련이다. 그러한 차이를 무시하는 글로벌화는 곧 경쟁력을 가진 자가 모든 시장을 독식하게 만드는 과정의 하나다. 경쟁력이 없는 곳은 도태될 수밖에 없는 냉혹한 적자생존의 정글로 들어가는 과정인 것이다.

무역자유화이건 자본자유화이건 장벽을 없애면 수출입, 자본거래

량이 늘어나 서로 잘살게 될 것이라는 이상을 저변에 깔고 있는 것이다. 그러나 그것은 또한 비교우위의 논리이기 때문에 우리나라 쌀 시장처럼 각국이 수십 년 동안 지켜오던 그 나라의 상징을 포기해야 하는 뼈아픈 고통을 강요하는 길이기도 하다.

금융글로벌화의 동력

1. 정보통신기술의 발전

기술적인 면에서 글로벌화의 큰 물결은 급속한 컴퓨터 기술의 발달이 뒷받침됐기 때문에 가능했다. 1980년대의 온라인(on-line) 시대 정도에 불과했던 것이, 1990년대 이후 인텔 펜티엄프로세서와 마이크로소프트사의 윈도우즈로 대표되는 고성능 개인용컴퓨터(PC) 보급이 일반화되고, 인터넷이라는 개방형 플랫폼이 나오면서 금융거래에 일대혁신을 일으켰다. PC로 거의 모든 정보처리가 가능해졌을 뿐 아니라 인터넷을 통해 최소의 비용으로 정보유통이 가능해져 인터넷뱅킹, 사이버 트레이딩, 전자상거래 등으로 표시되는 e비즈니스가 만개한 것이다. 최근에는 더 나아가 이동통신기술이 발전해 모바일뱅킹, 거래, 상거래까지 보편화돼 가고 있다.

인터넷은 개인에게까지 거래의 시간적 공간적 제약을 말끔히 없애버렸다. 기술적으로 24시간 은행, 증권업무가 가능하다. 인터넷은 상품주문, 금융거래의 전 세계적 제약도 없애버렸다. PC 하나만 있으면 한국에서 미국 증시의 일희일비하는 모습을 들여다보는 것은 흔한 일이 됐다.

e비즈니스는 금융기관과 기업에게 비용을 적게 들이면서 새로운

수익을 창출할 기회를 주었다. 특히 전 세계의 시장 장악을 노리는 다국적기업과 금융그룹에게 인터넷은 좋은 시장공략의 수단이 되고 있다.

금융기관에게 있어 정보통신기술의 발달은 지급결제제도를 포함해 각종 금융거래 시스템을 전산화 효율화하여 금융거래 비용을 줄이고 금융정보의 고속·대량 처리가 가능하도록 했다. 그리고 기존 시스템으로 불가능한 위험의 평가 및 관리기법까지 PC에서 처리 가능해 의사결정능력이 고도화되고 있다. 또한 인터넷에 의한 시간과 공간의 제약의 붕괴는 궁극적으로 금융산업의 범세계적 통합, 겸업화, 증권화의 확산으로 나타나고 있다.

컴퓨터 및 통신의 발전에 의한 금융혁신으로 금융기관 상호간의 업무제휴를 통해서 상호결점을 보완, 각종 규제를 회피하고 신규업무에 진출하며 다양한 금융서비스를 제공할 수 있게 되었다. 즉, 업무제휴를 통해 금융기관 간의 업무영역 구분을 완화하여 상호 업무영역을 이용할 수 있는 금융상품을 개발, 판매함으로써 고객의 다양한 금융수요에 부응할 뿐만 아니라 새로운 수익기회를 창출하고 있다.

선물, 옵션 등 파생금융상품도 이러한 정보통신기술의 발달이 없으면 힘들다. 정교한 기법이 필요한 부분은 거의 선진국 금융기관이 주도하고 있어 각국 시장은 선진국에 종속되는 경우가 많다.

증권화도 정보통신기술의 발달을 전제로 하고 있다. 증권화란 현금흐름이 있는 자산을 모아서 그 권리에 가격을 매겨 거래하는 행위다. 간단하게 예금 대신 양도성예금증서(CD), 장단기차입 대신 기업어음과 회사채, 전환사채, 신주인수권부사채 등과 같은 주식관련채권을 만들고 발행하는 것을 들 수 있다. 그러나 고급화된 기술을 적용하면 장기고정화되어 있는 대출채권을 신탁 등에 풀링(pooling)하

여 이로부터 발생하는 현금흐름을 바탕으로 증권을 발행, 이를 자본
시장을 통해 다수의 투자자에게 매도하는 자산유동화증권(ABS)를
들 수 있다.

증권화는 곧 간접금융방식으로부터 직접금융방식으로 바뀐다는
것을 의미한다. 이는 미국, 영국 등 자본시장 중심으로 발전해 온 나
라들이 국제금융시장에서 우위를 차지하는 계기가 되고 있다.

2. 규제완화(deregulation)

규제완화는 정보통신기술의 발달과 함께 금융글로벌화를 추동하는
기본적 동인으로, 선진국에서는 1980년대 자유주의 논리에 충실한
보수당 정권하에 집중적으로 이루어졌다. 그 예로 금리자유화, 업무
영역규제 완화, 자본거래의 자유화 등을 들 수 있다. 1986년 영국의
금융빅뱅으로 대표되는 금융완화는 1990년대 이후 급격하게 발전하
고 있다.

전통적으로 여수신 업무만을 주로 하던 은행이 증권이나 보험 등
의 업무에 진출하는 소위 은행의 '겸업화(universal banking)' 경향이
강화되고, 금융중개자 역할이 감소하는 '탈중개화(disintermediation)'
와 채권을 유동화시키는 금융의 '증권화(securitization)' 경향이 나타
난 것이다.

1980년대의 규제완화는 전력, 석유 등 전통적 공기업을 민영화하
는 것과 궤를 같이한다. 영국의 대처 정부는 1979년 환율통제 등 외
환과 관련된 관리규정을 완전히 철폐하고 국제적 자본이동을 자유
화시켰다. 이에 따라 영국의 금융기관들은 전 세계의 금융자산을 자
유롭게 매매할 수 있게 되어 영국으로부터의 방대한 자본유출이 허
용되었고 동시에 영국으로 유입되는 해외자본도 급증하였다.

　1986년 10월 발표된 금융빅뱅은 영국 금융시장의 세계적인 지위와 금융부문의 경쟁력을 강화시킨다는 명목하에 시행됐다. 증권유통에서 브로커와 증권거래소 중개자의 구분을 철폐하여 금융부문의 경쟁을 강화시키고 시장거래를 증대하기 위해 최저위탁수수료를 폐지했다. 이에 따라 금융부문에서는 거래소의 회원권 개방, 주식매매의 무인화, 중개업자의 재편 등 자유화가 계속적으로 진행되었다. 또한 금융서비스법의 개정으로 인해 비은행금융기관들의 금융서비스 제공이 확대되었고, 은행과 각종 금융기관 사이의 경쟁은 더욱 격화되었다. 이러한 조치 이후 국내주식의 거래액은 급증했고, 또한 소비자와 주택매매와 관련된 신용도 크게 증대했으며, 제조업투자는 정체하는 반면 금융부문에 관련된 투자는 크게 증대됐다.

　미국은 민간 금융기관이 먼저 법의 허점을 이용해 혁신을 일으키고 사후적으로 미국정부나 의회가 용인하는 식으로 금융규제가 완화돼 왔다. 미국의 은행규제는 1933년 은행법인 글래스-스티걸(Glass Steagall)법으로 대표된다. 대공황의 부산물로 만들어진 이 법에 의해 규정된 요구불예금에 대한 이자지급 금지 등 원시적인 규제는 1980년대 들어서면서 사라졌다. 다만 1999년 은행과 증권 간의 겸업을 금지하는 조항은 1990년대까지도 유지되다가 1999년 그람-리치-블라일리법(GLBA : Gramm-Leach-Bliley Act)이 만들어져 모든 금융업을 포괄할 수 있는 금융지주회사 성립이 가능해졌다. 이 법은 씨티그룹 출범을 법적으로 뒷받침한 것이기도 하다. 글래스-스티걸 법에 정해졌던 대부분의 규제는 없어지고 산업과 금융의 분리와 같은 철학적 명제가 담긴 규제 정도만 남아 있다.

3. 국제 금융자본의 팽창욕구

이는 정치적 동기로 음모론의 근거이기도 하다. 1990년대 들어서며 미국과 영국으로 대표되는 선진국 금융자본은 투자기회 축소와 수익성 저하라는 근원적 상황을 맞이하게 된다. 미국에서 전후세대(베이비 부머, Baby boomer)로 대표되는 중산층들의 소득이 증가하고 노후를 대비해 보다 높은 수익률을 줄 수 있는 투자수단에 대한 요구가 확대됐다. 경제적으로도 낮은 인플레이션과 저금리로 채권 이외의 새로운 투자수단이 필요했다.

이에 따라 미국의 연기금, 뮤추얼펀드 등에 축적된 금융자본은 국내 주식투자를 늘리는 한편 해외로 눈을 돌리게 된다. 시기적으로 중남미를 중심으로 한 1980년대 외채위기가 사라지고 미국과 아시아 신흥시장이 고속성장하면서 신흥시장에 대한 투자욕구가 크게 자극된다. 결국 미국정부는 이러한 요구를 등에 업고 국내적으로는 모든 저축을 주식시장으로 유인해 투자소득을 극대화하는 한편, 대외적으로 개발도상국의 신흥시장에 대한 투자를 위해서 개발도상국의 자본시장 개방과 민영화, 그리고 자본시장 중심의 금융개혁을 요구하기 시작했다.

아시아가 외환위기를 겪기 전까지만 해도 선진국 자본의 개방압력은 취사선택이 가능한 것처럼 비쳐졌다. 그래서 성장에 필요한 국제자금이 절실히 필요했던 아시아 국가는 하나의 방법으로 개방 일정을 조절했다. 우리나라도 1992년 주식시장이 외국인에게 처음으로 개방된 데 이어 단계적으로 개방하는 조치를 취해 왔다. 그러나 외자 차입에 대해서는 지나치게 관대해 단기차입금을 무분별하게 빌려오는 것을 방치하는 실수를 범하고 말았다. 이것이 외환위기의 화근이 된 것은 물론 월스트리트의 금융자본이 세계를 좌지우지할 수 있는 기회를 제공하게 된 셈이다.

일단 위기를 겪은 후에는 IMF를 중심으로 쏟아지는 개방욕구를 전폭 수용할 수밖에 없었다. 기존에 세워둔 개방계획은 모조리 백지화되고 단 한방에 모든 것을 끝내버리는 것으로 진행되었다. 빠져나가는 외자를 붙잡기 위해 갖가지 혜택이 경쟁적으로 마련됐다.

1970년대 이후 전개되어 온 미국 금융자본 주도의 금융글로벌화는 은행 등 간접금융시장 위주로 되어 있던 국내 금융패러다임이 자본시장 중심으로 일대변혁하는 계기가 되었다. 한마디로 월가의 패권주의 수중으로 들어가게 된 것이다.

자본시장 중심의 패러다임은 관계(relationship)가 아닌 가격(price)으로 평가되고, 가격에 의해 평가되는 시스템이다. 포트폴리오 투자에 익숙한 월스트리트에게 정확히 들어맞는 구조인 것이다. 기업경영의 최상의 가치도 주주중시와 주가상승이 되고, 배당과 자사주 매입으로 주주에게 많은 이익을 돌려주는 기업이 최상의 기업으로 칭송받게 되었다. 은행대출 등 이전의 장기적 관계가 중시되던 것도 위험에 대한 높은 대가를 지불하지 못하면 거래가 중지되고, 경제정책도 가격기능의 발견과 확산, 자본시장 육성에 초점이 맞춰졌다.

금융글로벌화의 실상

1. 뉴욕이 기침하면 한국은 재채기 : 금융가격의 강한 동조화

우리나라 종합주가지수와 미국 다우존스지수 간의 상관관계는 1998년 하반기부터 눈에 띄게 높아지기 시작해 1999년 이후에는 양 지수가 신기할 정도로 같이 움직이고 있다. 1999년 이후 종합주가지수와 다우존스지수 간의 상관계수는 0.9 정도로 높게 나타난다. 주가지수 변화율을 기준으로 하면, 종합주가지수와 다우존스지수와의 상관계수가 떨어지긴 하지만 0.4 정도는 된다. 미국 주가가 1% 움직이면 우리나라 주가도 그와 비슷하게 같이 움직인다는 뜻이다.

이러한 미국 주가와의 동조화 현상은 비단 우리나라에만 국한된 현상은 아니다. 영국, 프랑스, 독일, 일본 등 선진국에서 개발도상국에 이르기까지 미국 증시 영향권에 들지 않는 주식시장이 없다고 해도 과언이 아니다. 이러한 동조화는 또한 주가에만 국한되지 않고 원/달러환율은 물론 국채금리에 이르기까지 광범위하게 나타나고 있다.

세계 주식시장 가운데서도 우리나라 주식시장은 미국 주가 변동의 영향을 많이 받는 편에 속한다. LG경제연구원 등이 1998년 이후 기간을 대상으로 실증분석한 바에 의하면, 뉴욕 주가가 하락할 때 서울, 동경, 프랑크푸르트, 런던 주식시장 중 서울 주식시장이 가장 큰 충격을 받는 것으로 나타났다.

우리나라는 일본, 홍콩, 싱가포르와 같은 국제금융센터도 아니다. 그런데도 우리나라 주가와 미국 주가 간의 상관관계가 이들 국가에 버금갈 정도로 크게 나타나고 있다고 한다. 그리고 1999년 이후에 우리나라 주가와 미국 주가 간의 동조성이 특별히 크게 나타나고 있다.

이는 전 세계적으로 미국경제의 영향력이 워낙 크고 대미수출 의존도가 높은 탓도 있다. 미국경제의 고성장과 1997년 말 외환위기로 인해 우리나라의 대미수출 비중은 1996년 17% 수준에서 20% 정도로 높아진 상태다. 그러나 1999년 이후 한·미 주가 간의 동조화가 심화되고 있는 근본적인 이유로는 1998년 5월 외국인 주식투자한도가 철폐된 후 외국인의 국내주식 보유비중이 높아지고 외국인이 국내 주식시장에 미치는 영향이 커진 점을 지적할 수 있다. 1997년 말 국내 주식시가총액 중 외국인이 보유하는 주식의 시가 비중은 14.6%였으나, 1998년 말 18.6%, 1999년 말 21.9%로 높아진 데 이어 최근에는 40% 수준까지 팽창했다. 국민은행 등 간판기업은 외국인 주식소유 비중이 70%대에 이르는 종목도 속출하고 있다.

그리고 외국인들이 선호하는 주식의 대부분이 유동성이 많은 대형주에 집중되어 있어 외국인들이 주가에 미칠 수 있는 영향은 주식 보유 비중 이상으로 컸다.

2. '나도(me-too)주의'의 유행 : 금융관행의 동조화

동조화는 가격에만 그치지 않는다. 바로 제품이나 서비스, 관행에도 유행하고 있다. 한쪽이 하면 나도 그와 같은 것을 해야 한다는 강박 관념이다. 왠지 따라가지 않으면 뒤처질 것 같고 경쟁에서 도태될 것 같은 느낌을 주기 때문이다. 단적인 예가 외환위기 이후 몰아친 은행의 M&A붐과 겸업화 바람이다.

은행 M&A는 원래 위기의 수렁에서 벗어나는 방법으로 어쩔 수 없이 선택해야 하는 것으로 받아들여지다 나중에는 금융기관들이 글로벌 경쟁시대에 생존과 성장을 위해 자발적으로 선택하는 것으로 흐름이 바뀌었다. 하이라이트는 바로 자산규모 200조 원이 넘는 공룡급 은행과 금융지주회사의 출범이었다.

2001년 4월 우리금융지주회사 출범을 시작으로 2001년 9월 신한 금융지주회사 출범, 2001년 11월 통합국민은행 출범, 2002년 12월 통합하나은행 출범에 이어 2003년 11월 신한금융지주회사의 조흥 은행 인수로 은행권은 4(국민, 신한, 우리, 하나)+3(한미, 외환, 제일)

의 경쟁구도가 완성됐다. 말할 것도 없이 1990년대 주식시장 호황을 바탕으로 금융산업에 대규모 합병붐이 불면서 거대 복합금융그룹이 연이어 탄생한 데 자극받은 것이다. 그러나 규모에 지나치게 욕심을 부린 나머지 경제규모에 걸맞지 않게 너무 큰 금융그룹을 만들어낸 것이 화근이다.

자산규모 1위의 국민은행만 해도 신탁계정을 합치면 총자산이 240조 원이나 돼 거의 경제규모의 40%에 육박하는 수준이다. 순전히 영업범위가 국내시장에 머물러 있는 은행이라고 하기에는 경제규모에 비해 덩치가 너무 큰 것으로, 이는 세계적으로도 유례를 찾아볼 수 없다. 씨티그룹이나 최근 뱅크원과 합병한 JP모건체이스의 경우도 자산규모가 1조 달러가 넘지만 경제규모 대비로는 10% 약간 넘는 선에 그친다.

더 우려되는 점은 이들 공룡급 은행그룹들이 좁은 국내시장에서 혈전을 벌여야 한다는 것이다. 적어도 자산규모가 200조 원 이상 정도 되면 해외에서 수입이 20~30% 발생해야 정상이다. 그렇다고 M&A의 성과가 국민이나 투자자에게 호소력 있게 다가가고 있는 것도 아니다. 대형 M&A를 경험한 은행이나 금융그룹의 주가가 오르기는 했지만 대체로 규모가 갖는 프리미엄 덕택이라는 시각이 많다. 이외에도 말썽 많은 방카슈랑스, 금융지주회사의 흐름도 국제적 유행을 따라간 것이다.

3. 강제되는 글로벌스탠더드

외환위기 이후 우리에게 글로벌스탠더드(Global Standard)라는 말처럼 자주 거론되는 것도 없다. 외국인들이 시장개방을 요구할 때마다 내세우는 기준이 바로 글로벌스탠더드다. S&P나 무디스 등 국제신용평가기관들이 한국의 국가채무 신용도를 평가할 때도 참고하는 것이 글로벌스탠더드다. 선진국 기준에 맞출수록 정부가 국제적 관행에 어긋난 행동을 할 가능성이 적다는 이유에서다.

글로벌스탠더드란 '지역이나 국가를 초월하여 대부분의 상거래 환경에서 통용되는 범세계적인 약속이나 규범'으로 정의된다. 가장 대표적인 예는 국제회계기준을 들 수 있다. 강제적인 성격을 띠기는 하지만 우리나라의 경우, IMF 이후 미국의 재무제표 작성 규정과 회계감사(Auditing) 기준을 수용해 회계 관련 제도의 글로벌스탠더드 요구를 충족하고 있다. 국제회계위원회(IASC)와 국제증권감독기구 (IOSCO)를 중심으로 1989년에 시작된 회계 기준의 글로벌스탠더드 확립을 위한 노력은 국제간 투자를 촉진하기 위해 비교 가능한 재무제표 기준의 마련에 있었다.

회계 기준의 글로벌화의 이면에는 국제적으로 비교 가능한 재무제표를 얻고자 하는 동기 외에 투명성에 대한 주주들의 요구도 무시할 수 없을 것이다. 은행 건전성 규제의 표준으로 사용되고 있는 BIS 자기자본 규제도 동조화의 한 단면이다.

글로벌스탠더드는 제도적 정책적 요소에만 국한되는 것이 아니다. 과연 기업의 경영성과와 무슨 관계가 있는지도 불투명한 기업의 지배구조도 미국식 주주 자본주의를 모방하도록 무언의 압력을 받고 있다.

기업운영의 방식에서도 성공적인 기업의 경영기법은 전 세계 모든 기업의 경영자가 믿고 따라야 할 교범이 되고 있다. 작년에 출간된 잭 웰치의 자서전이 엄청난 판매량을 기록한 것도 이러한 맥락이다. GE가 성공적으로 추진해 온 식스시그마(6-sigma) 운동, 벽 없는 조직 등의 개념은 이미 구조조정으로 경쟁력을 키우는 데 관심있는 기업이라면 한번쯤 반드시 생각해야 하는 모범으로 비쳐지고 있다.

4. 잃어가는 경제주권 : 월스트리트가 곧 법

무역자유화, 그리고 금융글로벌화와 통합으로 이제 각국은 월스트리트로 대표되는 선진국 금융자본의 이해에 반하는 정책을 채택하기 어렵게 되었다. 월스트리트가 곧 법이 된 셈이다. 월스트리트에서 채택한 제도는 받아들여야 되고, 그들의 투자기준, 투자방법, 상품 및 서비스, 거래제도까지 모두 따라야만 하는 것으로 비쳐지고 있다.

글로벌스탠더드로 포장된 그들의 요구에 어긋나면 당장 투자자금을 회수하든지 신용도를 떨어뜨리는 것으로 보복이 돌아온다. 이에 각국 정부는 고립을 감수하면서 독자적인 경제정책을 추구하든지, 아니면 세계시장에 동참해 월가의 이해를 존중하는 정책을 추구해 나가든지, 둘 중 하나의 극단적인 선택을 해야만 한다.

개발도상국의 각국 정부는 처음에는 자신의 의지대로 함정을 비켜가기 위해 자본자유화 일정을 조절하려 했다. 직접투자, 포트폴리오 투자, 단기자금, 장기자금 등 외자의 성질에 따라 원하는 자금을 선택하려고 했던 것이다. 그러나 그 시도는 실패로 끝났다. 시행착오와 불운이 겹치면서 금융위기라는 파국적 상황을 맞이하게 된 것이다. 결국 양보하지 않고 남겨둔 자본시장의 개방 일정을 앞당기는 운명이 되어버렸다.

한꺼번에 둑처럼 터져나간 자본자유화는 자국의 경제적 운명을 선진 금융자본의 자금운용에 맡기는 결과를 초래했다. 이미 많은 자본이 들어와 있는 나라들은 외국인 투자자의 평가에 일희일비하고, 그들의 경제정책은 물론 기업 지배구조까지 맞추기 위해 애써야 하는 지경에 이르고 있다. 이들의 자금유출이 곧 경제위기가 되기 때문이다.

월스트리트의 자본은 자신들의 투자기회를 넓히기 위해 많은 배당, 자사주 매입과 함께 각국 개별기업의 투명성을 높일 것을 요구하고 있다. 또한 자기자본이익률(ROE)로 대표되는 투자수익률을 적정한 수준 이상으로 높이기 위해 어떻게든 이익을 많이 내서 많은 배당을 돌려주기를 원하고 있다. 성과는 매년은 물론 매분기, 심지어 매월, 매일에 이르기까지 주주 기준으로 최상의 성과를 내주기를 원하고, 주주이익을 조금이라도 해치는 행동은 용납되지 않는다. 장기적 성장잠재력을 높이기 위한 필수불가결한 투자라도 확실하지 않으면 행해서는 안 되며, 투자에 앞서 항상 주주에게 얼마의 이익을 돌려줄 수 있는지가 더 중시된다.

5. 글로벌화 함정 : 위기의 소굴이 되어가는 세계

금융글로벌화로 세계는 성장의 기회를 더 많이 갖게 됐지만 그로 인해 치러야 하는 대가도 커졌다. 금융자유화로 자본을 대거 끌어들인 결과 더 잘살게 됐는가 하는 문제에 대해서는 혼란스럽다. 신흥시장에서 금융글로벌화가 진전되기 이전인 1950~1971년의 22년 동안에 금융위기는 단지 1회, 외환위기는 13회 발생하는 데 그쳤다. 그러나 글로벌화가 진전되기 시작한 1973년 이후부터 1998년까지의 26년 동안에는 금융위기가 무려 45회, 외환위기가 50회나 발생한 것으로 분석되고 있다. 1999년 IMF집계에 따르면, 1970년 이후 64회의 은행위기, 79회의 외환위기가 발생한 것으로 분석되고 있다.

금융글로벌화 및 금융통합의 부정적인 효과로 자본의 자유로운 이동에 대해 일정한 통제를 가하자는 주장까지 나오게 되었다. 폴 크루그만(Paul Klugman), 조지프 스티글리츠(Joseph. E Stiglitz), 배리

아이켄그린 같은 석학들도 자본통제를 주장하고 있다. 미국 캘리포니아대학 석좌교수인 배리 아이켄그린은 지금 중국이 자본시장 개방을 적극적으로 추진하면 곧바로 외환위기를 겪을 것이라고 경고하면서, 중국의 1인당 국민소득이 최소한 몇천 달러가 되기 전까지는 직접투자 외에 일반 자본시장 개방은 추진하지 말 것을 권고하고 있다.

그리고 무역자유화와 달리 자본자유화는 경제성장에 미치는 효과가 선명하게 나타나고 있지 않다. 이것은 자본자유화에 따르는 성장기회가 작기 때문이라기보다 자본자유화에 따르는 희생이 너무 커 자본자유화의 순효과가 거시적으로 잘 추정되지 않기 때문이다. 게다가 똑같은 외자라도 자금의 성질, 그러니까 단기자금이냐 장기자금이냐, 혹은 직접투자냐 포트폴리오 투자자금이냐 채권자금이냐에 따라 성장기여도가 달라 총량적인 자본 유출입통계로 그 효과를 검증하기 쉽지 않은 탓도 있다.

무역자유화는 효과 검증이 비교적 간단하고 대가도 파국적이지 않다. 무역장벽이 없어지면 자기가 생산하지 못하는 상품을 기꺼이 대가를 지불하며 소비하려고 할 것이고, 또 상대방도 자기가 소비하지 않는 제품을 만들어 판매해 소득을 올릴 수 있다. 그 결과 그렇게 한 사람은 잘살게 됐다고 느낄 수 있다. 비슷한 논리가 자본자유화에도 적용될 수 있다. 폐쇄된 경제에서는 누구나 저축한 한도 내에서 투자할 수 있지만 자본거래라는 개념이 포함되면 저축하는 것 이상으로 투자할 수 있다. 좋은 사업기회가 있을 때 자금이 남는 다른 나라에서 차입하여 투자함으로써 국민소득을 늘릴 기회를 가질 수 있는 것이다.

문제는 무역자유화와 달리 돈거래인 금융거래에서는 선택하고 후

회할 확률이 너무 높다는 것이다. 투자는 미래를 예측하는 일인데다가 심리적으로 다른 사람이 어떻게 하는가에 따라 너무 많은 영향을 받는다. 차입과 대출이 꼬리에 꼬리를 물고 이어지는 특성상, 한쪽 사슬이 끊어지면 전체 사슬이 다 붕괴된다. 더욱이 인종, 제도, 언어 등 모든 것이 외국과의 거래에서는 모르는 것이 더 많아져 정확한 판단을 하기 어렵게 된다. 모든 환경이 좋아 보이고 낙관적으로 흐를 때는 경쟁적으로 차입하고 돈을 빌려주는 것이 가능하다가도 어느 순간에 이르러 악재가 여러 번 겹치면 갑자기 자금거래가 중단돼 버리는 것이 비일비재하다. 그 결과로 찾아온 것이 외환위기, 외채위기, 은행위기, 주식시장 붕괴 등 무시무시한 효과를 발휘하는 금융재앙이다. 우리나라를 비롯한 아시아 외환위기도 이러한 과정에서 터진 것이다.

바로 금융글로벌화, 자본자유화의 이면에 위기라는 커다란 함정이 숨어 있는 것이다. 캐나다 토론토 대학의 웬디 돕슨 교수와 미국 국제경제연구소(IIE)의 개리 허프바워 연구원이 1980~1990년대 발생한 24개 은행위기와 36개 외환위기의 경제적 손실을 추정해 본 결과, 1980년대 중남미는 매년 GDP의 2.2%, 1990년대 동아시아는 GDP의 1.4%에 달하는 것으로 추정됐다. 신흥시장 전체로는 1980년대 GDP의 0.6%, 1990년대 GDP의 0.7%로 좀 작은 것처럼 분석됐으나 그 결론마저 의심하는 사람이 적지 않다. IMF의 이코노미스트 조사에 의하면, 금융자유화의 경제적 효과를 분석한 14편의 논문 중 단 3개만이 긍정적인 경제적 결과를 가져온 것으로 나타났다.

이러한 사실은 금융글로벌화의 긍정적 효과를 극대화하기 위해서는 경제발전 정도에 따라, 그리고 부작용을 대비한 충분한 제도적 보완장치를 함께 마련해 신중하게 추진해야 함을 시사한다. 자발적으로 했건, 강제로 당했건 앞뒤 가리지 않는 무분별한 글로벌화는 곧 위기로 가는 지름길이라는 뜻이다.

우리나라의 금융글로벌화는 외환위기에서 갈길을 잃어버리고 IMF를 앞세운 금융패권국들의 요구를 받아들여 한꺼번에 과격하게 진행됐다. 물론 1997년 말 외환위기가 단기외자 위주의 잘못된 외자조달 정책과 단기외화유동성 관리의 실패, 재벌의 방만한 경영, 시장원리를 무시한 신용배분 등에서 비롯됐다는 점은 우리가 저지른 과오다.

문제는 그 다음이다. 위기의 수중에서 대외신뢰도를 높인다는 명분으로 최소한도의 방어장치조차 갖추지 않은 채 금융을 개방해 하이에나 같은 투기적 펀드가 활개치는 여건을 만들어놓은 것이다.

금융개방에 있어 외국자본과 외국인 투자자의 질을 가려야 한다는 것이 제1명제이나 우리나라는 최소한도의 조건조차 지키지 않았다. 이는 재벌들조차 외국인에게 적대적 M&A를 당할까 봐 몸을 움츠리고 있을 정도로, 우리나라의 핵심적인 자산과 기업들이 줄줄이 외국인의 수중으로 넘어가는 것으로 벌을 받고 있는 중이다.

2부 | 한국 내 외국 투기자본의 실상

5장　**은행경영의 형태 변화와 경제적 효과** | 조복현 (한밭대학교 경제학과 교수)

6장　**금융의 공공성과 금융 규제** | 김용기 (삼성경제연구소 수석연구원)

7장　**투기자본의 제2금융권 지배와 그 폐해** | 장화식 (민주노총 사무금융연맹 부위원장)

8장　**적대적 M&A의 위협과 대책** | 왕윤종 (SK경영경제연구소 상무), 이우성 (SK경영경제연구소 수석연구원)

9장　**금융자본 주도의 기업지배구조와 노사관계의 변화** | 임운택 (한국노총 중앙연구원 연구조정실장)

10장　**재벌과 외자의 딜레마** | 유철규 (성공회대학교 사회과학부 교수)

11장　**한미투자협정 비판 – 미국의 〈1994년 표준안〉을 중심으로** | 이해영 (한신대학교 국제관계학부 교수)

은행경영의 형태 변화와 경제적 효과

◎ 조복현(한밭대학교 경제학과 교수)

머리말

외환위기 이후 우리나라의 은행산업은 큰 변화를 겪고 있다. 은행의 대형화 등 산업구조의 변화는 물론, 외국계 은행의 등장과 금융지주 회사 체제로의 발전 등 소유구조의 변화, 보험판매와 펀드판매 등과 같은 업무구조의 변화, 가계대출 증대나 수익성 위주로의 자산운용 행태의 변화 등 다양한 변화를 경험하고 있다.

이와 같은 변화에 따라 대형화, 외국자본 침투 등의 문제와 관련된 많은 논의와 분석들이 전개되어 왔다. 그러나 이러한 대형화와 외국자본의 침투가 대출 등 은행의 자산운용 행태에 어떤 영향을 미쳤는지, 그리고 이러한 자산운용의 행태 변화가 거시경제 및 은행산업 자체에 어떤 효과를 가져다주게 될지에 대해서는 별다른 분석이나 논의가 이루어지지 못했다. 즉, 은행산업의 자산운용 행태 변화가 우리 경제의 발전에 어떤 영향을 미치게 될지, 그리고 은행산업의 장기적 발전에는 어떤 영향을 미치게 될지에 대한 검토는 아직 소홀한 편이다.

그 동안 은행합병 등을 통한 대형화와 외국자본의 은행산업 침투, 자본건전성 규제의 강화 등과 함께 은행의 경영행태가 수익성과 안전성 위주로 바뀌면서, 기업금융보다는 가계금융 및 국공채 투자 중심으로 은행 경영전략이 전환되었다. 이러한 전략 변화는 한국경제 전반에 큰 영향을 미쳤고 앞으로도 많은 영향을 미치게 될 것이다.

기업금융의 축소에 따른 기업대출의 축소는 기업의 투자를 위축시킨다. 내부유보가 크고 자본시장에서 자금의 조달이 가능한 대기업은 은행의 대출축소에 영향을 덜 받겠지만, 내부유보도 적고 자본시장 이용도 어려운 중소 · 신생기업의 경우 은행의 대출 행태 변화에 큰 영향을 받게 된다. 은행이 대출을 축소시킬 경우 이들은 자금 조달처를 구하지 못해 투자증대는 물론, 기존 채무상환도 어려워 경영상 매우 큰 곤란을 겪게 된다. 최근 중소기업의 자금난 증대와 투자부진의 한 원인은 바로 이러한 은행의 행태 변화 때문이라고 할 수 있다.

가계대출의 증가, 특히 주택구입을 지원하는 부동산 대출의 급격한 증가는 외국의 예에서 나타났던 것과 같이 우리나라에서도 부동산 투기를 유발해 부동산 가격에서 거품을 낳고, 결국은 경제의 자원배분을 왜곡해 장기적인 경제의 성장잠재력을 약화시키고 은행 자체의 잠재적 부실을 증가시켰다.

이러한 은행 경영전략의 변화는 은행산업의 단기수익성 개선에는 긍정적인 영향을 미치겠지만, 장기적으로는 시장축소와 불안정 강화라는 부정적 효과를 가져올 것이다. 은행의 일반적인 기업대출과 그 중에서도 특히 중소기업에 대한 대출 기피로 인해 은행은 결국 장기적 수익창출원인 주요 고객을 잃게 된다. 은행 측에서는 기업 대신 가계를 새로운 주요 고객으로 만들려고 하고 있지만, 가계금융의 성장에는 한계가 있다. 가계는 기본적으로 흑자 주체이며, 가계에 대한 지나친 대출 증가는 자산가치의 거품과 이 거품의 붕괴를 초래해 은행산업의 불안정을 초래하기 쉽다.

여기서는 외환위기 이후 우리나라 은행산업의 변화와 그에 따른 은행경영 행태의 변화 내용과 경제적 효과를 분석하고, 은행산업과 경제가 함께 성장·발전할 수 있는 바람직한 은행경영 전략은 무엇인가에 대해 모색해 보고자 한다.

은행과 경제활동

1. 경제활동에서 은행의 역할

은행이 경제활동에 왜 필요한지, 그리고 어떤 특수한 역할을 수행하는지에 대해서는 다양한 견해가 존재해 왔다.

경제활동에서 은행의 역할에 대한 논의는 다음과 같은 두 가지가 주로 지적되어 왔다. 첫째는 유동성을 제공하는 역할이다. 은행은 저축자에게 언제든지 필요할 때 예금을 인출할 수 있도록 유동성을 제공함으로써 저축을 쉽게 동원하고, 이를 차입자에게 보다 긴 기간 동안 대출해 주는 것이다(Diamond and Dybvig, 1983).

둘째는 채권자를 대신해 사후감시 역할을 한다. 은행이 차입자에 대해 채권자를 대신해 감시자로서 역할하는 것이다(Diamond, 1984). 은행은 개별채권자와는 달리 모니터링(Monitoring) 및 계약이행의 역할을 수행한다.

이처럼 은행이 유동성 제공과 감시서비스 제공이라는 두 가지 기능을 수행한다는 주장과 같이 은행을 단순한 금융중개자로만 인식할 수도 있다. 그러나 고전적인 은행이론이나 최근의 또 다른 은행이론은 이러한 중개 기능을 넘어 보다 더 적극적인 은행의 역할과 기능을 제시한 바 있고 새롭게 제시하고 있다.

첫째, 은행은 자금공급자로서 기업의 기술혁신을 지원하는 역할을 수행한다는 것이다. 1930년대의 슘페터(Schumpeter)나 1960년대의 거셴크론(Gerschenkron)등은 은행이 기업가정신을 가진 기업가의 기술혁신과 창업을 조달해 주는 기능을 갖는다는 점을 강조했다.

둘째, 은행은 자금배분의 조정자로서 성장의 촉매 역할을 담당한다는 것이다. 즉, 은행은 단순히 자금을 공급하는 것에서 그치는 것이 아니라 다양한 투자프로젝트들을 조정하고 촉매하는 역할을 수행한다.

린과 헬만(Rin and Hellman, 2002)은 사회주의 경제에서는 국가가, 일본의 재벌체제에서는 재벌이 수행했던 투자조정자로서의 역할을 벨기에, 독일, 이탈리아에서는 1800년대 중반 및 후반부터는 은행이 수행했음을 강조하면서 이것이야말로 은행이 담당해야 할 주요한 역할이라고 주장하고 있다. 이러한 역할은 오늘날의 개발도상국에서도 반드시 필요한 역할이라고 이들은 강조하고 있다.

2. 은행과 경제발전

은행은 주식시장의 발전이나 다른 비은행중개기관의 발전에도 불구하고 경제의 성장ㆍ발전에서 여전히 중요한 역할을 하고 있다. 그러나 은행은 단순한 자금중개 역할에서 그치지 말고 보다 적극적으로 혁신조달과 성장촉매의 역할을 수행함으로써 경제성장에 기여하고 자신의 안정과 수지개선을 추구해야 할 것이다.

앞에서 언급한 바와 같이 은행의 기능과 특성을 고려할 때, 은행은 경제에서 다음과 같은 역할을 적극적으로 수행해야 한다.

첫째, 은행은 신용창조를 통해 기업의 기술혁신 지원자로서 역할해야 한다. 기업이 새로운 기술혁신이나 새로운 투자프로젝트를 수행하려고 할 때, 은행은 이의 지원자로서 역할해야 한다는 것이다.

둘째, 은행은 보다 우수한 투자프로젝트를 선별하는 기능과 역할을 수행해야 한다. 어떠한 기술혁신과 투자프로젝트가 과연 장래 사업전망이나 수익전망이 우수한지를 객관적으로 평가하는 기능을 수행해야 한다.

셋째, 은행이 이러한 역할을 수행하기 위해서는 기업금융에 보다 적극적이어야 하며, 또 기업과의 밀접한 관계를 통해 기업의 특수한 정보를 획득해야 한다. 특히 아직 정보가 많이 축적되지 못한, 그리고 새롭게 설립되는 기업에 대해 정보를 새롭게 수집하고 평가하며, 또 사후적 모니터링을 수행하는 일은 은행이 갖는 특수한 기능인 동시에 역할이라고 할 수 있다.

넷째, 은행은 전체 경제의 투자에 대한 조정자로서도 역할해야 한다. 물론 이러한 역할은 우수한 투자의 선별과정을 통해서 이루어지기도 하지만, 과잉중복투자를 피하기 위한 투자내용의 조정 역할도 담당해야 한다. 이것은 투자조정의 산업정책이 어려운 현실 속에서 은행이 새롭게 맡아야 할 중요한 기능 중의 하나라고 할 수 있다.

외환위기 이후 은행의 경영행태 변화

1. 외환위기 이후 은행산업의 변화

1) 산업구조 : 대형화와 겸업화

우리나라의 은행은 외환위기 이후 합병을 통해 대형화를 이루어 외형상의 규모를 크게 증대시켰다. 외환위기 이후 진행된 은행의 합병 사례를 보면 다음과 같다.

- 상업은행과 한일은행이 합병하여 한빛은행으로(1998)
- 보람은행이 하나은행으로 흡수합병(1998)
- 장기신용은행이 국민은행으로 흡수합병(1998)
- 충북, 강원은행이 조흥은행으로 흡수합병(1999)
- 축협중앙회가 농협중앙회로 흡수합병(2000)
- 국민은행과 주택은행이 합병하여 국민은행으로(2001)
- 평화은행이 우리금융지주회사로 편입되고 카드사로 전환(2001)
- 서울은행이 하나은행으로 흡수합병(2002)

한편 아래와 같이 지주회사로의 통합을 통해 대형화 또는 겸업화가 이루어지기도 했다.

- 한빛(우리은행), 평화, 광주, 경남은행이 우리금융지주회사로 편입 (2001. 3)
- 조흥은행이 제주은행과 함께 신한금융지주회사로 편입(2001. 9)

이처럼 은행들은 합병을 통해 자산규모를 크게 증대시켰는데, 그 결과 자산규모로 세계 200대 은행에 진입한 은행이 1997년에는 1개에 불과했으나, 2003년에는 7개의 은행으로 크게 증가했다. 1997년에 세계 200대 은행에 포함되었던 은행은 외환은행으로, 자산규모 기준 170위를 기록한 것이 유일했다. 그러나 2003년에는 국민은행(75위), 신한지주(89위), 농협(96위), 우리은행(107위), 하나은행(129위), 기업은행(138위), 외환은행(150위) 등이 200위 안에 진입했다.

이러한 자산규모의 증대는 당연히 은행산업에서의 시장집중도를 강화시켰다. 외환위기 이후 합병을 통한 대형화로 은행산업은 총자산 면에서나 대출금 면에서 시장집중도가 크게 증가해 〈표 1〉에서 보는 바와 같이 OECD 국가의 평균보다 높은 집중도를 나타냈다.

〈표 1〉 시장집중도				(단위 : %)
	비교년도	HHI	CR3	CR5
OECD 평균	1997	0.12	0.49	0.63
한국	1997	0.07	0.31	0.49
	2002	0.15	0.54	0.73

자료 : 이상규, 이종건(2003).

2) 외국자본의 침투 : 은행의 해외매각과 해외자본의 지분 급증

외환위기 이후 전개된 은행산업에서의 또 다른 중요한 변화는 국내은행에 대한 해외자본의 잠식이 크게 증가했다는 것이다. 국내은행의 해외매각을 통해 외국자본이 국내은행을 인수한 경우도 있고, 국내은행의 주식매입을 통해 최대주주가 된 경우도 있다.

제일은행과 외환은행, 한미은행은 외국 투자펀드나 상업은행에 매각됨으로써 외국자본에 경영권이 넘어가 외국계 은행이 된 경우다.

- 제일은행 : 2000년 1월 뉴브릿지캐피탈이 51%의 지분을 매입
- 한미은행 : 2000년 9월 JP모건과 칼라일이 17.9%의 주식을 매입해 최대주주가 됨. 다시 2004년 3월 씨티그룹이 한미은행의 지분을 100% 보유하게 됨.
- 외환은행 : 2003년 10월 론스타가 51%의 지분을 인수

해외자본에 매각되지는 않았다 하더라도 외국인의 국내은행 지분 소유가 크게 늘어나 외국자본의 보유지분이 50%를 넘어선 은행도 4개나 되었다. 2004년 8월 12일 현재 국민은행은 외국인 주식보유 지분이 78.2%에 달하고, 하나은행은 65.0%나 되었다. 부산은행과 대구은행도 각각 외국인 지분이 54.8%와 53.1%를 기록하고 있다. 이에 따라 국민은행과 하나은행에는 외국인 이사가 이사회에 참여하여 경영에 개입하게 되었는데, 국민은행의 경우 총 이사수 14명 중 외국인 이사는 3명이며, 하나은행의 경우는 14명 중 2명이 외국인 이사로 등록되어 있다.

이러한 해외자본의 침투 결과 우리나라 시중은행은 8개 은행 중 3개가 외국계 은행으로 되었으며, 2개는 혼합계 은행이 됨으로써 외국자본의 경영지배를 받는 은행은 시중은행 전체의 62.5%에 이르게 되었다.

2. 은행 경영행태의 변화 : 자산운용의 변화

은행산업 구조의 변화에 따라 은행의 자산운용에도 몇 가지 중대한 변화가 일어났다. 이 변화를 주도한 것은 주로 외국계 은행이었다. 외국계 은행들은 외환위기 이후 은행의 수익성 전략의 일환으로 기업대출 대신 소비자 금융의 가계대출을 증대시켰고, 회사채 대신 국

공채 투자를 주도했다. 이러한 외국계 은행의 행동은 다시 국내계 은행의 추종적 자산운용 행태를 불러일으켰다.

1) 가계대출의 증가와 기업대출의 상대적 감소

대출금 구성의 변화 내용을 보면, 총 대출금은 앞에서 본 바와 같이 2000년 이후 급속하게 증가했는데 기업대출보다는 가계대출의 증가율이 훨씬 더 크게 나타났다. 가계대출은 1999년부터 급속히 증가하고 있는 반면 기업대출은 증가폭이 매우 완만해, 2001년부터는 가계대출의 구성비가 기업대출의 구성비를 능가하게 되었다. 즉, 〈표 2〉에서 보는 바와 같이 1997년 기업대출 대 가계대출의 대출금 구성비는 64.5 : 32.6 이었으나, 2001년 말에는 48.9 : 49.1로 가계대출의 비중이 기업대출 비중을 능가하게 된 것이다.

그 중에서도 특히 중소기업의 대출이 대기업 대출에 비해서 상대적으로 크게 줄어들었다. 1998년 이후 예금은행의 중소기업에 대한 대출증가율은 민간기업 전체 대출증가율의 거의 절반 수준 이하로 떨어지고 있다. 이러한 현상은 외환위기 이전과는 현저히 다른 양상을 보이는 것으로 외환위기 이후 은행들이 기업대출을 상대적으로

〈표 2〉 일반은행의 가계 및 기업대출 동향 (단위 : 조 원, %)

	1997말	1998말	1999말	2000말	2001말	2002말	2003말
가계대출	48.1 (32.6)	45.0 (32.2)	63.3 (34.3)	90.3 (39.0)	133.0 (49.1)	189.2 (52.9)	214.7 (53.0)
기업대출	95.5 (64.5)	88.4 (63.3)	114.0 (61.9)	131.0 (56.5)	132.2 (48.9)	162.8 (45.5)	184.5 (45.5)
원화대출	147.9	139.7	184.2	231.9	270.7	357.4	405.1

* ( ) 안은 원화대출 대비 비중.
자료 : 금융감독원, 「은행경영통계」, 각년호.

줄여왔는데, 그 중에서도 특히 중소기업에 대한 대출을 더 크게 줄여왔음을 보여주는 것이다.

2) 국공채 중심의 유가증권 투자 증가와 회사채 투자 감소

다음으로 유가증권 투자의 변화 내용을 살펴보자.

외환위기 이후 국채, 통화안정증권 등의 국공채 투자는 크게 증가해 1999년 이후로는 전체 유가증권의 55% 이상을 차지하는 반면, 회사채는 1999년에 크게 감소하고 2000년에는 다소 회복하는 추세를 보였으나 다시 2001년부터 그 비중이 줄어들고 있다. 특히 외국계 은행이 안전자산인 국공채 투자로의 전환을 주도했다. 이들 은행의 국공채에 대한 투자는 1998년부터 2003년 9월 말 사이에 17.4% 포인트를 증가시킨 반면, 회사채와 주식에 대한 투자는 같은 기간 동안에 4.9% 포인트를 축소시켰다. 주식투자 역시 1997년 이후 급속하게 감소해 외환위기 이전의 30% 수준에서 머물고 있다.

외환위기 이후 우리나라 은행의 자산운용 행태는 앞에서 본 바와 같이 대출의 경우 기업금융보다는 가계금융에 주력해 왔으며, 기업

〈표 3〉 일반은행의 총 자산 중 유가증권 운용 구성비						(단위 : %)
	1995	1997	1999	2000	2001	2002
유가증권	12.4	15.7	27.5	25.1	24.7	20.6
국공채**	(42.9)	(34.2)	(58.9)	(55.4)	(54.7)	(58.7)
회사채	(13.1)	(26.8)	(19.4)	(28.0)	(24.9)	(21.6)
주식	(19.2)	(12.4)	(5.3)	(3.6)	(5.2)	(4.7)

* ( ) 안은 유가증권 중 각 증권의 구성비율.
** 국공채는 통화안정증권, 국채, 지방채의 합계.
자료 : 금융감독원, 「금융통계월보」, 각월호.

대출의 상대적 감소도 중소기업에 서 더 크게 나타났다. 그리고 유가증권 투자도 회사채나 주식보다는 국공채에 대한 투자를 늘려왔다. 이러한 현상은 은행들이 경제 전체의 성장을 위한 생산적 대출보다는 은행의 안전성과 수익성을 더 강조해 가계대출과 국공채 투자로 자산운용 행태를 변화시켜 왔음을 보여주는 것이다.

3. 은행 경영행태의 변화 요인

외국계 은행의 주도로 이루어진 가계대출 및 국공채 투자 강화와 기업대출, 특히 중소기업 대출의 축소는 근본적으로는 신자유주의적 금융개혁의 주요 내용인 금융자유화, 자본자유화와 금융건전성 감독 강화에 기인하는 것으로 설명할 수 있다.

신자유주의적 자본자유화는 해외자본의 국내은행의 지배를 가능하게 했으며, 금융자유화는 국내은행의 대형화와 가계대출을 강화시켰다. 은행들(보다 넓게 말하면 금융자본 모두)은 기본적으로 외국계나 국내계를 막론하고 모두 장기 기업대출보다는 단기 가계대출을 통해 유동성과 이동성, 그리고 안전성을 추구하는 경향을 가지고 있다. 금융자유화는 이러한 은행들의 유동성과 안전성 추구를 강화시킬 수 있도록 만들어준 제도적 변화인 것이다(보다 자세한 내용은 조복현, (2003) 참조).

이러한 신자유주의적 금융개혁인 자본자유화와 금융자유화가 결국은 해외자본의 침투와 국내은행의 유동성 및 안전성 추구를 강화시켜 기업대출보다는 가계대출을, 주식이나 회사채보다는 국공채에 대한 투자를 강화시키도록 만든 것이다.

한편 신자유주의 금융개혁의 한 축인 자본건전성 감독도 저위험 자산에 대한 투자를 강화하도록 만들어 기업대출을 위축시키고, 대신 가계대출 특히 담보대출을 강화시키는 결과를 낳았다.

은행 경영형태 변화의 경제적 효과

은행의 기업대출 축소와 가계대출 확대로의 자산운용 행태 변화는 거시경제 전반에 매우 큰 영향을 미쳤다. 우선 기업대출의 상대적 축소는 경제 전반의 자금조달 이용 가능성을 낮추어 투자를 위축시킬 수 있는데, 실제로 기업 중에서도 중소기업에 대한 대출의 급격한 축소로 인해 중소기업의 투자부진이 높아졌다.

또한 가계대출, 특히 주택구입 대출의 증대는 주택시장에서 투기와 거품을 형성해 경제의 안정성을 해치고, 가계의 부실화와 신용불량자의 증대를 가져와 사회 전체의 소비부진을 초래했다.

이와 같이 은행의 경영형태 변화는 경제의 투자와 소비 부진을 직접 야기하기도 하고 또 다른 요인에 의해 야기된 부진을 강화시키는 결과를 낳는다. 사실 최근의 투자 및 소비부진에는 다른 여러 요인이 복합적으로 작용하고 있지만 은행의 경영행태 변화에 기인하는 측면이 적지 않다.

1. 기업대출 축소로 인한 설비투자의 부진:특히 중소기업의 투자부진

외환위기 이후 은행의 기업대출 축소는 투자를 감소시키고 기업의 성장을 지체시켰다. 이러한 투자감소로 인한 피해는 대출 축소를 더 크게 겪은 중소기업에서 많이 나타났다. 〈표 4〉에서 보는 바와 같이 2002년 이후 제조업 전체나 대기업의 투자는 증가하고 있지만 중소기업의 투자는 오히려 감소하고 있다.

〈표 4〉 대기업 및 중소기업의 투자증가율 추이						(전년대비 증가율 : %)
	1999	2000	2001	2002	2003	2004*
제조업	4.3	37.7	−12.7	−0.7	24.8	29.3
대기업	−2.7	41.8	−16.3	18.9	27.4	31.7
중소기업	39.8	13.7	−0.2	41.6	−3.4	−6.1

* 2004년은 추정치임.

자료 : 한국산업은행, 『설비투자계획조사』, 각년도.

이러한 중소기업의 투자 감소는 내수부진 등과 같은 여러 가지 이유가 있지만, 은행의 중소기업에 대한 대출 감소도 매우 중요한 영향을 미쳤다고 볼 수 있다(이에 대한 증거자료로는 재정경제부, "중소기업 금융현황 및 대응방안", 2004. 7을 참조).

대기업의 경우 높은 수익성과 판매(주로 수출) 증가로 인해 은행으로부터의 자금조달 수요를 덜 갖는 반면, 중소기업은 낮은 수익성과 내수부진에 따라 상환금의 마련과 신투자자금의 조달을 위해서는 은행의 대출조달에 의존할 수밖에 없다. 그러나 은행은 기업대출을 상대적으로 줄였고, 특히 중소기업에 대한 대출을 더욱더 크게 축소시켰기 때문에 중소기업은 기존 채무의 상환과 새로운 투자자금의 조달에 큰 어려움을 겪게 된 것이다.

〈표 5〉 대기업과 중소기업의 수익성 관련 지표								(단위 : %)
	매출액 영업이익률				매출액 경상이익률			
	2000	2001	2002	2003	2000	2001	2002	2003
제조업	7.4	5.5	6.7	6.9	1.3	0.4	4.7	4.7
대기업	8.2	6.0	7.5	8.2	0.3	−0.6	5.4	6.0
중소기업	5.8	4.5	5.3	4.6	3.3	2.2	3.4	2.5

자료 : 한국은행, 『기업경영분석』, 각호.

	1997	1998	1999	2000	2001	2002	2003
대출액	59,060.6	57,004.6	80,393.9	110,910.8	158,929.3	223,293.5	254,936.9
증가율	16.3	−3.5	41.0	40.0	43.3	40.5	14.2

자료 : 한국은행, 『통화금융』, 2004. 6.

2. 가계대출 증가로 인한 부동산 투기 증대와 거품 형성

앞에서 본 바와 같이 외환위기 이후 은행들은 기업대출의 축소 대신 가계대출을 크게 증대시켰는데, 예금은행의 가계대출액은 외환위기 이후 1999년부터 2002년까지 해마다 40% 이상의 높은 증가율을 보였다. 따라서 1998년 57조 원이던 가계대출이 2003년 말에는 255조 원으로 무려 4.5배나 증가했다.

한국은행의 조사에 의하면, 증가한 가계대출의 용도는 절반 이상이 주택구입을 위한 것으로, 〈표 7〉에서 보듯이 2002년 1/4분기의 경우 가계대출 중 주택구입비가 56.1%, 대출상환이 9.4%. 사업이

〈표 7〉 은행의 가계대출의 용도별 구성 (신규취급액 기준)　　　　　　(단위 : %)

	2001. 1/4	2/4	3/4	4/4	2002. 1/4
주택구입	30.2	46.0	46.8	50.3	56.1
전세	2.0	1.5	1.3	1.2	0.8
사업 · 부업	7.5	7.9	7.4	7.9	7.6
대출상환	29.7	15.7	14.8	12.3	9.4
내구소비재 · 생활비	3.4	2.7	2.5	2.5	1.9
투자 · 예비자금	7.7	8.0	7.2	8.0	7.2
기타	19.5	18.2	20.0	17.8	17.0

자료 : 한국은행 보도자료, 『은행의 가계대출 표본조사』, 2002. 4.

〈표 8〉 주택소유여부별 은행의 가계대출 구성비					(단위 : %)
	2001. 1/4	2/4	3/4	4/4	2002. 1/4
유주택자	88.2	88.8	88.7	89.7	88.9
무주택자	11.8	11.2	11.3	10.3	11.1

자료 : 한국은행 보도자료, 「은행의 가계대출 표본조사」, 2002. 4.

7.6%의 순으로 나타났다.

주택구입을 위한 가계대출의 증대는 부동산시장에서의 투기를 불러일으키기도 했다. 앞의 한국은행 조사에 따르면, 특히 수도권에서 주택구입을 위한 대출이 크게 나타났으며, 주택소유별 대출 비중을 보더라도 유주택자가 무주택자보다 월등하게 더 높은 비중을 차지하고 있다.

이러한 수도권 중심의 유주택자에 의한 은행대출 증가는 결국 부동산 투기를 불러일으키게 되었다. 즉, 가계대출의 증가가 대부분 유주택자에게 주택구입을 목적으로 이루어지게 됨으로써 부동산가격의 급등과 투기화가 발생한 것이다. 이와 같은 부동산 투기는 결국 부동산 가격에서의 거품을 형성하게 된다. 실제로 한 연구는 부

〈표 9〉 지역별 아파트 매매가격지수 변화 추이								(1995말=100)
	1997말	1998말	1999말	2000말	2001말	2002말	2003말	1999~2003 상승률(%)
서울아파트	109.6	93.6	105.3	109.7	130.9	171.2	188.6	79.1
강남아파트	110.5	95.6	110.2	115.7	141.1	190.9	218.2	98.0
강북아파트	107.9	90.0	97.3	99.9	114.3	140.1	145.0	49.0
전국아파트	108.4	93.7	101.7	103.1	118.1	145.0	158.9	56.2

자료 : 국민은행.

동산시장에서 2002년 3/4분기부터 국지적인 거품 형성이 발견된다
고 지적하고 있다(최공필, 이명활, 이병윤, 이건범, 2004). 또 다른 연구
는 2001년 이후 3년간 서울지역 아파트의 가격상승률이 명목경제성
장률의 4배, 가처분소득 증가율의 4배를 기록해 분명한 거품을 형성
하고 있다고 지적하고 있다(김성식, 2003).

3. 가계대출 증대와 신용불량자의 증가

가계대출 확대는 주택시장에서의 투기와 거품을 형성하는 한편, 가
계부채의 부실화를 초래해 신용불량자를 크게 증가시켜 왔다. 물론
여기에는 은행의 가계대출 외에도 신용카드의 카드론과 현금서비
스의 무분별한 증대가 크게 가세하고 있기는 하나, 은행의 가계대
출 증가도 가계부실과 신용불량자의 증대에 한몫했다고 볼 수 있다.

금융연구원의 한 연구에 따르면, 1999년 4/4분기 이후 가계의 금
융부채 증가가 가계의 부실화에 기여하기 시작했다고 추정하고 있
다. 이는 이 시기부터 가계의 부채규모가 적정규모를 초과했음을 의
미한다. 실제로 이 연구는 2002년 2/4분기에 적정부채 규모보다 실
제부채 규모가 4.4%를 초과하고 있다고 추정한다(최공필, 이명활, 이
병윤, 이건범, 2004).

이와 같은 가계대출 증가에 따른 과다부채는 결국 가계의 대출금

<표 10> 국내은행권의 신용불량 대출건수 및 신용불량자 수 (단위 : 천 건, 천 명)

	2001말	2002말	2003말	2004. 6
은행대출금 신용불량건 수	1,332.8	1,881.6	5,158.5	5,350.3
국내은행권 신용불량자 수	1,156.2	1404.2	1,863.7	1,975.7

자료 : 전국은행연합회, 『신용불량정보 관리현황』, 각호.

부실과 신용불량 사태를 초래하였다. 〈표 10〉에서 보는 바와 같이 은행 대출금의 부실화 건수는 지난 2001년부터 매우 빠르게 증가했는데, 특히 2003년에는 전해에 비해 174.1% 증가해 2.7배에 이르렀다. 당연히 은행권의 신용불량자 수도 크게 증가했는데, 2001년의 115만 명에서 2004년 6월에는 197만 명으로 3년 사이에 71.3%나 증가했다.

은행산업과 경제의 동시발전을 위한 은행의 전략

1. 기업대출의 증대와 경제성장의 선순환 구조 형성

은행이 경제 발전을 돕고 동시에 은행도 발전하기 위해서는 현재와 같이 기업대출을 기피하고 가계대출만을 증가시키는 전략을 취해서는 안 된다. 오히려 가계대출은 적정한 수준에서 유지하고 기업대출을 더 늘려야 한다. 이는 앞에서 본 것처럼 은행이 기업대출을 통해 경제의 혁신을 지원하고 자원배분을 효율적으로 만들어야 투자도 증대하고 투자의 효율성도 높아져 경제가 지속적으로 성장할 수 있게 되기 때문이다.

물론, 가계대출이 소비증대 효과를 통해 경제에 기여하는 것을 부정하는 것은 아니다. 그러나 가계대출의 지나친 증가는 대부분의 국가에서 경험한 바와 같이, 부동산이나 주식과 같은 재산권 투자를 증가시키고 거품을 형성시킨다. 그리고 그 거품은 곧 경제붕괴로 이어져 은행의 부실화와 금융불안정을 수반해 왔다. 아래의 사례들은 이러한 은행의 가계대출 급증과 그에 따른 은행의 부실화와 금융불안정을 겪었던 대표적인 사례들이다.

- 1970년대의 칠레의 사례
- 1990년대 초의 스웨덴, 노르웨이, 핀란드의 사례
- 1990년대 후반의 태국과 말레이시아의 사례

은행은 기업대출을 증가시키되, 대기업뿐만 아니라 중소기업이나 신규창업기업에 대한 대출도 적극적으로 증가시켜야 한다. 일반적으로 대기업은 내부유보가 크고 자본시장에서도 쉽게 자금을 조달할 수 있다. 그러나 중소기업이나 신규기업은 내부유보도 크지 않고 자본시장에서 자금을 조달하기도 어렵다. 따라서 이들 중소기업이나 신규창업기업은 은행에 그들의 자금조달을 의존할 수밖에 없다.

따라서 신용실적이나 수익실적이 아직 저조한 중소기업이나 신규창업으로 인해 신용실적이나 수익실적이 전혀 없는 창업기업에 대한 은행의 평가와 선별(screen), 그리고 지원(finance)은 그 나라의 경제성장은 물론, 경제의 역동성을 향상시키는 데 크게 기여한다. 그리고 결국은 이들 중소기업이나 창업기업의 발전이 은행산업의 발전에 기여하게 되는 것이다.

왜냐하면 대기업은 위험이 적은 고객이라고 할 수는 있지만, 증가하는 내부유보와 자본시장으로부터의 조달이 쉬워 은행이 지속적으로 고객관계를 유지하기는 어렵다. 이에 반해 중소기업과 신규창업기업은 내부유보도 적고 대부분은 자본시장으로부터의 자금조달도 어렵기 때문에 은행의 지속적인 고객이 되기 쉽다. 그리고 이들 중소기업이나 신규창업기업의 평가와 선별에서는 은행이 자본시장이나 기타 금융기관보다 경쟁력을 가지고 있다. 다만 중소기업이나 신규기업은 위험이 크기 때문에 은행이 이 위험을 어떻게 평가하고 또 얼마를 이자율에 반영할 것인가 하는 위험관리와 가격책정의 문제

가 있기는 하지만, 이러한 위험관리와 가격책정과 같은 금융기법을 적극적으로 발전시켜 나가야 한다.

그렇게 해야만 은행은 자신의 경제적 기능 수행은 물론, 은행산업 자체의 고유 고객층(고유 시장)을 확보하고 늘려나갈 수 있을 것이다. 이러한 위험관리와 가격책정의 금융기법은 신용평점제나 재무제표 등의 객관적 정보를 통한 금융기법과는 다른 것일 것이다. 재무제표 외의 소프트 정보를 이용해 대출을 결정하는 관계금융(relationship banking)은 이러한 문제를 다루는 하나의 금융기법이 될 것이다.[1]

이와 같이 은행이 가계대출을 일정하게 억제하는 대신 기업대출을 증대시키게 되면, 특히 우수 중소기업이나 신규창업기업의 발굴과 선별을 통한 대출 증대는 경제의 성장과 안정을 돕고 역동성을 강화시켜 은행의 수익성에도 기여하고 지속적인 발전도 가능하게 해 선순환 구조를 형성할 것이다.

그러나 만약 현재와 같이 은행이 위험을 회피하기 위해 중소기업 대출을 억제하고 대기업이나 가계대출만을 지속적으로 늘려나간다면, 은행은 점차 고유 고객층을 점차 잃게 되고, 경제적으로는 기업투자 부족 대신 재산권 투기와 자산가격 거품만을 유발해 은행자산의 부실화는 물론 금융시장 전체의 금융불안정성을 야기하게 될 것이다. 그렇게 되면 경제악화와 은행산업의 부실화, 그리고 금융시장의 불안정이라는 악순환 구조만 되풀이될 것이다.

---

1) 관계금융에 대해서는 Boot, 2000 및 Boot and Thakor, 2000을 참조하라.

2. 선별과 투자조정을 통한 자원의 효율적 배분

앞에서 지적한 바와 같이 은행은 우수한 투자프로젝트나 혁신을 선별하여 선발함으로써 경제의 한정된 자원을 효율적으로 배분하는 기능을 수행해야 한다. 그리고 대출이 이루어진 다음에는 모니터링을 통해 차입자인 기업의 모럴해저드(moral hazard)를 방지해야 한다.

또한 은행은 다수의 기업들과 거래하기 때문에 기업들 사이의 투자를 조정하는 역할을 수행할 수 있다. 시장에서 자주 나타날 수 있는 과잉·중복투자가 은행을 통해서 조정될 필요가 있다. 그 동안 우리나라는 이러한 거시적인 투자조정의 역할을 산업정책을 통해 국가가 담당하거나 재벌과 같은 기업그룹집단의 기획조정실이 담당해 왔으나, 국가의 산업정책과 기업그룹집단의 조정역할이 약화되면서 은행이 이러한 조정역할을 필요로 하고 요구하고 있다.

이와 같은 선별과 조정을 통한 자원의 효율적 배분과 사후적 감시야말로 자본시장과 함께 은행이 해야 할 중요한 역할이다. 은행은 이런 역할을 통해서 경제발전에 기여할 뿐만 아니라 자신의 발전도 추구할 수 있다.

3. 은행의 발전전략 : 고유 시장의 확보와 수익구조의 안정화

은행이 기업대출을 늘리고 중소기업과 신규기업의 고객층을 확보하는 것은 은행의 공공성 차원의 문제가 아니라 수익성을 향상시키기 위한 전략이라는 점을 인식하는 것이 매우 중요하다.

은행이 수익성과 건전성 향상을 통해 지속적인 발전을 도모하기 위해서는 경영행태의 재조정이 필요하다. 그러나 이러한 경영행태만이 은행의 발전을 결정하는 것은 아니다. 앞에서 살펴본 자산운용구조, 은행시장 구조, 은행규모 외에도 은행형태(상업은행 혹은 겸업은행)와 업무구조, 비용구조, 자기자본비율 등이 동시에 고려되어야 할 것이다. 그러나 여기서는 경영행태만을 중심으로 은행의 발전전략을 살펴보고자 한다.

1) 이자수익 증대를 위한 고유시장의 확보 및 확대

자산운용의 일차적인 전략은 가계대출의 증가를 억제하고 기업대출을 늘리되, 중소기업과 신규기업의 고유한 고객시장을 확대시키는 것이다. 이는 공공성의 차원이 아니라 은행이 가지고 있는 평가와 선별이라는 경쟁력을 이용해 자신의 고유 고객을 발굴하고 유지하는 것은 물론, 지속적으로 증대시키는 은행의 상업성 차원에서 반드시 필요한 전략이다.

2) 비이자 수익구조의 안정화

최근 많은 은행들이 비이자수익의 향상에 주력하고 있다. 비이자수익 중 업무관련 수수료의 증가는 바람직하지만, 여타의 유가증권 손익이나 외환·파생상품 관련 손익은 안정적인 수익을 가져다주지 못한다. 더구나 카드수수료 등과 같은 비이자수익은 매우 불안정한 수익 원천이다. 그 동안 은행의 수수료 수익은 안정적으로 증가하는 추세를 나타냈지만, 유가증권 순익이나 파생상품 관련 순익은 매우 불안정하게 변해왔다. 또한 외환 관련 순익도 안정적인 모습을 보이고는 있으나 항상적인 수익원이라고 보기는 어렵다.

　물론 유가증권 투자나 파생상품 투자의 수익이 불안정하다고 해서 투자를 회피해야 한다는 것은 아니다. 다만 이들 수익의 불안정성과 변동성 위험을 고려해 보다 안정적인 수익구조를 추구해야 한다는 것을 말하고자 하는 것이다.

은행의 보험상품 및 펀드 판매 허용에 따른 수수료의 수익도 증가할 것이다. 다른 은행 고유업무 관련 취급수수료와 함께 이들 보험업무나 자산운용업무 관련 수수료는 안정적인 비이자수익의 원천으로 기여하게 될 것이다.

3) 대형화 은행의 비용효율성 개선

데미르국쿤트와 후이징아(Demirguc-Kunt and Huizinga, 1998)의 1988~1995년 사이의 80개국 7900개의 상업은행에 대한 실증분석에 따르면, 대형화를 통한 은행규모의 증대는 이자마진(NIM)의 증대에는 기여하지만 은행의 수익성 개선과는 무관하다고 한다. 이자마진이 커질 수 있는 이유는 대형은행들이 대출과 예금고객들에 대한 시장지배력을 통한 독점력을 행사하기 때문이다. 그러나 수익성 면에서 개선 효과가 잘 나타나지 않는 이유는 대형화가 곧바로 부채의 적절한 관리나 효율성의 개선을 가져다주지는 못하기 때문이다.

은행산업의 시장집중도는 은행의 높은 수익성과 비례해 나타나기도 한다. 실제로 영국의 경우 다른 나라의 은행보다 수익성이 더 높았는데, 그것은 영국의 높은 은행시장 집중도에 기인하는 것으로 조사되었다(Nier, 2000). 물론 영국의 높은 수익성은 은행의 생산물 다양화와 거시변수인 GDP 성장에도 크게 기여했다고 할 수 있다. 그러나 영국에서는 이러한 은행의 높은 수익성이 독점력 행사의 결과라고 보고, 은행의 집중을 완화시켜 경쟁을 촉진시키는 정책을 추구해야 한다는 여론이 형성되고 있다.

국내은행들은 더 이상 대형화를 통해 시장지배력 확대에만 관심을 기울여서는 안 된다. 시장지배력의 증대가 곧 효율성을 보장하는 것은 아니며, 독점력의 행사를 이용한 수익성 향상이 장기간 지속되기도 어렵기 때문이다. 따라서 은행들은 비용절감과 자산부채의 적절한 관리를 통한 위험관리의 향상을 도모해야 할 것이다.

맺음말

외환위기 이후 우리나라의 은행산업은 산업구조상 많은 변화를 겪었다. 외환위기 이후 본격적인 자본자유화가 이루어지고 해외자본이 은행산업에 침투함에 따라 외국자본에 의해 직접 경영되는 외국계 은행과 외국자본이 최대주주로서 이사를 파견하는 혼합계 은행이 8개 시중은행 중 5개에 이르게 되었다. 또한 외환위기 이후 금융구조조정 과정에서 부실은행 또는 우량은행들의 합병이 진행되어 은행 규모가 대형화되고 시장구조도 집중도가 상당히 높아졌다.

이러한 산업구조의 변화는 은행영업 및 자산운용 등에서 금융자유화, 자본건전성 감독의 강화와 함께 은행의 경영행태를 크게 바꾸었다. 은행들은 기업대출 대신 가계대출을 증대시켰으며, 유가증권에 대한 투자를 증대시켰는데 특히 안전한 국공채에 대한 투자를 크게 늘렸다.

은행의 경영행태 변화는 당연히 거시경제 전체는 물론 은행의 수익성이나 안전성에도 영향을 미쳤다. 거시경제적으로는 기업금융의 회피, 특히 중소기업 대출의 축소가 투자의 위축을 가져왔다. 가계대출의 증가는 유주택자에 대한 주택구입용 대출이 많은 부분을 차지해 부동산 투기와 부동산 가격 거품을 발생시켰고, 가계대출의 전반적인 과잉은 신용불량자를 양산함으로써 자원배분의 왜곡과 소비부족 현상을 야기했다.

은행이 기업생산 활동에서의 혁신과 창업의 지원자, 금융저축자를 대신해 투자프로젝트에 대한 선별과 감시의 대리자, 국가나 재벌기획조정실을 대신한 투자의 조정자로서 역할하는 것이 은행의 특수한 임무이고 존재이유라는 점을 이해한다면, 위와 같은 은행의 경영행태는 은행의 특수성과 존재이유를 스스로 무너뜨리는 것이 될 것이다.

은행이 자신의 특성과 기능을 잘 수행해 국민경제의 발전과 은행 자신의 발전을 이루기 위해서는 기업금융을 게을리해서는 안 되며 혁신지원, 투자조정, 선별과 감시의 기능을 확대해야 한다. 물론 이러한 기능을 제대로 수행하기 위해서는 그에 맞는 금융기법과 심사능력 및 감시능력을 개발해야 할 것이다.

은행들이 자신의 특수한 역할을 버려둔 채 규모의 대형화를 통한 예대이자율 증대, 수수료 인상 등의 독점력을 행사하려 하거나 주택담보 등의 가계담보대출을 통해 수익을 증대시키려는 경영행태를 취하는 것은 경제 전체적으로나 은행 자신의 발전을 위해서도 바람직하지 않다.

| 참고문헌 |

김상환, 「자기자본 규제와 은행경영」, 한국금융연구원 금융조사보고서, 2002.

김성식, 「주택가격 버블가능성 진단」, 『주간경제』 제748호, LG경제연구원, 2003.

박경서, 김창호, 「은행합병이 기업여신에 미치는 영향에 관한 연구」, 한국재무학회 등 5개 학회 2002 춘계학술대회 발표문, 2002.

이병윤, 「은행의 자산운용 개선방안 : 가계대출 증가현상 분석을 중심으로」, 『금융시스템리뷰』제9호, 2003.

이상규, 이종건, 「금융그룹화가 금융산업구조에 미치는 영향」, 2003 한국금융학회 · 한국

은행 공동주최 세미나 『금융그룹화의 영향과 정책과제』, 2003.

이정도, 설병문, 「자본규제와 은행의 기업대출변화」, 한국재무학회 2001 추계학술대회 발표문, 2001.

조복현, 「은행합병의 경제적 효과 : 국민은행과 주택은행의 합병」, 『경제논집』 제40권 제 2·3호, 서울대학교 경제연구소, 2000. pp. 261~284.

조복현, 「금융자유화와 금융위기」, 『사회경제평론』 제21호, 2003. pp. 399~442.

최공필, 이명활, 이병윤, 이건범, 『가계신용 증대의 경제적 영향』, 한국금융연구원 정책조사보고서, 2004.

Allen, F. and D. Gale, 「Comparing Financial Systems: A Survey」, University of Pennsylvania, Warton School, Financial Institution Center Working Paper 01-15, 2001.

Berger, A. and Udell, G., 「Did Risk-Based Capital Allocate Bank Credit and Cause a "Credit Crunch" in the United States?」, 『Journal of Money, Credit, and Banking』 vol. 26, No. 3 1994, 1994, pp. 585~628.

Boot, A., 「Relationship Banking: What Do We Know?」, 『Journal of Financial Intermediation』 9, 2000, pp. 7~25.

Boot, A. and Thakor, A. V., 「Can Relationship Banking Survive Competition?」, 『Journal of Finance』 vol. 55, no. 2, 2000, pp. 679~713.

Boyd, J. H. and Gertler, M., 「Are Banks Dead? Or Are the Reports Greatly Exaggerated?」, 『NBER working Paper』 No. 5045, 1995.

Demirguk-Kunt, A. and Huizinga, H., 「Determinants of Commercial Bank Interest Margins and Profitability: Some International Evidence」, 『World Bank Working Paper』 No. 1900, 1998.

Diamond, D., 「Financial Intermediation and Delegated Monitoring」, 『Review of Economic Studies』 51, 1984, pp. 393~414.

Diamond, D. and Dybvig, P., 「Bank Runs, Deposit Insurance, and Liquidity」, 『Journal of Political Economy』 91, 1983, pp. 401~419.

Diamond, D. and Rajan, R., 「Liquidity Risk, Liquidity Creation and Financial Fragility: A Theory of Banking」, 『NBER Working Paper』 No. 7470, 1998.

Drees, B. and Pazarbasioglu, C., 「The Nordic Banking Crises: Pitfalls in Financial Liberalization?」, International Monetary Fund, 『Working Paper』 95/61, 1995.

Edward, S. and Edwards, A. C., 「Financial Liberalization, Interest Rates, and the Real Exchange Rate in Chile」, 『Working Paper』 No. 395, University of California, Los Angeles, 1986.

Gerschenkron, A., 『Economic Backwardness in Historical Perspective, A Book of Essays』, Cambridge MA.; Harvard University Press, 1962.

Miller, G., 「The Obsolescence of Commercial Bank」, 『Journal of Institutional Theoretical Economics』 154, 1998, pp. 61~73.

Nier, E., 「The Profitability of Banks: A Cross-Country Study with Particular Focus on UK Banks」, Presented paper at 18th International Conference in France of Association Francaise de Finance (JUNE 2001), 2000.

Rin, M. and Hellman, T., 「Banks as Catalysts for Industrialization」, 『Journal of Financial Intermediation』 11, 2002, pp. 366~397.

Schmidt, R. H. , Hackethal, A and Tyrell, M., 「Disintermediation and Role of Banks in Europe: An International Comparison」, 『Journal of Financial Intermediation』 8. 1999, pp. 36~67.

Schumpeter, J. A., 『The Theory of Economic Development』, Cambridge, MA.; Harvard University Press, 1934.

Stanton, S. W.,「The Underinvestment Problem and Patterns in Bank Lending」, 『Journal of Financial Intermediation』 7, 1998, pp. 293~326.

6장

금융의 공공성과 금융 규제

◎ 김용기(삼성경제연구소 수석연구원)

1. 연구의 배경과 목적

최근 국내은행들의 사익(私益) 추구는 사회적으로 감내하기 어려울 정도다. 기업의 설비투자는 외면한 채 경기변동의 진폭을 확대시키는가 하면 시장안정을 위한 당국의 노력에 대해서는 주주가치를 내세우며 '무임승차(free ride)'를 시도하고 있는 실정이다.

이 같은 현상은 외국계 사모펀드가 대주주로 있는 일부 시중은행을 중심으로 시작되었지만 이들에게 국한되어 나타나는 현상은 아니다. 10% 이상의 외국인 1대주주에 의해서 지배되지는 않지만 외국인 지분이 76.32%(2004년 10월 말 현재)에 달하고 자산규모로 국내 시장점유율이 20%에 이르는 국내 최대은행인 국민은행도 이와 유사한 행동양태를 보이고 있다.

시중은행들의 이러한 행태는 사회적으로 투자의 효율성을 증대시키고(Bagehot, 1873) 혁신적인 사업에 자금을 지원하는 자본주의 발

전의 원동력(Schumpeter, 1911)이라는 은행의 본질적인 모습과는 거
리가 있다.

　이 글에서는 국내은행들의 사익 추구 양상이 왜 잘못된 것인지를
이론적으로 설명하는 데 주요한 목적이 있다. 이러한 은행의 왜곡된
모습은 외환위기 이후 취약해진 금융 관련 제도와 금융감독에서 상
당 부분 원인을 찾을 수 있다는 점을 지적할 것이다. 또 외국계 자본
이 지배하는 은행의 경우 어떠한 금융감독과 규제의 문제가 있었는
지 살펴보고, 금융감독의 취약성을 극복하기 위한 대안을 결론으로
제시할 것이다.

2. 은행의 과도한 사적이익 추구

시중은행들의 사적인 이익 추구는 이미 사회적으로 용인할 수 있는
수준을 넘어서고 있다.

기업의 설비투자 외면

무엇보다 시중은행은 기업의 설비투자를 외면하고 있다. 한국은행
자료(《표 1》)에 따르면, 제조업의 경우 외환위기 이전에는 설비투자
재원의 75% 이상이 차입금 등 외부자금에 의존했으나 2003년에는
기업 자체의 이익잉여금 등 내부자금에 대한 의존도가 84%에 달했
다. 이러한 현상은 은행의 달라진 대출행태에 상당 부분 기인한다.
외환위기 전 종금사 등과 함께 33~34%에 달하던 은행의 제조업
설비투자 재원 공급 비중은 최근 들어 10~11%로 감소했다.[1]

 (단위 : %)

	1996	1997	1998	1999	2000	2001	2002	2003	2004
제조업	100.0	100.0	100.0	100.0	100.0	100.0	100.0	100.0	100.0
외부자금	75.6	76.0	66.4	37.3	25.4	21.9	19.9	16.0	15.6
차입금	72.8	72.6	57.7	25.2	23.1	19.2	19.6	15.8	15.4
(회사채)	23.7	20.1	27.3	8.8	6.8	8.5	4.0	3.8	3.9
(금융기관)	33.2	34.7	20.4	11.7	12.0	8.0	12.7	10.3	11.1
주식	2.8	3.4	8.7	12.1	2.3	2.7	0.3	0.2	0.2
내부자금	24.4	24.0	33.6	62.7	74.6	78.1	80.1	84.0	84.4

주 : 1) 계획치

자료 : 한국산업은행, 설비투자계획조사, 각호; 한국은행(2004)에서 재인용.

경기불황에도 '땅 짚고 헤엄치기'

은행들은 예대(預貸)마진폭을 늘리고 수수료 등 비이자 부문의 수익을 늘려 경기침체에도 호황을 구가하고 있다. 이들의 호황은 특별한 경영기법의 선진화에서 비롯되었다기보다는 예대마진을 확대하고 수수료를 신설함으로써 얻어진 것이다.

최근 한국은행의 분석에 따르면, 은행들의 평균 예대마진(대출이자 평균－예금이자 평균)은 1996년 0.42% 포인트에서 2002년 1.99% 포인트, 2003년 2.09% 포인트, 2004년 9월 2.23% 포인트로 확대되었다. '땅 짚고 헤엄치기'라는 말이 나올 만큼 수익환경이 개선된 것을 알 수 있다.

또한 금융감독원의 자료에 따르면, 2001년부터 2004년 상반기까

1) 이는 물론 외환위기 이후 기업들의 부채축소 강화와 기업들의 투자행태가 수익성과 안정성 위주로 이루어진 데에도 기인하지만, 이러한 기업의 변화 및 금융환경의 변화에 따른 대응이라는 측면이 강하다.

지 18개 은행은 수수료 신설 233건, 수수료 인상 757건 등 수수료를 인상한 경우가 모두 990건에 달했다. 국민은행의 경우 영업시간 마감 후 현금자동지급기를 통해 현금을 인출할 때, 국민은행 고객의 경우 600원의 수수료를 내도록 되어 있는데 원가는 312원인 것으로 조사됐다. 은행 전체 수익의 25% 정도가 이와 같은 비이자 부문 수수료에서 나오고 있다.

윤증현 금융감독위원장 겸 금융감독원장은 10월 18일 "은행들의 올해 상반기 수익이 사상최대라는 보고를 받고 '은행들이 기업을 등쳐먹고 있는 꼴' 이라는 생각을 했다"고 말하고, 금융감독원에 시중은행들의 수수료 원가에 대해 조사하라고 지시했다.

금융시장 불안정의 원인 제공

은행은 외환위기 이후 여러 차례 반복을 거듭하고 있는 거품 발생과 거품의 급속한 파괴에 따른 금융시장의 불안정 원인을 직접 제공한 당사자이다.

이들은 기업대출을 줄이는 대신 가계대출을 증가시켰다. 외환위기 이전에 원화대출 중 20% 이하에 머물던 제일은행의 경우, 뉴브리지가 경영권을 인수한 2000년 이후 가계대출의 비중이 급격히 증가해 2003년 말 현재 67.8%에 달했다. 칼라일이 인수했다가 최근 씨티그룹에 인수된 한미은행의 경우 2003년 말 현재 원화대출 중 가계여신 비율이 45.9%에 달했다. 또 이들 외국계 은행을 중심으로 시중은행의 중소기업 대출은 큰 폭으로 감소했다.[2]

1999년 이후 나타난 가계부채의 확대는 내수를 진작하고 자산가

2) 상세한 내용은 본서에 게재된 조복현 교수의 「은행경영 형태 변화와 경제적 효과」를 참고하라.

격을 상승시켜 내수신장을 주도했지만 2003년 이래 경기의 급격한 냉각을 불러일으킨 주 원인이다. 은행은 가계부채의 확대를 주도하고 급격한 대출회수(혹은 신용카드 한도의 축소)로 경기의 연착륙을 저해했다. 400만 명에 달하는 신용불량자가 양산되었고, 2003년 말 현재 가구당 부채는 2926만 원으로 1998년 말의 1321만 원에 비해 121%가 급증했다.

결국 가계부채 확대와 축소는 수출의 기록적인 확대에도 불구하고 내수가 회복되지 않는 최근 양극화 경기의 주요한 원인 중 하나가 되었다.

LG카드 사태와 무임승차

외국자본이 지배하고 있는 은행은 기업의 구조조정 과정에서 '무임승차' 하려는 모습을 보여왔다. 금융시장에서 무임승차는 금융시장의 안정에 따른 이익은 누리면서 금융시장이 불안정하거나 불안정하게 만들 요인이 발생했을 때는 해결하기 위한 노력을 외면하는 것을 말한다.

2003년 회사채 시장이 불안정해지면서 유동성 위기에 빠진 LG카드의 처리를 둘러싸고 외국계 자본이 지배한 은행들은 무임승차의 행태 그 자체였다. LG카드는 존속가치가 청산가치보다 큰 기업이고 준(準) 금융기관적 성격을 지녔으며, LG카드가 발행한 카드채의 보유자는 시중 금융기관이었다는 점에서 LG카드의 청산은 SK글로벌 사태로 위축되었던 금융시장의 안정을 뒤흔들 수 있는 결정적인 사안이었다.

하지만 외국계 자본이 1대주주로 있는 은행들과 국민은행은 주주가치를 내세우며 LG카드의 청산을 막으려는 금융당국의 노력을 외면했다. 이들은 여신을 자본으로 바꿔 출자토록 하고, 일정한 비율에 따라 추가여신을 공급해 LG카드의 청산을 막고 금융시장의 안정을 도모하려는 금융당국의 노력에 반대했다.

물론 LG카드 사태가 발생하게 된 근본적인 배경은 부실한 금융규제의 영향도 있었다. 1999년 이후 계속된 경기부양의 의도와 맹목적인 시장경제에 대한 믿음을 바탕으로 이뤄진 신용카드 관련 규제완화와 '카드 거리모집 규제' 반대가 그것이다.[3]

하지만 금융시장이 불안정하게 될 경우 자금의 원활한 조달과 배분을 하는 금융시장의 역할이 위축되고 리스크 회피 경향이 확대됨으로써, 자금배분의 왜곡현상이 나타나 국민경제에 악영향을 미치게 된다. 국민경제가 흔들리는 것은 장기적으로 보면 시중은행의 이익기반이 취약해진다는 것을 의미한다.

그럼에도 불구하고 이들 은행이 시장의 안정성을 위한 노력을 게을리한 이유는 자신들이 빠지더라도 정부가 산업은행과 같은 국책은행을 내세워 LG카드 사태를 해결할 것이라는 믿음이 있었기 때문이라고 할 수 있다. 과거 하이닉스가 유동성 위기에 빠졌을 때, 호리에 행장이 지휘하는 제일은행이 정부의 시장안정 노력에 반기(反旗)를 든 것과 같은 맥락이다. 이 글의 결론에서 다루겠지만 이 같은 무임승차는 금융자유화에서 가장 진전된 영국에서도 용인되지 않는 행위이다.

---

3) 시장경제는 자유와 경쟁확대만으로는 이뤄지지 않는다. 시장제도(예를 들면 투자에 영향을 미칠 수 있는 정보를 공개하도록 강제하는 공시제도)와 비시장제도(예를 들면 계약의 의무와 금융기관 및 소비자의 모럴해저드를 방지할 수 있는 장치 등)가 확립되지 않고서는 시장경제는 존립할 수 없다. 필자가 시장경제에 대한 맹목적인 믿음이라고 하는 것은 이러한 제도적 필요성을 제대로 인식하지 못하는 것을 말한다.

은행은 자본주의 발전의 원동력이어야

월터 배젓(Walter Bagehot, 1873)에 따르면, 은행은 19세기 영국의 산업혁명 과정에서 중요한 역할을 담당했다. 은행은 정보의 유통속도를 가속화시킴으로써 투자의 효율성을 증대시켰다. 또 조지 슘페터(Schumpeter, 1911)는 기업가정신과 함께 혁신적 사업에 자금을 지원하는 은행의 역할을 자본주의 발전의 원동력으로 꼽았고, 혁신적인 투자방안을 찾아내 자금을 공급함으로서 경제성장을 촉진시킨다고도 했다(한국은행, 2001).

그런데 한국 은행의 극단적인 사익 추구는 경제성장을 촉진시키기는커녕 국민경제의 정상적인 발전을 저해하는 요인이 되고 있다. 과연 은행의 공공성을 어떻게 회복시킬 것인가?

3. 은행의 특수성과 공공성

1) 은행업의 특수성

은행의 공공성을 강조하는 이유는 무엇보다도 은행업이 특수하기 때문이다. 금융시장은 다른 부문보다 정보의 비대칭성에 따른 시장실패의 가능성이 높고, 금융시장의 불안정에 따른 폐해가 막대하다. 1980년대 이후 세계적으로 금융자유화가 진전되면서 금리, 주가, 환율 등 금융변수들의 변동성과 연계성이 높아지고, 아울러 금융기관 간 경쟁이 심화되면서 특정 금융기관 및 금융시장의 불안정이 전체 금융시스템으로 확산되는 시스템 위험이 증가하고 있다(한국은행 2001).

1994년 멕시코 및 1997년 아시아 금융위기의 결과에서 나타나듯 금융불안정과 금융위기는 각국의 경제성장을 저해하는 가장 큰 요인으로 꼽히고 있다.

정보의 비대칭성과 불완전경쟁

정보가 완전하고 완전경쟁적이며 마찰적 요인이 없는 금융시장에서는 개별 시장참여자가 직접 자산과 부채를 변환시키고, 스스로 투자에 대해 최적의 판단을 내릴 수 있으므로 금융기관이 존립할 필요성이 없다. 하지만 현실적으로는 정보의 비대칭성, 불완전경쟁과 같은 요인 때문에 시장이 불완전함으로써 개인이 투자를 결정하는 데에는 상당한 금융거래 비용이 수반된다.

이와 관련해 존 거리와 에드워드 쇼(John G. Gurley and Edward S. Shaw, 1960)는 "금융기관은 자금의 공급자인 가계부문에서 수요자인 기업부문으로의 효율적 자금흐름을 방해하는 기술적 마찰요인을 규모의 경제효과 등을 통해 제거한다"고 분석했다.

이에 따르면 첫째, 금융기관은 자금의 통합운용을 통해 개별저축자들이 금융기관을 통해 대규모 투자에 참여할 수 있도록 한다. 그 결과 개인투자자의 대규모 투자에 대한 참여욕구를 충족시키는 동시에 자원배분의 효율성을 제고시킨다. 예를 들어 개인투자자가 주식에 투자하는 경우 채권에 비해 기대수익률은 높은 반면, 배당 및 수익률에 대한 불확실성은 크다. 그런데 이런 불확실성은 포트폴리오를 구성해 분산투자를 하게 되면 제거될 수 있다.

둘째, 금융기관은 위험의 통합관리(risk pooling)를 통해 개별저축자가 선택 가능한 위험과 수익의 집합(集合)보다 우월한 집합의 포트폴리오를 제공한다. 위험도가 높은 투자는 기대수익률은 높지만 투자 재원이 적기 때문에 개인투자자들이 이 같은 고위험투자를 감당하기는 어렵다.

셋째, 금융기관은 유동성 관리를 통해 장기투자를 활성화한다. 금융기관은 유동성 수요가 서로 다른 저축자를 모집해 비유동적 투자 대상에 대한 장기투자자금을 제공한다. 이러한 금융 중개기능에 의해 저축자의 비유동적 투자에 대한 비용이 절감되고 장기투자가 활성화돼 경제 전체의 효율성이 증대된다(한국은행, 2001).

인센티브 마찰도 제거

금융기관은 또한 만성적 투자자인 개인이 만성적 자금 소요자인 기업에 비해 열세에 놓일 수밖에 없는 정보보유 수준의 비대칭성을 극복시켜 줌으로써 실행 불가능하던 투자계약을 가능하도록 한다.

개인은 시간적 금전적 제약 때문에 기업의 성과를 측정하고 감시·통제할 수 있는 정보를 획득할 수 없다. 그래서 제한된 공공정보에 기초해서 투자를 결정하게 되며, 이에 따라 금융기관이 존재하는 경우보다 투자규모가 축소되는 결과를 낳는다. 반면 금융기관은 기업에 대한 감시 및 통제기능이라는 점에서 규모의 경제를 실현함으로써 투자자와 기업 간에 발생할 수 있는 이해 갈등, 즉 인센티브 마찰을 제거한다(Douglas W. Diamond, 1984). 금융기관은 또 기업의 약속이행을 강제하는 금융계약을 고안함으로써 장기 금융계약을 활성화하고 경제 전체의 효율성을 제고시킨다(한국은행, 2001).

2) 은행 보호와 은행 규제

정부는 은행을 보호

국민경제에서 은행이 차지하는 중요성 때문에 정부는 은행을 보호한다. 정부는 예대금리의 차를 통해 은행의 수익성을 보장한다. 또한 예금자보호를 통해 예금의 원리금을 보장함으로써 자금의 여유가 있는 고객들이 안심하고 은행에 자금을 맡길 수 있는 장치를 마련하고 있다. 한국의 경우 예금자보호법에 의해 원리금 5000만 원까지 보장하고 있다. 만약 특정 금융기관이 리스크 관리 등의 실패로 파산하게 되더라도 고객은 5000만 원까지 원리금을 보장받는다는 의미이다.

또 은행이 경기변동이나 리스크 관리의 잘못 등으로 예금자에게 돈을 즉각적으로 돌려줄 수 없는 유동성 위기에 봉착했을 경우 정부는 이른바 최후의 대부자(Lender of last resort) 기능을 수행한다. 이 기능은 "위기 시 현금에 대한 수요를 충족시켜 주는 중앙은행의 책임으로, 금융패닉(공황상태)이 유발하는 자금의 위축현상을 방지한다. 중앙은행은 은행이 보유한 채권 등의 증권을 구매하거나 은행이 보유하거나 발행한 어음의 할인을 통해 비상자금을 공여하는 방식으로 존속가치가 높지만, 일시적으로 유동성 위기에 빠진 은행에 시중금리보다 비싼 가격으로 자금을 공급하는 것"으로 정의된다(Newman, Milgate, and Eatwell 1992). 결국 은행의 수익과 영업은 정부의 보호와 깊은 관련이 있다.

정부의 규제와 감독

이러한 은행의 특수성 때문에 정부는 은행을 규제하고 감독한다. 은행이 어려움에 봉착할 경우 국민경제에 미칠 영향과 은행에 투입될 공적자금 투여를 미연에 방지하기 위해 사전적으로 감독하는데, 이를 '건전성 감독'이라고 한다.

건전성 감독은 내생적으로 금융기관이 가지는 모럴해저드를 억제하기 위해 불가피하다. 여기서 모럴해저드라는 것은 정부가 보호해 줄 것을 알기 때문에 기본적으로 고수익을 추구하기 위해 위험하고 불건전한 방식으로 자산을 운용할 가능성이 높다는 것을 말한다. 이러한 모럴해저드는 정부의 예금보험제도에 따른 예금보장 여부와 상관없이 발생한다. 예금자와 금융기관은 법적으로 예금을 보장하지 않더라도 금융시장의 연쇄적 불안정을 막기 위해 금융당국이 예금을 보호해 줄 것이라고 믿기 때문이다.

정부의 은행에 대한 대표적인 감독 방안은 진입장벽을 설치하는 것이다.[4] 은행은 기업설립의 자유가 없다. 즉, 정부가 은행업을 할 수 있는 라이센스(면허)를 부여함으로써 은행업을 영위할 수 있다. 은행은 은행업을 영위할 대주주에 대한 적격성 심사를 한 후에 라이센스를 준다.

각 나라는 은행법을 통해 은행업을 할 수 있는 자의 자격을 금융산업을 영위하는 자로 한정한다. '금융산업을 영위하는 자'란 은행, 증권, 보험업을 운영하고 있는 법인을 말한다. 각국의 은행법을 보면 금융감독당국은 4~10% 이상 보유주주의 자격을 엄격히 제한하고 있다. 한국의 경우 이들 보유주주의 자격을 검토하는 적격성 심사에 여러 가지 문제점이 나타나고 있다.

---

4) 대주주 적격성 심사 이외에 금융기관의 안전성과 건전성에 대한 엄밀한 모니터링, 벌칙 부과, 위기관리 및 정부의 암묵적 보증 등이 핵심적인 감독 수단으로 꼽힌다. 구체적으로는 이른바 자본 적정성 요구(자산대비 자기자본비율이 8% 이상), 거액 및 동일인 여신한도에 대한 규제, 외화부채와 자산의 기간불일치비율 제한, 역외 및 해외 금융한도 제한 등의 규제수단이 동원된다(Lastra 1996, Kim 2003).

4. 외환위기 전후의 금융규제와 감독

금융감독의 문제점을 이해하기 위해서는 최근의 금융제도와 감독에 중요한 영향을 미친 외환위기 전후의 금융환경을 살펴봐야 한다.

외환위기 이전 한국의 금융규제는 '금융억압(financial repression)'으로 불릴 만큼 강력한 통제가 특징이었다. 많은 금융감독정책이 명시적인 금융규제에 의하지 않고 당국자의 명령과 개입에 따라 집행되었다.

금융억압의 긍정적 기능

외환위기 이전의 금융정책은 시장의 실패 가능성을 금융억압적인 규제를 통해 보완한 것으로 평가받고 있다. 금융경제학자 매키넌에 의하면, 인위적인 저금리정책은 은행 등 금융기관의 신용에 대한 수요를 증가시켰고 정부는 타깃섹터(target sector)를 선정해 정부의 도움 없이는 할 수 없는 수준의 금리로 다량의 신용을 공급할 수 있었다(McKinnon 1973; Haggard and Lee 1993).

금융억압은 금융시장의 불완전성을 교정해 사회적 후생(welfare)을 극대화했고, 재벌-은행-정부라는 삼각 트라이앵글을 통한 효과적 자금중계로 급속한 경제성장을 이룩했으며, 대규모 투자가 선행되어야 하는 성숙산업 분야에서 세계적 기업을 육성시켰다.

금융억압의 부정적 기능

금융억압은 관료나 정치인의 지대추구(Rent-seeking)와 규제의 포획(Regulatory capture) 가능성을 높였다. 지대추구란, 독점적 이익을 줄 수 있는 규제 권한을 가짐으로써 그 권한을 가진 자들이 초과이윤을 추구하는 것을 말하며, 규제의 포획은 그러한 규제 및 탈규제의 방향이 정치적 영향력이 강한 특정 이익집단에 유리하게 형성되는 것을 의미한다(Mueller 1979; Cullis and Jones 1987). 금융억압은 부정부패와 정치자금 수수의 주요한 원인이었고 금융산업의 발전을 저해시켰다.

외환위기 이후

외환위기 이후 과거 금융규제의 긍정적 측면은 사라지고 부정적 측면만 남았다. 우선 과거 금융억압을 중심으로 한 개발경제체제에 대한 전면적 부정에 따라 공공적인 금융감독이 급속하게 위축되었다. 당국의 필요불가결한 시장실패에 대한 교정조차 관치로 매도되었고, 이에 따라 당국의 시장안정을 위한 선제적 감독은 자취를 감췄다.

빈 자리는 은행업 경험이 없는 외국계 투기자본이 차지했다. 이들은 시장과 주주가치를 내세우며 진입장벽에 따른 기존 은행업자의 지대를 추구(rent-seeking)하는 반면 은행이 해야 할 공공적 기능은 외면했다. 대우채, 하이닉스, LG카드 사태 등 금융시장의 붕괴를 초래할 만한 사안이 벌어질 때마다 특정 은행들은 시장과 주주가치를 내세우며 금융당국에 대항했고, 일부 금융시장 종사자들이 이를 부추기는 사회적 분위기가 형성되었다. 이런 행태는 외국계 자본이 1대주주로 있는 은행에만 국한되지 않았다. 국내 최대은행인 국민은행에서도 똑같이 나타났다.

5. 현행 금융감독의 문제점

1) 감독의 사각지대 : 페이퍼컴퍼니 대주주

한국을 포함해 각국은 은행법을 통해 은행의 일정 지분 이상을 보유
할 수 있는 자의 자격을 엄격히 제한하고 있다. 이는 은행업을 영위
하는 것 자체가 수익을 보장하고, 잘못 운영할 경우 경제에 미치게
될 막대한 부작용을 우려하기 때문이다.

은행법 제2조(정의)는 대주주를 은행 주식의 10% 이상을 보유하
고 있거나 10%에 미치지 못하더라도 4% 이상의 주주로서 최대주주
인 경우 혹은 은행의 주요 경영사항에 사실상 영향력을 행사하는 주
주를 대주주로 규정하고 있다.

은행법 제2조 (정의)

10. "대주주"라 함은 다음 각목의 1에 해당하는 자를 말한다.〈신설
2002. 4. 27〉

가. 금융기관의 주주 1인을 포함한 동일인이 금융기관의 의결권 있는
발행주식총수의 100분의 10[전국을 영업구역으로 하지 아니하는 금융기
관(이하 "지방금융기관"이라 한다)의 경우에는 100분의 15]을 초과하여
주식을 보유하는 경우의 당해 주주 1인

나. 금융기관의 주주 1인을 포함한 동일인이 금융기관(지방금융기관
을 제외한다)의 의결권 있는 발행주식총수(제16조의 2제 2항의 규정에 의
하여 의결권을 행사할 수 없는 주식을 제외한다)의 100분의 4를 초과하여
주식을 보유하는 경우로서 당해 동일인이 최대주주이거나 대통령령이 정
하는 바에 따라 임원의 임면 등의 방법으로 당해 금융기관의 주요 경영사
항에 대하여 사실상 영향력을 행사하는 자인 경우의 당해 주주 1인

이러한 은행법은 뉴브리지캐피탈이 지배하는 제일은행과 과거 칼라일이 지배한 한미은행, 그리고 최근 론스타가 지배하고 있는 외환은행과 같이 은행의 형식적 대주주가 말레이시아 라부안이나 북대서양 버뮤다의 조세회피지역에 존재하고 있는 페이퍼컴퍼니(Paper Company)일 때 그 페이퍼컴퍼니를 지배하는 실질적인 대주주를 감독하지 못하는 치명적인 약점을 지니고 있다.

외국 은행법은 실질 대주주를 감독

이에 반해 독일은행법은 제1조에서 "독일은행법 1조 : 직·간접적으로 당해 기업의 자본금 또는 의결권의 10/100 이상을 보유하거나, 경영에 결정적인 영향력을 행사할 수 있는 경우에는 대주주로 본다"고 규정함으로써 실질적인 대주주를 감독할 수 있도록 하고 있다. 일본 또한 마찬가지다.

미국 은행지주회사법은 기본적으로 지배(Control)력을 기준으로 규제한다고 규정함으로써 지분의 25% 이상을 직·간접적으로 보유하는 자를 감독하도록 명문화하고 있다. 게다가 과반수 이상 이사의 선임에 영향력을 행사하거나 FRB가 은행이사회의 의사결정에 직·간접으로 영향을 미친다고 결정한 경우에는 그 자를 대주주로 본다고 규정함으로써 실질적인 대주주에 대한 감독의지를 분명히 하고 있다.

2) 제일은행의 사례

뉴브리지캐피탈이 지배하는 제일은행의 경우 주주명부상 1대주주는 말레이시아 라부안에 소재하는 페이퍼컴퍼니 KFB뉴브리지 (Private) 유한회사(Limited)이다. 이 페이퍼컴퍼니는 다시 케이맨 군도에 소재한 페이퍼컴퍼니 KFB케이맨홀딩스컴퍼니가 100% 소유하고 있다. 미국 샌프란시스코 소재 KFB뉴브리지인베스트먼트LP는 이 케이맨 군도에 있는 페이퍼컴퍼니를 직·간접적으로 100% 소유하고 있다. 그리고 KFB뉴브리지인베스트먼트LP는 텍사스퍼시픽과 블럼캐피탈파트너스 등과 같은 투자회사가 지분참여하고 있다.

현 은행법에 따르면, 은행 지분의 10/100 이상을 보유하고 있는 대주주의 지분이 1/100 이상 변동할 경우 금융감독원에 신고하도록 하고 있다. 2002년 10월 「일본경제신문」은 제일은행 지분의 51%를 보유하고 있는 뉴브리지 펀드의 지분 30%를 보유하고 있던 소프트방크가 지분을 넘겼다는 사실을 보도했다. 이는 소프트방크가 KFB뉴브리지인베스트먼트LP의 지분을 30% 소유하고 있었다는 것으로 해석된다. 한국 금융당국은 이 같은 사실을 전혀 모르고 있었다.

만약 한국은행법이 미국이나 독일과 같이 직·간접적으로 은행을 소유하는 자를 대주주로 판단하고 감독했다면, 제일은행의 경영에 중대한 영향을 미쳤을 소프트방크의 제일은행에 대한 지배와 이의 매각에 대해 사전에 인지했을 것이고, 그 매각 자체가 금감위의 승인사항이었을 것이다.

제일은행 매각 당시 뉴브리지 측과 예금보험공사 간에 주주계약의 정신도 훼손되었다. 매각 당시 주주계약서에 따르면, 뉴브리지 소유지분의 30% 이상이 매각될 때 공사의 지분도 동일조건으로 동일비율을 매각하도록 되어 있다(재정경제부 금융감독위, 2000). 이 조항은 공적자금의 투자로 회생해 기업가치를 높인 제일은행의 1대주주인 뉴브리지가 경영권 프리미엄을 가질 수 있는 30% 이상 지분을 매각할 경우 정부도 같은 비율을 매각함으로써 공적자금을 최대한 받을 수 있도록 하는 목적에서 삽입된 것이다.

하지만 현행 은행법의 문제 때문에 정부는 뉴브리지가 경영권 프리미엄을 완벽하게 누리고, 이를 블록 세일하여 경영권 프리미엄의 매각이익도 100% 얻을 수 있도록 보장하고 있는 셈이다.

3) 한미은행의 사례

2000년 3월, 칼라일은 5000억 원을 투자해 한미은행 지분의 34%를 취득하겠다는 의사를 금감위에 밝혔으나 거절당했다. 그 이유는 10%가 넘는 지분은 금융감독당국의 허가사항인데, 칼라일은 은행법상 대주주가 될 수 있는 금융기관이 아니기 때문에 허용할 수 없다는 것이었다.

이후 칼라일은 미국계 투자은행 JP모건과 공동으로 한미은행의 주식예탁증서(DR)를 인수하는 방식으로 한미은행의 대주주가 되는 형식을 금감위에 제안했으나, 금감위는 JP모건의 지분이 과반수여야 한다는 전제를 내세웠다.

결국 칼라일은 2000년 9월 8일 은행법상 조건을 충족시키는 방식으로 JP모건과 컨소시엄을 구성해 한미은행의 지분 36.55%를 인수했다. 하지만 컨소시엄의 대주주는 JP모건이 아니라 칼라일이었다. 실제로 컨소시엄이 한미은행을 인수한 뒤 이 은행을 지배한 것도 칼라일이었고, 최근 씨티그룹에 한미은행을 매각한 것도 칼라일이었다.

2000년 9월 8일, JP모건 & 칼라일 컨소시엄은 금감위로부터 한미은행에 대한 자본 참여를 정식으로 승인받았다. 2000년 11월 24일, 당시 한미은행의 주주명부 상에 나타난 주주 중 JP모건 칼라일 컨소시엄에 해당하는 주주는 다음과 같다.

KAI(Koram Investor Limited) 16.31%, Chadwick 3.61%, Freeway 3.61%, Scarlet 3.36%, KAB Invest 2.60%, Eagle 2.48%, Gable 1.85%, Madden 1.17%, Korando 1.01%, Olive(private) Limited 0.6%

이 중 KAI는 칼라일과 JP모건이 공동으로 출자해 조세회피지역인 말레이시아 라부안에 등록한 페이퍼컴퍼니이다. 그리고 나머지 20.24%의 한미은행 지분은 모두 칼라일이 의결권을 가진 페이퍼컴퍼니인 것으로 추정된다. 모두 합치면 36.6%이지만, 채드윅(Chadwick) 이하 9개 펀드는 4% 이하이기 때문에 은행법상 금감위에 사전 신고하고 적격성을 심사받을 필요가 없는 형태를 취한 것이다.

하지만 이러한 지배구조가 은행법상 대주주 적격심사를 통과한 것은 편법임이 분명하다. KAI의 절반이 칼라일의 지배를 받고 있고 나머지 전부가 칼라일의 지배를 받고 있으므로, 칼라일과 나머지 8개 펀드는 동일인인 셈이다. 칼라일은 총 36.6% 중 28.39%를 보유한 명실상부한 대주주이지만, 금융기관이 아니기 때문에 칼라일의 한미은행 지배는 불법적인 행위로 보인다.[5]

금융감독당국이 이러한 사실을 몰랐다면 무능한 것이고, 뒤늦게라도 한미은행의 지배주주가 칼라일이었음을 알았다면 당초 대주주 자격심사가 근본적으로 잘못된 것이기 때문에 칼라일의 한미은행 의결권을 제한시키고 매각을 지시했어야 했다.

칼라일은 한미은행의 매각과정에서도 KAI가 보유한 16.31%를 씨티뱅크 해외투자회사(Citibank Overseas Investment Corporation)에 장외매각한 것만 금감위에 보고하는 형식을 취했다.

5) 칼라일 아시아 김병주 회장은 최근 언론과의 인터뷰를 통해 칼라일이 36.6%의 지분을 지배하고 있었다고 밝혔다.

4) 외환은행의 사례

외환은행의 론스타에 대한 매각 또한 한미은행의 경우와 같이 은행 대주주 적격성 심사가 편법적으로 이뤄진 사례다. 한미은행의 경우 형식적으로 은행법상 기준을 맞추기 위해 노력하는 자세라도 취했지만 이 경우는 그조차 하지 않았다.

은행법 제15조는 외국인이 금융기관의 지분을 10% 이상 보유하기 위해서는 외국 금융회사이거나 외국 금융회사의 지주회사일 것을 요구한다. 하지만 한미은행을 인수한 론스타펀드IV는 여기에 해당되지 않았다.

금융감독당국의 해명에 따르면, 은행법 시행령 제8조 2항에 따라 "금융감독위원회는 금융산업의 구조개선에 관한 법률 제2조 제3호의 규정에 의한 부실금융기관의 정리 '등' 특별한 사유가 있다고 인정되는 경우에는 제5조의 요건(금융회사일 것)을 갖추지 아니한 경우에도 그 승인을 할 수 있다"는 규정 중 "등"을 적용했다고 한다. 다시 말하면 외환은행은 부실금융기관은 아니지만 그와 유사한 "등 특별한 사유가 있다고 인정"했기 때문에 론스타에 의한 자본의 투입을 인정했다는 것이다.

2004년 국정감사자료에 의하면, 론스타펀드IV는 북대서양에 있는 버뮤다에 페이퍼컴퍼니 2개를 세우고 벨기에를 경유해 외환은행을 소유한 것으로 밝혀졌다. 론스타의 외환은행 인수와 관련된 문제점은 현재 금융감독위를 상대로 행정소송을 제기 중인 투기자본감시센터의 홈페이지를 통해 확인할 수 있다.[6]

---

6) www.specwatch.or.kr을 참조하라.

5) 자본 이득에 대한 과세 등의 문제점

칼라일은 한미은행 지분의 36.55%를 주당 6500원 수준에서 매입한 후 이를 2.25배 오른 1만 5500원에 씨티그룹에 매각했다. 이를 통해 칼라일이 거둬들인 자본이득은 6600억 원에 달하는 것으로 추산된다. 하지만 대규모 차익실현에 따른 양도소득 관련 세금은 국가 간 이중과세방지협정에 따라 외국자본의 거주지(본사 소재지국)에만 내도록 돼 있다. 이에 따라 칼라일은 10% 안팎에서 할인 적용되는 배당관련 세금만을 부과받았고, 아주 적은 거래세와 농어촌특별세 등만 납부했다. 국내 기관투자자도 주식거래의 차익에 대한 세금을 직접 납부하는 것은 아니다. 하지만 이들의 차익은 세전 수익으로 처리돼 법인세를 통한 간접적인 과세가 이뤄지고 있다.

칼라일의 자본이득에 대해 과세를 할 수 없는 문제점은 향후에도 뉴브리지캐피탈과 론스타가 제일은행과 외환은행의 지분을 매각하는 과정에서 동일하게 발생할 것이다. 이와 관련해 일본이 최근 공적자금이 투여된 기관에 투자해 수익을 얻을 경우 세제혜택을 주지 않는, 이른바 신세이 조항을 미국과의 조세계약에 넣은 것으로 알려졌는데 우리도 이러한 대응이 가능한지 검토해야 할 것이다.

세금 이외에도 외국계 자본이 1대주주인 은행의 경우 외국은행인 것처럼 행세하며 은행의 공공성을 무시하는 것도 문제다. 분명한 것은 제일은행과 외환은행, 그리고 최근 씨티그룹에 인수된 한국씨티은행(구 한미은행)은 한국의 은행법에 따라 한국정부가 라이센스를 내준 한국의 시중은행이라는 점이다. 이들의 영업기반 또한 외국이 아니고 한국이며, 이들이 잘못되었을 때 불안정에 따른 부작용 또한 고스란히 한국의 몫이다. 그럼에도 불구하고 일부 외국계 자본 지배 은행과 같이 은행장을 외국인으로 선임하고, 이사의 다수를 외국인으로 선임하며, 심지어 이사회를 영업기반도 없는 외국에서 여는 행위는 다른 어느 나라에서도 전례를 찾을 수 없는 희귀한 일임에 틀림없다.

6. 공공성의 회복을 위해

이러한 논의에서 얻을 수 있는 시사점은 무엇인가?

첫째, 국내자본을 우선해야 양질의 외국자본도 확보할 수 있다. 외국자본에 의한 국내은행 지배는 외환위기 이후 자리잡은 외국자본에 대한 숭배론과 이를 교묘히 이용한 일부 이해집단에 기인한다고 할 것이다. IMF(국제통화기금) 부총재인 카스텐스(Augustin Cartens)는 2003년 말 IMF에서 열린 공개토론회에서 "국내자본이 가장 믿을 만하다. 이것을 잘 활용하면 외국에서 자본이, 그것도 양질의 자본이 들어온다"고 지적했다.

하버드 대학 대니 로드릭(Dani Rodrik) 교수 또한 엘살바도르의 예를 들어 "국내투자에 대한 이익을 증가시키는 개혁을 하지 않고서 이뤄지는 세계와의 통합이나 외자유치는 국민경제에 도움이 되지 않는다"고 말했다. 엘살바도르는 달러와의 통합을 통해 외국자본이 다량으로 유입되었으나 경제성장은 이루어지지 않았다.

둘째, 한도초과 보유주주에 대한 사후 적격성 심사를 엄격히 해야 할 것이다. 현재 은행법 16조 2는 대주주에 대해 6개월에 한 번씩 적격성 심사를 되풀이하도록 규정하고 있지만, 적격성 심사의 기준은 극히 형식적인 것에 불과하다. 따라서 적격성 심사의 조건을 자본이나 자산의 건전성 이외에도 은행업의 건전한 발전과 금융시장의 안정을 위한 노력, 경영진의 공익성 등의 조건을 부과하는 방향으로 개정되어야 할 것이다. 이를 통해 사후에라도 외국계 자본이 사적이익을 추구하는 과정에서 야기될 수 있는 금융시장 안정 저해 가능성을 차단할 수 있을 것이다.

셋째, 프리미엄을 목적으로 정부 지분을 덩어리째 파는 것은 소탐대실(小貪大失)이다. 미국이나 독일, 일본의 경우 시중은행의 1대주주가 10%를 초과하는 경우는 극히 드물다. 과거 독일의 드레스드너뱅크와 일본 미쓰비시은행과 합병된 동경은행의 경우가 전부인 것으로 알려져 있다. 하지만 한국의 경우 경영권 프리미엄을 받는다는 이유로 은행지분을 외국인 1대주주에게 50% 이상이나 주었다. 이에 따라 절대적 지분을 지닌 1대주주가 사익을 최대한 추구하는 과정에서 금융의 공공성을 외면하는 인센티브를 갖도록 정부가 스스로 조장하는 결과를 초래했다. 앞으로는 이러한 우를 범해서는 안 될 것이다.

넷째, 외국계 자본이 1대주주로 있는 은행을 포함해 국내은행들의 무임승차 노력을 막아야 할 것이다. 금융자유화가 가장 잘 이루어진 영국에는 런던 어프로치(London Approach)라는 것이 있다. 이것은 '은행의 이익은 기업으로부터 나왔기 때문에 기업이 일시적으로 어렵다고 해서 이를 외면해서는 안 된다는 정신으로, 금융감독당국인 영국중앙은행이 일시적으로 유동성 위기에 빠진 기업의 채권자인 은행을 소집해 공동행동의 결론이 나올 때까지 대화를 주재한다'는 내용이다. 외환위기 이후 일부 은행들이 보여준 무임승차는 국제적으로도 그 전례를 찾기 힘든 이기적인 행동이라는 점을 말해주는 좋은 예라 할 것이다.

| 참고문헌 |

백웅기, 「거시경제와 금융안정」, 금융안정 세미나 발표 논문, 2002년 11월 19일 한국은행, 2002.

재정경제부, 금융감독위원회, 『공적자금백서』, 2000.

정익준, 차진섭, 「금융안정에 대한 연구」, 『금융경제총서』 2001.3. 제5호, 한국은행 특별연구실, 2001.

한국은행, 「최근의 설비투자 동향과 특징」, 2004.7.26.

Cullis, John G., and Philip Asterley Jones, 『Microeconomics and the Public Economy: a defence of Leviathan』, Oxford: Basil Blackwell, 1987.

Fratscher, M., 「On Selecting and Analysing Financial Stability Indicators」, Presentation at the ADB RETA Workshop, ADB, 2001.

Haggard, Stephan and Chung. H. Lee, "Political Dimension of Finance", The Politics of Finance in Developing Countries. S. Haggard and C. H. Lee: 3~20, 1993.

Lastra, R. M., 「The Governance Structure for Financial Regulation in Europe」, London: LSE Financial Markets Group, 2001.

McKinnon, Ronald I., 「Money and Capital in Economic Development」, Washington: Brookings Institution, 1973.

Mueller, Dennis C., 『Public Choice』, Cambridge; New York: Cambridge University Press, 1979.

Newman, Peter, Murray Milgate, and John Eatwell, 『The New Palgrave Dictionary of Money and Finance』 Vol. 1, New York: Stockton Press, 1992.

Kim, Y-K, 「Financial Institutions and Policy Choice: Explaining Financial Fragility in South Korea before the 1997 Crisis」, Ph.D. Thesis at London School of Economics, 2003.

7장

투기자본의 제2금융권 지배와 그 폐해

◎장화식(민주노총 사무금융연맹 부위원장)

외국자본 만능주의와 그 폐해

IMF 이후, 한국에 진출한 외국자본은 지난 7여 년 동안 한국사회에 엄청난 사회·경제적 파장을 일으켜왔다. 금융위기 극복을 위해 외국자본을 국내에 들여오면서 한국정부가 내세운 논리는 첫째, 외국자본이 들어오면 한국의 기업이 투명화된다는 것이고, 둘째로는 선진금융기법의 도입으로 금융이 선진화된다는 것이었으며, 셋째로는 대규모 외자도입으로 자본시장이 활성화되고 안정화된다는 것이었고, 넷째로는 이로 인해 대외신인도가 상승한다는 것이었다. 그리고 마지막으로 일자리가 늘어난다는 것이었다.

7년이 지난 지금 정부가 내세운 논리를 되돌아볼 필요가 있다. 외국자본과 함께 도입된 '주주이익의 극대화'라는 논리는 한국의 지배적 이데올로기가 되었다. 그런데 주주이익의 극대화는 기업의 영속성마저 위협하는 고액배당으로 귀결되고 있고, 국내 노동자들이 창출한 이윤은 모두 주주이익으로 귀속되면서 그마저도 외국자본에 의해 해외로 유출되고 있다. 기업은 경영권 방어와 주주의 이익을 위해 신규투자를 회피하고, 그 결과 성장잠재력이 사라지고 있다.

또한 인원감축 및 지점폐쇄 등 구조조정이 일상화되고 있다. 특히 금융권을 중심으로 들어온 외국자본, 특히 벌처펀드(vulture fund)의 행태는 일상적인 고용불안정의 확대뿐만 아니라 노동조합 활동의 위축, 노사관계의 악화, 비정규직의 확대, 저임금 등 수많은 문제점을 초래하고 있다. 이와 더불어 정부의 무관심과 책임회피는 노동자들을 더욱 힘들게 하고 대규모 실업을 발생시켰으며, 미래에 대한 희망마저 상실하게 만들었고, 국내소비의 급격한 위축으로 이어졌다. 2003년 12월 말 현재 가계의 총 부채는 448조 원, 신용불량자 377만 명으로 경제활동 인구 6명당 1명꼴이다. 가구당 부채는 2915만 원으로 처분가능 소득의 97.8%라는 통계[1]는, 다른 말로 표현하면 이제 국내의 경제주체 가운데 노동자와 서민들은 소비할 돈이 없고 생존의 벼랑에 몰려 있다는 것이다.

한편 선진금융기법의 도입이라는 측면에서 살펴보면 문제는 더욱 심각하다. 금융시장에서는 수익극대화를 위한 소매금융 위주의 영업정책과 기업대출 기피로 투자재원의 공급 및 사회적 자원의 배분 기능이 약화되고, 서민금융이 급격히 위축되는 등 금융의 공공성이 무너지면서 금융시장은 투기장으로 변질되고 있다. 이로 인해 금융시스템이 붕괴되고 정부의 정책수단은 사라지고 있다. 심지어 투기자본은 자신들의 이익을 위해서는 극단적인 행동도 불사해 정부의 금융정책과 마찰을 빚는가 하면, 자신들의 요구를 내세우고 이를 관

---

1) 자료 : 금융감독위원회.

철하기 위해 자본 철수로 위협하기도 한다.

IMF 이후 가속되고 있는 한국사회의 개방화, 자유화 그리고 대형화로 인한 기업·금융·공공부문의 구조조정 결과에서 볼 수 있듯이, 정부와 자본이 말하는 이른바 '신자유주의와 세계화'의 실체는 대량실업의 양산, 부익부 빈익빈의 심화, 기업·금융·공공부문의 헐값 해외매각 시비, 국내자본 및 이익의 국외유출, 한국정부의 공권력 약화 및 민생의 파탄이라는 문제점만을 확인시켜 주고 있다. 정부는 고액배당과 무상증자 및 유상감자, 상장폐지와 회사청산 등 외국자본의 파행적 행태마저 선진금융기법이라고 착각하는 듯하다. 그런데도 한국정부는 아직도 '외자유치만이 최고의 선(善)'이라는 외자만능주의에 빠져 헤어나오지 못하고 있다.

여기에서는 외국 투기자본의 폐해가 특히 심각한 금융권, 그 중에서도 제2금융권으로 분류되는 증권, 투신, 카드업종에서 나타난 문제점을 사례별로 짚어보고자 한다.[2] 이러한 외국자본의 투기행각이 더욱 문제가 되는 것은, 국내 금융자본들도 단기차익을 노리며 외국 투기자본의 행태를 앞다투어 모방한다는 데 있다. 아울러 국제 투기자본이 국내 금융기관을 어떻게 공략하고 있는지를 사안별로 살펴보고, 실행 가능한 대안을 모색하고자 한다.

---

2) 은행권에서 나타나는 문제점은 이 책의 다른 부분에서 보다 자세히 다루어질 것이다.

증권과 투자신탁업종에서의 투기자본 폐해

1. BIH펀드(구 KOL펀드)의 브릿지증권-투기자본 폐해의 만물상

BIH펀드는 코리아 온라인 리미터드(KOL)[3]라는 이름으로 1998년 3월 대유증권을 인수했다. 당시 인수가격은 주당 8000원으로 692억 원에 매입(자본총계 : 1730억 원/절반가격에 매입)했고, 그 후 149억 원을 추가로 투입해 21.5%의 지분을 더 매입했다. 당시 KOL의 대유증권 인수 총액은 1100억 원이었다.

그 후 KOL펀드는 바로 고액배당으로 투자자금을 챙기기에 나섰다. 2000년 3월에는 액면가 1000원 주식에 대해 한 주당 700원의 배당을 결의해 액면가 대비 70% 초고액 배당을 실시, 초기투자금 중 204억 원을 배당으로 회수했다.

또한 당시 사회를 떠들썩하게 만들었던 진승현 게이트, 리젠트증권 주가조작사건의 주범인 짐 멜론에 대해 정부는 소환조차 하지 못하는 나약함과 무능을 드러냈다. 그 후 한국 내 금융지주회사를 표방한 KOL은 2000년 12월 일은증권 임시 주주총회에서 우량 일은증권에게 리젠트종금과 리젠트화재에 1200억 원의 자금을 지원하도록 요구했지만, 노동조합의 강력한 반대로 무산되었다. 당시 리젠트종금은 영업정지, 리젠트화재는 부실금융기관으로 지정된 상태였다. 외환위기 이후 국제적 컨설팅 회사들이 한국의 재벌구조 해체와 구조조정을 강요하면서 선진금융기법 전수를 운운했지만, KOL은 한

---

3) KOL은 영국의 투자회사인 리젠트퍼시픽그룹이 한국에 투자하기 위해 1998년 2월에 설립한 지주회사이다. 주주구성은 리젠트그룹 40%, MCI코리아 15.6%, 위스콘신 연기금 15.6% 등이다. MCI코리아 부사장이 진승현이며, 리젠트그룹 짐 멜론 회장과 함께 주가조작 사건에 연루되었다.

국에서 지주회사라는 모습으로 재벌의 파행보다 더한 불법자금 지원을 공개적으로 획책했던 것이다.

KOL의 일은증권 인수는 2000년 11월에 이루어졌다. 주당 1만 6000원, 1093억 원으로 48.8%의 지분을 확보했다(자본총계 : 2677억 원/절반가격에 매입). 그 후 KOL은 2002년 1월 리젠트증권과 일은증권을 합병시켜 브릿지증권을 출범시켰다.

합병 후 BIH펀드는 213억 원 규모의 자사주를 매입하여 소각했고, 이러한 자사주 매입과 소각으로 대주주 지분율은 2002년 49.7%에서 2004년 5월 70.9%로 상승했다. 그리고 2002년 1월부터 2003년 8월까지 세 차례 유상감자로 443억 원을 회수하였다. 그러나 이에 그치지 않고 2004년 5월 주주총회를 통해 무상증자, 유상감자를 결의[4]했다. 유상감자 재원 마련을 위해 브릿지증권 여의도와 을지로 사옥을 매각했고, 이를 통해 714억 원의 현금을 확보했다. 그리고 무상증자 후 유상감자를 통해 1350억 원을 회수했다. BIH펀드의 총 투자금액은 2200억 원이었고, 고액배당과 유상감자를 통해 1997억 원을 회수했으니 90%가 넘는 투자자금 회수율을 기록한 것이다. 그런데도 BIH펀드는 여전히 브릿지증권의 대주주 자격을 유지하고 있다.

BIH펀드는 초고율 배당, 상장폐지 시도, 자사주 소각, 무상증자와 유상감자 등 모든 수단을 동원해 브릿지증권의 자본금을 자신들의 이익으로 만들었으며 노동자들을 희망퇴직이라는 이름으로 거리로 내몰았다.[5]

---

4) 무상증자를 통해 자본금 및 대주주 주식수를 늘린 후 유상감자를 통해 투자금을 회수하겠다는 술책으로 미국에서도 부도덕한 행위로 제한을 받고 있다.

5) 이 사이에 회사의 자본금은 4478억 원에서 3600억 원으로 감소했고, 지점수는 39개에서

현재 브릿지증권은 자본유출의 1, 2단계가 마무리되고 자본유출과 청산이라는 3단계를 향해 나가고 있다. 이 과정에서 금융감독당국은 브릿지증권의 유상감자 시 "감독당국의 개입은 자본주의의 근간을 해치는 것"이라며 투기자본의 행태를 암묵적으로 지원했다. 또한 주주의 권리 앞에 모든 것을 종속시키는 행정을 펼침으로써 금융기관이 안정적으로 성장할 수 있는 기회를 저버리고 책임을 회피하고 있는 실정이다.

2. H&Q(헴브리트 앤드 퀴스트)와 IFC의 굿모닝증권

조세회피지역인 말레이시아의 라부안을 통해 들어온 H&Q(헴브리트 앤드 퀴스트)와 IFC[6]는 1999년 주식 할인발행 방식으로 쌍용증권의 경영권을 인수했다. 이들은 당시 액면가 5000원의 주식을 발행가 1250원에 사들였다. 회계처리상 주식할인발행차금의 계상으로 배당이 불가능한 상태에서 주가가 액면가 이상으로 상승하자, 장내매각을 통해 일부 지분을 정리하고 원금을 회수했다.

그리고 2002년 마침내 신한금융지주로 주당 7200원에 매각함으로써 4년이 채 안 된 기간 동안 5배 정도의 차익을 얻고 한국을 떠났다. 세금회피지역인 라부안을 통해 들어온 미국계 투기자본인 H&Q는 H&Q KOREA를 통해 옛 쌍용증권을 인수한 후 처분 과정에서 1844억 원 정도의 차익을 챙기고도 양도소득세를 한 푼도 내지 않았다. 그 후 세무조사를 둘러싸고 국세청과 공방을 벌이기도 했고, 세

29개로, 직원은 814명에서 620명으로 감소했다. 8월 대규모 구조조정으로 자본금은 2300억 원, 지점수는 10개, 직원수는 230명으로 축소되었다.

6) 국제금융공사 IFC는 세계은행 산하 투자기관으로 당시 7억5000만 달러의 아시아 구조조정 펀드를 만들어 2억5000만 달러를 한국에 투자한다고 발표했고, 추가로 1억 달러를 미국계 투자회사인 H&Q사를 통해 한국에 투자하겠다고 발표했다.

무조사를 한다는 이야기가 나돌았으나 정확한 내용은 밝혀지지 않고 있다.

3. 조지 소로스 퀀텀펀드의 서울증권

조지 소로스가 운영하는 퀀텀펀드는 1999년 총 5000만 달러(한화 약 675억 원)를 투자해 서울증권의 지분을 약 32% 확보하면서 경영권을 장악했다. 이 당시 소로스는 헤지펀드의 실체에 대한 우려를 의식해 투자전문회사로 서울증권을 키워나갈 것이며, 선진 금융시장의 노하우를 전수하겠다는 뜻을 밝혔다.

하지만 곧바로 투자자금 회수에 나섰다. 2002년 3월 고액배당의 정보로 주가가 급등하자, 보유지분의 일부(350만 주, 6.28%)를 시간외매매를 통해 주당 8530원에 처분함으로써 단타매매로 인한 자본이득을 취했다. 뿐만 아니라 대주주의 지위를 이용해 주당 1500원(액면가 2500원, 배당률 60%)이라는 고율배당을 실시했다. 2001사업년도 당기순이익 471억 원에 801억 원(배당성향 170%)이라는 업계 초유의 배당을 실시한 것이다. 투기자본이 말하는 선진금융의 노하우를 통해 회수해 간 자금을 정리하면 〈표 1〉과 같다.

소로스의 서울증권 인수는 고율배당 등을 통한 자본의 회수가 주목적임이 드러나면서 각종 언론매체의 집중적 조명을 받기도 했다. 전체 투자지분 675억 원 중 배당과 보유지분 일부를 처분함으로써

〈표 1〉 소로스의 투자자금 회수	
보유지분 처분을 통한 자금회수	350만 주×8,530원 = 29,855백만 원
배당을 통한 자금회수	14,310,548주×1,500원 = 21,466백만 원
계	51,320백만원

이미 513억 원을 회수해 나간 것이다. 이를 환차익까지 고려한 투자자금 회수율을 살펴보면, 투자원금 675억 원(5000만 달러)을 투자하던 1999년 당시의 환율은 1350원이었고 투자금 4300만 달러(513억 원)를 회수한 2002년 당시 환율은 1200원이었으니, 투자금 회수율은 투자원금 대비 85% 이상이다. 그럼에도 불구하고 지분 25.6%(14,310,548주)를 보유하고 있어 서울증권의 최대주주 지위는 그대로 유지하고 있다.

또한 소로스는 다른 투기자본의 자본회수 전개과정에서 보여주는 양상과 마찬가지로, 보유 중인 부동산 매각을 통해 현금을 확보하고 있다. 2004년 6월에 데카 임모빌리언사(Deka Immobilien Investment GmbH)와 서울증권 본사 사옥매각 관련 LOI를 체결했으며, 매매대금은 947억5000만 원으로 잠정 합의되어 있는 상태다.

결국 영국과 아시아 지역의 금융위기를 초래했던 전 세계 헤지펀드의 대표주자 조지 소로스는 초기자금 675억 원을 투자해서 고율배당과 주식매각으로 513억 원을 회수하고, 서울증권 최대주주의 지위를 보전하면서, 자기자금 투여 없이 건물매각 대금으로 대한투자신탁증권을 인수하는 데 나서고 있다. 이것을 선진금융기법만으로 설명할 수 있는가, 아니면 선진투기기법에 한국경제와 금융당국이 농락당하고 있는 것인가.

4. 파마(PAMA)의 메리츠증권

메리츠증권(구 한진투자증권)의 대주주 파마(PAMA)[7]는 1999년 5월

7) PAMA는 미국 푸르덴셜 보험회사의 아시아 지역 자회사인 푸르덴셜 에셋 매니지먼트 아시아이며, 1998년 설립되어 푸르덴셜보험, 아시아, 유럽, 미국, 중동의 투자자로부터 자금을 조달하고 있다.

510억 원(미화 4200만 달러)를 투자해 메리츠증권의 지분 25.8%를 인수하여 대주주가 되었다. 그 후 2002회계연도에 당기순이익 3억 원에 총 50억 원(1주당 150원)을 배당하여 1432%의 배당성향을 보였고, 2003회계연도에는 114억 원의 당기순이익에 234억 원의 배당(1주당 700원)을 실시하여 207%의 배당성향을 기록했다. 즉, 2000회계연도에는 당기순익의 14배 배당을 실시했고, 2003회계연도에는 당기순이익의 2배 이상을 배당한 것이다. 결론적으로 지난 4년 동안 투자자본의 38%를 배당으로 회수해 간 것이다.

카드업종에서의 투기자본 폐해 :
올림푸스캐피탈[8]과 론스타펀드, 투기자본 간의 경쟁

홍콩의 올림푸스캐피탈은 1999년 11월 외환은행(행장 이갑현)으로부터 외환카드 지분 42.78%를 1900만 달러(1380억 원)에 인수했다. 따져보면 1주당 8500원에 매입한 것이다. 그리고 재무, 회계, 위험관리, 마케팅 등 핵심 4개 부서에 자신들의 경영진 4명을 파견해 경영을 장악했다. 당시 알짜기업을 8500원이라는 가격에 경영권까지 넘기는 헐값매각에 대해 외환은행 내부에서도 이해하기 힘들다는 반응이었다. 2001년 12월, 기업이 상장되고 올림푸스캐피탈의 지분은

---

8) 올림푸스캐피탈은 영국 런던에 소재지가 있는 투기자본이다. 1997년 필립 반 덴 베르그, 톤 피 등이 설립한 투자펀드로 주로 미국의 투자자로부터 자금을 조성하여 외환위기에 처한 아시아 지역에 사냥을 하고 있었다. 당시 외환카드 주식은 올림푸스캐피탈 홀딩 아시아가 매입한 것으로 알려졌고, 6억 달러 규모의 이 펀드의 출자자는 미국의 지프 브라더스 인베스트먼트(ZBI)였다. 당시 올림푸스캐피탈은 헤지펀드의 근거지로 유명한 케이먼 제도 투자펀드의 2개 투자자문도 맡고 있었으며, 전형적인 투기펀드로 알려졌다.

37.7%(1576만 주)가 되었다.

2003년 3월의 제1차 신용카드 사태의 종합대책에 따라 대주주 증자의 몫으로 외환은행은 700억 원 증자, 올림푸스캐피탈은 500억 원 증자를 5월에 결의했다. 당시 올림푸스캐피탈은 750만 주를 증자시 인수하기로 했다고 발표했다. 그러나 실제로는 400만 주만 인수하고 나머지 350만 주는 다른 투자자에게 되파는 방식으로 넘겨 지분율이 29.45%로 낮아지게 되었다. 그리고 바로 그해 9월에는 295만 2760주(4.63%)를 장내처분 방식으로 매도하여 지분율을 24.82%로 낮추면서 유상증자시 참여한 금액의 상당 부분을 회수하였다.

한편 당시 9월에 외환은행을 인수한 론스타펀드는 외환카드(주)가 영국 런던에서 발행하기로 한 2000억 원 규모의 BW(신주인수권부 사채)의 발행을 방해하였다. 그리고 외환카드에 대해 추가증자나 기타 어떠한 지원도 어렵다는 것을 공공연히 이야기했다. 그리고 외환카드의 2대주주인 올림푸스캐피탈이 증자에 참여할 경우에만 추가적인 증자를 해볼 수 있다는 입장을 피력하였다. 자금을 무기로 외환카드와 올림푸스캐피탈 양자를 압박하고 나선 것이다. 이에 따라 11월 17일부터 금감위와 외환은행, 론스타, 올림푸스캐피탈은 외환카드의 처리방안을 놓고 냉혹한 머니게임을 시작하게 되었다.

마침내 론스타펀드가 먼저 칼을 빼들었다. 11월 18일 올림푸스캐피탈에게 외환카드 증자에 참여하든가 아니면 외환은행에 합병시 주식가치 포기를 하든가 둘 중에 하나를 선택할 것을 요구했다. 최악의 경우 외환카드에 대한 부도처리도 불사한다는 협박도 곁들였다. 론스타로서는 올림푸스캐피탈이 투기자본으로서 지속적인 경영을 목적으로 하는 증자에 참여할 수 없다는 약점을 알고 있었던 것이다.

한편 올림푸스캐피탈은 론스타펀드의 해외 BW발행 방해 사실, 대주주로서의 증자책임 회피 등으로 미국법정에 론스타펀드를 제소하겠다고 협박하면서 반격에 나섰다. 그리고 합병과정에서 주식가치의 적정한 평가와 매입을 요구하고 나섰다. 이 과정에서 제1차 현금서비스 중단 사태가 발생했다. 투기자본 론스타의 횡포와 올림푸스캐피탈의 머니게임은 한국의 금융이용자나 금융당국자는 안중에도 없었다. 다급해진 것은 정부였다. 금감원과 금융감독위원회는 긴급히 양측을 불러 11월 19일부터 밤샘교섭을 주선하고 나섰다. 론스타펀드에게는 외환카드 합병을 하지 않고 부도를 낸다면, 외환은행에 신용카드 라이선스를 다시 부여하지 않겠다고 통보했다. 올림푸스캐피탈에게는 카드사가 부도나면 전부 손해 볼 수 있다면서 적절한 타협을 종용하였다.

마침내 투기자본 상호간의 타협이 이루어졌다. 론스타펀드는 외환카드를 외환은행에 합병하고, 올림푸스캐피탈은 주식을 매각하기로 타협이 이루어졌다. 그러나 아직 전쟁이 끝난 것은 아니었다. 론스타펀드가 20:1의 감자를 요구했기 때문이다. 또다시 냉혹한 머니게임이 진행되었고, 마침내 론스타펀드는 외환카드 2대주주인 올림푸스캐피탈로부터 경영권 프리미엄을 포함하여 주당 5030원에 외환카드 지분 24.7%를 789억 원에 인수하기로 합의하였다. 반면 론스타펀드는 소액주주에 대해서는 20:1의 감자설을 흘리다가 주식매수청구가격을 4004원에 결정하였다.

올림푸스캐피탈은 1999년 외환카드에 투자한 이래 총 1572억 원을 투자해 350억 원 정도의 손해를 입었다고 이야기한다. 투기펀드로서는 운이 없는 펀드인 셈이다. 그러나 외환카드 주식 인수를 둘러싸고 벌인 머니게임은 많은 시사점을 던져주고 있다. 론스타펀드

는 68.7%의 지분을 획득함으로써 상법상 감자나 합병과 관한 특별
결의에 필요한 절대지분(전체의 2/3 이상)을 확보하여 합병과정에서
의 비용과 노력을 엄청나게 줄일 수 있게 되었다.

결국 올림푸스캐피탈은 자신들의 지분을 5030원에 인도함으로써
큰 손실 없이 자본을 철수했다. 그리고 대주주로서 증자책임은 고사
하고 오히려 소액주주보다 더 높은 가격에 주식을 인도하였다. 이
과정에서 론스타펀드는 20:1의 감자설을 흘리면서 당시 6700원이던
주가를 2420원으로 급락시켜 합병가격 결정에서 엄청난 이득을 획
득하였다.[9]

결국 투기자본은 상호간의 이익은 철저하게 챙기면서 노동자와
국민경제는 파탄으로 내몰았다. 론스타펀드는 외환카드 노동자
54.7%를 정리해고하겠다고 하면서 핸드폰 문자메시지까지 동원하
여 정리해고를 통지했다. 결국 33%나 되는 인원을 희망퇴직과 정리
해고 방식으로 거리로 내몰았다. 또한 자신들의 이익을 위해서는 협
상에서 우위를 점하기 위해 현금서비스의 중단(제1차는 올림푸스캐피
탈 압박용, 제2차는 노동조합 압박용) 같은 극단적인 금융시장 마비 사
태도 서슴지 않았다. 2004년 6월, 론스타펀드는 외환은행 인수와 외
환카드 합병으로 주식가격에서만 1조 원 이상의 평가이익을 내고
있다.

---

9) 당시 외환카드 노동조합은 주가조작의 혐의가 있다면서 외환은행과 론스타펀드의 주가조
작 혐의를 조사해 줄 것을 금융감독원에 요구했다. 그러나 감독원은 주주보호를 위해 주
기조작 조사 사실 자체도 공표할 수 없다고 하면서 조사 및 확인을 회피했다.

국내 금융지주회사의 해외 투기자본 따라하기

최근 국내 금융시장에 새로 나타나는 현상은 국내 금융지주회사들이 자회사를 상대로 고율배당을 실시하고, 이를 통해 자본을 축적하고 문어발식 확장을 통한 몸집불리기에 나서고 있다는 것이다.

현재 금융지주회사이거나 금융지주회사를 지향하는 금융그룹들은 국제 투기자본이 이용하는 기법을 그대로 모방하여 국내 평균 배당성향보다 30~40배 높은 고율배당을 하면서 자회사의 이익과 내부유보를 고스란히 가져가는 형태를 보이고 있다. 금융지주회사 계열 및 외국자본 계열의 증권회사에서 일어나고 있는 배당성향은 전 세계적으로도 고율배당을 행하고 있는 미국, 일본과 비교해도 훨씬 높고, 일부 증권사의 경우에는 최소 10배 이상의 높은 배당성향을 보이고 있다.

이는 정부가 국제 투기자본의 횡포를 방관적 자세로 허용함으로써 국내 금융자본들도 단기적 이익 극대화를 위해 투기자본의 형태를 따라하면서 국내 금융시장이 완전히 투기화되고 있는 징조이다. 일각에서는 외국 투기자본의 고액배당과는 달리 자본이 해외로 유출되는 것은 아니라는 점에서 문제가 그다지 심각하지 않다고 말하기도 한다. 그러나 이 같은 고액배당은 국제 투기자본의 고액배당을 정당화시켜 주고 있으며, 나아가 회사의 가치가 모두 주주에게만 귀속되는 폐해는 국제 투기자본의 문제와 다를 바 없는 것이다.

1. 하나금융그룹의 하나증권

하나금융그룹에 소속된 하나증권의 경우 2002회계연도 배당성향은 96.94%에 달했고, 2003회계연도에는 당기순이익보다 더 많은 배당을 실시하였다. 그 재원은 건물매각 대금이었고, 배당성향은 110.79%에 달하고 있다.

2. 우리금융지주의 우리증권

우리금융지주의 자회사인 우리증권의 2002회계연도 배당성향은 637.65%에 달했고, 2003회계연도에도 배당성향이 586.91%에 달하는 고액배당을 계속하고 있다. 나아가 2004년 11월에는 우리증권과 LG증권의 합병을 앞두고 우리증권에 대한 1540억 원의 유상감자를 단행하고 이 돈으로 합병자금을 충당하려고 하고 있다.

3. 세종금융지주(금융지주 인가 취소상태)의 세종증권

세종증권은 2002회계연도의 배당성향이 241.8%였고, 2003회계연도에는 당기순이익이 적자임에도 불구하고 120억 원 배당을 실시하였다. 그리고 사내유보자금을 동원해 유상감자를 진행하고 있다.

4. 동원금융지주

동원증권은 2002회계연도에 신형 우선주의 형태로 적자임에도 대주주 배당을 실시했고, 2003회계연도에는 1280억 원을 배당하여 배당성향 172%을 기록했다.

적대적 M&A의 위협과 대책

◎왕윤종(SK경영경제연구소 상무), 이우성(SK경영경제연구소 수석연구원)

외국 투기자본의 적대적 M&A 위협

외국계 자본이 한국 주식시장에서 차지하는 비중이 외환위기 이후 매년 급증하고 있다. 특히 외국계 자본은 국내 초우량기업의 주식을 주로 매집하고 있어 국내 상장기업의 주주로서 외국계의 영향력이 그만큼 커지고 있다. 외국인 주주의 지분율이 증가하는 현상을 두고 정부의 한 관료는 국내투자자들이 한국경제를 비관적으로 보는 반면에 외국인들은 한국경제의 전망을 긍정적으로 평가하고 있다고 주장하기도 한다.

사실 국내투자자들이 우리 주식시장을 외면하고 있는 반면에 외국인 투자자들은 꾸준히 주식을 매집하면서 우리 증시를 떠받치고 있다. 이러한 현상의 근원은 바로 국내 주식투자자들의 주식시장 이탈에 있다. 주식투자로 손해를 본 국내투자자들의 위험기피적 성향이 더욱 두드러지면서 국내 금융권의 자금이 주식시장으로 환류되지 못하고 안전자산을 선호하고 있는 것이다.

외환위기 직전까지만 해도 외국인 투자자의 주식시장 참여는 크게 제한되었다. 이는 직접투자와 달리 포트폴리오 투자의 개방은 다른 신흥시장 국가에서도 일반적으로 순차적이고 점진적으로 이루어지고 있는 것과 맥을 같이한 것이다. 그러나 외환위기 이후 자본시장 개방은 단기간에 너무나 급속히 진행되어 하루아침에 선진국 수준의 개방이 이루어졌다. 외국인 투자자의 주식투자는 단순히 외국자본의 유입에 그치는 것이 아니라 의결권 행사를 통해 경영에 영향을 미치고 적대적 M&A(mergers and Acquisitions : 합병과 인수)의 가능성을 높인다는 점에서 영향력이 크다. 외국인 지분이 50%를 넘게 되면 주주총회에서 그만큼 외국인의 영향력이 절대적일 수밖에 없고, 국내기업의 경영진들은 외국인 주주의 눈치를 보게 된다. 주주자본주의(shareholder capitalism)에 익숙한 외국인 주주는 자신에게 불리한 결정이 내려지면 기존 경영진을 교체하는 식으로 압력을 가할 수도 있다.

외국인 주주들이 분산되어 있다고 적대적 M&A가 없을 것이라는 생각은 국제 금융시장의 냉혹한 현실을 모르는 순진한 이야기다. 최근 국제 금융시장에서는 과거와 같이 주식시장에서 주식을 사 모으는 지분매집(street sweep) 형태나 장외시장에서 공개매수를 통해 자신의 지분을 확보하는 방식으로 적대적 M&A가 일어나지 않는다. 주식시장 매집이나 공개매수 방식은 정부규제가 높은데다 인수비용도 만만치 않기 때문이다. 최근 국제 금융시장의 적대적 M&A는 흔히 위임장 대결의 형태로 나타난다. 지분을 일정 부분 확보한 외부 주주가 경영진 교체를 주장하고 단기차익이 목적인 투기자본이라고 할 수 있는 헤지펀드(hedge fund)들이 달라붙어 주가상승을 통한 차

⟨표 1⟩ 거래소 외국인 지분율						(시가총액 기준, 단위 : %)	
	1997	1998	1999	2000	2001	2002	2003	2004.6
지분율	14.6	18.6	21.9	30.1	36.6	36.0	40.1	43.7

자료 : 금융감독원, 외국인 투자동향.

익실현을 노린다. 적대적 M&A의 가능성으로 주가가 상승하는 상황에서 이들 외국투자펀드들을 규합하는 것은 쉬운 일이다. 이들은 모두 차익실현과 주가상승, 배당확대 등의 목적에서 이해관계가 일치한다. 따라서 그들 중 누군가가 경영진과 대립할 것을 결심하면 서로 연합하게 되는 것은 당연하다고 볼 수 있다.

외국인 지분에 관한 통계를 한번 살펴보자. 2004년 6월 말을 기준으로 이미 국내 상장기업 주식의 43.7%(150조 원)가 외국인에게 넘어갔고, 외국인 지분은 계속 확대되고 있다. 외국인 지분율이 국내 최대주주 지분율을 초과하는 상장기업들의 수도 2002년 말 29개에서 2003년 6월 말 44개로 증가했다. 또한 외국인 투자자들은 특히 우량기업을 중심으로 투자하고 있어 삼성전자(58.6%), 현대자동차(55.3%), 포스코(69.1%), SK(61.3%), 국민은행(76.8%) 등 우리나라를 대표하는 기업들의 외국인 지분율은 이미 거래소 평균을 훨씬 상회했다.[1]

그렇다면 다른 나라들도 우리나라와 같이 외국인 지분율이 높은 것일까? 아니다. 우리나라는 세계에서 네 번째로 외국인 지분율이 높은 국가이다. 구공산권이었다가 1990년대 들어 자본주의 체제로 전환하면서 외국인 투자자금을 끌어들이기 위해 주식시장을 개방한

---

1) 증권거래소, 2004년 상반기 외국인 상장주식 보유현황, 2004. 7. 1.

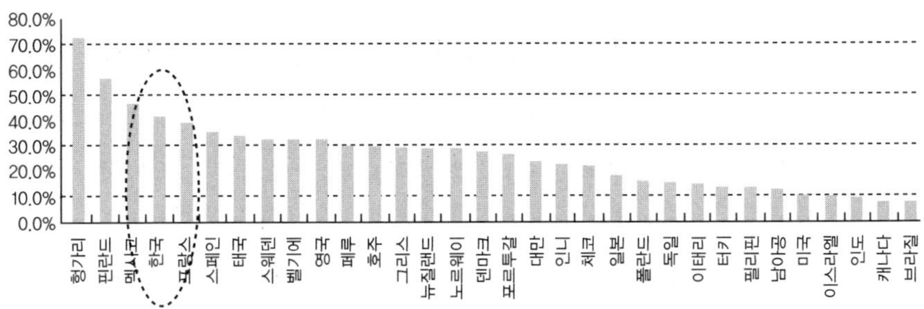

자료 : 국제금융센터, 「국가별 외국인 주식비중 분석과 시사점」, 2003. 12.

헝가리와 외국인 지분이 높은 노키아(Nokia)의 시가총액이 압도적인 핀란드를 제외하면 우리나라는 멕시코와 거의 나란히 세계에서 가장 외국인 지분율이 높은 국가로 꼽힌다.

OECD 주요국들은 대체로 외국인 비중이 20~30% 정도이고, 일본은 20% 미만이며, 자본시장이 가장 개방적인 미국도 10% 정도에 불과하다. 외환위기 이후 국내자본이 주로 은행권으로 몰리고 주식시장을 외면하면서 국내투자자들은 주식시장을 빠져나가고, 대신 외국인 투자자들이 그 자리를 차지하고 있다. 국내투자자들이 주식시장을 외면하는 현상은 국내증시의 코리아 디스카운트(Korea Discount) 현상을 더욱 심화시키고 있다. 앞으로의 과제는 균형 잡힌 금융시장의 발전을 위해 외국계 자본의 국내증시 유입을 촉진하기보다는 국내투자자들이 주식시장으로 돌아올 수 있도록 자본시장의 발전을 모색하는 것이다.

외국자본의 폐해

외국자본의 국내기업들에 대한 지분과 지배력이 높아지는 현상은 무엇을 뜻하는가? 외국자본의 긍정적, 부정적 효과에 대해 학계는 다양한 의견을 내놓고 있다. 결론적으로 말하자면, 외국자본에 대한 무조건적인 부정적 시각은 국민경제에 도움이 되지 못한다. 또한 금융의 국제화가 가져다주는 편익을 부정해서도 안 될 것이다. 다만 국내 금융시장이 충분히 성숙하지 못한 상태에서 준비 없이 이루어진 개방은 기대되는 편익보다는 폐해를 불러올 수 있다는 점에 유의해야 할 것이다.

적대적 M&A와 금융투기자본에 의한 폐해를 많이 겪었던 미국의 사례는 우리나라에서 향후 어떤 일이 벌어질지에 대해 많은 것을 시사해 준다. 미국은 1980년대 금융투기자본과 적대적 M&A의 열풍을 경험했다. 특히 기업사냥꾼이라고 불리는 금융투기자본이 미국의 유수한 대기업들을 위협하면서 많은 사회적 논란을 불러일으켰다.

미국에서 나타난 적대적 M&A의 폐해에 대한 주장은 다섯 가지로 나뉘어지는데, ① M&A는 미국기업들의 과도한 부채를 초래, 기업도산 등으로 이어지는 부정적 폐해를 가져오며 ② 기업도시를 이루고 있는 미국의 지역공동체에 부정적인 파급효과를 초래하며 ③ 기업인수 과정에서 대상기업 주주들에게 지불되는 막대한 프리미엄으로 불균형한 부의 재분배가 이루어지며 ④ 경영진의 이기주의적 행태가 대부분의 기업인수 과정을 지배하게 되고 ⑤ 전반적으로 기업가치를 창조하기보다 파괴해 심각한 사회적 비용을 초래한다는 것이다.

미 증권감독원(SEC) 전 의장이었던 존 쉐드(John Shad)는 1984년

한 연설에서 "오늘날 성행하고 있는 부채방식의 기업인수와 매수는 향후 막대한 기업도산으로 이어지게 될 것이다(The more leveraged takeovers and buyouts today, the more bankruptcies tomorrow)"라고 비판했다. 이러한 비판은 1990년대 초반 현실로 나타났는데, M&A 과정에서 과도한 부채를 지게 된 페더레이트(Federated), 메이시즈(Macy's), 레브코(Revco), TWA 등 대기업들이 부채를 이기지 못해 결국 부도 사태에 이르게 되었다. 1984년부터 1985년 사이, 기업사냥꾼에 의해 적대적 M&A가 시행된 오클라호마의 시티즈 서비스(Cities Service)는 M&A 후 2만2500명의 근로자가 4000명으로 감소했다. 이러한 과정에서 금융투기자본은 막대한 자본의 이익을 얻었지만 기업과 근로자, 지역사회는 황폐화되어 갔다.

금융투기자본은 이 과정에서 자신들은 비효율적인 경영진을 교체하고 효율적인 경영으로 주주가치를 개선한다며 스스로를 정당화하려고 했다. 그러나 이들이 적대적 M&A를 시도하다가 그린메일(greenmail)을 통해 막대한 자본차익을 챙기는 것을 보면, 이들이 주장하는 주주가치의 제고라는 명분이 그다지 설득력을 갖지 못한다고 할 수 있다. 그린메일은 자신의 지분을 기존 경영진에게 프리미엄을 받고 넘기는 행위로, 공격자는 막대한 차익을 남기지만 기존의 주주들은 그만큼 회사의 부가 정당한 이유 없이 줄어들게 되므로 큰 손해를 입게 된다. 이 과정에서 과도한 부채를 진 기업은 구조조정과 공장폐쇄를 겪게 되고 결국에는 파산하기에 이른다.

1980년대 전반에 걸쳐 적대적 M&A의 폐해가 사회적 관심사로 부상하면서 미국 내 여론은 적대적 M&A를 규제해야 한다는 입장으로 선회하게 된다. 즉, 미국의 주정부들은 적대적 M&A를 제한하는 법안들을 내놓았으며, 기업들도 경영권 방어수단들을 적극적으로 개발하고 미국기업들의 90%가 이를 채택하게 되었다. 결국 1990년대 들어와서는 미국에서 적대적 M&A가 거의 사라지게 된다. 이러한 미국의 적대적 M&A 폐해 사례는 주로 미국 내 투기자본에 의해 비롯된 것이었다. 그러나 현재 우리나라에서 벌어지고 있는 투기자본의 폐해는 주로 외국자본에 의해 자행되고 있다는 데서 차이점을 발견할 수 있다.

외국 금융자본이 우리나라 기업에 대해 적대적 M&A를 시도한다면, 이는 정상적인 기업경영을 위한 것이 아니라 자본이득 획득이 목적이므로 인수과정에서 기업의 가치를 훼손시킬 수 있다. 그럴 경우 인수 대상기업의 종업원들은 구조조정으로 실업위험에 노출되는 한편, 기업의 장기성장을 저해하게 되어 국민경제적 차원에서 바람직하지 못한 결과가 초래될 수 있다. 기업이 이익을 달성해 주주에게 배당금을 지급하는 것은 당연하다. 하지만 주주들의 과도한 압력에 의해 미래성장을 위한 투자자본이 적정 수준 이상 배당금으로 지급되는 것은 기업의 재무건전성을 악화시키고 장기성장을 저해한다. 더욱이 자본금을 빼가는 유상감자는 기업의 존립을 위태롭게 함으로써 기업이나 일반투자자들에게 큰 피해를 입힌다.

각국의 규제조치

주요 선진국들은 모두 표면적으로는 자본자유화를 표방하고 있지만, 실제로는 나름대로 국적기업에 대한 직간접적인 보호장치를 유지함으로써 자국의 산업이 외국계 자본에 의해 지배되는 것을 방지하고 있다.

방어장치	의 미	국내상황
엑슨 플로리오 규정 (Exon Florio Act)	• 1988년 종합무역법 내 엑슨 플로리오 조항(Exon Florio amendment to the Defense Product Act)을 신설. • 외국인에 의한 자국기업의 M&A를 외국인 투자심의위원회 (CFIUS : Committee on Foreign Investments in the U.S)가 조사하여 그 결과 '국가안보'를 손상시킬 수 있다고 판단될 경우에 사후적으로 대통령이 당해 인수를 중단 금지시킬 수 있도록 한 제도적 방어장치임.	없음
증권거래소법 (Williams Act)	• 1934년 제정된 이래 공개매수에 따른 사회적 문제가 야기되면서 1968년 공개매수법(Tender Offer Act)이라는 수정법안이 통과됨. • 주식대량소유의 공시와 공개매수의 공시에 관한 규정(제13조 d항, e항, 제14조 d항, e항). • 투자자들의 부당한 피해를 예방하기 위해 인수시도자에 대한 구체적인 정보를 공개하는 법안으로, SEC와 인수기업에 인수합병의 조건, 자금원천, 인수합병 후의 계획 등을 포함한 공개매입 서류를 제시해야 함.	미약
증권법	• 1933년 제정되어 모든 증권거래를 규제함. • 적정한 정보를 제공받을 경우 투자자가 이익을 보호받을 수 있도록 매매증권과 발행인에 대한 모든 정보의 완전공시를 의무화하며, 규제자는 투자자에게 불공정하다고 생각되는 증권의 매출을 금지할 권한을 보유함.	미약
기업인수 규제법	• 인디애나 주에서는 기존 미국인 주주의 과반수 동의가 없는 외국인 기업인수를 금지. • 미연방최고법원으로부터 적법성을 인정받은 후 델라웨어, 위스컨신, 펜실베니아, 매사추세츠 등에서도 입법조치 마련.	없음
지배권 인수규제 (Control Share Acquisition Laws)	• 일정 수준 이상의 지분을 취득한 인수시도자는 나머지 주주 대부분으로부터 취득주식에 대한 의결권을 인정받아야 행사 가능.	없음
자산동결법 (Freeze-out Laws)	• 대상기업의 경영권 또는 주요 자산 등에 대한 영향력을 일정 기간 배제하여 인수시도를 저해함. • 특히 인수 후 대상기업의 주요자산을 매각할 수 없도록 함.	없음
이사의무 규정 (Director's Duties	• 경영권 인수 시도에서 대상기업의 이사회는 non-financial factor들을 반드시 고려해 의사결정을 해야 함.	없음

방어장치	의 미	국내상황
Laws)	• 기업의 장단기적 이익, 주주 등 이해관계자들의 이해, 국가경제, 인수시도자의 정체 및 의도 등을 종합적으로 고려하여 판단하도록 의무화함. • 이사회가 "No"라고 할 수 있는 권리를 부여하는 의미임.	
의결권 제한법 (Voting Cap Laws)	• 인수시도자의 의결권은 일정 수준으로 제한함. • 인수시도자가 정체, 자금원천, 경영계획 등을 구체적으로 공시하고, 나머지 주주들의 승인이 있을 경우에 한해 의결권 제한을 해지함.	없음

1. 미국

미국은 1980년대 금융투기자본에 의한 적대적 M&A의 폐해를 경험했을 뿐만 아니라 외국자본에 의한 위협도 경험하게 된다. 미국은 1980년대 이전만 해도 외국인에 의한 적대적 M&A의 위협으로부터 자유로웠다. 미국이 세계대전 이후에 초강대국으로 부상하면서 미국기업을 인수할 만한 국제자본이 없었기 때문이다. 그러나 1970년대 이후 상황이 바뀌기 시작했다. 1970년대 미국에 반기를 든 OPEC에 의해 오일쇼크를 겪으면서 중동국가들이 상당한 원유자금(petrodollar)을 축적하게 되었고, 바로 이 자본이 미국기업, 특히 석유기업들을 인수하기 시작한 것이다. 이들은 수직계열화의 목적으로 미국기업들에 대한 인수를 시작했다. 그 규모는 현재 한국경제가 겪고 있는 것과 같이 산업의 50%를 넘어서는 수준이 아니라 미미한 시장점유율에 불과했지만, 반대여론이 급등했고 결국 미국의 외국인 투자심의위원회(CFIUS)가 탄생하게 되었다.

한편 1980년대는 우방국가들의 자본이 미국으로 쇄도하는데, 일본과 유럽 자본이 미국기업들을 인수하기 시작했다. 특히 일본계 자본에 의한 반도체산업 등 핵심 분야에서 자국기업이 인수되는 과정을 지켜보면서 사회적으로 우려의 목소리가 높았다. 이후 미국은 외국인의 지배로부터 국적기업을 보호하는 정책을 펼치기 시작했다. 1986년 이후 '경제안보'에 대한 경각심을 불러일으키는 여론이 확산되면서 미국 정치권은 1988년 '종합무역 및 경쟁법'에 엑슨 플로리오 규정(Exon-Florio 규정 : 외국인에 의한 미국 내 기업의 M&A 또는 실질적인 지배가 매우 광범위한 의미에서 국가안보에 영향을 미칠 경우 투자심의위원회를 통해 대통령이 투자금지조치를 명할 수 있도록 하는 권한)을 추가함으로써 외국인에 의한 자국기업 인수 시에 강력하게 권한을 행사할 수 있도록 규정해 두었다.

2. 유럽

유럽의 국가들은 전통적으로 외국자본으로부터 자국자본을 보호하는 데 많은 노력을 기울여왔다. 이는 미국이라는 강대국으로부터 자국산업을 보호하기 위한 측면이 있고, 유럽의 강소국인 경우에는 이웃 나라인 프랑스와 독일의 외국자본으로부터 자국의 산업을 보호하기 위한 생존적 차원이라고 볼 수 있다.

유럽 국가들의 경우에는 아시아 국가와는 달리 차등의결권 제도가 발전되었다. 그래서 창업주 일가에게 1:10, 1:100, 1:1000까지 가능한 차등의결권을 통해 외국자본에 의한 적대적 M&A를 원천적으로 방어할 수 있는 제도적 장치를 마련하고 있다. 또한 지주회사 형태의 기업출자 방식인 피라미드식 출자를 통해 자회사의 경영권을 보호한다. 이 경우 지주회사에 대한 창업주 일가의 직접소유권만 높이면 자회사는 모회사의 출자자본에 의해 경영권이 보호되는 것이다. 뿐만 아니라 독일의 경우, 상호출자와 은행의 기업주식 소유를 통해 안정적인 의결권을 확보, 경영권을 보장해 줌으로써 자국의

방어장치	의 미	국내상황
이사진의 국적 제한	• 스웨덴, 스위스 : 이사진의 국적제한 조치로 외국인에 의한 기업 인수를 제한하고 있다. • 주식회사를 비롯한 유한책임회사 이사회의 과반수 및 대표이사가 반드시 자국에 거주하고 있는 자국인이어야 한다.	없음
지분소유협정	• 덴마크 : 자국에 설립된 기업들은 자유로운 지분소유협정을 통해 외국인 투자자들의 참여배제가 가능하다. • 이와 같은 지분소유협정은 유럽 전역에서 활용하고 있다.	미약
기업인수/허가/신고/심의	• 프랑스 : 역외국 투자가에 의한 5억 프랑 이상인 프랑스기업 인수에 대해 사전 신고의무를 부여. • 이태리 : 역외국 투자가에 의한 자국은행 지분취득 제한. • 독일, 네덜란드 : 정부기관인 독점국이나 재무장관이 해외기업에 의한 M&A를 엄격하게 심사. • 벨기에 : 역외국 투자가에 의한 공개매수를 허가제, 특별출원, 통보 등으로 제한.	미약
감독법 (Monitoring Act)	• 핀란드 : 매출액 또는 자산규모가 10억 마르카(Markkaa, US$ 2억 이상) 이상인 핀란드 대기업에 대한 외국인 기업인수 규제. • 단일 외국인 투자가 지분의 1/3 이상을 취득하거나 직접적으로 경영권 통제가 가능한 경우, 혹은 핀란드 국익을 저해하는 경우는 사전신고 및 무역산업부의 인가를 받아야 함.	없음
복수이사회 구성	• 복수이사회(two-tier board, Management board & Supervisory board) 구성. • 독일 : 감독위원회의 절반은 해임 불가능한 노조 대표, 나머지는 해임시 75% 이상의 찬성이 필요하기 때문에 운영위원회를 교체하는 데 많은 시간과 노력이 필요하다. • 네덜란드 : 두 이사회 모두 중도해임 불가.	없음
의결권 상한 (voting caps)	• 독일 : 일부 기업의 경우 일반주주들의 의결권을 제한(e.g. 보유 지분 규모에 관계없이 1인주주의 의결권을 5%로 제한)하거나 상장을 위해서 의결권이 없는 주식을 발행. • 프랑스, 이태리, 오스트리아, 네덜란드, 스페인 등에서도 활용.	미약
창업자 가족/국적은행이 지분 보유	• 독일 : 대기업의 경우 1/3 정도를 국적 은행들이 보유하고 있어 비독일계의 M&A 시도로부터 경영권 방어 가능. • 독일 등 유럽 국가에는 창업자 가족 위주로 소유구조가 집중되어 있어 M&A를 위해서는 대주주와 직접 협상 필요.	없음

방어장치	의 미	국내상황
자유로운 증권 발행	• 네덜란드 : 적대적 M&A 기간 중에도 사전주, 우선주, 주식배당, 배당지급증서 등 지분구조에 영향을 줄 수 있는 증권들을 주총의 동의 없이 발행 가능하므로 적대적 M&A 예방.	없음
유명무실한 M&A 지침 운영	• 독일 : EU 기준과 유사하게 자발적인 인수합병 지침(voluntary takeover code)이 있으나 법적 정당성도 없고 업계에서 지켜지는 관행도 없음.	미약
황금주 (Golden Share)	• 경영권 변동 등 중요한 의사결정 시 '1주 다표권'을 통해 거부권을 행사할 수 있는 특별주. • 국가 전략산업의 민영화 이후에도 정부가 영향력을 행사할 수 있는 수단. • 영국 : 1980년대 공기업 민영화 과정에서 황금주를 광범위하게 활용했으며, 스페인, 포르투갈, 프랑스, 이태리 등에서도 보편화.	없음
차등의결주식제도 (Dual Class Share)	• 경영권 안정을 위해 의결권에 차별을 두는 두 종류 이상의 보통주를 발행하는 제도. • 스웨덴 : 상장기업의 55%가 차등의결권 주식제도를 채택(핀란드 : 36%, 덴마크 : 33%).	없음
특권주식 (Preference Shares)	• 네덜란드 : 특혜적인 의결권에 부여된 주식으로 경영진 선임 등 주요 의사결정에 참여할 수 있는 권리를 특권 주주에게만 부여.	없음

산업을 보호하고 있다. 그래서 유럽 국가의 경우 영미식 자본주의를 따르고 있는 영국을 제외하고는 제도적 환경상 적대적 M&A가 거의 발생하지 않는다고 볼 수 있다.

3. 일본

일본의 지배구조는 주식소유가 계열기업과 금융기관에 집중되어 있다. 과거 일본의 재벌기업들은 상호 경영권 안정을 위해 자발적으로 주식을 상호출자하고 기업 간 정보를 공유해 강한 연관관계를 이어왔다. 반면 증권거래법은 공개매수에 관한 사전신고제, 매수기간, 철회권 등을 다른 나라에 비해 상당히 엄격하게 규정하고 있다. 또한 독점금지법은 과도한 집중을 방지한다는 관점에서 외국인의 인수에 대해 일정한 제약을 가하고 있다.

일본이 상호출자와 안정주주 관행이 급속도로 발전하게 된 계기는 1964년 OECD 가입과 자본자유화 때문이다. 이는 외국자본에 의한 자국자본 종속을 우려한 조치로 볼 수 있으며, 이러한 상호출자 관행으로 외국자본의 일본기업 인수는 사실상 원천적으로 불가능하게 되었다. 최근 장기불황과 금융권 구조조정으로 상호출자와 안정주주 지분이 30% 수준으로 하락하면서 일부 외국자본에 의한 적대적 M&A 가능성이 높아졌다. 그러자 일본은 2002년 차등의결권과 미국식 독약처방과 같은 경영권 방어제도가 가능하도록 상법을 개정하는데, 일본이 외국자본으로부터 자국기업과 산업을 보호하기 위해 얼마나 많은 노력을 기울이는지를 엿볼 수 있다.

한국의 자본시장 개방과 외국자본의 진입

국내 대기업이 외국자본의 공격에 노출될 수밖에 없게 된 것은 IMF 체제하에서 자본시장을 급격하게 개방한 데서 기인한 것이다. OECD 가입 당시만 해도 자본시장 개방에 대해 여러 가지 제한을 두고 있었고, 특히 외국인에 의한 적대적 M&A는 원천적으로 불가능하도록 금지시켰다. 즉, OECD 회원국 대부분이 외국계 자본의 자국기업에 대한 적대적 M&A에 대해서 업종별·진입 유형별로 다양한 제한조치를 유지하는 것과 마찬가지로 충분한 보호장치를 두고 자본시장을 개방했다.

그러나 외환위기가 발발하자 사정은 완전히 달라졌다. IMF 등으로부터 긴급자금을 융자받는 대신에 그 반대 급부로 전례없이 빠른 자본자유화가 추진된 것이다. 그로 인해 외국자본의 국내시장 진입은 모든 것을 가능하게 만들었고, 사실상 국내기업의 경영권을 방어할 수 있는 장치가 완전히 해체되는 결과를 초래했다.

외환위기를 극복하기 위한 방편으로 외국인 투자자본의 유치에 따른 순기능만 강조될 뿐, 투기적 성향이 강한 금융자본의 유입이 가져올 부정적 폐해를 등한시한 것이다. 국내증시에서 외국 투기자본이 국내기업을 사냥감으로 노리고 있음에도 불구하고, 이를 마치 기업지배구조 개선이라는 선(善)의 추구로 미화되는 안타까운 현상이 현실로 나타나기에 이르렀다.

재벌의 잘못된 관행을 척결하고 기업지배구조의 개선을 통한 투명경영의 실천과 경쟁력 제고는 한국기업이 직면한 최대의 과제이다. 그러나 외국 투기자본이 경영권을 탈취했을 경우 기업지배구조가 개선되기는커녕 건전한 기업이 공중분해되는 한국경제의 피폐화만 초래될 뿐이다. 대부분의 OECD 선진국들이 아직도 외국인에 의한 적대적 M&A에 대해 규제조치를 유지하고 있다는 점을 다시 한 번 상기해 국내기업이 외국 투기자본의 공격에 적절히 방어할 수 있는 시장친화적 제도가 보장되어야 할 것이다.

제도개선 방안

한국경제는 외환위기 이전까지만 해도 '한강의 기적'이라고 불릴 만큼 세계경제사에서 유례를 찾기 힘든 경제성장을 이룩했다. 독일의 라인 강의 기적이 기술을 보유하고 있던 독일 국민들에 의해 이루어졌다면, 한강의 기적은 그야말로 아무런 기술력과 자본력도 없이 이룩한 피와 땀의 결과라고 볼 수 있다. 이러한 경제성장의 열매를 외환위기로 외국자본에 넘길 수 있겠는가? 그렇다면 앞으로 한국경제의 발전은 누가 담보할 수 있겠는가? 한국경제는 선진국으로 재도약할 수 있을까? 이러한 많은 의문들에 대해 근본적인 해결책을 제시할 수는 없다 하더라도, 최소한 국가적으로 중대한 국익을 보호하기 위해 최소한 몇 가지 방어장치들을 마련할 필요가 있다.

1. 국가기간산업 보호를 위한 제도적 장치 마련

현행 외국인 투자촉진법 체계하에서는 외국인에 의한 경영권 위협 등 적대적 M&A로부터 중대한 국가적 이익을 보호하기 어려워 국가안보와 관련된 기간산업 보호를 위한 법개정이 필요하다. 한국은 외국인 투자촉진법 제4조에서 외국인 투자 규제에 대해 ① 국가안전, 공공질서유지 ② 국민보건위생, 환경보전, 미풍양속부합 ③ 대한민국법령준수라는 포괄적 보호 근거를 두고 있으나, 실제 적용은 외국인 투자가 제한되는 업종과 제한내용을 열거하는 업종 열거주의 방식을 취하고 있다.

이러한 네거티브(Negative) 규제방식으로는 외국인의 경영권 위협이나 적대적 M&A로 국가의 이익에 중대한 위협이 초래되더라도 대통령령이 미리 그 제한 내용을 정하지 않는 이상 규제할 방법이 없다. 우리나라의 경우 외국인 투자촉진법상 예외적인 사유는 그 업종과 제한 내용을 대통령령으로 미리 정하고 있는 경우에만 적용할 수 있다. 따라서 적용기준이 마련되어 있지 않은 적대적 M&A에 대해서는 포괄적인 견지에서 이를 규제할 입법적 보완이 필요하다.[2]

미국을 비롯한 일본, 프랑스의 방식을 벤치마킹해 주요 기간산업

과 전략산업에서 국적기업의 경영권 보호를 위한 입법적 지원이 필
요하다. 국가안보, 경제적 안보와 관련된 주요 기간산업과 첨단산업
을 영위하는 회사의 경영권에 영향력을 행사하는 지배주주가 되려
는 외국인에 대해서 사전승인을 위한 절차 마련이 필요하다. 이러한
제도개선은 국가안보와 공공질서 유지 등 주요한 사항에 대해 외국
인의 투자를 제한하고 있는 OECD 자본자유화 규약에 비춰볼 때 협
약을 위반하는 것으로 볼 수 없다.

국가기간산업 보호의 실례로 다국적기업인 쉘(Shell)이 오스트레
일리아의 국적기업인 우드사이드 사(Woodside)를 적대적 M&A하고
자 한 것에 대해 오스트레일리아 정부가 국가이익 보호를 위해 불허
한 사례를 들 수 있다. 쉘은 우드사이드의 지분 중 1/3을 소유하고
있었는데, 56%로 지분확대를 통해 적대적으로 우드사이드의 지배
권을 취득하려고 했다. 우드사이드는 HP빌리톤 사(Billiton Ltd), 리
오틴토 사(Rio Tinto Ltd)에 이어 오스트레일리아에서 세 번째 규모의
천연자원 회사인데, 오스트레일리아 북서 대륙붕과 근해석유, 천연
가스에 지분을 가지고 있었다. 이에 대해 오스트레일리아의 재무장
관인 피터 코스텔로(Peter Costello)는 외국계 자본들의 반대 여론에
도 불구하고, 쉘의 우드사이드 사 인수 시도에 대해 국가적 이익에
반한다는 이유를 들어 2001년 4월 23일 허가를 거절했다. 여기에는
쉘이 자사의 글로벌 전략의 일부분으로서 우드사이드 사를 운영할
것이며, 오스트레일리아 천연자원의 개발은 오스트레일리아 전체
의 국익차원에서 경영되지 않을 것이라는 우려가 작용했다고 볼 수
있다.

2) 송종준(충북대 법학교수), 『나라경제』 2003년 6월호, p. 68.

<table>
<tr><td colspan="6"><표 4> 기관투자자와 주식시장   (2001년 기준, GDP대비 %)</td></tr>
<tr><td></td><td>미국</td><td>영국</td><td>독일</td><td>프랑스</td><td>한국</td></tr>
<tr><td>기관투자자의 주식시장 비중</td><td>84</td><td>124</td><td>23.5</td><td>56.8</td><td>4.6</td></tr>
<tr><td>기관투자자의 금융자산 중 주식 비중</td><td>44</td><td>65</td><td>24</td><td>43</td><td>6</td></tr>
</table>

자료 : OECD, Institutional Investors Statistical Yearbook, 2003.

2. 국내 기관투자자의 역할 증대

국내자본 양성과 이를 통한 국내기업의 경영권 방어가 해외 투기자본의 폐해를 줄이는 현실적 대안이 될 수 있을 것이다. 선진국과 비교해 볼 때, 한국 기관투자자의 주식투자 비중은 영미식 주식시장 중심 국가뿐만 아니라 독일, 일본 등 유럽식 은행 중심 국가보다도 매우 낮은 수준을 보이고 있다. 특히 연금이 국내 주식시장에서 차지하는 비중이 2.6%에 불과해, 국내 장기투자자로서 외국계 펀드에 대항할 만한 안전판 역할을 전혀 못 하고 있다. 반면, 미국의 경우 34.5%, 영국은 28.3%, 일본도 8.7%를 국내연금에서 투자함으로써 안정적 국내 금융자본의 역할을 수행하고 있다.

선진국의 경우를 살펴보면, 기관투자자와 기업이 관계투자(Relation Investment)를 통해 지배구조 개선과 경영권 안정을 모두 확보한 사례를 확인할 수 있다. 기관투자자와 경영자가 적극적인 협조와 계속적인 대화를 통해, 경영자는 기업에 대한 정보를 제공하고 기관투자자는 경영활동에 대해 정기적인 검토와 감시활동을 수행하게 된다. 미국은 1980년대 말, 1990년대 초 적대적 M&A의 폐해가 집중적으로 나타나면서 기업에 대한 견제와 감시 역할의 대안으로 관계투자가 발전했다고 볼 수 있다. 여기서 기관투자자는 기업의 장기투자자이자 주요 주주로의 역할을 담당하게 된다. 결국 정부가 주도하고자 하는 기업지배구조 개선을 이루면서 경영권 위협의 우려를 해소시킬 수 있는 방안으로 국내 기관투자자의 육성과 관계투자의 활성화가 우리나라 현실에서도 바람직하다고 볼 수 있다.

3. 경영권 분쟁 관련 내외국인 간 공정경쟁을 위한 공시제도 개선

국내기업과는 달리 외국자본에 대해서는 소유 지배구조, 재무구조, 자금동원력, 과거의 성과, 대주주의 실체파악 등의 정보를 알 수 없어 법 적용이 쉽지 않다. 따라서 무엇보다 투자자로 하여금 회사의 제반정보를 투명하게 파악할 수 있게 하고, 투자자 자신의 책임하에 주식의 매매행위 등을 결정하게 하는 것이 중요하다. 이때 정보의 진실성과 정보공개의 대칭성이 매우 중요하다. 특히 적대적 M&A가 예상되는 경우에는 통상적으로 주가가 크게 변동하기 때문에 투자자 보호 차원에서 투명하고 대칭적인 정보 제공이 필수불가결하다.

미국의 경우, 한국과 달리 5% 보고시 상세한 투자 목적에 따라 공시의무를 부과하고, 최종실질소유자(ultimate beneficial owner)에 대한 공시를 의무화하고 있다. 최근 금감원의 규정이 개정되었지만 추가적인 법개정이 이루어져야 효과적인 감독이 가능할 것이다. 경영권 시장의 비대칭적 우대를 해결하기 위해서는 5% 공시제도의 강화를 비롯해, 미국식 냉각기간제(Cooling-Off Period) 도입, 처벌규정 강화, 손해배상소송에 대한 근거 마련, 감독기관의 조사권 강화 등을 통해 공시제도의 악용이나 불법적 탈법적 행위를 근절해야 한다.

구체적인 법개정 필요사항에 대해 살펴보면, 우선 지분이 10% 이상일 경우 주식발행 회사가 지분취득자에 대해 조사를 요청할 수 있는 조사요청권을 부여(영국의 경우)하도록 하는 방안이 필요하다. 의결권 대리행사 시에 권유자의 권유목적, 사업계획 등에 대한 공시를 강화하고, 5% 보고제도도 강화해야 한다. 보유주식 수의 변동 외에 보유목적 변경 시에도 변경보고를 의무화할 필요가 있다. 현행 법령에서는 주식보유 수량에만 중점을 두고, 그 변동시 변경보고를 의무화하면서 다른 보고내용상의 변동에 대해서는 변경보고를 의무화하지 않고 있다. 따라서 이를 개정하는 방향으로 공시의무의 강화가 필요하다.

보유목적 변경에 대한 변경보고 의무를 강화하기 위해, 보유목적을 단순투자 목적에서 경영권 획득으로 변경하는 경우에는 보유목적에 관한 충실한 공시 유도가 필요하다. 이 경우 일정 기간 동안 의결권 행사를 제한하는 미국식 냉각기간제(Cooling-off Period)를 도입해도 좋다. 공시위반 행위에 대해서는 5% 이상 지분에 대한 의결권 제한이나 처분명령 등에 대해 증권거래법의 처벌조항을 적극적으로 적용할 필요가 있다.

경영권 시장에서의 공시제도 강화를 통해 ① 경영권 방어와 관련한 내외국인 간 투명한 공시의무를 부과할 수 있으며, ② 정보공개의 투명성 제고를 통해 소액주주 이익 보호 등 시장규율의 정립으로 지배구조의 개선을 기대할 수 있다.

이와 더불어 금융정보분석원(FIU : Financial Intelligence Unit)의 기능도 강화할 필요가 있다. 투자자본이 아닌 투기성 자본의 국내기업 공격은 어떠한 형태의 순기능도 가질 수 없다. 금융감독기관은 조기경보 시스템을 가동하는 한편, 국내에 유입되는 모든 외국자금의 성격을 분명히 구분하여, 코드화 작업을 통해 외국자본의 성격을 사전 분류하는 것이 필요하다. 또한 이를 위한 전문기구로서 자금세탁방지 및 추적을 주 업무로 하는 재경부 산하의 금융정보분석원을 확대 개편, 적극 활용할 필요가 있다.

| 참고문헌 |

김동환, 김종천, 김안생 공저, 『21C 최신 M&A: 이론과 실제 및 전략』, 무역경영사, 2000.

김건식, 송옥렬 공저, 『미국의 증권규제』, 홍문사, 2001.

왕윤종, 『M&A형 직접투자에 관한 연구』, 대외경제정책연구원, 1996.

Barca, Fabrizio and Marco Becht, 『The Control of Corporate Europe』, Oxford University Press, Oxford, 2001.

Becht, Marco, 「Corporate Takeover Defences in Europe」 Presentation at the ECGI Session of the Federation of European Securities Exchanges' 6th European Financial Markets Convention, Brussels, 31 May, 2002.

Becht, Marco and Patrick Bolton, Corporate Governance and Control, October. ECGI – Finance Working Paper N°. 02/2002, 2002.

Becht, Marco and Colin Mayer, Introduction, in Barca, Fabrizio and Marco Becht 2001, The Control of Corporate Europe, Oxford University Press, Oxford, 2002.

Coates, John C., 「Ownership, Takeovers and EU Law: How Contestable Should EU Corporations Be?」July 9. ECGI – Law Working Paper No. 11/2003, 2003.

De Jong, Abe, Rez Kabir, Terre Marra and Ailsa Roëll, Ownership and Control in the Netherlands, in Barca and Becht(eds.), The Control of Corporate Europe, Oxford University Press, Oxford, 2002.

Franks, Julian, and Colin Mayer, 「Bank Control, Takeovers and Corporate Governance in Germany」, 『Journal of Banking and Finance』 22, 1998, pp. 1385~1403.

김득갑, 「유럽 기업지배구조의 현황과 전망」, 『삼성경제연구소 Issue Paper』, 2003.12.30.

이찬근, 「유럽 소국의 기업지배권 방어기제」, 『사회경제평론』 제21호, 2003.10.

9장

금융자본 주도의 기업지배구조와 노사관계의 변화

◎임운택(한국노총 중앙연구원 연구조정실장)

기업지배구조의 수렴화 경향

지난 1997년 발생한 외환금융위기 이후 금융관계와 재벌 중심의 기업지배구조 시스템은 국가적 차원뿐만 아니라 국제경제적 차원에서도 강력한 변화의 압력을 받았다. 외환위기라는 직접적인 계기뿐만 아니라 세계화로 대변되는 급격한 경제환경의 변화에서 금융시장으로 기업지배구조가 결합하는 것은 다양한 경제행위자들을 위한 '공정한 경쟁의 장(level playing field)'을 창출한다는 취지에서 국외(IMF, 세계은행과 같은 국제 금융자본의 대리인)와 국내(영미식 자본주의 모델을 맹신하는 학계, 관료, 그리고 일부 시민단체의 상이한 이해관계의 결합)의 정치적 압력 아래 추진되었다. 계열사 간 내부자본거래(계열사 간 상품의 매출과 매입, 계열사 간 상품의 상호지급보증 등), 문어발식 선단경영 등으로 표현되었던 과거 재벌의 특수한 기업지배구조가 이러한 강제된 변화를 자초한 것이다.

이후 금융중심의 기업통제(corporate control)를 겨냥한 구조조정은 국경을 넘어선 인수합병(M&A)을 용이하게 했으며, 한국경제의 구조조정을 가속화하기 위한 '한국주식시장' 의 건설로 이어졌다. 이러한 과정은 그 동안 한국경제에서 경제성장의 기관차 역할을 담당했던 재벌의 일방적 기업지배 시스템도 변화해야 한다고 강조했다. 그러나 자본시장을 지향하는 한국경제의 구조조정이 중장기적으로 소위 앵글로색슨 유형의 단일한 자본주의 모델로 수렴화될지, 아니면 그럼에도 불구하고 한국식 자본주의라는 특수한 발전모델이 지속될지는 아직 미지수다. 조절이론의 관점에서 볼 때, 자본주의의 지속적인 발전모델이 축적체제와 조절양식과의 안정적 상응관계에서 결정되는 것이라고 한다면 아직까지 기업지배구조의 변화에 상응하는 안정적 조절양식(노사관계와 사회제도)은 발견되지 않기 때문이다. 그러나 우리는 자본주의 모델의 수렴화와 다양화 사이에서 지금까지 진행된 기업지배구조의 변화과정을 추적해 봄으로써 중장기적 한국 자본주의 발전 모델의 윤곽을 가늠해 볼 수 있다.

다양한 자본주의 유형 간의 경쟁에 대한 문제제기는 이미 자본주의와 사회주의 간의 체제경쟁이 종식된 이후 계속 사회과학적 논의의 대상이 되었다(Albert, 1992, 2001; Crouch and Streeck, 1997). 1992년에 최초로 자본주의 간의 경쟁문제를 제기했던 미셸 알베르는 당시 앵글로색슨형 모델의 승리를 예견했다. 그는 그 근거로 자본주의 모델의 효율성이 아닌—그는 오히려 '라인 자본주의' 모델의 장점이 효율성에 있는 것으로 진단한다—미국식 모델이 지니는 더 강력한 영향력을 들었다. 그 이후 많은 경제학자들은 앵글로색슨 자본주의를 1990년대 장기간 지속되었던 미국경제의 배경으로 인식했으며, 라인 자본주의보다 경제적으로 더 생산성이 있는 것으로 평가하고 있다. 알베르는 1990년대 초에 자신의 가설에 대한 검증과정에서 앵글로색슨 자본주의의 원칙이 여타 지역에서도(특히 유럽) 관철되어 갈 것임을 입증했다. 그러한 경향은 신흥기업(Start Ups)이나 기존 기업의 자체 금융조달이 주식시장에서 점차 더 중요한 위치를 차지하는 사실에서 명백해진다. 그리고 기업의 자기자본소득 증가에 대한 주식투자자(Shareholder)들의 이해는 경영진의 의사결정에 직접적인 영향을 미치게 되었다. 투자자나 특정한 물적 유인구조(경영진에 대한 스톡옵션)에 대한 경영진의 변화된 정보정치(information Politics)가 그에 해당한다.

하지만 알베르는 이를 라인 자본주의에 대한 앵글로색슨 자본주의의 완전한 승리로 해석하지는 않는다. 그는 오히려 양 모델 간의 상호접근이라는 의미에서 수렴현상을 지적한다. 그는 이와 관련해 우선 다음의 지표를 제시한다: 미국과 영국에서 부분적으로 증가한 국가지출, 자본에 대한 시민의 적극적 참여, 도덕적 차원에서 고려된 투자의 증가, 그리고 자본에 대한 사회적 규제의 필요성에 대한 인식의 증가.

이러한 경향이 실질적으로 상호접근에 대해 설명할 수 있을지는 물론 논쟁적이다. 왜냐하면 앵글로색슨 자본주의 모델 이외의 다른 자본주의 모델의 특성이 여전히 유지되고 있다는 지표가 대단히 미약하기 때문이다. 오히려 주주 자본주의(shareholder capitalism) 원칙이 여타 자본주의 사회에 침투해 가면서 상이한 모델 간의 차이를 평준화하는 경향이 두드러지고 있는 실정이다. 국제경제의 강제와 국내정치의 압력에도 불구하고 현존하는 상이한 구조가 지속될지는 다음에 제시하는 요소에 달려 있다.

1. 노조와 사회단체와 같은 중요한 사회집단들의 저항
2. 단순하게 지나쳐버릴 수 없는 개별 자본주의의 제도적, 문화적, 정치
   적 발전경로(path dependence)
3. 시장지향적 개혁의 현존하는 사회구조와의 효율적 결합(Rhodes/
   Apeldoorn, 1998)

위와 같은 요소가 모두 고려될 때, 현재 한국사회에 급속하게 퍼
지고 있는 영미식 주주 자본주의경제가 '사회적으로 규제되는 자본
주의(social regulated capitalism)'로 발전할 수 있는 가능성을 모색해
볼 수 있을 것이다.

한국식 주주 자본주의 경제의 출현

1997년 외환금융위기 이전의 한국경제는 소위 재벌 중심의 기업지
배구조의 전형이라고 할 수 있다. 외환금융위기가 발생하기 직전인
1997년 4월 1일 공정거래위원회가 발표한 바에 따르면, 우리나라 30
대 대기업은 평균 30개의 계열사를 소유하고 있으며 이를 통해 다수
계열사 간 내부거래를 행하고 있다. 계열사를 하나의 그룹으로 묶는
계열사 간 상호출자에 기초한 내부 자본거래에는 계열사 간 상품의
매출과 매입뿐만 아니라 상호지급보증도 포함되었다(〈표 1〉 참조). 재
벌 중심 경영구조의 또 다른 특징은 차입경영인데, 이는 높은 부채
비율로 표현되었다.[1] 또 다른 특징으로는 비관련 다각화를 들 수 있
다. 삼성의 자동차산업 진출에서 볼 수 있듯 재벌은 관련사업 진출
이라는 경영적, 경쟁전략적 측면에서의 동기보다는 대주주경영자의

〈표 1〉 30대 대규모 기업집단의 내부지분율

	1987년 4월	1990년 4월	1992년 4월	1993년 4월	1994년 4월	1997년 4월
내부지분율	56.2	45.4	46.2	43.4	42.7	43.0
동일인*	13.7	12.8	10.2	9.6	8.5	
계열회사	40.4	31.7	33.4	33.2	33.1	34.5

* 특수관계인 포함.
자료 : 이동기(2000: 207).

개인적 동기에서 기업규모 확대를 위해 비관련 사업진출이라는 다각화를 추진했다. 경영자의 사적목표 추구는 과잉투자를 야기했다. 이러한 점에서 외환위기 이전까지 한국의 기업소유 및 지배구조의 유형은 총수 중심의 '지대추구 모형(Rent-seeking Model)'이라고 할 수 있다(강철규, 1997).

외환위기는 이유가 무엇이든 간에 재벌 중심의 성장을 추구해 왔던 한국경제에 커다란 충격을 던져주었으며, 이로 인해 금융시장 중심의 기업지배 시스템을 구축하기 위한 일련의 개혁조치가 단행되었다. 이미 정부는 외환위기 이전부터 글로벌라이제이션(Globalization)이라는 외부환경 변화로부터 경제시스템의 전환을 요구받고 있었으며, 위기 이후 '국민의 정부'가 추진한 재벌개혁은 당사자들에게도 선택의 여지가 없는 것이었다. 이미 국제금융자본의 '빚 독촉 대행자'였던 IMF나 세계은행이 앞다투어 제시한 조건들은 개혁조치의 가이드라인이 되었다. 예컨대 이를 반영한 IMF와의 합의서 32장과 37장은 다음과 같은 조치들을 한국정부에 강요했다.

1) 당시 한국의 부채비율은 317.7%로 미국의 140.6%나 일본의 130.7%와 비교해 볼 때 매우 높은 수준이었다.

1. 1997년 말까지 외국인 투자한도를 26%에서 50%까지 확대하고, 1998
   년 말까지는 55%까지 확대함으로써 주식시장에서의 외국인투자를 자
   유화하도록 한다. 외국인 개인투자자의 지분 상한선은 7%에서 1997
   년 말에는 50%로 높인다.

2. 기업지배구조의 보장, 특히 IMF는 한국회계시스템의 투명성 촉진이
   라는 명분 아래 정부가 국제회계기준을 채택할 것을 요구한다. 이러한
   노력의 일환으로 IMF는 한국 재벌들이 기업정보를 공개하고 연결재
   무제표를 작성하도록 한다.

3. 은행의 운영과 대출에 대해 정부는 간섭하지 않는다.

4. 기업파산 과정의 개선과 개별기업들을 구제하기 위한 각종 보조금을
   폐지한다.

5. 한국기업의 부채수준을 감소화하고, 그룹 자회사 간의 상호지급보증
   으로부터 나오는 위험을 줄이기 위한 지급보증시스템을 변화한다(장
   세진, 2003: 190에서 재인용).

IMF와 세계은행의 압력으로 당시 대통령 당선자는 외국인 투자자
들의 신뢰를 회복하기 위해 재벌들의 구조조정이 필요하다는 논리
아래 1998년 1월 13일, 기업 구조조정을 위한 5개 방안을 발표했다.
그 내용은 첫째, 기업경영의 투명성을 제고하기 위해 정부는 기업들
에게 결합재무제표를 도입해 이를 작성, 공시하도록 하였고, 회계의
투명성을 높이기 위해 국제회계기준(IAS)을 채택할 것을 요구했다.
둘째, 재벌계열사들의 연쇄부도를 막기 위해 재벌들에게 상호지급
보증을 해소하도록 요구했다. 셋째, 재벌기업들이 점진적으로 부채
규모를 줄이고 수익성이 없는 자산들을 매각하도록 했다. 넷째, 핵
심사업에 역량을 집중하도록 유도함으로써 재벌들이 국제경쟁력을

갖추도록 요구했다. 마지막으로 정부는 재벌들에게 기업지배구조를 개선하고, 소액주주들에 대한 재벌일가의 책임을 강화할 것을 요구했다.

결국 외환위기에 따라 정부가 추진한 기업지배구조 재편의 핵심은 재벌과 금융관계의 재편으로 집약되었다. 왜냐하면 외환위기는 재벌의 전반적인 문제(과도한 부채, 상호지급보증 등)가 금융기관의 부실이라는 결과로 집약되었기 때문이다.[2] 기업부문의 구조조정 프로그램은 궁극적으로 재벌들의 재무구조조정, 사업구조조정, 그리고 기업지배구조의 개선으로 압축되었다.

결국 재무구조조정은 세 가지로 집중되었다. 첫째, 부채비율을 200%로 줄이고, 둘째 자회사들 간의 부채에 대한 지급보증을 완전히 제거하며, 셋째 상대적으로 소규모 재벌들이 워크아웃 프로그램을 통해 재무구조를 개선하도록 하는 것이었다.

사업구조조정은 8개 산업부분(반도체, 석유화학, 항공우주, 철도차량, 발전선비, 선박엔진, 정유, 자동차, 전자)에서의 빅딜정책을 통해 산업을 재편하고 재벌들이 핵심역량에 집중하도록 유도되었다. 기업지배구조의 개선은 재벌의 불공정거래관행을 개선하고 기업경영의 투명성과 회계의 책임성을 향상시킨다는 목표 아래 재벌에게 우선 국제기

---

2) 외환위기 직후 한국의 거의 모든 은행은 사실상 파산상태였다. 그래서 정부는 기업부문의 구조조정에 앞서 금융부문을 우선적으로 처리해야만 했고, 은행과 비은행권 금융기관의 구조조정을 위해 1999년에만 총 64조 원의 자금을 투입했다(재정경제부, 2000). 비록 파산 직전의 금융기관에 대한 거대한 공적자금 투입이 필요한 것이기는 하지만 당시 정부예산과 GNP가 각각 80조 원과 483조 원에 불과했던 점을 고려하면, 정부는 결과적으로 자신의 모든 금융자원을 소진한 셈이다. 이러한 공적자금의 투입은 국민의 세금을 실패한 금융기관들을 지원하는 데 사용하는 선례를 남기게 되었으며, 동시에 국내 금융기관에 대한 감시와 정부개입을 최소화한다는 명분 아래 해외 투자자본의 유입과 지배를 강화시키는 결과를 초래했다.

준에 부합하는 결합재무제표 작성과 사외이사와 독립적인 감사인의
권한 강화를 요구했다. 둘째, 우호적, 적대적 M&A 등의 과정을 간
소화하는 방향으로 상법이 개정되었다. 따라서 국내기업에 대한 외
국인 지분한도(1998년 초반까지는 55%)가 완전히 철폐되었으며, 기업
분사나 소규모의 합병 등에 관한 규정도 간소화되었다. 외국인의 지
분소유에 대한 규제완화와 관련된 일련의 조치는 무엇보다 해외투
기자본에 대한 국내기업의 면역성을 현저하게 약화시켰다. 셋째, 증
권법에 규정된 소액주주들의 권리(특히 상장기업에 대한 집단소송 청구
조건의 요건 완화)를 부분적으로 강화시켰다.

외환위기와 함께 추진된 세 가지 핵심적 재벌 구조조정 프로그램
을 평가해 보면, 관점의 차이를 감안하더라도 성공한 것이 하나도
없었다. 그러나 중요한 점은 IMF와 세계은행 등의 외부압력으로 시
작된 구조조정 프로그램의 틀 안에서 주주가치를 지향하는 기업지
배형태가 관철되었다는 데 있다.

주주가치 지향의 기업지배는 1980년대 미국에서 정크본드(junk
bond)로 무장한 기업사냥꾼에 의한 적대적 M&A에서 비롯되었는
데, 1990년대 들어 개념상 미래지향적인 기업활동의 의미로 변화되
었다(Rappaport, 1985; Scott, 1990; Copeland · Koller · Murrin, 1993). 물
론 기업의 경제행위를 주주들(shareholder)의 투자행위에 결합시키는
방식이 아주 새로운 것은 아니다. 그러나 주주가치체제 아래 양자의
결합은 단지 화폐의 가치만이 주목받고, 실물경제가 경시된다는 점
에서 부정적인 경향을 산출한다. 왜냐하면 증시에 상정된 기업의 가
치는 주가곡선의 발전에 종속되기 때문이다. 더구나 이윤의 상당량
이 단기적인 이윤을 노리는 자산소유자들에게 이자나 주식배당으로
지불되어야 하기 때문에 기업에 남아 있는 이윤율은 상대적으로 적

다. 이는 경제 전반의 축적률에도 동일하게 적용된다.

이러한 변화는 소유와 경영의 분리 원칙에 근거한 포드주의적 축적체제에서 일반적이었던 '경영자 자본주의'의 전면적 개편을 의미한다. 전통적인 산업경영자의 역할이 장기적 관점에서 생산, 투자의 기획에 집중되었다면, 주주 자본주의에서 경영자는 주주가치를 확보하는 데 가장 큰 비중을 두어야 한다. 따라서 글로벌 플레이어로서 (비금융권의) 거대기업에서는 기업의 지속적인 근대화, 가치창출, 그리고 자본수익율을 높이기 위해 투자자금 조달을 위한 자체금융화가 강화되었다(Duméil und Leévy, 2002: 159). 즉, 기업자본의 자체금융화는 결국 주주들의 희망에 부응하는 기업의 시장가치를 극대화하는 것이다. 결국 주주가치 개념의 핵심은 주주의 성공을 극대화하는 것이다. 기업지배의 새로운 권력구조가 일반화됨에 따라 고유상품을 생산했던 기업은 이제 그 스스로 상품이 되었다. 이런 관점에서 볼 때, 주주가치 개념에서는 미래지향적인 이윤평가와 자산증식 간의 연관성이 불안정할 수밖에 없다.

한국식 주주 자본주의는 삼성전자나 SK텔레콤의 사례에서 보듯이 참여연대의 지지를 받은 소액주주들과 외국의 기관투자자들 간의 협력 아래 가속화되었다. 주주들의 권리를 강화하는 방식으로 기업지배구조를 개선하라는 요구는 이미 정부에 의한 재무구조조정, 사업구조조정 압박과 국제 금융자본의 압력에 직면한 재벌에게 생존을 위한 선택이었다.

기업지배구조의 변화 압력에 대한 재벌을 위시한 국내 대기업은 소유제한이 없는 제2금융권을 중심으로 산업자본의 금융지배를 강화하는 방식으로 대응했다.[3] "예컨대 1998년부터 2002년 사이에 대기업집단 금융회사 비중이 자산기준으로 볼 때, 생명보험사는 42%

〈표 2〉 상호출자제한 기업집단 소속 금융보험사의 변동현황

기업집단명	2001.4.1	2002.4.1	2003.4.1	기업집단명	2001.4.1	2002.4.1	2003.4.1
삼성	8	9	9	CJ	4	4	3
LG	5	5	5	동양	9	8	8
SK	4	5	5	코오롱	2	2	2
현대자동차	1	4	4	한솔	4	3	3
한진	2	2	2	현대산업개발	1	1	1
롯데	1	1	2	영풍	1	0	0
포스코	1	1	1	대한전선	0	0	1
한국토지공사	0	1	1	동원	0	5	6
한화	4	4	6	부영	0	1	1
현대중공업	0	3	3	태광산업	3	3	3
현대	8	3	3	삼보컴퓨터	0	0	2
금호	3	2	2	대성	0	0	1
두산	2	2	2	대상	0	1	1
동부	6	6	6	*쌍용	2	0	0
효성	6	1	1	*고합	1	0	0
대림	3	1	1	합계	76	78	85

자료 : 송원근(2004, 273).

에서 54%, 손해보험사는 45%에서 56%, 증권회사는 44%에서 52%로 증가했다. 대기업집단 소속 계열금융보험사의 수도 2001년 4월 76개에서 2002년 4월에는 78개로, 그리고 2003년 4월에는 85개로

3) 재벌의 금융업에 대한 진출은 이미 은행의 민영화가 추진된 1980년대 초반부터 시작되었다. 금융업에 대한 진출은 은행을 비롯한 금융기업을 계열기업으로 직접 소유하거나 출자를 통해 대주주가 됨으로써 실질적인 지배권을 행사하는 형태로 나타났다. 재벌은 계열 금융기업을 통해서 기업운영에 필요한 자금조달 및 자금관리는 물론 기업의 다각화를 통한 규모확장과 계열기업에 대한 지배관계를 유지할 수 있었다.

변화했다"(송원근,2004: 272).

한편 금융보험사 계열사들이 각 그룹에서 차지하는 비중 또한 상당하다. 이를 개별 그룹 내의 자산비중과 매출비중을 중심으로 살펴보면 〈표 3〉과 같다.

재벌의 주주 자본주의로의 전환은 현금흐름에서도 추적해 볼 수 있다. 우선 구조조정 위기 이후 자본조달의 측면에서 단기대출의 비중이 매우 높아졌다. 반면 지출의 측면에서 생산설비투자가 외환위기 이전의 수준으로 회복되기는 했지만 동시에 유가증권투자 비율도 급격하게 증가했다. 이는 외환위기 이후의 구조조정과정에서 상호지분보유가 증가한 것을 반영하고 있다(〈표 4〉 참조).

위에서 간략하게 살펴본 것처럼 구조조정과정에서 가시화된 산업자본과 금융시장과의 긴밀한 결합은 한국 대기업의 기업지배구조의 현저한 변화를 초래했다. 그러나 '한국주식회사'에서 금융자본주도의 기업지배구조로의 전환은 영미식 주주 자본주의와는 일정 정도

〈표 3〉 금융업의 그룹 내 자산비중 및 매출비중의 분포(2002년 말 현재)

그룹 내 자산비중	재벌그룹명	그룹 내 매출비중	재벌그룹명
10% 미만	신세계(1998년), 현대자동차, 현대중공업, 현대산업개발, SK, 롯데, 두산, 효성, 코오롱, 대림, 대상, 대한전선	5% 미만	신세계(1998년), 현대자동차, 현대중공업, 현대산업개발, SK, 롯데, 두산, 대한전선,효성, 코오롱, 대림, 대상, CJ
10~30% 미만	쌍용, 한진, 금호, CJ		
30~50% 미만	LG, 동부, 한솔, 동국제강(99년)	5~10% 미만	LG, 한진, 한솔
50~70% 미만	삼성, 현대, 태광산업	10~30% 미만	삼성, 금호,현대, 쌍용(01년), 동국제강(99년)
70% 이상	한화, 동양, 동원	30% 이상	한화, 동부, 동양, 동원, 태광산업

자료 : 송원근(2004, 273).

차이가 있다. 영미식 주주 자본주의가 철저하게 시장을 중심으로 기업지배구조를 정착시켜 왔던 반면, 한국에서는 국가가 경제행위자로 하여금 이전보다 더 자본시장의 발전에 매진하도록 촉구했다.

  국가정책에 의한 자본시장의 활성화 방안은 여기서 그치지 않는다. 이미 미국식 퇴직연금제의 도입으로 기업의 자금조달과 자산형

〈표 4〉 재벌의 현금흐름 분석

(a) 자본조달

	내부자금	외부				합계
		주식발행	장기대출	단기대출	외부합계	
1995	36.8	1.4	12.2	49.6	63.2	100
1996	22.4	1.3	12.7	63.6	77.6	100
1997	12.3	1.1	11.0	75.6	87.7	100
1998	12.6	2.2	22.6	62.6	87.4	100
1999	17.4	9.5	10.1	63.0	82.6	100
2000	25.0	2.8	13.6	58.6	75.0	100

(b) 자본지출

	생산설비투자	유가증권투자	단기자금투자	단기운영자금	기타	합계
1995	8.1	1.4	1.4	83.7	5.4	100
1996	9.2	1.3	1.6	87.7	0.2	100
1997	7.1	1.6	1.5	84.8	5.0	100
1998	4.9	4.5	1.6	76.5	12.5	100
1999	4.5	5.8	0.5	78.4	10.7	100
2000	8.8	4.3	0.9	76.3	9.7	100

자료 : 장세진(2003, 145).

성에 편의를 제공한 노무현 정부는 경제위기의 타개책을 빌미로 신뉴딜정책의 프로그램 안에서 수조 원에 달하는 국민연금을 자본시장의 활성화를 위해 민영화시키려 하고 있다. 이 모든 변화에서 자본시장 형성과정의 차이점에도 불구하고 영미식 자본주의로의 수렴화 현상이 발견된다.

금융자본주도의 기업지배구조와 노사관계의 모순관계

주주 자본주의로의 특성은 무엇보다도 거대 자본기업에서의 소유구조 변화에 있다. 과거에 실질적으로 기업경영에 개입할 수 없었던 대다수 소액투자자들의 원자화된 소유구조는 이제 투자금융, 기업연금, 보험회사, 거대은행 등의 기관투자자들에 의해 대체되었다. 이들 투자자들은 가능하면 안전하고 빨리 이윤을 남길 수 있는 가능성을 찾는 소액투자자들과 함께 한 기업의 소유자가 다른 기업의 소유자가 되는 '네트워크 유형의 소유구조(Hirsch-Kreinsen, 1998: 211)'를 형성한다. 따라서 경영자의 결정과 행위는 기업의 소유자 또는 투자자들의 이해에 의해 제한되었다. 자본주의 핵심국가들에서 그러한 변화는 기업 내에서 경영의 자율성 소멸과 노사타협의 회피로 귀결되었다.

　물론 이런 변화가 곧바로 계급구조의 변화를 초래하지는 않지만, 계급의식 및 노동과 자본 간의 전통적인 투쟁 영역에 영향을 미칠 것임에는 틀림없다. 아울러 주주 자본주의 내에서 불로소득에 대한 기대는 급속도로 확산되었다. 주주가치 지향에 상응하는 노동시장의 유연화는 단지 노동관계뿐만이 아니라 노동의 경험과 가치지향에도 많은 영향을 미친다(Sennett, 1998). 실업률은 종종 임금통제와 노동자들을 길들이기 위한 지렛대로 이용되고 있다. 더구나 임금과 이윤 간의 오래된 갈등은 점차 이자, 이윤, 그리고 임금 간의 갈등에 의해 대체되었다.

금융주도적 축적체제에서 자본의 소유자는 헤게모니적 권력 블록의 중핵이다. 이들은 다른 계급이나 계층에게(경영자, 사무직 및 생산직 노동자) 새로운 규율을 강제하며, 다양한 형태의 위기를 피하기 위해서, 그리고 지속적 성장과 자본축적을 유지하기 위해서 과거와는 다른 새로운 사회적 타협을 시도할 것으로 보인다. 이와 관련해 미국의 '양보협약(concession bargaining)', 저임금과 화폐자산(이윤배당, 스톡옵션, 기업연금 등)으로 구성된 소득구조의 이중체제 등은 시사하는 바가 많다. 무엇보다 임금의 유연화 방식은 도입 초기에 노조의 격렬한 저항이 있었음에도 불구하고, 1980년대 초에 신자유주의적 구조조정 과정에서 철저하게 관철되었다. 노동자들에게 지불되는 보잘것없는 국민연금과 기업연금(예를 들어 Employee Stock Ownership Plans; 401-plans; Granted Stock Option)에 참여하는 기업에 대한 조세감면 혜택은 추가적 동인이 되었다(Holley und Jennings, 1988: 471; Priewe, 2001: 114).

국민자본주의, 참여기업, 공동기업 등 온갖 현란한 수식어에도 불구하고 자산형성 시스템은 기본적으로 임금단체협상체제의 파괴를 겨냥하고 있으며, 낮은 기본임금과 기업이윤에 결부된 추가소득, 소득과 자산의 양극화 현상을 초래했다는 점에서 그 한계를 드러낸다. 더불어 조절이론가인 아글리에타가 지적하듯 금융시장의 불안정성은 자산소유 축적체제의 아킬레스 건으로 작용한다(Aglietta, 2000: 96). 그럼에도 불구하고 공장의 핵심노동자들에 대한 새로운 통제양

식으로서 주주가치 전략은 기업의 동질성(corporate identity)과 노동의 효율성을 증대시키기 위해 지속적으로 관철될 것으로 전망된다.

되레는 이러한 새로운 헤게모니 체제를 이중운동으로 파악한다: 시장과 경쟁에 의해서 추진되는 구조조정에 대한 거시경제적 논리는 미시경제적 측면에서 노동과 기업조직의 협력적, 참여지향적인 근대화 시도와 조우한다(Dörre, 2000: 29). 다시 말해서 되레는 금융체제 아래의 주주 자본주의가 생산적 잠재력을 보유하고 있음을 암시하며, 그러한 잠재력은 사회발전을 지향하는 적절한 규제와 함께 기획될 수 있다고 본다(Ibid. 392).

결론적으로 볼 때, 주주가치는 단순히 경제적 범주만이 아니다. 이는 시장경쟁 논리로부터 기존의 사회적, 정치적 제도를 개혁하고, 신자유주의적 국민국가가 법과 물리적 수단을 동원해 뒷받침하는 신입헌주의(Gill, 2000)에 근거한 새로운 정치적, 사회적 헤게모니 프로젝트이다.

이 프로젝트는 대중사회의 출현을 초래했던 포드주의적 축적체제가 담보했던 경직성이 아니라 생산, 사회, 정치, 문화 영역에서의 전략적 유연성을 전제로 한다. 그렇게 볼 때, 주주 자본주의로의 이행은 사회관계 및 제도의 유연성을 중요시하는 '유연한 자본주의' 가 특성이다. 즉, 주주 자본주의의 특성은 신자유주의적 세계화 과정 속에서 광범위하게 관철되고 있는 탈규제화, 민영화, 유연화 전략을 통해 포드주의에서 일반적인 생산 및 산업관계의 정형화(산업관계의 규제, 단체협상 등)를 회피하는 데서 찾을 수 있다.

따라서 노무현 정부에 의해서 추진되고 있는 비정규직 양성화 법안, 공무원노조의 불법화 사례에서 보이듯 노동 기본권의 제한 등은 정권 차원에서 행해진 일시적 에피소드가 아니다. 이는 금융자본주

도의 기업지배를 특성으로 하는 '한국주식회사'의 정규 프로그램이
며, 노사관계는 앞으로 보다 더 복합적이고 갈등적인 성격을 띠게
될 것으로 예측된다.

| 참고문헌 |

강철규,『경쟁력과 기업지배구조: 국제비교와 평가, 한국학술 진흥재단』, 1997, pp.
    185~193.
이동기,『강한 기업의 지식경영과 지배구조, 한국경제연구센터』, 2000, pp. 103~107.
임운택,「포스트포드주의로의 변형과 유연한 자본주의—세계화, 주주 자본주의, 아메리
    카니즘」,『한국사회학』제37집 6호, 2003, pp. 55~84.
송원근, "외환위기를 전후한 재벌 사업구조의 변화",『한국의 재벌-기초자료 수집, 분석
    및 평가(한국학술진흥재단 기초학문 육성사업 지원연구) 제2차 연구성과발표 자료
    집』, 2004, pp, 263~294.
장세진,『외환위기와 한국 기업집단의 변화: 재벌의 흥망』, 박영사, 2003.
재정경제부, 공적자금백서, 재정경제부, 2000.
Aglietta, M., Ein neues Akkumulationsregime, Die Regulationstheorie auf dem Pr
    fstand. Hamburg: VSA, 2000.
Copeland, T., T. Koller and J. Murrin, 『Unternehmenswert. Methoden und Strategien
    für eine wertorientierte Unternehmensf hrung』, Frankfurt am Main/New York:
    Campus Verlag, 1993.
Crouch, C. and W. Streeck. (eds), Political Economy of Modern Capitalism, London:
    Sage Publification.
Duméil, G. and D. Lévy 「Das Wesen und die Widersprüche des Neoliberalismus」, pp.
    127~170 in M. Aglietta, J. Bischoff, P. Boccara, etc. (eds.). Umbau der M rkte.
    Akkumulation-Finanzkapital-Soziale Kräfte. Hamburg: VSA, 2002.
Dörre, K.,「Arbeit, Partizipation und Solidarität im Aktionärskapitalismus」, Widerspruch
    39, 2000, pp. 28~40.
Gill, S.,「Theoretische Grundlagen einer neogramscianischen Analyse der europäischen
    Integration」, pp. 23~50 in H. -J. Bieling and J. Steinhilber (eds.). Die
    Konfiguration Europas. Dimensionen einer kritischen Integrationstheorie.
    Münster: Westfälisches Dampfboot, 2000.

International Monetary Fund, 『Republic of Korea-IMF Standby Agreement: Summary of Economic Programm』, Press Release, December 5, 1997.

Hirsch-Kreinsen, H., 「Shareholder Value: Unternehmensstrategien und neue Strukturen des Kapitalmarktes」, pp. 195~222 in: H. Hirsch-Kreinsen and H. Wolf (eds.). Arbeit, Gesellschaft, Kritik. Orientierung wider den Zeitgeist, Berlin: Edition Sigma, 1998.

Priewe, J., 「Vom Lohnarbeiter zum Shareholder?」 Prokla 122, 2001, pp. 103~122.

Rappaport, A., 『Creating Shareholder Value』, New York: Simon & Schuster, 1985.

Scott, J., 「Corporate control and corporate rule」, The British Journal of Sociology 1, 1990, pp. 351~373.

Sennett, R., Der flexible Mensch. Die Kultur des neuen Kapitalismus. Berlin: Berlin Verlag, 1998.

10장

재벌과 외자의 딜레마

◎유철규(성공회대학교 사회학부 교수)

주식시장에서 외국자본의 직접적인 지배력이 급속하게 확대되면서 이에 대한 정책적, 제도적 대책이 필요하다는 인식이 확산되고 있다. 2004년 4월 말 현재 상위 9개 재벌기업의 외국인 지분이 50%를 넘어섰다. 이를 두고 다양한 차원에서 논의가 제기될 수 있지만, 그 중에서 최근 재벌총수의 경영권 보호문제가 사회적 관심을 모으고 있다.

　그 구체적 계기가 된 것은 SK(주)의 경영권 분쟁과 공정거래법 개정 논란이다. SK그룹의 사실상 지주회사인 SK(주)는 2004년 3월 정기주총에 이어 또다시 외국인 최대주주인 소버린자산운용이 주도하는 경영권 분쟁에 노출되어 있다. 또한 삼성그룹을 중심으로 재계는 외국자본에 의한 인수합병(M&A) 위협에 대한 경영권 방어에 신경 쓰느라 투자 저해 요인을 이유로 공정거래법상 출자총액제한제도 폐지와 금융계열사의 의결권을 제한하지 말 것을 요구했다. 외환위기를 계기로 추진되었던 재벌개혁은 이미 유명무실해져 버렸고, 출자총액제한제도가 재벌개혁의 마지막 상징물 정도로 남은 상태에서 재벌총수의 경영권 보호 요구가 겹쳐 제기된 형편이다.

재벌의 M&A는 지난 산업화 과정에서도 여러 번 있었다. 하지만 외환위기 이후 재벌 구조조정의 특징은 과거와 같이 국내은행에 부담을 지우는 방식으로 부실재벌 기업을 다른 재벌이 인수하는 형태가 아니라, 국제 투기자본을 포함한 전혀 새로운 형태의 외국자본이 개입되었다는 점이다. 외환위기 이후 정부는 국제통화기금(IMF)의 요구대로 외국인에 의한 적대적 M&A를 전면적으로 허용하는 등 OECD 국가 중 가장 큰 폭으로 자본시장을 개방했던 것이다. 한국경제의 조건과 산업발전단계에 대한 현상황을 고려하지 않은 채, 보다 완전한 개방과 주주권리의 최대보호가 구체제의 문제를 해소하고 한국경제의 선진화에 기여할 것이라는 추상적인 주장이 일방적으로 수용되었다. 그러나 현실의 결과는 재벌독점체제가 여전히 지속되면서도 재벌체제에 대한 외자의 지배력이 확대되는 식으로 나타나고 있다.

이런 체제는 여러 가지 문제가 있다. 첫째, 외환위기 이후 국내에 들어온 외자는 고용 창출과 안정적인 성장에 기여하기보다는 단기적 차익거래와 이익의 최대 배당에 주력하는 투기적인 성향이 강했기 때문이다. 둘째, 재벌계열사에 대한 외자지분이 확대되면서 국민경제적 관점에서 바람직한 재벌개혁이 점점 더 어려워지고 있다는 점이다. 외자가 재벌독점체제로부터 발생하는 이득을 직접 향유할 수 있게 되면서 외자가 스스로 재벌개혁 정책에 대해 저항하게 되었다. 외자로서는 재벌체제의 이득에 참여할 수 있는 통로를 열 때까지는 재벌독점체제의 해체와 투명성을 주장했지만, 일단 그 통로가 확보된 다음에는 오히려 재벌체제의 유지에서 나타나는 이득을 면저 생각하게 되고, 투명성 확대에는 소극적인 자세를 취하게 된다. 정책적 혹은 사회적인 감시로부터 벗어날 수 있는 상장폐지 전략을 주도적으로 추진하는 것도 외자이다. 셋째, 국내자본이 외자의 행태를 따라하고 있다는 점이다. 이를 통해 주주 자본주의의 유형 가운데 가장 반사회적인 유형인 월가(Wall Street)식 주주 자본주의가 확산되고 있다. 미국에서도 월가의 금융자본이 선호하는 주주 자본주의 운영방식과 미국정부가 정책적으로 수용하는 주주 자본주의간에는 차이가 있으며, 전자의 경우 1980년대 미국사회에 미쳤던 폐해는 매우 컸다.

현재 재계는 IMF에 대한 국민정서상의 반감에 편승해 "최(崔)씨냐 소버린이냐", "이(李)씨냐 캐피탈그룹이냐"의 선택을 국민에게 강요하고 있는데, 이것이 다수 국민들에게 재벌과 외자의 딜레마로 느껴진다. 그러나 이런 문제제기는 허구적인 것이 되기 십상이다. 왜냐하면 재벌에 대한 외자의 지배력 확대는 재벌체제와 외자의 이해관계를 점점 더 결합시키기 때문이다. 더욱 답답한 것은 주주이익의 극대화에 기반한 완전한 자본시장 개방과 무제한적 시장원리의 도입이 한국경제를 재생시키는 최선의 길이라고 설파했던 관료와 정치인들이 이번에는 '토종자본'의 보호를 명분으로 기존 재벌총수의 이득을 보호하고자 하는 재계의 주장에 동조하고 있다는 점이다.

재벌과 외자 딜레마의 허와 실

시장원리에 근거를 두고 법률적 규제에 반대하기 위해 재계가 채택해 온 대표적인 주장은 다음과 같다. '예를 들어 재벌이 5%도 안 되는 지분으로 45%의 지배력을 행사하는 것이 문제라고 하지만, 그에 대한 판단은 나머지 55%에 해당하는 주주들이 선택할 사항이다. 외국인도 재벌의 주식을 구입하는 한 공정거래위원회가 개입할 일이 아니다. 황제경영이 문제라고 하지만 잭 웰치도 황제경영을 한 것으로 볼 수 있다. 가공자본이나 황제경영이 문제인지 아닌지는 경영성과에 따라 시장이 판단할 문제일 뿐이다. 따라서 출자총액제한제도와 같은 규제는 없어져야 한다.'

이런 주장을 하면서 동시에 현 재벌총수의 경영권을 보호해야 한다는 주장을 하는 것은 모순적이다. 시장의 결과로 대주주가 되었다면 그 주주의 국적과 행태를 문제 삼기 어렵기 때문이다. 외국자본이 인수한 국내증권사에서 외국인 대주주가 영업이익을 훨씬 상회하는 배당을 결정하거나 심지어 사옥을 팔아 목표 투자수익율을 실현했을 때, 금융감독당국이 대주주의 책임경영에 대해 개입하기 어렵다고 한 적이 있었다. 이런 태도는 정책의 탄력성이 부족하다는 비판을 받을 수는 있지만 일관된 것이다. 그리고 일관적인 태도는 문제의 해법을 찾는 데는 도움이 된다. 이 경우 기업의 계속성을 위협할 수 있는 주주권리의 남용에 대한 보완장치를 하면 되기 때문이다. 그러나 정부규제에 저항할 때는 시장원리주의를 채택하고 경영권이 위협받을 때는 또 다른 태도를 취한다면 해법을 찾기 어렵다. 경영권은 보호되고 '세습될' 대상이 아니라 경영성과에 따라 교체될 수 있어야 하는 것이다. 보호는 사회적, 법률적 규제의 수용과 함께하는 것이므로, 규제의 철폐를 주장하면서 보호를 요구할 수는 없다. 또한 시장원리에 충실할수록 주주의 국적, 자본의 국적은 문제삼을 수 없다. 그럼에도 불구하고 재계는 기득권의 보호와 규제 철폐를 함께 요구하고 있다. 이 때문에 '외국자본을 핑계로 남의 돈으로 지배권을 유지하는 낡은 체제를 유지하려고 한다'는 평가를 피할 수 없다. 금융계열사들을 통해 고객의 보험료나 투자자금이라는 남의 돈을 이용해 총수의 경영권을 지켜주는 일이 정당성을 인정받기는 어렵다.

애초 금지되었던 재벌계열 금융사의 의결권은 2002년에 30%까지 허용되었다. 이후 재벌들이 계열 금융회사를 통해 지분을 확보하는 계열회사의 수는 2002년 127개, 2003년 149개, 2004년에는 20개 가까이 늘어난 것으로 집계되고 있다. 원칙적으로 계열금융사를 통한 지배권 유지는 정당하지 않다. 그런데 이를 일부라도 축소하는 내용의 공정거래법 개정에 대해, 외국자본과 국적자본을 가르는 방식으로 문제제기를 하고 있는 것이다.

사회적 법률적 규제에 대한 재벌의 입장은 자본의 국적을 부정하는 것이었다. 재벌은 기업의 사회적 책임에 대해 가장 많이 반발했으며, 세금과 국민적 지원에 의해 성장한 역사도 스스로 부정해 왔다. 이미 형성된 사적소유권은 신성한 것이라고 주장할 때, 비정규직을 무제한적으로 확대해야 한다고 요구할 때, 부분적인 복지제도의 도입마저 사회주의적이라고 반대할 때, 한국의 노동조합이 전투적이라고 비난할 때, 그리고 재벌에 대한 국민적 기대를 비합리적인 것이라고 꾸짖을 때는 외국자본과 손잡았으며, 외국인주주의 합리적 요구를 이유로 들었다. 현재 한국사회의 경제적 권력은 외국자본과 재벌이 결합해 나누어 갖고 있다. 이것이 외자와 재벌 딜레마의 허(虛)다.

그러면 외자와 재벌 딜레마의 실(實)은 무엇인가? 그것은 투기적 금융자본의 운영 논리가 확산되고 그 지배력이 커지면서 다수 국민의 고용과 삶의 불안정성이 확대되고 있는 현실에 대한 문제제기이

다. 월가의 금융자본이 주도하는 외국인 투자자의 말을 더 이상 곧
이곧대로 받아들여서는 안 된다는 것이다. 기업의 장기적 발전이나
고용의 유지, 중소기업과의 공존과 같은 국민경제의 발전에 관심을
두지 않는 기업은 재벌과 외자의 딜레마라는 문제에만 국한해서 보
면 총수의 국적과 무관하게 외자로 분류될 수밖에 없다. 형식적으로
기존 재벌총수이든 외자이든 금융투기적 방법에 따라 단기적인 고
수익만을 추구하는 기업은 재벌과 외자의 딜레마에서 외자에 속한
다. 사소한 수익성의 변화에도 언제든 우리 사회를 떠나겠다고 준비
하며 국민을 위협하는 기업은 투기성 자본이다. 결국 외자와 재벌
딜레마의 실(實)은 국적과 무관하게 이 땅에서 활동하는 기업에게
민주적 책임성과 투명성을 요구하는 것이다. 따라서 외자와 손잡고
국내재벌을 공격하거나, 재벌과 손잡고 외국자본에 대항하는 전선
을 치는 두 가지 방식으로 우리가 직면한 과제를 대립적으로 바라보
는 것은 옳은 방식이 아니다.

기업 구조조정의 실패

개혁의 대상이 되는 재벌의 특징은 첫째, 그룹 내에서든 사회적으로
든 견제장치가 미약한 독재적 경영권이 세습된다는 점과 둘째, 사회
적으로 경제권력의 독점을 강화하는 것이다. DJ정부 이후 재벌개혁
의 초점은 문어발 선단식 경영의 해소에 치우쳐 있었고, 그것은 현
재까지도 공정위의 '독립기업론'으로 이어져 있다고 할 수 있다. 외
자에 의한 재벌의 M&A 가능성으로, 즉 재벌총수와 외부(소액 및 외
자)주주 간의 재산권 문제로 인식되기 쉬운 재벌과 외자의 딜레마가

발생한 것은 독재적 경영권의 세습 문제를 소홀히 한 채 주식시장을 전면개방한 결과이다.

투기적 외자가 재벌총수의 자리를 차지했을 때 예상할 수 있는 부정적 효과는 한국경제가 직면한 구체제와 금융투기체제의 단점만 결합한 꼴이다. 지금도 외국인주주들은 주주총회에서 재벌의 본사 해외이전이나 사회적 기부금 축소, 그리고 하청기업에 대한 지원중단을 요구하곤 한다.

재벌의 폐해는 해결하지 않은 상태에서 외자가 재벌총수의 자리를 차지하면 국민경제의 발전에 기여하는 재벌개혁은 더욱 어려워질 것이고, 민주적 책임성을 요구하기도 훨씬 더 어려울 것이다. 유능한 경영자가 자신의 사적이익을 위해서가 아니라 이해관계자의 이해관계를 조정하고 이를 위해 성실하게 일하며 그 역할을 해내지 못할 경우 교체되어야 하는데, 그런 조건은 전혀 갖추지 않은 채 외자의 지배 가능성만 높아진 것이다. 출자총액제한제도의 적용 대상으로 본 재벌의 비중은 자산총액으로 GDP의 64.3%에 이르는 형편이다.

재계는 정부정책과 강성노조때문에 기업의 투자심리가 위축되고 있다는 점을 강조하고 있다. 그래서 그 대책으로 정부의 정책이 기업을 지원하는 규제완화 쪽으로 전환되어야 하고, 노동시장의 유연화가 촉진되어야 한다는 점을 강조한다. 그러나 투자위축과 소비부진으로 표현되는 내수 침체는 외환위기 이후 시장근본주의와 미국 월가식 주주 자본주의에 입각해서 진행된 구조조정과 밀접하게 관련되어 있다. 시장주의에 편의적으로 편승해 외자와 국내 노동자에 대한 태도를 수시로 바꾸던 재계의 모순도 비판받아야 한다.

외환위기 이후 기업 구조조정은 재무구조 개선과 비용절감에 일방적으로 치우쳐왔는데, 그 바탕은 미국식 주주중시 경영이었다. 이를 뒷받침하기 위해 금융의 중심축을 은행에서 자본시장(특히 주식시장)으로 옮기고자 했다. GE의 제프리 이멜트 회장도 지적했듯이 미국식 주주중심 경영은 단기경영 성과를 중시하는 것이고, 재무제표 중심의 재무관리형 경영이다. 혁신형 경영, 신산업 지출형 경영, 고용 창출형 경영과는 거리가 있다. 한국의 경우 아무런 보완장치도 없이 맹목적으로 도입된 주주중심 경영은 기업들이 투자위험을 극단적으로 회피하도록 했고, 기업 전반에 위험을 부담해야 하는 신산업 발굴에 소극적인 관리형 경영을 만연시켰다. 이로 인해 기업의 이익을 다른 용도에 투자하기보다는 과도하게 현금의 형태로 쌓아놓게 되었고, 투자위축의 요인이 되었다. 미국의 경우도 "기업들이 이익을 증가시키는 만큼 투자를 늘리지 않고 있다"(Wall Street Journal, 2004.10.11)는 경고가 자주 거론되고 있는 만큼 미국식 주주중심 경영의 폐해가 큰데, 우리나라의 경우 어떤 보완장치도 갖추지 못해 문제가 훨씬 심각하다.

투자를 억제한 대가로 얻어진 현금은 자사주 매입이나 배당으로 주주에게 돌아가게 된다. 예를 들어 올해 10조 원 이상의 영업이익이 기대되는 삼성전자는 그 절반을 자사주를 매입하여 주가를 받치고 주주에게 배당하는 데 사용하고 있다. 대기업에 집중된 기업이익과 주주 몫의 증대는 비용절감을 위한 인원 감축과 하청사에 대한 비용의 전가 등 기업의 다른 이해당사자인 노동자, 지역사회, 하청기업의 희생에 기반해 진행되었다. 이는 기업이익이 경제 전체로 확산되어 구매력, 즉 소비능력을 증가시키는 메카니즘을 손상시킨다.

내수 부진과 신용불량자의 확대에서 보듯이 소비능력은 한계에 도달해 있다. 개별 기업의 비용절감이라는 측면에서 구조조정을 이해한 결과 임금은 비용으로만 인식되었고, 임금 자체가 지속 가능한 소비의 원천이라는 측면이 간과되었다. 계약직의 급속한 확장과 소득분배의 악화는 총량지표에서는 경제잉여 중 임금비중의 하락으로 나타났다. 부채에 의존하는 임시방편적이고 지속될 수 없는 소비에 의존했고, 이는 바로 가계부채 문제로 이어졌다. 따라서 소비의 수요창출 기능이 살아나려면 실질 임금수준의 적극적인 회복과 사회안전망의 실질적 확대 등을 통한 구매력이 뒷받침되어야 한다. 물론 실질임금의 상승과 사회안전망의 확충이 유지되기 위해서는 생산성 상승을 위한 투자의 확대가 필요하다. 비용억제를 통한 생산성 증가 효과는 개별 기업의 단기적 주주 이익에 도움을 주지만 경제 전체의 장기적 성과와 국민의 삶에 미치는 부작용은 크다.

기업의 투자결정 과정에서 장기적 요인들에 대한 고려가 줄어들고 주식투자자가 요구하는 단기적 성과가 체계적으로 영향을 미치게 된 것은 구조조정의 성과이기도 하지만, 동시에 투자의 제약요인으로 작용하고 있다. 과거 경제체제에서 개별 기업의 위험관리와 부담능력을 넘어 이루어졌던 투자 수준을 낮추는 데는 성공했지만, 국민경제의 장기적 성장 잠재력을 유지하고 확충하는 데 필요한 수준의 투자를 유도하는 데는 실패했다.

증대되는 주주가치는 기업의 다른 이해당사자인 노동자, 지역사회, 하청기업의 희생을 기반해 가능했다는 점이 명확히 인식되어야 한다. 그럼에도 불구하고 국민경제의 장기적 성장 잠재력에는 관심을 갖지 않고 주주중심의 재무관리형 경영과 금융자본의 위험회피적 단기수익 극대화 전략을 한국경제에 확산시키는 핵심 통로인 외국인 주주의 비중은 계속 확대되고 있다. 2003년 말 40.09%였던 외국인의 상장기업에 대한 주식 소유 비중은 2004년 6월 말 현재

한국경제의 공격성은 거세되었다.

　　외환위기 이후 뚜렷해진 한국경제의 성격 변화로는 '공격성의 거세'를 들 수 있다. 외환위기 이전 삼성이 자동차업계로의 진출을 선언함으로써 국내 자동차업계들은 앞다투어 규모키우기 투자에 나선 적이 있었다. 계획대로라면 기존 생산능력의 두 배가 넘는 설비를 갖추게 되는 것이었다. 이를 두고 영미 자동차 관련업계의 반응은 대단했다. 당시만 해도 세계적으로 생산설비가 남아도는데, 한국업계는 제정신이 아니라는 견해가 주를 이루었다. 그때 썼던 표현이 지나치게 공격적이라는 것이었다. 이에 대해 업계의 한 친구가 했던 말이 지금도 생생하다. "'포드'나 'GM' 들이 망하면 세계적 과잉설비도 다 해결될 텐데 우리보고 난리냐…." 정책적으로 보면 대단히 무책임하고 위험스럽기까지 한 생각이지만, 한국경제의 성장을 이끌었던 철학이었을지도 모른다는 생각에 오랫동안 기억하고 있다.

　　문제점을 분석하자면 끝이 없다. 자동차 생산의 경우 외환위기 이전 세계 생산국 중 4위(1996년 현재, 2000년 현재로는 세계 5위), 조선업의 경우 선박 건조량의 세계 생산의 33.9%(1999년 현재)를 점유하고, 철강업에서 포철이라는 세계 1, 2위 규모의 철강생산 기업을 두고, 세계 반도체 D램 생산의 38%(2000년 현재)를 담당하기까지 한국경제는 대단히 공격적이었다. 그리고 이 공격성으로 한국경제는 기존 세계경제 질서를 파괴하고, 식민지를 겪은 최빈국에서 세계 순위권 안에 포함될 정도로 발전했다. 실제로 서구의 제조업, 특히 중화학공업 분야의 업체들이 한국을 바라보는 시각은 대단히 적대적이었으며, 그들에게 한국의 제조업체들은 위협적인 존재였다.

　　하지만 지금의 한국 기업은 투자에 대단히 소극적인 태도를 보이고 있다. 수출이 회복되어도 꿈쩍하지 않는다. 수출이 회복되기 이전에 이미 선제적 투자를 했던 과거의 경험에 비추어 현저한 변화이다.

확실하게 수익이 확보된 이후에야 움직이는 금융자본의 투자 행태와 유사하다. 구조조정의 축을 이루는 외자유치는 경영권의 외부 이양을 낳았고, 한국 자본주의가 서구 주도의 세계경제질서에 순응하는 방식으로 움직이도록 하는 확실한 장치로 자리잡았다. 외자를 통한 유동성 확보라는 외환위기 초기의 '순기능'은 이제 빠른 성장을 통한 일자리 창출을 억제하는 '역기능'으로 전환되었다.

한국 기업을 인수한 다국적기업은 한국 자회사가 다른 나라의 자회사를 위협하는 상황을 허용하지 않는다. 여러 국가의 기업에 동시에 대출하는 다국적 금융기관은 한국기업이 경쟁에 이겨 다른 나라의 기업을 위험하게 만드는 행위를 허락하지 않는다. 한국 자본주의는 세계 자본주의가 성장하는 만큼만 저속성장하도록 허용될 것이며, 장기적으로 세계경제질서의 현 위치에 고정될 위험에 처해 있는 것이다. 이는 곧 일자리 창출능력의 약화를 의미한다. 물론 이것이 전부는 아닐지라도 한국경제의 미래를 예상하는 데 중요한 요소인 것은 분명하다. 금융부문, 특히 다국적 금융기관이 한국경제의 투자 결정권에 참여한 것이 분명하기 때문에 외국인 자본의 국내지배력이 과다할 수 있다는 최근의 국책연구소와 한국은행 등의 우려가 예사롭지 않다. 특히 가장 보수적 기관인 한국은행마저 외국자본 지배의 과다함을 지적하고 동시에 성장 잠재력의 현실적 훼손을 보고할 수밖에 없는 지경에 이른 것이다.

43.69%까지 증가했다. 세계적으로도 이보다 더 높은 증시 개방비중을 갖는 나라는 필란드, 헝가리, 멕시코 정도이다. 미국 주식의 외국인 주주지분은 10% 선 이라는 점을 기억해야 할 것이다.

금융 구조조정의 실패

금융기관의 외국인 주식보유 비중은 상장기업 평균보다 보다 더 높아 2004년 7월 말 현재 49.4%에 이르고 있다. 금융기관의 경우는 앞서 이야기한 문제점 이외에 또 다른 문제를 초래한다. 외국 금융기관이나 외국인 대주주의 관점에서 보면 한국에 대출할 만한 기업의 수가 몇 안 된다는 점이다. 12개 증권사 리서치센터가 분석하는 기업의 수를 조사한 바에 따르면, 거래소 676개 기업과 코스닥 883개 총 1559개 기업 중 리서치센터의 조사대상 기업수는 평균 170개(최고 245개에서 최저 113개)에 불과하다. 이들 증권사들은 외국인 투자자가 관심을 갖는 기업의 조사분석에 우선적으로 치중한 것이다.

실제 외국인이 투자하는 국내기업은 많아야 200여 개에 그친다. 외국인의 투자행태로 대변되는 글로벌스탠더드(Global Standard)로 인해 국내투자자는 외국인을 따라하고 결국 나머지 기업의 돈줄도 막힌다. 그나마 우량하다고 상장된 회사들도 이러한 형편이니 상장되지도 못한 나머지 기업들은 어떠하겠는가. 2003년의 경우 199개 기업이 법인세의 절반을 냈다고 한다. 그리고 법인세를 전혀 내지 못했거나 전액 감면받은 기업의 수가 10만을 넘었다. 내수형 중소기업의 거대한 무덤 혹은 쓰레기화를 상상하는 것이 꼭 잘못된 것만은 아니다.

결국 주식시장 중심의 금융 구조조정은 기업과 금융, 국내저축과 투자 간의 연결을 끊어놓는 것으로 마무리되어 가고 있다. 외자 유치에 정책적 역량을 집중하는 한편에서는 수백조 원의 단기 부동자금이 누적되는 현상이 공존하게 된 것이다.

더구나 목표로 내세웠던 자본시장 중심의 금융제도 전환마저 실패하고 있다. 우선 2004년 상장사들의 유상증자 규모는 6000억 원에 못 미칠 것으로 예상되는데, 2003년의 1조4579억 원, 1999년 29조2346억 원에 비교해 보면 알 수 있듯이 자본시장은 기업이 필요한 자금의 융통이라는 금융의 기능을 수행하지 못하고 있다. 중소기업 금융을 담당해야 할 은행은 외자계 은행을 중심으로 기업금융을 급격히 축소하고 있으며, 은행권의 대출은 갈수록 담보대출이라는 옛 관행으로 돌아가고 있다. 은행의 담보대출 비중은 2000년 56%에서 2003년 62%로 증가하고 있는 실정이다.

외자와 구조조정의 방향에 대한 인식의 전환

최근 무분별한 외자지배력의 확대에 대한 문제 인식이 조금씩 확산되고 있다. 무분별하다고 하는 것은 외자에 대한 관리가 필요하다는 인식도 없고, 따라서 관리할 수 있는 제도도 마련하지 못했던 것을 의미한다.

우선 외국자본의 금융권 투자에 대한 정부 정책의 방향 선회가 관찰된다. 금융감독위원회가 대주주 자격요건의 강화, 외국인 이사수의 제한, 외국계 은행의 비중 관리, 은행의 자산운용규제 필요성에 대한 문제를 제기했고, 신임 금융감독위원장이 금융계 노동조합의 구호였던 "금융회사가 상업성과 공공성을 동시에 갖도록 정책을 펴나가는 것이 바람직하다"라고 언급하기에 이르렀다. 전국경제인연합회의 임원이 "외국자본의 본질은 조기 회수에 있으며, 투자보다는 배당을 우선시한다"라고 국민경제에서 외국자본이 바람직하지 못한 측면이 있다는 점을 지적하는 경우도 나타났다. 기업 측에서도 주주에만 국한되지 않고 이해관계자를 모두 중시하는 경영방침이나 단기적인 주주가치보다 장기적인 기업가치 증가가 주주에게도 바람직하다는 주장이 부분적이지만 제기되기 시작했다.

그러나 여전히 전체 흐름은 바뀌지 않고 있다. 대형화되고 외자지배가 커질수록 은행의 중소기업 대출이 억제된다는 점을 당국도 인정한 것은 진전이지만, 당국은 은행에 대한 압력 형태로 문제를 해결하려는 경향을 보이고 있다. 제도적 개선, 특히 대형화와 외자계 은행의 확대를 관리할 수 있는 제도적 장치가 마련되어야 한다. 이는 곧 "주식시장을 개방하고 기업의 목적은 주주가치뿐이다"라고 하는 구조조정의 철학을 바꾸는 문제이다. 은행의 중소기업 대출 회피를 비난하는 것은 정책 실패에 대한 희생양 찾기일 뿐이다. 또한 한국증시의 선진국지수 편입에 필요한 요건 충족을 위해 주식대차 허용, 자유로운 계좌이체, 공매도(이상 2004년 9월 현재 이미 충족), 통합계좌, 장외거래 허용과 같은 마지막 규제마저 거침없이 풀고자 하는 움직임도 멈추지 않고 있다. 이를 통해 외국인 투자의 규모나 자금의 성격에 대한 정보의 수집 자체가 불가능해 질 것이다.

'기업가정신의 위축'이나 '투자부진'을 이유로 기업규제 완화만을 주장하는 경향도 여전하다. 이는 모순이다. 외환위기 이후 기업규제 완화는 지속되어 왔던 것이고 그 결과가 이렇게 나타난 측면이 있기 때문이다. 더구나 규제완화를 재벌에 대해서만 좁혀 이해하는 것은 더욱 문제다. 만약 창업가형 기업의 활성화를 추구한다면 현재 재벌에 집중된 자원과 인재를 오히려 풀어주어야 하는 일이기 때문이다. 활발한 창업을 유도할 수 있는 진정한 기업가정신을 재벌에서 발견할 수는 없다.

재벌의 소유 지배구조 개혁과 외자지배 관리는 함께 진행되어야 한다. 무엇보다도 재벌개혁 없는 투기적 외자의 지배력 확대는 최악의 재앙이 될 수도 있다. 또한 금융계열사의 의결권을 인정한다면 우선은 해법이 되겠지만, 곧 외자가 소유하는 금융계열사의 의결권이 문제가 될 것이다. 이미 생명보험사를 위시해 다수 금융기관의 경영권을 외자가 가지고 있다. 한국 국민의 저축으로 한국경제의 성장 잠재력을 훼손하는 일이 발생할 수 있다.

금융에 대한 적정 외자규제부터

현재의 조건에서 재벌에 대한 규제를 없애는 것은 외자에 대해 사회적 책임을 요구할 수 있는 최소한의 규제를 도입하는 일마저 어렵게 할 것이다. 재벌의 절대적인 지분을 외자가 가지고 있다는 점을 간과해서는 안 된다. 총수의 경영권을 일방적으로 보호하는 것으로는 딜레마가 해소되지 않는다. 재벌구조를 그대로 둔다면 위험은 상존하고 확대될 뿐이다. 문제의 핵심은 증대되는 주주가치는 기업의 다른 이해당사자인 노동자, 지역사회, 하청기업의 희생에 기반한다는 점과 주주가치의 증대는 M&A의 위협이 클수록 강화된다는 점이다. 즉, M&A 위협에 대한 장치가 다른 이해당사자의 희생을 줄이고 국민경제의 상태를 개선한다는 보장은 없다.

우선 국가경쟁력 이데올로기에 묶여 "우리에게 주어진 시간은 몇 년 등"과 같은 식의 조급증을 가라앉혀야 한다. 계열금융사 의결권 유예 인정이 되었든, 차등의결권 도입이 되었든 국민적 동의가 필요한 사항들이다. 국민적 동의가 필요하다는 것은 재벌의 위압적이고 협박적인 태도와 그 태도를 가져온 재벌구조를 전면 수정할 필요가 있다는 말이다. 재벌의 요구에 따라 일방적으로 경영권 보호가 추진될 경우, 기존 재벌총수의 지배력을 강화하는 방향, 다시 말해 재벌 문제를 악화시키기만 할 뿐이다. 외자지배를 빌미로 재벌총수의 사적 지배력을 아무런 사회적 대가 없이 강화시켜서는 곤란하다. 주식 지분과 지배력 간의 격차는 지금 현재로서도 충분히 높은 상황이다. 국민적 동의를 형성하는 일은 시간이 많이 걸리는 '정치'에 해당하는 사항들이다. 재벌 스스로에 의해 재벌 보호의 정당성을 국민이 인정할 정도의 실질적인 자구노력과 실질적인 지배구조의 투명화, 그리고 때로는 소유와 지배의 택일 등과 같은 상황이 이루어져야 논의의 분위기가 형성될 것이다. 구조적으로 총수의 들러리일 수밖에 없는 사외이사제도를 채권단과 노조의 추천에 의한 감사위원회의와 이사진의 구성으로 바꾸는 것도 시작이 될 수 있다.

하지만 무엇보다도 우선 실행할 수 있는 대책을 세워야 한다. 재벌 문제의 핵심은 과거에 이들을 규제했던 국가의 역할을 '어떻게 무엇으로 대체할 것인가' 하는 것이다. 이것은 동시에 외자지배의 대책이기도 하다. 결국 은행의 기업 감시와 투자 심사기능 및 감독 강화라는 기본적 금융시장의 관리제도가 문제가 된다.

외자-재벌 딜레마는 직접 재벌부문에서 해결하기보다는 금융부문에서 먼저 풀어가는 것이 바람직할 것이다. 금융에 대한 외자지배와 재벌지배를 동시에 억제시키는 것이 필요하다. 재벌지배의 경우 생명사와 같은 금융계열사를 그룹에서 분리해 일종의 사회적인 소유(계약자들의 회사로 만들 수도 있고, 국민연금이 장기 보유할 수도 있다)로 전환하는 방법도 유용하다. 재벌에서 분리된 금융기관이 안정적이고 장기적으로 지분을 보유하고 의결권을 행사하는 것이다. 또한 외자에 대해서는 서구 수준의 기본 규제라도 서둘러 도입하는 것이 필요하다. 예를 들어 국민경제에 영향력이 큰 기업과 산업의 M&A에 대해 외국인투자 규제 제도를 갖추어야 한다. 은행과 같이 핵심적인 금융기관에 대한 외국인지분 규제, 실질적인 대주주 심사, 외국인 이사의 자격 기준 등은 당연히 당장 도입해야 하는 것이고 서구 자본이 반대할 명분도 없는 일이다. 외국인 투자 위축을 우려할 수도 있으나 OECD의 규정에서 용인되는 회원국의 규제 사례는 광범위하므로 충분히 명분 있는 일이다. 일시적인 충격이 있더라도 경제 내부의 성장 잠재력을 보전하는 것이 경제를 서서히 죽게 하는 것보다 낫다.

11장

한미투자협정 비판
─미국의 〈1994년 표준안〉을 중심으로[1]

◎이해영(한신대학교 국제관계학부 교수)

서론

이 글은 수많은 오해와 미신으로 가득찬 한미BIT의 표준안(prototype)을 중심으로 그 문제점에 대해 살펴보고자 한다.

---

1) 이 글은 2004년 9월 금융경제연구소 주최 토론회에서 발표된 글의 일부이다. 하지만 현재 미국은 1994년 모델에 대대적 개정을 가한 BIT2004 모델을 준비 중이다. 2004년 2월 작성된 것으로 추정되는 이 신표준안을 필자는 10월에야 입수할 수 있었다. 그러나 지난 10월 27일 「문화일보」에 의하면, 방미 중인 통상교섭본부장과 미국 USTR 대표 죌릭과의 회동에서 BIT를 거치지 않고 FTA를 체결하기로 합의했다고 한다. 이렇게 될 경우 한미 BIT에 대한 논의는 사실상 종결되고 이제부터는 한미FTA가 문제가 된다. 하지만 BIT2004 역시 BIT1994의 핵심내용을 그대로 포함하고 있으며, 나아가 BIT2004의 내용이 향후 한미FTA에 거의 수정 없이 포함될 것이라는 점에서 이 글은 시간상의 이유로 BIT2004를 본격적으로 다루지는 못하지만 그 핵심 내용은 전적으로 유효하다. 여기서는 참고로 BIT1994와 비교해 BIT2004의 차이만을 간략히 언급하고 자세한 분석은 다음 기회로 미루고자 한다.

① 전문과 16개조, 그리고 부속서로 이루어진 BIT1994와 비교해 전문과 3부 37개조 그리고 별도 3개의 부속서로 이루어진 BIT2004는 우선 그 규모의 방대함에서 비교하기 어렵다.

먼저 BIT의 목적에 대해 살펴보자. BIT는 양자간 협정이기 때문에 협정의 상대방이 어떤 목표와 전략을 가지고 이를 추진하는가를 정확히 파악하는 일이 대단히 중요하다. 미국무성/무역대표부에 따르면, "BIT프로그램의 목표는 투자자의 권리가 기존협정(현대적 우호, 교역, 항해조약 또는 FTA)을 통해 보호받지 못하는 국가에 대한 해외투자를 보호하는 것"[2]이다.

따라서 BIT 목표설정에 따라 미국은 대부분 아시아, 아프리카, 라틴아메리카의 최저극빈국, 그리고 구소련과 동구권의 체제전환국을

② 내용 면에서 BIT2004는 최근 미국이 체결한 미-호주FTA(2004), 미-싱가폴FTA(2003)의 투자 및 금융업(Financial Services) 장(chapter)을 거의 그대로 전재하고 있고, 여기에 관세철폐, 농산물, 서비스무역, 지재권, 정부조달, 전자상거래 등을 추가하면 곧바로 한미FTA가 된다. 따라서 이는 고강도 BIT 또는 'mini FTA' 라고 불러도 무방할 것이다.

③ 전반적 기조에서 BIT1994의 기조인 a.내국민대우, 최혜국대우, b.수용 제한 c.자유송금 d.이행의무강제(performance requirements) 금지 e.투자분쟁절차 f.최고경영진 국적 제한 철폐가 유지되면서 그 폭과 수준이 훨씬 강화되었다.

④ 새로운 규정[5조 최소대우기준, 9조 고위경영자 및 이사회, 11조 투명성, 12조 투자와 환경, 13조 투자와 노동, 14조 비상응조치(Non-Conforming Measures) 15조 특별 형식 요건과 정보보호의무, 17조 이익의 부정, 18조 핵심 안보, 20조 금융업 등등]들이 많이 추가되었다.

⑤ 별도로 Section B에서 투자자 대 국가(investor vs state) 사이의 투자분쟁절차를 23조~36조에 이르기까지 구체적으로 규정하고, Section C에서 국가 대 국가(state vs state) 간의 투자분쟁 조정절차를 규정(37조)하고 있다.

⑥ WTO 칸쿤각료회의의 실패 이후 양자(BIT/FTA) 그리고 지역통상협정으로 전략적 선회를 감행한 미국의 통상전략의 흐름에서 볼 때, 국가주권의 공동화(a.중앙정부뿐만 아니라 지방정부와 그 공무원에게도 BIT적용을 명시, b.공기업에도 BIT 적용 명시 등의 방법으로)와 투자자(자본가)의 지위강화라는 신자유주의 세계화 공세가 그 극점에 도달하고 있는, 다시 말해 가장 급진적인 미국의 신자유주의 세계화 프로젝트의 일환으로 판단된다. 이로써 시장에 대한 국가의 '탈규제'는 국가에 대한 시장의 '역규제'로 국가 대 시장의 관계가 역전되는 것으로 보인다.

2) "The BIT program's basic aims are to: Protect investment abroad in those countries where investors' rights are not already protected through existing agreements(such as modern treaties of friendship, commerce and navigation, or FTAs" (http://www.state.gov/www/issues/economic/)

대상으로 현재 약 44개국과 BIT를 체결하고 있다. 이는 미국의 입장에서 볼 때, 이미 미국과 수많은 경제관련 조약을 체결하고 있는 한국과 같은 경제력을 지닌 OECD 국가는 이미 BIT 대상국이 아니었다는 뜻이다. 물론 OECD 가입국 중 폴란드, 체코, 러시아, 터키 등이 미국과 BIT를 체결하고 있지만 이들 국가는 차라리 국제정치적 맥락에서 이해되어야 하며, 또 경제력에 있어 한국과는 전혀 사정이 다른 경우이다.

그렇게 본다면 외환위기 당시 외환보유고가 40억 달러 미만이었던 조건에서 BIT를 체결하면 '외자가 물밀듯이 들어올 것'이라는 잘못된 판단하에 당시 김대중 정부가 추진했던 한미BIT는 사실상 그 자체로 한 편의 경제코미디라고 할 수 있다. 그리고 이러한 BIT에 대한 전혀 잘못된 정책판단과 이로부터 유래된 미신은 2003년 노무현 정부에 들어와서도 전혀 정정되지 못한 채 투자감소에 직면해 오히려 되풀이되고 있다. 심지어 1인당 국민소득 2만 달러를 국정목표로 내건 참여정부가 1인당 국민소득 평균 2000달러대인 BIT를 체결한 국가군에 끼고 싶어 안달하는 모습은 또 한 편의 코미디라고 하겠다.

BIT의 본질에 대해서는 아래에서도 여실히 드러난다. BIT와 관련해 미 국무성 경제기업국(Bureau of Economic and Business Affairs)은 양자간 BIT가 갖고 있는 '6가지 기본 장점'을 강조하고 있다.[3]

첫째, 양국간 BIT는 미국 기업에게 자신의 경쟁자 못지않은 최혜국 (Most Favored Nation) 대우 자격을 보장한다.

---

3) http://www.state.gov/www/issues/economic 참조.

둘째, 양국간 BIT는 투자수용(expropriation)을 명백히 제한하고, 미
국 투자자들에 대한 공정한 대우를 보장한다.

셋째, 양국간 BIT는 투자자들이 투자국으로부터 투자자금을 지체없이
이전할 수 있는 권리를 제공한다.

넷째, 양국간 BIT는 투자 대상국가가 현지생산물(local content) 또는
수출 쿼터 등을 금지시킴으로써 비효율적이며 무역과정을 왜곡
시키는 관행을 요구하는 해당 국가의 권한을 제한한다.

다섯째, 양국간 BIT는 체약국 정부와 투자관련 분쟁 발생시 국제 중재
재판소에 제소할 수 있는 권리를 투자자에게 부여한다. 해당국
국내법정을 이용할 어떠한 의무도 없다.

여섯째, 양국간 BIT는 국적에 상관없이 최고경영자를 선임할 권리를
부여한다.

그렇다면 과연 이러한 '장점'이 어떻게 한국경제에 '단점'이 되는
지를 알아보기 전에 먼저 참여정부의 경제부처에서 강력히 주장한
바 있는 BIT 경제효과에 대해 살펴보자.

BIT의 경제효과론

현재 쟁점이 되고 있는 스크린쿼터 문제는 한미BIT 체결에 걸림돌
로 지목되고 있다. 이와 관련해 지난 2003년 초 대외경제정책연구원
(KIEP)에서 작성하고 재경부가 발표한 대외비 자료에 의하면, BIT체
결로 한국경제의 대외신뢰도가 크게 향상될 것이라고 한다. 그렇다
면 그 경제적 효과는 어느 정도일까? 사실 여기에 BIT필요론의 핵심

이 있다고 해도 과언이 아니다.

보도자료는 "한미투자협정을 체결함에 따른 결과를 정확히 예측하기보다는 몇 가지 시나리오를 통해 그 효과를 분석"하겠다고 한다. 이는 BIT체결 결과를 정확히 예측할 수 없다는 말과 마찬가지다. 이제 그 '몇 가지 시나리오'를 보자. 보도자료는 "2003년 4월 15일 우리나라의 외평채 가산금리는 120베이시스 포인트(basis point)을 나타내고 있는데, 한미BIT가 체결되면 가산금리가 100(=1%), 95, 90으로 하락하는 경우를 상정하며, 리스크 프리(risk free)인 채권을 미국 재무부채권(5년 만기)으로 가정한다. 이 경우 우리나라에 대한 투자리스크 프리미엄(risk premium)이 감소하여 기대수익률은 각각 -4.83%, -6% 및 -7.24% 감소"할 것이라고 한다. 그래서 외평채 가산금리가 100일 경우 외국인 직접투자가 32억4000만 달러가 추가유입할 것으로 예상한다. 이 때 GDP 증가는 2002년 기준 1.38%(환율 달러당 1200원 가정)에 이르고, 나아가 "한미투자협정이 체결되고 아울러 우리나라 정책의 투명성이 증진되고 한반도를 둘러싼 여러 불안요인이 해소되어 위험요소가 상당히 감소되어" 가산금리가 90까지 내려갈 경우, 외국인 직접투자가 70억 달러 이상 추가적으로 증가될 것이며 GDP는 3.0% 증가할 수 있을 것으로 분석하고 있다.

하지만 이 시나리오에는 벌써부터 상당한 의문과 문제점이 발생한다.

첫째, 이 시나리오는 BIT체결시 외평채 가산금리가 '반드시' 하락한다는 아주 강한 가정에 기반해 있다. 이는 별도의 증명이 필요한 부분이다.

둘째, 설사 BIT체결시 소위 대외신인도가 향상되어 가산금리가 하락한다고 하더라도 이는 '일시적' 효과에 불과하다. 채권시장에서의 외평채 가산금리는 먼저 채권시장의 논리와 나아가 한국의 경우 시나리오에서도 인정하고 있듯이 경제외적 요인, 예컨대 북핵문제에 의해 크게 좌우된다. 채권금리가 주식과 마찬가지로 극히 가변적이라고 할 때 북핵위기가 가열된다면 상황은 얼마든지 돌변한다.

셋째, 외평채 가산금리 하락으로부터 외국인 직접투자의 추가 유입을 도출하는 것은 다른 모든 조건을 소거한 아주 '강한 가정' 하에서나 가능한 이야기이다.

넷째, 이 시나리오는 외국인자본은 무조건 좋은 것이라는 단순한 전제에서 출발하고 있고, 여기에는 BIT로 인한 간접투자, 즉 투기성 단기자본의 문제는 전적으로 간과하고 있다. 특히 투기성 자본이 가져가는 수익 부분에 대해서는 전혀 언급하지 않고 있다. 덧셈만 알고 뺄셈은 모르는 것과 마찬가지이다.

다섯째, 속지주의를 채택하고 있는 GDP 개념의 정의상 외국인 직접투자가 GDP를 증가시킬 수 있다 하더라도, 결국 이는 언제든지 되가져 나갈 수 있는 '남의 돈'이다. 언제라도 아무 방해도 없이 이 투자자금을 회수할 수 있도록 보장하는 것이 BIT의 가장 중요한 목적 가운데 하나이다. 즉, 재경부 시나리오는 유입만 알고 유출은 모르는 것과 다름없다. 결론적으로 '숫자놀음'에 불과한 시나리오를 마치 그 자체 사실인 것처럼 과대포장해서 광고하는 것이 2003년판 BIT경제효과론이다.

한미BIT를 둘러싼 논쟁은 BIT가 야기하는 긍정적인 효과와 부정적인 효과에 대한 객관적이고 설득력 있는 토론과 공론이 부재하다는 점에 심각한 문제가 있다. 다시 말해 한미BIT가 한국경제에 어떠한 효과를 가져올 것인지에 대한 과학적이고도 면밀한 조사와 분석이 무엇보다도 선행적으로 요구되는 상황이다.

경제세계화의 진전과 심화로 투자에 대한 자유화와 개방화, 그리고 탈규제화가 마치 피할 수 없는 대세이자 일종의 정책적 유행으로 추진되고 있는 상황에서는 투자자유화와 BIT의 실효성에 대한 냉철한 분석이 더욱 요구된다고 할 수 있다.

BIT의 허와 실 : IMF와 세계은행의 연구

전 세계적 투자자유화와 BIT의 허와 실에 대한 실증적인 연구는 그다지 많지 않다. 다시 말해 자유주의 경제학자들과 경제관료들이 실증적인 연구에 의한 검증과정도 없이, 투자자유화와 BIT체결이 투자유치국의 투자 촉진, 수출 증가, 기술력 향상, 경쟁 강화를 통한 경쟁력 확보로 귀결된다고 믿고 있었다는 것이다.

그러나 흥미로운 사실은 전 세계적 투자자유화와 BIT에 대한 세계은행(World Bank)과 국제통화기금(IMF)의 최근 실증연구 자료는 자유주의 경제학자들의 신념이 근거 없는 일종의 종교와 다를 바 없음을 보여주고 있다. 더욱 흥미로운 점은 자유주의자들에 대한 이러한 반론적 연구와 의견이 전 지구적 차원에서 미국과 함께 신자유주의 담론과 정책적 실천을 주도하고 있는 세계은행과 IMF에 의해서 이루어졌다는 점이다.

IMF의 프라사드(Eswar S. Prasad) 외 4인의 연구원은 2003년 9월

「Effects of Financial Globalization on Developing Countries: Some Empirical Evidence」라는 연구 논문에서 금융 및 자본자유화와 개도국 성장 간의 관계에 대한 실증연구 분석 결과를 제시했다.[4] 이들은 비록 금융자유화로 인한 외국자본의 유입이 개도국의 경제성장과 정관계(+)로 연계되어 있기도 하지만, 이와 동시에 금융위기의 발발로 인한 거시경제적이고 사회적인 비용을 심각하게 지불하기도 했다고 지적했다. 또한 이들은 "금융자유화 정도와 개도국 경제성장 간에 강고한 인과관계를 찾아내기는 어렵다"고 주장하며 "오히려 국내의 제도적인 차원이 해외직접투자의 유입을 증가시키는 것뿐만 아니라 경제위기에 대한 취약성을 경감시키는 데도 중요한 영향력을 행사하고 있다"고 지적했다. 이들에게 국내 제도적인 측면은 법적이고 감독적인 틀과 낮은 국가부패도, 그리고 좋은 기업거버넌스(governance, 투명하고 효율적인 지배구조와 기업회계 시스템)를 의미한다.

프라사드 외 4인의 연구가 개도국의 금융과 자본자유화가 자유주의 경제학자들이 주장하는 것처럼 항상 개도국의 성장과 발전에 긍정적으로 연계되어 있는 것이 아니라는 점을 실증연구를 통해 검증한 것이라면, 세계은행의 「Global Economic Prospects 2003」의 일부 내용은 BIT의 효과에 대한 실증연구를 소개하고 있다.[5]

우선 세계은행의 「Global Economic Prospects 2003」은 'Summary' 부분에서 "양자간 투자협정을 통한 강력한 투자보호 조치가 BIT를 맺은 국가들에 대한 신규 투자의 증가로 귀결되고 있다고 보기 어렵다"고 지적하고 있다. 또한 'Box 4.4'에서 홀워드 드리

4) Prasad et al.(2003) 참조.
5) World Bank(2003) 참조.

미어(Hallward-Driemeier)의 연구[6]를 인용해 해외직접투자를 유치하는 BIT의 기능을 검증하기 위한 실증연구는 그 동안 놀라울 정도로 취약했다고 지적하고 있다. 홀워드 드리미어에 의하면, 기존에 행해진 BIT에 대한 실증연구로는 유엔무역개발회의(UNCTAD)에 의하여 1998년에 행해진 것이 있는데, 그때의 결론도 BIT가 해외직접투자의 증가로 귀결되고 있지 못하다는 것이었다.

홀워드 드리미어는 OECD 회원국과 31개 개도국을 포괄하는 20년간의 투자 흐름을 토대로 연구한 결과 "해외직접투자의 증대에 있어서 BIT 자체의 역할은 미미했고, 특정국과 BIT를 체결한 국가가 그 협정을 맺지 않은 국가에 비하여 추가적인 해외직접투자를 얻어낸다는 보장도 없다"고 결론지었다. 오히려 홀워드 드리미어의 연구에서 눈여겨볼 만한 주장은 투자유치국의 법 규정, 정부의 효율성, 규제수위 등과 경제제도가 잘 정비되어 있지 못하면 BIT를 맺어도 추가적인 해외직접투자를 유인하는 데 도움이 되지 못하는 반면 투자환경이 잘 정비되어 있는 국가에게는 BIT의 존재가 미미하지만 투자유입을 소폭 증가시킨다고 지적한 것이다.

프라사드와 홀워드 드리미어의 연구를 정리해 보면, BIT가 투자유치국으로의 해외직접투자의 증가로 곧바로 귀결된다고 보기 어려우며, 증가되더라도 미미한 수준에 그친다는 것이다. 더욱 중요한 점은 이들의 연구가 공히 BIT의 체결이라는 외부요인보다는 투자유치국의 경제제도와 투자환경을 비롯한 국내요인이 해외직접투자를 유인하는 결정적인 요인이라고 지적한 것이다. 이러한 지적은 한국이 외국인 투자를 유치하는 데 있어서, 그 효과가 확실하지 않은 한

6) Hallward-Driemeier(2003), Box 4.4는 World Bank(2003)의 p. 129 참조.

미BIT의 체결에 일방적으로 주력할 것이 아니라 국내의 법적이고 제도적인 투자환경을 개선하는 데 우선순위를 두어야 한다는 것을 입증해 주는 것이라고 할 수 있다.

한미BIT 표준안 비판

그렇다면 미 국무성이 말하는 BIT의 장점이 우리에게는 어떻게 단점이 될 수 있는지를 보기로 하자. 여기서는 미국의 1994년 '표준안'을 중심으로 BIT의 문제점을 상론하기로 한다.

첫째, 미국의 표준안[7]은 전문과 총16조 그리고 부속문서(Annex)로 이루어져 있다. 먼저 이 표준안에서 말하는 투자의 정의부터 살펴보자. 제1조 (d)항에는 이렇게 나와 있다.

> (d) 국민 혹은 기업에 의한 '투자'는 모든 종류(every kind of)의 투자를 의미하며, 그 투자는 그 국민이나 기업에 의하며 직접 혹은 간접적으로 소유하거나 통제되는 것이며, 다음과 같은 형태를 띠는 투자를 포함한다.
>
> (i) 기업
>
> (ii) 기업 내에서의 지분, 주식 및 다른 형태의 지분 참여, 채권, 회사채 및 다른 형태의 채권상 권리
>
> (iii) 턴키계약(건물과 같은 것을 바로 사용할 수 있도록 완전히 준비

---

7) 이후 약간의 미미한 개정을 거친 이 '표준안'은 엄격히 말해 하나의 모델이자 안에 불과한 것일 뿐 그 자체로 조약 원문은 아니다. 그러나 지금까지의 경험과 미국의 막강한 협상력에 비추어볼 때, 이 안은 사실상 조약 원문과 거의 동일하다고 볼 수 있다. 따라서 협상과정에서 기대되는 것은 부속 문서상에 포함되는 예외조항의 개수 정도라 할 수 있다 (Guzman, 1997).

하여 인도하는 계약), 건설 혹은 경영계약, 생산 혹은 이윤분배 계약, 면허, 혹은 유사한 형태의 계약하의 권리와 같은 계약상의 권리

(iv) 부동산과 같은 유형의 자산, 리스 및 저당, 유치권, 질권과 같은 권리를 포함하는 무형의 자산

(v) 저작권 및 이에 관련된 권리, 특허권, 식물의 다양성에 대한 권리, 산업디자인, 반도체 설계디자인에 관한 권리, 노하우 및 기업비밀 정보를 포함하는 사업비밀, 상표권 및 상호권을 포함하는 지적재산권

(vi) 면허 및 허가와 같이 법에 따라 부여되는 권리

이렇게 본다면 사실상 경제적 가치를 가지고 있거나 가지게 될 유무형의 거의 모든 것이 무제한적으로 '투자' 개념에 포함되고, BIT의 대상이 되는 것이다. 이미 여기서부터 투자와 투기(speculation)의 구분은 사실상 불가능해진다. 명백히 투기적 목적을 가진 해외 단기성자금이 국내에 유입되더라도 그것을 통제할 수 있는 방법이 법적으로 원천봉쇄된다는 말이다. 한국경제는 이로써 만성적 불안요인을 안을 수밖에 없다.[8] 뿐만 아니라 여기서 언급된 지적재산권도 문

8) 이는 더 이상 한국경제의 호러시나리오라기보다 이미 현실이 되고 있다. 최근 한 주류 언론은 "기업이 투자를 안 하는 이유"라는 기사를 통해 이렇게 지적하고 있다. "삼성전자 주식의 6%를 갖고 있는 외국인들이 작당해 삼성전자 이사회를 장악하고, 이어 유상감자(자본금 줄이기) 결의를 한다. 삼성전자의 자산가치와 엄청난 현금보유액을 감안하면 대부분 무상증자에 이은 유상감자로 한번에 10조 원은 손쉽게 빼갈 수 있다. 이런 유상증자는 기회가 생길 때마다 계속한다. 수십조 원이 빠져나가는 것이다. 국내 소액주주들도 주가가 올라가는 것보다 손쉽게 이익을 취할 수 있는 일이니 마다하지 않는다. 삼성전자는 껍데기만 남고 내부자금이 바닥나 투자할 여력도 없어진다. 결국 신기술의 신제품 없이 과거 모델을 팔아먹는 삼류회사로 전락한다. 그런데 나중에 알고 보니 외국인 투자자들의 배후에는 삼성전자의 강력한 경쟁자였던 일본의 모 전자회사와 미국의 모 전자회사가 버티고

제가 된다. 1957년 제정된 저작권법에 따르면 1957년 이후의 저작물만 보호대상이 되는데, 미국은 1996년 자국법 개정을 이유로 1946년 저작물부터 소급적용할 것을 요구하고 있다.

둘째, 한미BIT가 이전의 투자보호협정과 비교해 다른 결정적인 차이 가운데 하나는 투자를 목적으로 기업을 설립하거나 취득하는 투자전단계(pre-establishment)에서부터 '내국민대우'가 적용된다는 점이다. 이와 관련해 표준안 2조 1항을 보자.

1. 적용투자의 창설, 취득, 확장, 경영, 관리, 운용, 매각, 및 다른 형태의 처분에 관하여 각 체약국은 동일한 상황에서, 자국민 혹은 자국기업에 의한 자국 영토에서의 투자에 대해서 부여하는 대우와 동일한 대우를 부여하는 것(이하 '내국민대우'라고 한다)과 제3국의 기업 혹은 국민에 대하여 부여하는 대우와 동일한 대우를 부여하는 것(이하 '최혜국 대우'라 한다) 중 가장 유리한 대우를 부여해야 한다[이하 '내국민 및 최혜국 대우(national and most favored nation

있었다. 외국인들의 다음 공격목표는 현대자동차와 LG전자, 포스코 등이 될 것이라는 소문이 횡횡하게 나돈다."(http://blog.joins.com/kikwk)
이미 유상감자라는 교묘한 수법을 통해 브릿지증권의 BIH, 서울증권의 소로스펀드, 메리츠증권의 PAMA(프루덴셜의 아시아주자회사), OB맥주의 인터브루, 만도의 JP모건 컨소시움 등이 막대한 자본금을 빼내가고 있다. 유상감자뿐만 아니라 외국인의 과도한 배당압력에 밀려 상장사들의 배당총액이 2001년 3조8000억 원에서 2003년 7조2000억 원으로 무려 90% 증가했다. 특히 경영권 분쟁이 치열했던 SK(주)의 경우 2003년 순이익의 6배가 넘는 961억 원을 배당금으로 지급했는데, 이는 상장사 평균의 25배에 달한다. 2003년 외국자본은 33억8000만 달러를 배당금으로 가져갔는데, 이는 1999년과 비교해 3배 증가한 규모이다. 한국의 대표 우량기업의 주식이 60% 이상 외자에 넘어간 조건에서 한국기업은 유상감자 등으로 인한 경영권 불안에 대응하기 위해 현금동원을 통한 자사주 매입에 나설 수밖에 없는데, 최근 삼성전자는 약 2조 원의 자사주를 매입해 이를 소각할 예정이라고 한다. 이러한 사정에도 불구하고 한국정부는 현재 속수무책이다. 이러한 조건에서 만일 BIT가 체결될 경우 한국정부의 감독 강화는 원천봉쇄될 가능성이 크다.

treatment)'라 한다]. 각 체약국은 자신의 국영기업이 재화와 용역을 공급함에 있어 적용투자에 대해서 내국민 대우 및 최혜국 대우를 부여하도록 하여야 한다.

물론 과거에도 한국과 다른 나라와의 BIT체결시 내국민 및 최혜국 대우는 존재했다. 그러나 한미BIT의 경우와는 달리 투자는 어디까지나 정부의 '허가' 사항이었다. 따라서 이 조항은 한국의 경제주권에 대한 심각한 '제약'이라 할 만하다. 국가는 거시경제적 관점에서 자국 경제의 균형발전을 위해 투자가 요구되는 부문이나 지역 등을 선택할 권리가 박탈되어 버리는 것이다. 이런 시각에서 볼 때 한미BIT는 분명한 위헌 소지도 포함하고 있다. 예를 들어 한국의 헌법 제120조 제1항에 따르면, "광물 기타 중요한 지하자원, 수산자원, 수력과 경제상 이용할 수 있는 자연력은 법률이 정하는 바에 의하여 일정 기간 그 채취, 개발 또는 이용을 특허할 수 있다"고 규정하고 있으며, 제2항은 "국토와 자원은 국가의 보호를 받으며, 국가는 그 균형 있는 개발과 이용을 위하여 필요한 계획을 수립한다"라고 규정하고 있다.

다시 말해 BIT에서 사용하는 투자 개념에 따라 경제적 가치가 있는 유무형의 모든 것이 투자의 대상이 된다고 할 때, 헌법 120조 1항에서 규정하고 있는 "지하자원, 수산자원, 수력과 경제상 이용할 수 있는 자연력" 또한 그러한 투자의 대상이 된다. 그러므로 이에 대한 외국자본의 투자에 대해 국가는 특허권을 행사할 수가 없다. 그런데 여기서 헌법 120조 2항에서 규정하고 있는 것처럼 "국토와 자원"에 대한 "균형 있는 개발과 이용"에 대한 국가의 "계획"은 필요에 따라 국내자본은 물론이고 외국 투자자본에 대해 일정한 의무와 조건을 부과하는 것을 의미한다. 이때 국가의 조치는 필연적으로 BIT 제6조의 의무부과 금지조항과 충돌할 수밖에 없고, 그렇다면 표준안 6조는 그 자체로 위헌적일 수밖에 없다는 결론이 도출된다.[9]

또한 이 조항은 예컨대 G5나 G7과 같이 비슷한 발전수준에 있는 국가의 기업 간 경쟁에서는 공정할 수도 있다. 그러나 경제력의 수준에서 현격한 차이가 있는 2개 국가의 기업이 동일한 대우를 받는다는 것은 이미 그 자체로 불공정을 내포하는 것이라는 데 문제가 있다.

셋째, 그렇다면 BIT에서 규정된 '투자자'의 지위는 어떠한가를 살펴보자(제7조).

1. (a) 외국인의 입국 및 체류에 관한 법에 관하여, 각 체약국은 투자의 창설, 발전, 관리 혹은 투자의 운영에 관한 조언을 위하여 그들 혹은 그들을 고용하는 타방 체약국의 기업이 상당한 양의 자본이나 여타 자원을 책임지고 있거나 책임지고 있는 중에 있는 경우, 다른 체약국의 국민을 자국의 영토에 입국시키고 체류하도록 허가하여야 한다.

   (b) 각 체약국은 제1항(a)하의 입국허가를 부여함에 있어 노동검정테

---

9) 표준안의 부속문서 제4항에는 이렇게 규정하고 있다. 조약 적용의 예외에 관한 "4. 제3항에도 불구하고 각 체약국은 다음 영역에서 적용투자에 대해 내국민 대우를 부여하기로 합의한다. 정부소유 토지의 광업권에 대한 임차 혹은 정부소유토지를 경유하는 파이프라인의 임차" 즉 한미BIT는 지하자원의 광업권을 한국 측 예외조항에서 원천적으로 배제하고 있다. 그러나 현행 한국법률에 따르면, 외국인 또는 외국법인에 대해서는 광업권을 향유할 수 없도록 되어 있고, 특히 필요하다고 인정될 경우 국회의 동의하에 상공부장관이 이를 허락할 수 있는 것으로 되어 있다. 만일 여기에 대해 국회가 동의하지 않을 경우 BIT의 논리에 따른다면 내국민 대우에 관한 협정위반이 되어 국가는 미국 투자자에게 막대한 보상금을 지급해야 할지도 모른다. 그러나 광업법 6조의 관련 조항은 1999년 2월 법개정을 통해 삭제되었다.

스트나 이에 동일한 효과를 갖는 절차를 요구하거나, 인원의 수를
제한해서는 안 된다.

2. 각 체약국은 적용투자가 국적에 관계 없이 최상위경영자를 그들의
선택에 따라 고용할 수 있도록 하여야 한다.

앞에서 이미 언급한 것처럼 BIT는 최고경영진에 대한 국적조항을
무효화함으로써, 예컨대 특정 국가기간산업 관련 공기업의 장이나
신문, 통신, 잡지 등 현행「정기간행물의 등록 등에 관한 법률」,「방
송법」등에서 규정하고 있는 국적조항은 별도로 유보리스트에 명기
되지 않을 경우 사문화되어야 한다.[10] 이는 미국의 초국적 자본의
이해를 정확히 반영한 것이며, 나아가 투자자와 그에 고용되어 있는

10) 〈정기간행물의 등록 등에 관한 법률〉
   제2조 (용어의 정의)
   이 법에서 사용하는 용어의 정의는 다음과 같다. 〈개정 1991.12.14, 1995.12.30〉
   1. "정기간행물"이라 함은 동일한 제호로 연 2회 이상 계속적으로 발행하는 신문, 통신,
      잡지, 기타간행물을 말한다. 〈시행일 1996.7.1〉
   제9조 (결격사유 등)
   다음 각호의 1에 해당하는 자는 정기간행물의 발행인 또는 편집인이 될 수 없다. 〈개정
   1995.12.30〉
   1. 대한민국의 국적을 가지지 아니한 자
   2. 대한민국에 주소를 두지 아니한 자

   〈방송법〉
   제2조 (용어의 정의)
   이 법에서 사용하는 용어의 정의는 다음과 같다. 〈개정 1991.12.14〉
   1. "방송"이라 함은 정치. 경제. 사회. 문화. 시사 등에 관한 보도. 논평 및 여론과 교양. 음
      악. 오락. 연예 등을 공중에게 전파함을 목적으로 방송국이 행하는 무선통신의 송신을
      말한다.
   제9조 (결격사유)
   다음 각호의 1에 해당하는 자는 방송국의 장이나 편성책임자가 될 수 없다. 〈개정
   1990.8.1〉
   1. 대한민국의 국적을 가지지 아니한 자

외국인, 즉 핵심인력에 대해 입출국과 체류여부에 대한 제한을 완전
제거함으로써 이들에게 사실상 외교관과 같은 면책특권을 부여하고
있다.

특히 현행 전기통신사업법은 KT와 SK텔레콤 등 국내 기간통신
사업자의 외국인 지분이 49%를 넘지 못하게 규정하고 있는데, 유보
리스트에 포함되지 못한 공기업의 경우 BIT에 따른 '내국민 대우'로
이러한 지분제한 역시 철폐되어야 한다.

넷째, 의무이행 강제의 금지 조항(6조)이 문제가 된다.

각 체약국은 적용투자의 창설, 취득, 확장, 경영, 관리, 운용의 조건으
로서 다음과 같은 어떤 조건(정부의 허가 혹은 인가를 받는 것과 관련된
의무 혹은 약속도 포함된다)도 명령하거나 강제해서는 안 된다.

  (a) 어떠한 수준 혹은 비율의 내국생산량을 달성하도록 하거나 혹은
      국내에서 생산되거나 어떠한 형태로든지 국내에서 비롯된 상품
      또는 용역을 구매 혹은 사용하거나 다른 형태로 특혜를 주도록 하
      는 조건

  (b) 생산, 수출의 특정한 양 및 가치 또는 외화의 획득과 관련하여, 재
      화 혹은 용역의 투자에 의한 수입을 제한하는 조건

  (c) 일반적으로 혹은 특정한 시장지역을 정해 재화 혹은 용역의 일정
      한 종류, 수준, 비율을 수출하도록 하는 조건

  (d) 생산, 수출의 특정한 양 및 가치 또는 외화의 획득과 관련하여, 상
      품 혹은 재화에 의한 판매를 제한하는 조건

  (e) 선언 혹은 판단된 경쟁법 위반행위를 시정하기 위하여 법원, 행정
      법원, 혹은 경쟁당국에 의하여 집행되는 명령, 조건, 약속에 따르
      는 경우를 제외하고 기술, 생산공정 혹은 다른 독점적 지식을 체

약국의 영토 내에 있는 국민 혹은 기업에게 이전하라는 조건

(f) 체약국의 영토 내에서 특정한 유형, 수준 비율의 연구개발을 이행하라는 조건

이러한 조건은 일시적 혹은 계속적으로 이익을 제공받고 부가되는 조건은 포함하지 않는다.

이에 따라 해당 국가는 자국의 발전전략에 입각한 여러 정책수단, 예컨대 기술이전, 현지생산품(local content) 사용 의무, 구 수출자유지대 경우처럼 국내생산물의 전략수출 의무 등은 완전히 금지된다. 그리고 바로 이 6조에 근거해 문제가 되는 것이 스크린쿼터제다.[11] 즉, 극장업에 투자한 투자가에게 한국정부가 「영화진흥법」에 의거, 영화산업 보호를 위해 부과한 국산영화 의무 상영일수라는 현지생산품(local content) 사용 의무를 부과할 수 없다는 것이다. 또한 제지회사를 인수한 외국투자자는 한국의 「재활용촉진법」에 입각한 원료 55% 이상의 폐지사용 의무 역시 사라진다.

그런데 이행의무금지와 관련 사회복지부문과 노동부문에 미칠 영향은 더욱 심각하다. 예를 들어 한국의 철도민영화에 따라 한국 철도를 인수한 외국투자자는 한국정부가 지금까지 노인복지 차원에서 시행해 온 경로우대, 즉 요금할인 혜택과 같은 의무를 이행할 아무런 의무도 없다. 마찬가지로 인수합병된 국내기업의 실업 및 노동조

11) 흔히 오해되고 있는 것처럼 BIT가 문제 삼는 것은 단지 스크린쿼터제가 아니라 쿼터제 일반이다. 여기서 당장 문제가 제기되는 것이 방송쿼터제이다. 「방송법시행령」에 따르면 지상파의 경우 월 방송시간 전체의 80%, 그 외 방송사업의 경우에는 50% 범위 내에서 국산 프로그램을 방영해야 한다(시행령 57조). 또한 매월 전체 방송시간의 40% 이내에서 외주제작 방송프로그램을 방영해야 한다(시행령 58조). BIT의 6조 (a)항의 의무이행강제 금지조항에 따르면, 스크린쿼터제뿐만 아니라 방송쿼터를 포함한 일체의 쿼터제는 금지된다.

건의 경우, 국내기업을 인수한 외국자본은 이 조항에 따라 '고용승계 의무', '내국인 일정비율 고용', '노동기본권 보장' 그리고 '환경기준' 등의 의무로부터 사실상 자유롭다. 이는 특히 한일BIT 협상 당시 일본 측에서 정리해고 관련 노동법을 문제 삼는 것이나, 주한미 상공회의소의 1999년 연례보고서 초안에서 한국개정노동법상의 정리해고 요건인 '경영상의 불가피한 사유' 조항에 시비를 거는 것과 같은 맥락이라 할 수 있다.

다섯째, 지나치게 넓게 설정된 해당국 정부의 투자자산에 대한 수용(expropriation)과 그에 대한 보상규정 역시 우려를 낳고 있다. 표준안 제3조의 1조와 2조를 보자.

1. 체약국은 공익 목적을 위해서가 아니고는 수용 혹은 국유화와 거의 동등한 조치를 통하여 직접 혹은 간접적으로, 적용투자를 수용하거나 국유화해서는 안 된다. 그 수용은 비차별적 방법으로 행해져야 하고, 즉각적이고 충분하며 유효적절한 보상이 주어져야 하며, 적법절차 및 제2조 제3항에 규정된 대우의 일반원칙에 부합해야 한다.

2. 보상은 지체없이 이루어져야 한다. 그 보상액은 수용행위가 이루어지기 바로 직전 수용 투자의 공정한 시장가격과 동등해야 하고, 완전히 현금화할 수 있으며 자유로이 송금할 수 있어야 한다. 공정한 시장가격은 수용일 이전에 수용행위가 알려졌기 때문에 일어난 가치의 변동을 반영해서는 결코 안 된다.

여기서 이른바 '공익적 목적'의 범위와 내용이 불확실하기 때문에, 이 조항은 해당국 정부의 직접 수용뿐만 아니라 간접적 수용까지도 포함하는 사실상의 외국인 투자자산에 대한 수용금지라 할 만

하다. 이로 인해 해당국 정부나 지방자치 정부에 의한 사회적 또는 환경보호적 이유에서 외국인 투자자산에 대한 어떠한 조치도 간접적 수용으로 해석될 위험을 감수해야 하고, 따라서 국내 투자자산은 거의 신성불가침적인 것으로 변할 우려가 제기된다. 이와 관련한 대표적인 사례가 1997년 4월 캐나다의회가 미국의 에틸사(Ethyl Corporation)가 생산한 벤진첨가제 MMT가 환경 및 건강유해적으로 판정, 수입과 운송을 금지시킨 조치에 대한 에틸사의 대 캐나다 제소사건이다.

에틸사는 이러한 조치가 북미자유무역협정(NAFTA)에 의거, 향후 예상이득에 대한 수용이자 기업 명망성에 대한 훼손이라며 캐나다 정부를 상대로 2억5000만 달러의 손해배상을 청구했고, 결국 1998년 6월 캐나다 정부는 수입금지 조치를 철회하고 1000만 달러의 배상금을 지급해야만 했다. 마찬가지로 한국정부가 '환경보호'라는 공익적 목적으로 외국인 투자 부동산에 대해 그린벨트를 설정한다든지, 투기억제라는 공익적 목적으로 토지거래허가제를 실시할 경우,[12] 이 모든 조치는 BIT에 따라 간접수용에 해당되어 한국정부는 막대한 손해배상금을 지급해야 하고, 결국 이는 국민의 세금으로 전가될 것이다. 따라서 에틸사 대 캐나다 사례가 명백히 보여주는 것처럼, 수용에 대한 포괄적 정의는 앞서 언급한 투자에 대한 지나치게 넓은 정의와 더불어 국가의 공익적 목적을 실현하기 위한 공적 기능을 제한할 수밖에 없다.

아울러 BIT의 현금보상 원칙은 "재정형편상 부득이한 경우" 채권 지급도 가능한 것으로 규정하고 있는 국내법상 「토지수용법」과 「징

---

12) 국제연대정보정책센터, 「한미BIT 자료집」, 1998.

발법」과도 충돌한다.[13)]

여섯째, 앞서 언급한 것처럼 BIT에 따르면 투자자는 일종의 치외법권적 지위를 갖는다. 마찬가지로 BIT는 특히 투자분쟁시 놀라운 권한을 부여하고 있다. 우선 표준안의 제9조 1항을 살펴보자.

> 1. 이 조약의 목적실현을 위하여, 투자분쟁은 이 조약에 의하여 적용 투자에 관하여 창설되고 인정된 투자인가, 투자합의 혹은 부여된 어떠한 권리에 대한 주장된 침해와 관련해서 또는 이로부터 생겨나는 체약국과 다른 체약국의 국민 혹은 기업(a national or company) 사이의 분쟁을 의미한다.

한미BIT는 기본적으로 국가 간(inter-state), 즉 국가 대 국가의 관계를 규율하기 위한 국제법적 효력을 갖는 조약이다. 그런데 이 BIT는 체약국 국적을 가진 개인(a national) 또는 사기업에 상대편 국가를 제소할 수 있는 국제법적 권능을 부여하고 있다. 바로 이 점이

---

13) 「토지수용법」 제45조 (손실보상)
　4) 제1항의 규정에 의한 보상은 다른 법률에 특별한 규정이 있는 경우를 제외하고는 현금으로 지급한다. 〈신설 1991.12.31〉
　5) 제4항의 규정에도 불구하고 기업자가 국가, 지방자치단체, 한국토지공사 기타 대통령령이 정하는 정부투자기관 및 공공단체인 경우로서 다음 각호의 1에 해당되는 경우에는 당해 기업자가 발행하는 채권으로 지급할 수 있다. 〈신설 1991.12.31, 1995.12.29〉
　1. 토지소유자 및 관계인이 원하는 경우
　2. 대통령령이 정하는 부재부동산소유자의 토지 또는 비업무용 토지로서 보상금이 대통령령으로 정하는 일정금액을 초과하는 경우 그 초과하는 금액에 대하여 보상하는 경우
「징발법」
제22조의 2 (보상금의 지급)
1) 징발재산에 대한 보상금은 현금으로 지급하되 국가의 재정형편상 부득이한 경우에는 국무회의의 심의를 거쳐 징발보상증권(이하 "증권"이라 한다)으로 지급할 수 있다. 다만, 보상금액 또는 그 단수가 증권의 액면가 미만인 경우에는 현금으로 지급한다.

BIT에 내포된 전형적인 신자유주의의 표현이라고 볼 수 있는 대목이다. 기존의 국제관계는 절대주권으로 무장한 국가 간의 관계에 기초하고 있었다. 마찬가지로 국제법 역시 극히 예외적인 경우에 한해, 즉 「국제인권규약 B규약」, 그것도 해당국가가 개인청원절차에 관한 의정서에 서명한 경우에 한해서만 개인의 국제법적 인격성을 인정하고 있다. 그러나 BIT는 개인이 투자자적 개인인 한, 개인의 국제법적 주체성을 광범위하게 인정하고 있다. 개인은 투자자인 한, 국가와 동등한 권리를 가진다는 것이다. 투자는 이로써 인권이 갖는 보편성을 획득하게 되고, 근대 주권국가의 위상은 투자자로서의 개인의 것으로 급락하고 있다. 어떤 의미에서 BIT에서 규정되어 있는 투자자로서의 개인은 신자유주의의 국제법적 완성 시도라 할 만하다.

투자자 개인 또는 사기업은 분쟁발생시 상대편 체약국을 2항 (a) 체약국의 법원 혹은 행정법원 (b)적용가능하고 사전에 합의된 분쟁해결절차에 의하여 제소할 수 있다. 그러나 여기까지는 일반적인 국제관행에 해당된다. 문제는 다음에 있다.

(a) 관련 국민 혹은 기업이 제2항 (a) 혹은 (b)에 의하여 제소하지 않고, 분쟁 발생시로부터 3개월이 지나면 관련 국민 혹은 기업은 다음 방법에 의하여 구속적 중재절차에 분쟁해결을 구할 수 있다. (i) 1965년 워싱턴 조약에 의해 설립된 상설 국제투자분쟁중재센터(ICSID), (ii) 분쟁의 일당사자가 위 조약에 가입하지 않았을 경우 위 센터 부속기관 (iii) 국제연합 국제통상법위원회 (UNCITRAL) 중재규칙 (iv) 분쟁의 양 당사자가 합의하였다면 다른 중재기관이나 다른 중재규칙

한미BIT는 이처럼 투자자로서의 개인이나 사기업이 국가를 제소할 수는 있지만, 반대로 국가가 해당투자자와 기업을 제소할 수는 없다. 또한 국내기업보다 해외기업이 명백히 우위에 있다. 이는 국내기업이나 국내투자자가 국가를 상대로 국제중재절차에 회부하는 것이 원천적으로 불가능한 반면, 해외기업은 언제든지 위에서 규정된 절차에 따라 상대방 국가를 제소할 수 있는 것이다.[14] 한미BIT 또는 한일BIT에 이 논리를 적용했을 때, 한미, 한일간에 엄연히 존재하는 경제력의 격차를 감안하면 한국에 대해 미국기업과 일본기업은 혹은 미국 및 일본 투자자는 한국기업 혹은 한국 투자자와 비교해 명백한 우위에 서게 되는 것이다.[15]

중재판정은 그 자체로 "최종적이며 구속적(final and binding)"(9조 6항)이다. 즉, 재심의 여지가 없으며, 따라서 지체없이 집행되어야 하고, 국가는 이에 대해 사전준비의 의무가 있다. 그리고 투자자가 입은 손실에 대해 국가는 설사 투자자에 대해 채권이 있다 하더라도 부분적이 아닌 전면적인, 보증이나 보험 등을 통하지 않은 직접적인 보상의 의무가 있다.

이처럼 한미BIT는 투자분쟁에 대한 해외중재의 국제법적 구속력을 대폭 강화했고, 또한 그 절차에 있어서도 해당국 법원보다는 해

---

14) 이러한 우려는 이미 현실로 나타나고 있다. ICSID에 따르면, 2004년 10월 현재 83건이 계류중인데 이 중 76건이 최근 2001년 이후 제소된 사건들이다. 2001년 이후 매년 20~30건의 사건이 폭주하고 있는 실정이다. 흥미로운 것은 이 중 아르헨티나 정부가 제소된 사건이 30건이 넘고, 나머지 대부분도 개도국 정부들이다. 이 중 미국이 피소국인 경우는 단 1건인데 그것도 캐나다 기업(Loewen사)에 의한 것이었다.

15) BIT가 투자자, 다시 말해 금융자본이나 초국적기업의 재정적 혹은 경영상의 실패를 투자수용국 정부에 전가하는 아주 효과적인 무기가 되고 있음은 1980년대 한 해 1건 정도에 불과했던 ICSID 제소사건이 한 달에 1건으로 폭증하는 데에서 확인되고 있다. 대표적인 '투자자 대 국가' 소송사례로 UPS 대 캐나다, 에틸사 대 캐나다, Azurix사 대 아르헨티나, 벡텔 대 볼리비아 건을 들 수 있다. 자세한 것은 Choudry(2003)를 참조하라.

외 국제기구를 통한 최단기간 내의 중재를 명백히 선호하고 있다. 그 결과 BIT는 투자영역에 대한 법치국가의 관할권을 박탈함으로써 국가 경제주권의 공동화를 가속화시키는 결과를 가져온다.

일곱째, 표준안 제5조는 투자와 관련한 자유로운 송금을 규정하고 있다. 그 대상이 되는 것은 다음과 같다.

    (a) 투자자본
    (b) 이윤, 배당금, 자본이득, 투자의 전부 혹은 일부의 매각 또는 투자의 전부 혹은 일부의 청산으로부터 얻어진 수익금
    (c) 이자, 로얄티, 경영 수수료, 기술적 지원금 및 기타 수수료
    (d) 대여계약을 포함한 계약상의 지급금
    (e) 제3조 및 제4조에 의한 보상금 및 투자분쟁으로 인한 지급금

그리고 14조는 BIT 적용의 예외를 다루고 있다.

    1. 이 조약은 체약국이 국제평화 및 안전의 유지, 회복, 자국의 필수적 안전의 보호에 관하여 그 의무를 수행하기 위한 필요한 조치를 취하는 것을 방해하지 않는다.

그렇다면 여기서 문제가 되는 것이 한미 간 협상과정에서 가장 논란이 많은 문제 중 하나인 이른바 '일시적 외환거래 제한 조치', 즉 세이프가드(safeguard) 문제이다. 앞에서 보듯이 미국 표준안은 국제평화, 국가안보, 즉 군사적 측면에 대한 예외를 제외하고, 예컨대 IMF 등 첨예한 외환위기나 경제위기상황에서 국가의 일시적 외환거

래 제한 조치를 전혀 인정하고 있지 않다. 반면에 미국이 주도하고 있는 다자간 투자협정의 경우는 이와는 달리 심각한 지불불능 상황이나 "예외적 상황에서 자본흐름이 거시경제적 조정, 특히 통화 및 환율정책상에 심각한 어려움을 초래하거나 또 초래할 수 있을 때"에 한해, 그리고 IMF의 허락과 체약국들의 동의, 6개월 간격의 심사를 조건으로 한시적으로 자본거래 제한이 인정된다.[16] 물론 다자간 투자협정의 경우에도 그 자체로 볼 때 지극히 불충분한 예외의 인정이라고 할 수 있다. 그러나 이러한 미미한 예외마저 한미BIT에서는 인정되지 않는다는 것이 문제이다.

그렇지만 우리가 주목해야 할 것은 이 세이프가드도 현재와 같은 온라인을 통해 전 세계 주식시장이 리얼타임으로 연결되어 있는 현실에서는 투기성 단기자본의 반응속도를 따라잡을 수 없다는 점이다. 이미 자본유출이 종결된 뒤 발동된 세이프가드는 사실상 아무런 실효를 거두기가 어렵다. 그러므로 문제의 핵심은 이러한 위기상황뿐만 아니라 평상시에 투기자본의 진출입을 통제할 수 있는 환안전망을 구축하는 데 있다.

여덟째, 표준안의 15조는 이 조약이 체약국의 지자체와 같은 하위 정치단위에도 적용됨을 규정하고 있다. 여기서 또한 문제가 되는 것이 1항 (b)의 내주민(內州民) 대우문제이다.

> (b) 미합중국의 주, 준주 혹은 속령에 의하여 부여되는 대우와 관련해, 내국민대우란 동일한 상황에서 미합중국에 거주하는 국민 혹은 미합중국의 주, 준주 혹은 속령의 법률 혹은 규칙하에서 적법

---

16) S. Welzk, 「Visionen der MAI. A Brave New Corporatist World?」, @Blätter für deutsche und internationale Politik@, 1/99.

하게 구성된 기업의 투자에 대해서 부여되는 대우와 동일하다는 것을 의미한다.

즉, 연방국가로서의 미국의 특성을 고려해 볼 때, 예를 들어 A주와 B주 또는 A주와 속령이 투자자에게 부여하는 대우가 다를 수 있다. 만일 A주가 B주에 비해 투자보장의 정도가 낮을 경우, A주에 투자한 한국기업은 B주에 투자한 한국기업에 비해 열등한 대우를 감수할 수밖에 없을 것이다. 그러므로 표준안에서 미국이 의미하는 내국민 대우란, 결국 내주민 대우에 불과한 것이다. 이 조항은 한미BIT가 담고 있는 또 하나의 전형적인 불평등성을 여실히 보여주는 대목이다.

아홉째, 한미BIT는 10년간 효력이 지속되고, 이 기간 중의 투자에 대해서는 다음 10년간 유효하다. 또한 조약이 발효되는 시점에 기투자된 부분에 대해서도 조약은 적용된다.

1. 이 조약은 비준서를 교환한 지 30일 후에 그 효력이 발생한다. 이 조약의 효력은 10년간 지속되며, 제2항에 의하여 종료되지 않는 한 효력이 계속 지속된다. 이 조약은 발효 이후에 창설되거나 취득된 적용투자뿐만 아니라 발효 당시에 이미 존재하던 적용투자에 대해서도 적용된다.

2. 체약국은 서면통지를 보냄으로써 이 조약을 처음 10년이 끝날 무렵에 종료시킬 수 있으며, 그 후에는 1년간을 유예기간으로 하여 종료시킬 수 있다.

3. 조약 종료 후 10년 동안, 이 조약의 모든 다른 조항은 종료일 전에 취득 혹은 창설된 적용투자에, 적용투자의 창설 및 취득에 관하여

이 조항들이 연장되는 경우를 제외하고는 적용된다.

대부분의 투자자본이 단기간에 회수된다는 점에서 볼 때, 최소 20년 규정은 투자자본에 대한 과잉보호라는 점에서 납득하기 어려운 조항이다.[17] 이 말은 결국 한국에 대해 미국의 투자자본이 20년 동안에 걸쳐 규정력을 발휘한다는 의미로 이해될 수밖에 없다.

열번째, 표준안의 부속문서에는 우선 미국 측의 예외조항이 적시되어 있다.

1. 미합중국 정부는 다음에 열거된 사업분야 및 사안에 대해서 적용투자에 대한 내국민대우의 예외를 채택하거나 유지할 수 있다.

   원자력, 관세사, 방송, 일반통신망, 무선국 허가, 통신위성, 국가가 지원하는 대부, 보증보험을 포함한 보조금; 북미자유무역지대 협정 1102조, 1108조에 의한 국가적 혹은 지방적 조치에 의한 예외, 해저 케이블 가설

   최혜국대우는 위에 열거된 사업영역 및 사안에 대해서 부여될 수 있다.

2. 미합중국정부는 아래 열거된 사업영역 및 사안에 대하여 내국민대우 및 최혜국 대우에 대한 예외를 채택하거나 유지할 수 있다.

   수산업, 항공 및 해운 운송업 및 이에 관련된 활동, 은행업* 보험업* 증권업* 및 다른 금융업*

   *주 : 만약 조약 상대방이 모든 혹은 특정한 금융서비스를 받아들일 만한 약속이행에 착수하면, 미합중국정부는 예외를 그에 따라

---

17) 다자간 투자협정(MAI) 역시 20년에 걸쳐 유효한 데 BIT와는 달리 '5년/15년' 조건이다.

제한하고, 예를 들면 북미자유무역지대협정과 동일한 조건의
대우에 상응하는 특정한 의무를 고려할 수 있다.

다자간 투자협정에 준거해서 볼 때 예외조항은 협정체결 시점까
지 신청된 것에 한하고, 이후의 추가 등재는 불가능하다(stand-still
원칙). 그리고 일정 기간이 경과한 뒤 가능한 사후변경은 이 예외리
스트를 첨가하는 방식이 아니라 오직 삭제하는 방식으로는 가능하
다(roll-back 원칙).[18] 조약이 체결되고 난 뒤의 재협상은 원칙적으로
있을 수 없으며, 그래서 예외조항의 리스트를 작성하는 일은 실무적
으로 극히 중요하다. 이와 관련해 한미 실무협상 과정에서 논란이
된 것은 한국의 공기업 문제이다. 한국 측 입장에서는 가능하면 예
외조항에 많은 것을 포함시키기를 원한다.[19]

그렇다면 우선 표준안에 들어 있는 공기업 관련 조항을 보자.

각 체약국은 자신의 국영기업이 재화와 용역을 공급함에 있어 적용
투자에 대해서 내국민 대우 및 최혜국 대우를 부여하도록 해야 한다(2
조 1항).
2. 이 조약상의 체약국의 의무는 그 체약국에 의하여 국영기업에 위임

---

18) Welzk(1999), 위의 글, 46쪽.
19) 한국정부 측은 미국 측의 예외조항이 사실상 공개되어 있음에도 불구하고 아직까지 BIT
한국 측 예외조항 공개를 거부하고 있다. 단지 비공식적으로 알려진 바에 따르면, 한국
측은 벼, 보리재배, 육우사육업 및 도매업, TV, 라디오, 케이블방송업·신문발행업, 뉴스제
공업, 기간통신사업, 교육기관, 특수은행 및 미개방지분거래, 담배인삼공사(KT&G), 한국
가스공사, 원자력발전, 정부보조금, 연근해어업, 항공해상운송업, 위성방송업 등을 예외에
포함시킬 것이라고 한다. 그리고 스크린쿼터의 경우 축소를 전제로 예외에 포함시킬 것
도 합의한 것으로 보인다. 아래에서도 알 수 있듯이 한국 측의 예외조항은 거의 미국 측
요구가 관철된 결과라고 할 수 있다.

된 어떠한 규제적, 행정적 혹은 다른 정부기관의 권한을 행사함에
있어 그 국영기업에도 적용된다(16조 2항).

한마디로 미국 측은 공기업에 대해서도 BIT의 내국민 대우가 적
용되어야 한다고 강조하고 있다. 여기서 문제가 되는 것이 포철, 한
국통신, 한국전력, 담배인삼공사와 같은 고수익성 외국인 주식소유
한도설정 공기업들이다. 시장성이 아니라 공공성을 목표로 하는 공
기업이 외국자본에 인수될 때 그 사회적 역기능은 자명한 일이다.
기업으로서의 이윤추구와 공공성이라는 이중성에서 볼 때, 공기업
은 단순히 시장논리만으로 설명되지 않는 측면이 있다.

만일 공기업 민영화가 외국자본에 의한 민영화로 귀결될 때, 일단
BIT의 각도에서는 대단히 우려되는 일이다. 먼저 미국 자본은 BIT
에 따라 어떠한 노동법규상 의무도 없이 정리해고를 할 수 있으며,
나아가 공공서비스의 질적저하와 요금인상은 당연히 예상되는 수순
이다. 이것은 단순히 경제적 문제만은 아니다. 공기업에 의해 제공
되는 각종의 서비스는 한국 민주주의의 물적 기초의 역할을 하고 있
다. 그렇다고 할 때 공기업 민영화로 초래되는 공공영역의 축소와
위기는 한국 민주주의의 동요로, 그리고 실업으로 인한 사회적 불안
정과 연동될 가능성이 높다. 공기업 민영화로 예상되는 최악의 결과
는 한국 국가기능의 공동화와 사회적 해체라고 할 수 있다.[20]

20) 한미BIT를 위한 한미간 협상과정에서 드러난 공기업 관련 부분은 월간 「말」지 2001년 5
월호를 참조. "정부는 1998년 협상 초기 전 기업을 내국민 대우 유보대상에 포함시켜 외
국인 소유지분을 제한하였고, 정부투자기관인 한전 또한 유보대상에 포함시켰다. 하지만
정부는 협상과정에서 미국의 요구에 굴복해 유보대상을 삭제 축소하는 방향으로 나아갔
다. 1998년 8월 24일자로 산자부가 외통부에 보낸 〈한미BIT 유보안〉 공문을 보면, 산자
부는 한전이 독점사업으로 운영하고 있는 전기사업(발전사업, 송배전사업, 변전사업, 방

결론

한국경제는 1997년 경제위기 이후 지속적인 구조적 불황에 시달리고 있다. 이러한 불황을 타개하기 위해 김대중 정부는 2000년도 들

사성폐기물관리사업, 핵연료주기사업)을 유보대상에 유지시키겠다는 의지를 외통부에 전했다."

그런데 1998년 12월 17일자로 주미한국대사관이 산자부에 보낸 문서를 보면, 미국은 "공기업 민영화의 최초 단계의 정부지분 10%에 대해서만 내국민에게 우선 배정하고, 잔여분은 내외국민 차별을 없애며, 그 이후 단계에서는 외국인에 대한 차별적 요소를 완전 폐지하라"고 요구했다. 또한 미국은 "이러한 방식으로 민영화 대상이 되어야 할 기업명단을 5개 미만으로 정해 미국에 제시할 수 있어야 한다"고 요구했다.

1999년 1월 27일 주미한국대사관이 산자부에 보낸 문서에는 1월 25일에 진행된 한미 비공식협의 내용이 담겨 있는데, 미국의 주장이 고스란히 반영된 것을 알 수 있다. 정부는 "세이프가드, 스크린쿼터 등 주요쟁점에 대한 일괄합의가 이루어져야 함을 전제로 '민영화와 독점해제' 항목의 유보안을 수정 축소"할 것을 제시하였다. 즉 유보대상을 한전, 포철, 담배인삼공사, 가스공사 등 4개 기업과 핵발전, 송전분야 등 2개 사업분야로 한정할 것을 적극 검토하겠다고 약속한 것이다. 이로써 20여 개 정부투자기관과 배전 및 변전사업, 그리고 천연가스도매업이 정부보호의 울타리에서 제외되었다. 안영근 의원은 "미국의 강력한 요구가 있었던 1998년 12월 17일 이후 40일 만에 정부의 입장이 완전히 바뀐 것이어서 미국의 압력이 크게 작용했다"고 주장했다.

안영근 의원은 "1998년 8월 24일 이후 배전 및 변전사업, 천연가스도매업 분야의 환경이 도대체 어떻게 바뀌었길래 5개월 만에 유보조항에서 제외한 것인가? 유보조항에서 제외하려면 국내기업이 살아남을 수 있는 경쟁력을 갖추는 동시에 공공성을 살릴 수 있는 여건을 만들어야 하는데, 5개월 동안 무슨 조치를 취했나? 또한 20여 개 정부투자기관을 제외한 이유가 무엇인가?"라고 반문했다. 또한 1999년 2월 3일자 문서에서 산자부는 미국 및 정부의 입장에 밀려 공공발전사업에 대한 외국인 지분을 제한하겠다던 종전 입장을 철회해 자유화한다는 입장을 표명했다. 주요공기업 해외매각에 끝까지 반대하던 산자부마저 물러섬으로써 한전의 발전자회사 해외매각은 아무런 장애 없이 진행될 수 있게 된 것이다.

한전 발전자회사에 관심을 갖고 있는 미국기업(혹은 미국 중심의 다국적기업)은 텍사코(TEXACO), 엘파소(ELPASO) 에너지, 엔론(ENRON), AES 등인 것으로 알려지고 있다. 이 중 칼텍스의 모회사인 텍사코는 이미 LG와 함께 안양 부천 열병합발전소를 인수해 운영하고 있으며, 엘파소에너지도 안양 부천 열병합발전소 입찰에 참여한 적이 있다. 안영근 의원은 "1.4조 원의 공공부담을 안고서도 1.7조 원의 당기순이익을 내는 한전을 부실기업으로 매도하며 수많은 노동자들을 거리로 내몰고 있는 현정부의 전력산업 구조개편은, 미국 주연(主演) 현정부 조연(助演)의 한편의 희극에 불과하다"고 주장했다.

어서 신용카드 사용의 활성화와 부동산 대출의 확장으로 소비를 인위적으로 창출하려고 노력했다. 하지만 인위적이고 과도한 정부의 시장개입은 2002년 이후 부실 카드채 증가에 따른 금융위기의 가능성과 소비축소, 기업의 투자축소 등으로 이어지며 수출의 호조에도 불구하고 불황의 연속으로 나타나고 있다. 국내에 존재하는 400조 원 정도의 시중 부동자금 또한 경기의 불확실성과 낮은 기대수익율로 인하여 장기예금투자나 주식시장을 통한 기업에의 발전적인 투자로 유인되지 못하고, 부동산시장으로 몰려 집값 폭등을 초래한 바 있다.

한국의 현재 경제위기는 외인론(예를 들어 국제 투기자본의 과도한 자유화로 인한 환율위기 발생과 연이은 외채위기의 발생)과 내인론(정경유착, 높은 부패도, 불투명하고 비효율적인 기업 거버넌스 등) 양자 모두에서 주요 원인을 찾을 수 있다. 김영삼 정부는 과도한 자본자유화를 추진해 국제자본의 급속한 유입과 유출을 부추겼다. 또한 정경유착과 높은 부패도, 불투명한 기업 지배구조와 회계시스템은 한국경제의 성장동력을 안으로부터 붕괴시키는 원인이 되었다. 이러한 배경에서 정부는 심화된 경제불황을 타파하기 위해 한미BIT를 통한 외국인 투자 유입의 확대를 통해 경제적 난국을 돌파하려고 하고 있으나, 이러한 시도는 다음과 같은 두 가지 측면에서 주객이 전도된 상황이라고 할 수 있다.

첫째, 해외직접투자와 경제성장의 인과관계에 대한 기존의 연구는 한 국가에서 경제성장이 잘 실현되고 있을 때(즉, 경제성장률이 증가할 때) 해외직접투자의 유입이 늘어나는 것일 뿐, 해외직접투자의 유입이 먼저 늘어나고 그에 따라 그 나라의 경제성장이 추동되는 것은 아니라는 점을 공통적으로 지적하고 있다. 좀더 구체적으로 언급하면, 한 나라의 경제성장률이 증가하면 해외직접투자의 유입이 늘어나고, 해외직접투자의 유입이 증대되면 이후에 그 나라의 국내투자도 증가된다는 것이다.[21] 따라서 경제성장률이 둔화되고 투자가 축소된 한국에서 외국인 투자 유치의 확대를 통해 경제난국을 돌파한다는 일부 경제부처의 정책은 선후가 바뀐 것이라고 할 수 있다. 국내저축과 국내 유휴자금을 국내투자로 유도해 투자를 활성화시키고, 이를 통해 경제성장률이 증가할 때 외국인들은 한국에 투자하려고 들어오게 된다.

둘째, 우리는 앞서 BIT와 투자 및 금융자유화의 효과는 미미한 것이며, 그보다 중요한 것은 국내의 투자환경과 제도개선이라는 점을 살펴보았다. 따라서 효과가 불확실한 BIT체결을 위해 대외적으로 전력투구하기보다는 먼저 대내적인 경제환경과 체질개선을 위해 노력하는 것이 무엇보다도 중요한 정책과제임을 명심할 필요가 있다. 대내적인 경제환경 개선은 노사 간의 반목과 대립을 해소하기 위한 사회통합 차원의 대타협을 요구하고 있으며, 양질의 해외직접투자 유인책으로 한국의 지역적 우위(locational advantages)를 개선하기 위한 산업정책과 과학기술정책을 적극적으로 구사할 필요가 있다.

또한 정부는 이와 더불어 기업 거버넌스의 투명성과 효율성을 확보해야만 하고, 부패척결과 정경유착을 근절하고 포트폴리오 투자를 관리하고 통제할 시스템을 개발해야 할 것이다. 한마디로 세계화와 투자자유화 시대에 국가의 효율적인 역할과 관리능력 및 국민적 통합의 필요성이 더욱 강화되고 있는 것이다. 마지막으로 지금까지의 주요한 논지들을 정리하며 글을 맺고자 한다.

21) 이러한 실증연구에 대해서는 Calderon/Loayza/Serven(2004)를 참조하라.

1. 한미BIT의 경제효과에 대한 주장은 다분히 과장된 것이다.
2. 제시된 실익의 내용 역시 그 근거가 의심스러운 통계적 시뮬레이션의 결과일 뿐이며, 국가 정책의 근거로는 설득력이 약하다.
3. BIT는 실제로 미국계 금융자본의 이익을 관철하기 위한 도구가 될 우려가 제기될 수 있다.
4. 가장 우려되는 결과는 투기화된 한국 금융시장의 불안정을 가중시키고 한국경제의 대미종속을 심화시킬 수 있다는 점이다.
5. BIT 표준안 역시 다수의 불합리한 조항과 불평등한 독소 조항을 안고 있다.
6. 쟁점이 되고 있는 스크린쿼터 문제만 보더라도, 한일BIT에 스크린쿼터가 유보리스트에 포함되어 있는 점, 1998년 한미협상 때 한국 측이 스크린쿼터 분리를 제안했던 점, 이후 주한미국상공회의소도 분리를 제안한 점에 미루어볼 때 한국사회 일각의 스크린쿼터 축소 내지 철폐론은 사실상 미국 측 압력의 결과로 보인다.
7. 예를 들어 직접투자는 높고, 증권투자는 낮은 중국형 외자유치전략과 직접투자는 낮고 증권투자는 높은 한국형 외국인 투자전략과 비교해 볼 때, 실익도 없는 BIT에 매달릴 것이 아니라 새로운 대안모색에 나서야 한다.

| 참고문헌 |

국제연대정보정책센터, 『한미투자협정 자료집』, 1998.
조선일보, 2003년 12월 29일자.
한겨레신문, 2003년 12월 1일자.

Cesar Calderon, Norman Loayza, Luis Serven, 「Greenfield Foreign Direct Investment and Mergers and Acquisitions: Feedback and Macroeconomic Effects」, 『World Bank Policy Research Working paper』 3192, January 2004.

Choudry, Azia, 「Sleeping Beauty and Prince Charming: Bilateral Deals are no Fairytale」, Znet, June 13. 2003.

Guzman, Andrew T., Explaining the Popularity of Bilateral Investment Treaties: Why SDCs Sign Threaties That Hurt Them, http://www.law.harvard.edu/Programs/JeanMonnet/papers/97/97-12.htm.

Hallward-Driemeier, M., 「Bilateral Investment Treaties: Do They Increase FDI Flows?」, 『Background Paper for Global Economic Prospects』 2003, Washington D.C.: World Bank.

Hoogvelt, Ankie, Globalization and the Postcolonial World: The New Political Economy of Development, London: Macmillan, 1997.

Prasad, Eswar S., Kenneth Rogoff, Shang-Jin Wei, and M. Ayan Kose, Effects of Financial Globalization on Developing Countries: Some Empirical Evidence, http://www.imf.org/external/pubs/nft/op/220/index.htm(검색일 : 2003.11.10).

Randall, Vicky, and Robin Theobald, Political Change and Underdevelopment: A Critical Introduction to Third World Politics, London: Macmillan, 1998.

Welzk, S., 「Visionen der MAI. A Brave New Corporatist World?」, Bl tter F r deutsche und internationale Politik, 1/99.

World Bank, Global Economic Prospects 2003: Investing to Unlock Global Opportunities, http://publications.worldbank.org/catalog/conytent-download?revision_id=2637151(검색일 : 2003.11.10).

사례연구 | 외자 투기사례 분석

진로와 골드만삭스 | 고형식(미국 변호사)

SK는 어떻게 JP모건의 희생양이 되었나 | 윤창현(명지대학교 무역학과 교수)

소버린의 SK(주) 경영권 위협 | 김용기(삼성경제연구소 수석연구원)

진로와 골드만 삭스[1]

◎고형식(미국 변호사)

2004년 10월 3일, 국내 소주 1위업체인 진로가 창립 80주년을 맞았다. 1924년 설립된 진로는 1954년 두꺼비가 처음 등장한 이후, 1975년부터 지금의 '진로' 상호를 채택하면서 약 30여 년간 한국 소주의 대명사로 인식되어 왔다. 한국에서 보기 드문 장수기업이기도 한 진로는 이번 80주년을 별다른 행사 없이 조용히 보냈다. 진로는 1997년 9월 부도를 맞아 화의에 들어갔고, 이후 현재까지 법정관리 중이며 최근 매각 주간사를 선정하고 매각 수순을 밟고 있기 때문이다.

진로의 파산신청은 월가의 유명 투자은행인 골드만 삭스에 의해 2003년 3월에 이루어졌다. 골드만 삭스는 처음에 진로의 경영상태

---

1) 필자가 진로사태에 처음 개입하게 되었을 때는 이미 진로와 골드만 삭스 간에 많은 사건들이 발생한 이후였기 때문에 이 사건 전체를 직접 경험한 것은 아니라는 점을 밝혀둔다. 그래서 필자가 직접 관여하지 않은 부분에 대한 사실은 경우에 따라서 정확성을 담보할 수 없음을 밝히고, 미리 양해를 구한다.

를 정상화시키기 위해 진로의 경영자문사나 매각 주간사가 되기 위해 진로에 개입하기 시작했다. 그 과정에서 진로와 골드만 삭스의 숱한 법정공방이 이어졌으며, 결국 최대채권자 중 가장 위협적이고 적대적인 채권자로 변신한 골드만 삭스에 의해 진로는 파산과 매각, 그리고 경영진이 형사고발을 당하기에 이르렀다.

필자가 진로사태에 처음 개입하게 된 때는 홍콩 소재 영국계 로펌에서 재직 중이었던 2001년 말이다. 그때는 이미 진로와 골드만 삭스 간에 많은 사건들이 발생한 후였기 때문에 필자는 이 사건 전체를 직접 경험한 것은 아니다. 그러나 진로를 담당했던 한국인 미국 변호사로서 진로와 골드만 삭스 사이에 있었던 일들에 대한 개괄적 진실을 파악할 수 있었다.

왜 진로는 양해각서 단계를 넘지 못했는가

2001년 말경, 진로는 한국 소주사업, 일본 소주사업 및 생수사업을 구매하려는 몇몇 투자자들과 실질적인 협상을 벌이고 있었다. 매각 과정은 다음과 같은 단계로 진행되었다.

1. 사업소개서의 준비 및 잠재투자자에게 배포
2. 잠재투자자들과의 비밀유지 약정에 대한 협의 및 체결
3. 잠재투자자로부터 수령한 예비입찰의 평가
4. 최고가 입찰자에 의한 예비실사
5. 세 가지로 분류된 진로자산과 관련된 각 양해각서에 대한 협의 및 체결

　그러나 진로가 2003년 4월 파산선고를 받은 관계로 MOU(양해각서) 단계를 넘지 못했다. 절차가 계속 진행되었더라면 최종실사, 최종계약서 체결 및 종결 등이 있었을 것이다.

　진로는 1998년 3월부터 2003년 3월까지 화의상태였다. 대기업으로는 화의기업 1호가 된 진로는 당시 '이자만 갚고 원금은 2003년부터 5년간 갚는다'는 조건으로 화의를 인가받았다. 이러한 화의계획 하에서 진로는 5년 내에 자산 매각 및 채무구조 개혁을 해야 했으며, 그렇지 못할 경우 법정관리로 넘어갈 수밖에 없었다. 즉, 진로의 경영진이 축출되고 법원이 선임한 법정관리인이 회사를 경영하게 된다는 것이다. 따라서 매각이 종결되기 위해서는 진로가 5년 내에 성공적으로 채무구조를 개선할 수 있는지, 파산법원이 매각을 번복하지 않을 것인지 투자자들에게 확신을 줘야 했다. 매각이 무효화되면 투자자는 매입했던 자산을 법정관리인에게 반환해야 하며, 무담보 채권자로 남게 되는 위험을 감수해야 하기 때문이다.

　진로 역시 자산매각을 진행하기 위해서는 미변제 채무액의 2/3 이상의 채권자들로부터 동의를 받아야 했다. 이러한 동의 요건은 미변제 채무의 30% 이상을 보유하고 있던 골드만 삭스 및 외국채권자들에게도 동일하게 적용되었다. 여기서 유의할 점은, 진로가 화의를 신청한 1997년 11월 전에는 외국채권자들은 진로의 채권자가 아니었으나, 화의계획이 승인된 1998년 3월 이후부터는 이들이 한국자산관리공사(KAMCO) 및 국내채권자들로부터 진로 채권을 매집해 진로의 대주주가 되었다는 점이다. 골드만 삭스는 그 중 하나로 2000년, 2001년에 한국, 일본 및 홍콩에서 진로와 그 주요 자회사를 상대로 다양한 법적조치를 취했다. 결국 2002년 초 거의 모든 투자자들은 진로가 2003년 3월쯤이면 파산할지도 모른다는 우려 때문에 선뜻 거래를 하지 못했다.

골드만 삭스는 왜 진로를 선택했는가

그렇다면 왜 골드만 삭스는 진로에게 관심을 갖게 되었을까? 그 이유는 크게 다섯 가지로 꼽을 수 있다.

첫째, 진로는 강력한 브랜드파워와 주요 해외시장에서 상당한 시장점유율을 가진 선도적 다국적기업으로서 성장잠재력이 매우 큰 기업이었다. 특히 진로소주는 1990년도 중반부터 일본에서 인기를 끌기 시작했으며, 미국 및 중국을 포함한 해외시장에서도 성공을 거둘 만큼 강한 잠재력을 인정받고 있었다.

둘째, 지배적 시장점유율로 인한 안정적 현금흐름이 있었다. 진로소주는 한국 내에서 55% 이상, 서울 및 경기도에서 90% 이상의 시장점유율을 확보하고 있었다. 이를 바탕으로 한 강력하고 안정적인 현금흐름은 기업가의 입장에서는 큰 매력이 아닐 수 없다.

셋째, 진로는 한국 소주사업, 일본 소주사업, 그리고 생수사업을 보유하고 있었는데, 이는 진로의 경영권을 확보하는 제3자가 채무변제를 위해 분리매각하기에 적합했다.

넷째, 최대주주가 형사기소에 처해 있는 상황이라 경영권 방어를 할 여력이 없었다. 진로의 최대주주인 진로의 회장은 1990년도 중반 이후부터 형사사건과 관련해 조사를 받고 있었으며, 재판 결과에 따라 경영권이 박탈될 가능성이 매우 높았다.

다섯째, 당시 진로는 과다한 채무가 있었다. 1990년 초반을 시점으로, 진로는 소주 및 주류사업에서 사업다각화를 위한 공격적 시도로 수많은 인수 및 투자가 이루어졌는데, 이 자금의 대부분은 대출로 조달되었다. 과거 모든 재벌기업의 성장모형처럼 진로의 새로운 자회사는 신규사업 운영을 위해 설립되었고, 모회사인 진로는 은행대출에 보증을 서서 자회사를 재정으로 지원하게 된다. 그런데 이런 방식으로 인수 및 투자가 이루어진 지 몇 년 지나지 않아 외환위기가 터졌고, 진로로서는 그 투자를 제대로 운영할 기회도 없이 채무상환을 요구받았다. 이것이 바로 진로 몰락의 주요한 원인이 되었다.

이러한 특징으로 인해 골드만 삭스는 진로를 적대적 M&A의 매력적인 표적으로 삼았다. 진로와 비슷한 처지에 있었던 다른 한국 회사들 역시 투기자본으로부터 이미 공격을 받고 있거나 공격을 당할 처지에 있기는 마찬가지였다.

골드만 삭스의 무너진 정보차단벽

한보, 삼미그룹의 파산에 잇따른 1997년 하반기 외환위기로, 진로의 채권자들은 진로에 대한 대출을 중단했고 진로는 갑작스런 단기유동성위기에 직면하게 된다. 결국 1997년 9월 진로는 화의를 신청하고 1998년 3월 화의승인을 받게 된다.

골드만 삭스는 1997년 11월 진로의 채무구조개선 및 화의상태를 벗어나기 위해 재정적 자문을 해주었고, 더불어 진로의 특정자산을 매입할 용의가 있다며 진로 경영진에게 접근했다. 골드만 삭스가 세계적인 투자금융회사인데다,[2] 비밀유지협약을 체결했기 때문에 진

___

2) 당시 미국 재무장관은 골드막 삭스의 전 사장인 로버트 루빈(Robert Rubin)이었다.

로는 골드만 삭스를 신뢰했다. 또한 당시 외국자본 유치는 절대적인 기회였기 때문에 진로로서는 골드만 삭스의 제안을 거절할 이유가 없었다. 진로로서는 그들이 적대적으로 돌변하리라고는 전혀 예상치 못했다.

1997년 11월 골드만 삭스와 진로는 비밀유지협약을 체결했다. 비밀유지협약에 따르면, 골드만 삭스는 진로의 동의 없이 진로가 제공한 비밀정보를 어떠한 목적을 위해서라도 공개하거나 사용할 권리가 없었다. 아울러 비밀유지협약은 골드만 삭스의 임직원들에게 비밀유지 의무를 통지하고, 골드만 삭스는 임직원의 비밀유지 의무 위반에 대해서 모든 책임을 지도록 규정했다.

진로는 비밀유지협약에 따라 1997년과 1998년에 골드만 삭스에 제공된 비밀정보가 진로채권 매입과 관련해서 사용되었다고 믿고 있다. 당시 골드만 삭스가 홍콩에 아시아의 부실채권 매입을 전문으로 하는 사무소를 가지고 있었으며, 이 그룹이 진로의 채무평가에 실제로 개입하고 있다는 것을 전혀 알아채지 못했던 것이다. 이에 대해 골드만 삭스는 홍콩 사무소가 비밀정보를 받았지만, 그 정보는 철저하게 M&A 자문을 담당하는 투자금융부서 내에서만 통용되었고 아시아 회사의 부실채권 매각/매입을 전문으로 하는 부실채권부서에는 알려지지 않았다고 주장한다. 그러나 투자금융부서와 채권부서 간에 소위 ‘정보차단벽(Chinese Wall)’이 엄격하게 준수되는 미국에서도 정보차단벽은 종종 허물어진다. 실제로 미국 증권감독위원회는 최근에 앞에서 언급한 두 부서가 고객의 비밀정보를 공유했다는 것을 이유로 골드만 삭스와 다른 투자은행을 징계한 바 있다. 모든 투자은행이 정보차단벽을 유지한다고 주장하더라도, 이처럼 운영 규모가 작은 아시아 사무소와 같은 경우에는 정보차단벽 자체가 존중되지 않았을 가능성이 매우 크다고 볼 수 있다.

비밀유지협약하에 형성된 신뢰관계를 바탕으로, 진로는 골드만 삭스의 여러 임직원에게 광범위한 영업비밀 및 진로와 자회사에 관련된 비밀정보를 제공했다. 진로는 골드만 삭스 내에서 홍콩, 싱가폴, 서울, 뉴욕에 기반을 둔 투자금융부서 및 기타부서의 직원들을 포함해 부실채권부서에 소속된 직원들이 진로와 관련된 팀으로 활동했다고 믿고 있다. 게다가 진로는 이 직원들 중 누가 어떤 업무를 담당하는지, 누가 부실채권부서에서 일하는지에 대해서는 전혀 알지 못했다. 비밀유지협약 외에 자문계약서는 체결되지 않았으나, 진로가 비밀유지협약하에 제공한 정보에는 진로의 구조조정계획, 자산, 재정상태, 현금흐름, 마케팅 및 수출전략, 기타 영업비밀 등 일반에게 공개되지 않은 고도의 영업비밀이 상세하게 담겨 있었다. 이 모든 정보는 진로가 최소한 5년간은 화의계획 아래 채무에 대한 이자(년 이율 8~11%)지급의무를 이행할 수 있으며, 진로의 자산이 실질적으로 모든 부채를 변제하기 충분하다는 사실을 확신시키는 것들이었다.

비밀유지협약을 이용한 채권 매집

비밀유지협약을 체결한 이후, 골드만 삭스는 아무런 사전 통보도 없이 아일랜드에 설립된 페이퍼컴퍼니 등 다양한 경로를 통해 진로채권을 매입했고, 한편으로는 2000년 및 2001년 진로를 상대로 법적 조치를 취했다. 골드만 삭스의 이런 태도는 진로의 구조조정 노력이 한창 진행 중이던 중요한 시기 동안 이루어져 다른 투자자의 투자의욕을 상실시켰다. 결국 진로는 2003년 3월 파산을 맞이하게 된다.

진로 측은 골드만 삭스가 KAMCO의 채권공매절차에서 액면가의 15~20%에 진로채권을 매입했다고 주장하고 있다. 1998년 9월에 진행된 KAMCO의 1차 채권공매절차에서 나온 매각 채권의 대부분은 진로가 발행했거나 보증을 선 것들이었다. 이상한 것은 이 공매에서 투자자들을 위한 어떠한 데이터룸 및 공식적 사업소개서조차 제공되지 않았다는 점이다. 투자자로서는 이처럼 투명성이 결여된 입찰에 참가할 이유가 없다. KAMCO에 따르면, 골드만 삭스는 1차 공매에서 액면가 5%에 낙찰을 받았으나 후에는 10%로 제안했다고 한다. 나중에 알려진 사실에 의하면, 입찰가격을 상회하여 골드만 삭스가 벌어들인 소득의 50~60%를 KAMCO가 청구할 수 있는 이익분배계약을 KAMCO와 골드만 삭스가 체결했다고 한다.[3]

진로 측은 이처럼 파격적인 가격으로 낙찰받을 수 있었던 이유는 다른 투자자들에게 알려지지 않은 진로의 재정 정보를 골드만 삭스가 자세히 알고 있었기 때문이라고 판단하고 있다. 이후 진로는 2000년 1월부터 2003년 2월까지 3년간 화의계획에 따라 연 8~11%의 이자를 지급했고, 골드만 삭스는 이미 자신의 투자액을 회수한 상황이었음을 추산할 수 있다.

이와 별도로 골드만 삭스는 진로홍콩이 발행하고 진로가 보증한 금리연동부채권(이하 FRN) 총 2800만 달러를 1998년 10월부터 2000년 11월까지 3년에 걸쳐 매입했다. 골드만 삭스는 2000년 6월 FRN의 액면가 100%를 변제하라고 요구할 때까지 채권매입사실을 진로에게 전혀 공개하지 않았다. 고수익의 진로홍콩은 일본 소주사

---

3) http://www.kamco.or.kr/eng/reward/main1.htm 참조.

업을 운영하는 진로재팬의 모회사로, 진로홍콩의 채권으로 진로의 일본 소주사업을 간접적으로 통제할 수 있기 때문에 이러한 채권매입은 진로그룹의 경영에 매우 중요한 영향을 주는 행위였다.

투자금 회수 후 예견된 파산신청

2000년 6월, 골드만 삭스는 당시 화의상태였던 진로건설과 진로식품에 대해 파산신청을 한다. 진로의 100% 자회사인 이 두 회사의 파산은 진로의 자산 안정성에 대한 잠재적 투자자들에게 위기감을 불러일으켰으며, 진로 경영진에 대한 골드만 삭스의 적대감은 잠재투자자들에게 알려졌다. 이러한 법적조치로 잠재투자자에게 진로는 더 이상 구조조정을 성공적으로 완료할 수 없을 거라는 이미지를 심어주었으며, 실제로 진로는 법정관리에 이르게 된다.

2001년 1월 진로가 제3의 투자자와 일본 소주사업 매각에 대한 합의에 근접하게 되자, 골드만 삭스는 진로에게 진로홍콩의 FRN을 전액변제해 줄 것을 재차 요구하고 홍콩, 일본 및 한국에서 법적절차를 개시하겠다고 위협한다. 진로는 국내채권자들에게도 골드만 삭스와 동일하게 전액변제를 할 확신이 없었기 때문에 골드만 삭스의 채권 100% 변제 요구를 거절한다. 법률상 화의상태 중에 채권자들을 차별하는 것은 금지되어 있기 때문이었다.

이어 2001년 12월, 골드만 삭스는 진로홍콩에 청산의 소를 제기한다. 청산이 되면 일본 소주사업의 소유권은 골드만 삭스 또는 공동투자자에게로 넘어간다. 이 사건은 여전히 심리(審理) 중이며, 골드만 삭스와 법정관리인이 타협안을 협의 중이라는 소문이 있다. 그리고 2002년 5월, 골드만 삭스는 일본 내의 진로 상표소유권을 차지하기 위해 법적절차를 개시함으로써 일본 소주사업의 제3자 매각을 차단했다. 투자자에게 상표권을 명확하게 이전하지 않는 한, 매각은 성사될 수 없기 때문이다.

2003년 4월, 골드만 삭스는 법원에 진로에 대한 파산을 신청한다. 진로 미변제 채권의 50% 이상을 보유한 채권자(모든 국내채권자 포함)들이 파산신청을 반대했고, 이들은 진로 경영진에게 채무구조개선을 위해 6~9개월의 유예기간을 주려고 했지만 법원은 골드만 삭스의 편을 들어 진로에 파산을 선고한다.

진로와 골드만 삭스 간의 법적 쟁점

한국 변호사가 아닌 필자는 진로와 골드만 삭스 간의 분쟁에서 발생한 다양한 쟁점과 관련해 한국 법률을 모두 정확히 파악하고 있는 것은 아니다. 하지만 진로와 골드만 삭스의 법적공방 도중 발생한 법적 쟁점에 관해서는 몇 가지 법률적 소견을 내릴 수 있다.

우선, 인적관할에 관한 부분이다. 한국 법률은 '분쟁 중에 있는 외국인 피고가 한국 내에 사무소 및 직원이 있어야 한다'는 요건을 보다 광범위한 인적관할로 바꿀 필요가 있다. 골드만 삭스의 적대적 의도가 명백해졌을 때, 진로는 2002년 3월 비밀유지협약을 위반하여 진로 채권을 매입한 골드만 삭스 및 홍콩 사무소를 상대로 소를 제기했다. 하지만 '한국 법원은 한국 내에 현존하지 않는 피고에 대하여 인적관할권을 행사할 수 없다'는 법원의 결정에 따라 소를 취하할 수밖에 없었다. 골드만 삭스 관련 모든 회사들은 해외에 있었고 한국 내에는 사무소 및 직원이 없었기 때문이었다. 한국 내에 사무소 또는 직원을 두지 않았다고 하더라도 첫째, 외국계 회사가 한국 내에서 사업을 수행하며 둘째, 한국민에게 직접적 영향을 주는 행위를 하며, 그리고 채권자 혹은 기타 지위로서 한국 법률체계의 수혜를 받는다면 한국 법원은 그 외국법인에 대한 인적관할권을 가져야 할 것이다.

둘째, 강제 증거공개에 관한 부분이다. 현재 한국 법원의 증거공개제도는 현대화될 필요가 있다. 관련서류나 증거를 한쪽만이 보유하고 있을 때, 서류나 증거입증책임을 다른 한쪽에게만 부담시키는 것은 비합리적이다. 각 당사자 모두 상대방이 보유하고 있는 서류나 증거 제출을 강제할 수 있는 권리가 있어야 한다. 진로사건의 경우, 골드만 삭스의 투자금융부서와 부실채권부서 간에 진로의 비밀정보를 공유한 사실을 나타낼 수 있는 내부메모, 답장, 내부문서 등을 강제로라도 제출하도록 해야 했다. 그러나 현행 규정은 실질적으로 이러한 제출을 강제할 수 없게 되어 있다. 추가로 개인 프라이버시, 영업비밀, 국가안보의 필요 등 제한적인 경우를 제외하고는 재판절차에서 증거로 제출된 모든 서증은 일반에 공개되어야 한다. 이런 제도를 통해 일반대중이 공공복리가 위협받는 사안에 대해 밀도 있게 조사 연구할 수 있도록 해주어야 한다.

셋째, 파산 관할에 관한 것이다. 파산법은 한국에서 지속적인 개혁이 이루어지고 있는 분야다. 최근 경영진에 의한 사기 및 기타 범죄행위가 있는 경우를 제외하고, 파산회사의 경영진을 존치하는 방향으로 통합도산법의 제정이 추진되고 있다. 하지만 이 법령은 한국 내에서 파산을 개시할 때, 해외채권의 역외 적용에서는 여전히 취약점을 가지고 있다. 진로는 1998년 3월부터 한국 내에서 화의상태였기 때문에, 국내채권자들은 진로를 상대로 개별적인 법적조치를 취할 수 없었다. 하지만 골드만 삭스와 같은 외국채권자들은 그들이 보유하고 있는 진로채권이 화의계획하에 한국파산법원의 감독을 받고 있었음에도 불구하고, 홍콩과 일본에서 법적조치를 취할 수 있었다. 따라서 우선 채권이 한국 파산절차의 규제를 받고 있다면, 국내외를 불문하고 한국파산법원의 보호하에 있는 파산회사에 대한 법적조치를 취할 수 없도록 하는 방향으로 관련 법률을 개정해야 한다.

넷째, 한국은 징벌적 배상제도를 채택해야 하고, 이를 통해 불법적 행위를 한 자에게 청구인의 실제 피해 이상의 징벌적 배상을 강제할 수 있도록 해야 한다. 이 제도로 시장지배력을 가진 자가 사회적 약자에게 가하는 권리 남용을 방지할 수 있다. 진로사건의 경우, 진로가 골드막 삭스의 비밀유지협약 위반을 입증했더라도 진로가 그 계약 위반으로 직접적으로 야기된 손해를 입증하기란 어려웠을 것이다. 이에 손해입증 여부와 상관없이 징벌적 성격의 배상 명령을 내림으로써 강자의 횡포를 규제해야 한다.

다섯째, 인가 요건에 관한 것이다. 한국 내에서 부실채권을 취급하는 모든 투기펀드는 금융감독위원회에 등록, 인가를 받아 규제·감독을 받으며, 보고를 하도록 요건화해야 한다. 진로사건의 경우, 골드만 삭스는 한국 내에서 인가를 받지 않고 해외에서 진로채권을 매입했으며, 그에 따라 한국 법원의 관할을 피할 수 있었다. 한국은 어떻게 투기펀드가 운영되는지 보다 정확히 파악하고 이러한 펀드들의 행위를 감독할 수 있는 적절한 제도를 만들 필요가 있다. 외국계 투기펀드에 적용되는 규제제도는 한국 내에서 고용을 창출하고, 투자를 촉진하는 외국 제조업이나 서비스업에 적용되는 것과는 구분되어야 할 것이다.

투기펀드를 막기 위한 제안

지난 7년간 골드만 삭스와 진로의 적대적 관계를 돌이켜보면, 파산을 막기 위해 진로의 최고경영진이 무엇을 해야 하며 무엇을 할 수 있었는지에 대해 파악할 수 있다. 진로의 몰락을 재촉하는 잘못된 경영판단이 있었던 것은 사실이다. 골드만 삭스가 진로의 경영권 장악을 위해 접근했다는 적대적 의도를 알았을 때는 이미 늦은 후였다.

이와 마찬가지로 외환위기로 야기된 대량의 유동성 위기는 새로운 현상이었으며, 그에 따라 발생하는 문제에 대처할 수 있는 경험과 전문적 지식은 진로 최고경영진뿐만 아니라 한국 전체에서도 매우 부족한 실정이었다. 한국사회는 외환위기의 발발을 예상하지 못했고, 제도적 위기의 징조가 나타나기 시작했던 1990년대 초반에 제도적, 법적 개혁을 준비하지 못했다.

진로사태만 봐도 한국 내에서 투기펀드가 수없이 증가하고 강력해졌다는 것을 알 수 있다. 서방국가에서 흔히 사용되고 있는 벌처(vulture)[4]나 래이더(raider)란 이름에서 알 수 있듯이, 한국은 투기펀드가 별다른 위험부담 없이 삼켜버릴 수 있는 순한 고깃조각과 같은 처지인 데 반해 이에 대한 대처능력은 최하위급이다. 투기펀드의 본질적 특징으로는, 팀을 이뤄 표적을 공격한다는 점과 단기수익에 따라 움직인다는 점을 들 수 있다. 힘을 결집해 최대한 쉽게 공략하는 것이 이 게임의 법칙이다. 한국이 이 게임에서 살아남기 위해서는

4) 벌처(vulture) : 파산한 기업이나 자금난에 부딪쳐 경영 위기에 처한 기업을 싼값에 인수해 경영을 정상화시킨 후 비싼 값으로 되팔아 단기간에 고수익을 올리는 자금으로 고위험 고수익을 특징으로 한다. 벌처(vulture)란 '대머리독수리'를 뜻하는 말로 썩은 고기를 먹고 사는 독수리의 습성에 비유하여 붙여진 이름이다. 독수리가 썩은 고기를 먹는 것처럼 부실기업이나 정크본드를 주요 투자대상으로 하기 때문이다.

다음과 같은 최소한의 방어책들을 마련해야 할 것이다.

가장 먼저, 투기펀드에 대한 적절한 감독 및 평등한 세금 부과가 필요하다. 투기펀드들은 표적을 결정하고 지목해 인수한 뒤, 이익을 나누어 먹는 공동의 목적을 공유한다. 따라서 한국 기업과 비밀유지 협약을 체결했다 하더라도 자신들끼리 서로 정보를 공유하고 끊임없이 상의한다. 투기펀드들은 집단적으로 움직이고, 전략적으로 적절한 시기에 하나의 투기펀드를 따라서 다른 펀드들이 행동하기 때문에 정보 공유는 필수적이다. 좀더 공략을 쉽게 하기 위해 희생물의 상태에 대해 4, 5년 정도 정보를 공유해야 한다면, 그 정도는 기다릴 수 있는 능력도 갖추고 있다. 이 같은 투기펀드의 집단적 행동과 사고방식은 조만간 경제적, 정치적 측면에서 보다 강력화된 힘과 영향력으로 드러날 것이다. 한국 내에서 자신의 영향력이 증대됨에 따라 투기펀드들의 행동에 대한 감독당국의 방식은 물론 투자, 고용, 자본시장 등 경제분야 전반에 대한 정부정책에도 영향력을 미치게 될 것이다. 이러한 영향력이 항상 부정적으로만 작용하는 것은 아니다. 예컨대 그들이 기업지배구조 및 한국재벌기업의 투명성을 제고할 수 있으며, 그 위협으로 인해 국가경제를 위해 활동하는 사회 각 분야의 건전한 발전을 자극할 수도 있다. 다만, 시기와 정책적 의지 및 경험과 지식을 통해 이 펀드들을 어떻게 감독, 규제할 것인가가 관건이다. 특히 조세피난처에 설립된 투기펀드들의 특권을 반드시 없애야 하고, 투기펀드들이 한국 지사를 설립해 한국 기업과 동등한 조건 및 규제를 받으며 영업하도록 점진적으로 유도해 나가야 할 것이다. 더불어 이 같은 정책을 시행했을 때 예상되는 투기펀드들의 반발로 인한 분쟁에 대해서도 철저한 준비를 해야 할 것이다.

기업관련 형사법 개정 역시 필요하다. 투기펀드들은 기업의 장기성장 가능성 또는 고용안정을 염두에 두지 않는다. 그들은 한국 기업이 세계적인 다국적기업으로 발전하는 것도 바라지 않는다. 오히려 각 산업 분야에서 세계적인 선도기업이 될 수 있는 기업을 표적으로 삼는다. 강력한 브랜드파워, 건전한 현금흐름, 매각할 수 있는 매력적 고정자산 등의 특징을 충족하고 있기 때문이다. 투기펀드는 이러한 회사의 경영권을 탈취할 가능성 및 투자자본 회수 극대화를 위한 분리매각에 관심이 많다. 특히 대상회사의 최고경영진이 형사처벌 등의 위험에 처해 있으면 인수는 보다 손쉽게 이루어질 수 있다. 최고경영진이 궁극적으로 무죄로 밝혀지더라도, 투기펀드는 투자액을 회수하기 위해 프리미엄을 받고 주식을 되파는, 소위 그린메일(greenmail)을 협의할 여지가 있다. 형사사건 조사를 받게 되느냐 하는 것은 최고경영진 입장에서는 매우 중요하므로, 어떤 종류의 행위가 기업경영자의 범죄행위가 되는지 법에 명확하게 규정하는 것도 필수적이다. 한국의 사법체계는 형사책임과 민사책임의 경계가 불명확하므로 그 경계를 명확히 하려는 법 개정이 뒷받침되어야 한다.

아울러 자본투자시장의 활성화 역시 필요한 기제이다. 고도의 성장잠재력을 갖춘 회사도 잠재력을 충분히 발휘하기 위해서는 상당 기간 동안 엄청난 자금을 필요로 한다. 하지만 은행 또는 기타 대출기관으로부터 쉽게 저리의 지속적인 대출을 받던 시대는 외환위기와 함께 끝났다. 따라서 고도성장기업에 자금을 투여할 수 있는 대체수단을 조성하기 위한 정부의 적절한 노력이 필요하다. 정부는 유동적인 자본투자시장을 발전시키는 데 주요한 장애요인을 밝혀내어 가능한 한 그 영향력을 감소시키는 정책을 시행해야 한다. 중소기업들의 이중과세를 방지하는 것이 자본투자시장을 조성하는 하나의 정책수단이 될 수 있다. 투기펀드들은 공격의 취약점을 나타내는 징조로서 과다한 채무에 주목하기 때문에, 고도성장기업은 건전한 자본구조를 유지하기 위해 부채보다는 지분투자에 의존하는 것이 중요하고, 이는 자본투자시장을 통해 가능하다. 고도성장기업의 지배주주들은 배당소득을 은폐하려는 유혹 때문에 종종 횡령 또는 배임행위를 하게 되는데, 이러한 정책은 기업 공개 이전에 기업투명성을 제공하는 데도 도움을 줄 것이다.

중소기업 지원 또한 긴요한 정책 수단이다. 투기펀드가 한국 자본시장에서 지배적 세력이 될 때까지 투기펀드의 단기투자적 접근방식은 한국 금융기관들에게 많은 영향을 미칠 것이며, 융자정책 방침을 왜곡시킬 것이고, 한국 내 금융자본흐름은 단기수익창출 위주로 급격하게 이어질 것이다. 다수의 지분을 투기펀드와 같은 외국인이 보유하고 있는 상장금융기관의 입장에서는 단기간 내에 고수익을 올릴 수 있다는 유혹에서 벗어날 수 없을 것이다. 그 결과 중소기업은 경영이 어려워지고, 중산층은 감소하고 빈부격차는 증대될 것이다. 이러한 현상은 외국계 투자자들이 지배하는 은행들이 중소기업에 대한 재정지원을 지속적으로 줄이는 것과 같이 이미 시작되었다.

중산층의 지속적인 감소세를 막기 위해 정부는 중소기업의 성장을 지원해야 한다. 예를 들어 정부는 경영자를 위해 상속 및 퇴직저축에 대한 보다 많은 세금감면 혜택을 주어야 하며, 중소기업의 다양한 세금을 줄이고 점진적으로는 폐지해야 한다. 정부가 중소기업을 지원할 합리적 노력을 시행함으로써 중산층의 잠식을 막는 것이 사회 전반의 안정성에 주요한 역할을 하게 될 것이다.

서론

국제적 투기자본인 소버린펀드의 적대적 M&A 시도로 세간의 관심을 불러일으키고 있는 SK사태의 발단은 1996년 JP모건과의 파생상품 거래에서 시작되었다. JP모건은 2002년 말에 확실히 모든 것을 정리했지만 SK는 그 후유증으로 인해 아직까지도 신음하고 있다. JP모건과의 토털리턴스왑(TRS : Total Return Suap) 거래를 뒷처리하는 과정에서 계열사 간 보증이 발생하고, 이로 인해 총수가 구속되면서 주가는 6000원대까지 하락했다. 결국 이 사건을 계기로 SK에 대한 공격을 오랫동안 준비해 온 소버린펀드는 SK주식을 매집하기 시작했다. SK주식을 평균 9000원 정도의 아주 싼 가격에 14.99%(19만 주)씩이나 매집한 소버린펀드는 2004년 11월 현재 주식 평가차익으로만 1조 원가량을 벌어들이는 쾌거를 올리고 있고, 이사회의 이사들을 자사가 임명한 인물로 교체하려는 시도를 통해 SK의 경영권을 장악하려고 하고 있다.

우리나라의 유명 대그룹이 이처럼 어려운 지경에까지 이른 데는 JP모건과의 토털리턴스왑 거래가 큰 역할을 했다. SK는 국제적 금융자본인 JP모건과의 거래에서 1차로 손해를 보고, 이로 인한 후유증을 극복하지 못한 채 소버린펀드로부터 2차로 공격을 당하고 있는 것이다. 특히 소버린은 SK에 대한 적대적 인수합병을 시도하고 있다는 점에서 상당한 파장이 예고되고 있다.

이 글에서는 우선 SK사태의 전체적인 경과를 살펴본 후 JP모건과의 파생상품 거래, 즉 토털리턴스왑의 기본적 기법과 그 뒤에 숨겨진 JP모건의 의도에 대해서 살펴보고, 거래 처리과정에서 발생한 문제점에 대해서도 자세히 살펴보고자 한다. 우리는 이를 통해 국제투기자본이 국내경제에 어느 정도까지 영향을 미칠 수 있는지에 대해 상징적으로 볼 수 있을 것이다.

SK사태 사건의 개요

JP모건과 뒤를 이어 발생한 소버린 사태를 시간 순으로 큰 그림 중심으로 정리해 보면 다음과 같다.

1) SK증권은 1997년 2월 JP모건과 두 건의 1년만기 토털리턴스왑 계약을 맺었고, 이 계약기간이 만료되기 전에 외환위기가 터지면서 약 3억5000만 달러의 손실을 기록했다.

2) 돈을 갚을 능력이 없는 상태에서 SK증권은 일단 서울지방법원에 소송을 제기했고, JP모건은 뉴욕지방법원에 소송을 제기

했다.

3) 1999년 말에 SK는 JP모건과 화해계약을 맺었고, 이 과정에서
   채무를 완납하지 못한 채 채무 중 일부를 3년간 연장하면서 JP
   모건의 요구대로 SK의 자회사인 SK글로벌 싱가폴과 SK글로벌
   아메리카가 SK증권에 대한 보증을 서게 되었다. 이는 SK증권
   이 발행하여 JP모건에게 준 2500만 주의 주식에 대해 3년 후에
   6000원에 되팔 것을 보장하는 풋옵션(put option)을 주는 방법
   이었다.

4) 3년 후 2002년 11월 SK증권 주식은 6000원에 훨씬 못 미치는
   1500원이 되었다. JP모건은 우선 2500만 주를 국내시장에서
   약 1500원 정도에 매각하여 375억 원을 챙긴 후 다시 풋옵션을
   통해 주당 6000원－1500원＝4500원을 SK글로벌 싱가폴과 SK
   글로벌 아메리카로부터 변제받았다. 변제총액은 2500만 주×
   4500원＝1125억 원이었고 모든 상황은 일단 종료되었다.

5) 이에 대한 상세한 자료를 입수한 모 인터넷 신문은 이 사실을
   대서특필했고, 모 시민단체는 SK글로벌 경영진을 배임혐의로
   검찰에 고발했다. SK증권의 손실을 다른 계열사에게 떠넘김으
   로써 SK글로벌 주주들에게 막대한 손실을 입혔다는 요지였다.

6) 한편 이 사건과는 독립적으로 개정된 공정거래법에 의해 출자
   총액제한제도가 부활되면서 SK(주)의 모회사인 SKC&C가 보
   유한 (주)SK주식에 대한 의결권이 제한되면서 그 만큼의 주식
   을 총수가 직접 매입하는 전략이 추진되었다. 이 과정에서 비
   상장주식인 워커힐 주식과 SK(주)의 주식이 교환되면서 워커
   힐 주식이 비싸게 매각되었다고 시민단체가 다시 고발하는 일
   이 벌어졌다.

7) 검찰은 이 두 사건을 이유로 총수를 구속했고, 1만3000원이었
   던 주가는 6000원 대까지 떨어졌다. 이때 일찍부터 SK 지분 매
   입을 추진하던 유럽계 투기자본 소버린펀드가 공격을 개시, 약
   1700억 원을 투입해 평균매입가격 9200원에 1900만 주를 사들
   여 지분을 14.99%만큼 확보했다.

8) 이 사건의 조사과정에서 과거의 분식회계 혐의가 추가되었고,
   최회장은 1심에서 3년 실형을 선고받고 보석상태에서 2심 재
   판이 진행 중이며 소버린은 이를 핑계로 계속 경영진을 압박하
   고 있다.

9) 재판부는 판결문에서 SK증권의 채무를 SK글로벌이 책임진 것
   을 명백한 배임행위로 보았다. 앞에서 살펴본 옵션계약이 계약
   당시에는 SK측에 유리하게 되어 있다거나 SK증권이 CLN을 매
   입해 자기채무에 대해 2차 보증을 한 부분은 인정하지 않았다.

10) 2심 재판의 결과는 아직 나오지 않은 상태이므로 최종적인 3
   심 판결까지 진행되겠지만, 이 전개과정은 우리에게 많은 여
   운을 남기고 있다. 언론과 검찰, 시민단체가 각자 자기역할을
   하는 과정에서 국적자본이 위협을 받는 상황이 벌어진 것이
   다. 또한 장외파생상품 계약 하나가 어느 정도의 파장을 가져
   왔는지도 관찰해볼 수 있다.

토털리턴스왑

1. 배경 : 바트화의 비밀

1990년대 중반 국제 금융시장에서는 태국바트화와 관련된 금융거래

가 인기리에 진행되었다. 태국바트화가 바스켓 통화인 데서 출발한 금융거래였다. 바스켓 통화란 한 나라의 통화를 일정한 바스켓에 연동시키는 통화제도로, 이때 바스켓과 해당통화 간의 가치는 중앙은행이 책임지고 유지한다. 당시에는 바스켓 통화를 토대로 한 금융거래가 활성화되기 시작했다. 구조는 다음과 같다.

달러화 80%, 엔화 20%의 비율로 자금풀을 형성한다. 자금풀의 조달 비용은 달러금리 5%, 엔금리 1%를 적용시 5%×0.8%+1%×0.2=4.1% 정도이다. 반면 이 자금풀을 태국바트화로 바꾼 후(태국 외환시장) 태국국채를 구입하면(태국 국채시장) 대략 12% 정도의 금리를 챙길 수 있다. 이제 태국채권의 만기일에 바트화로 원금과 이자를 챙긴 후 이를 다시 달러 및 엔화로 바꿔야 한다. 만일 환율이 불리하게 변하면 12% 이자는 아무런 소용이 없다. 잘못하면 오히려 원금도 훼손될 수 있다. 반면 환율이 안정될 경우 투자자 A가 받은 원금과 이자는 고스란히 원래의 자금풀과 이에 대한 이자로 바꿀 수 있다. 이것이 이 거래의 핵심이다. 결국 투자자 A는 일종의 차익거래수준의 금융거래를 통해 약 8%의 차익을 얻을 수 있다.

이런 식으로 13년간 바트화가 바스켓 통화로 유지되는 동안 이를 토대로 한 금융거래가 계속되어 왔다. 유명한 투자은행 JP모건은 이 금융거래에 가장 적극적이었고, 비공식적인 통계이기는 하나 약 10억 달러 정도의 자금을 이 금융거래에 투자한 것으로 알려져 있다.

그런데 대부분의 차익거래에서도 그렇지만 이 금융거래도 오래 못 가서 고비를 맞게 된다. 1995년 이후 태국 경제가 급속도로 추락하기 시작해서 1996년에는 GDP 대비 약 6%의 경상수지 적자를 냈다. 신흥공업국 경제에서 경상수지 적자는 치명적이다. 이는 자국의 통화가치를 하락시키는 계기가 되고, 나아가 외환부족을 불러일으켜 외환위기의 원인이 되기도 한다. 한국경제와 거의 유사한 길을 걷게 된 것이다. 초조해진 것은 JP모건이었다.

JP모건은 엄청난 규모의 태국국채를 정리할 시기를 놓친데다, 태국국채를 정리해 외환시장에 바트를 대량으로 매각할 경우 바트가 붕괴될 수도 있었다. 바트가 떨어질까 봐 팔려고 내놓으니까 진짜로 바트가 하락하는 상황, 곧 자기실현적 예상(self-fulfilling expectations)의 덫에 걸린 것이다. 포지션이 큰 투자자가 종종 당하는, 곧 '큰손의 슬픔'이 되어버린 것이다. 결국 정상적인 방법으로는 국채를 정리하기 힘들게 되었고 JP모건은 헤징(hedging)의 원리를 도입했다. '기본 포지션'에 문제가 생겨 이를 정리해야 하는데, 이 포지션의 정리가 어려워지면 이를 그대로 두고 '추가 포지션'을 하나 더 취한다. 이 '추가 포지션'을 구성하는 데 있어 JP모건은 자신이 가장 강점을 가진 장외파생상품 거래를 선택했고, 이를 통해 문제점을 해결하기로 했다(〈표 1〉 참조). 그 결과 토털리턴스왑(이하 TRS)'이 탄생했다.

〈표 1〉

	바트화 하락	바트화 상승
기본 포지션(바트국채)	손실	이익
추가 포지션(TRS)	이익	손실
전체 포지션의 합	0	0

이 상품의 표적은 한국기업이었다. 세계화를 부르짖으며 외화를 빌려 해외에 투자하는 것이 유행하던 1996년 하반기에 JP모건의 관계자는 한국으로 들어와 기업들을 순방하며 TRS 매수를 권유했고, 많은 기업들이 호응하기 시작해 결국 7개의 펀드가 구성되었다. 이

펀드들은 전체적으로 구성이 비슷했는데, 그 중에서 가장 화제가 된 펀드의 구조와 문제점을 자세히 살펴보자.

2. 펀드의 전체 구조

다이아몬드펀드는 SK증권이 200억 원, 한남투신이 50억 원, LG금속이 50억 원을 출자해 300억 원의 자금으로 3400만 달러를 조성한 후 말레이시아 라부안에 설립한 역외펀드이다. 이 펀드는 설립과 동시에 JP모건으로부터 5300만 달러의 자금을 주식매각을 통해 제공받아 8700만 달러로 성장한 후 곧바로 이 자금을 인도네시아 루피아화에 대한 스트럭처드 연동채권에 투자했다.

주식매각자금의 정체는 마이너스 펀딩이었다. 주식발행을 통해 조달한 JP모건의 자금 5300만 달러는 사실상 대출과 동일했다. 이 경우 주식가치의 상승과 하락에 상관없이 JP모건은 5141만 달러를 보장받게 되므로 실제로는 자금을 빌려준 것과 동일해지는 것이다. 단 금리는 –3%가 되므로 지원받는 투자자에게는 매력적이었다.

〈그림 1〉 전체 구조

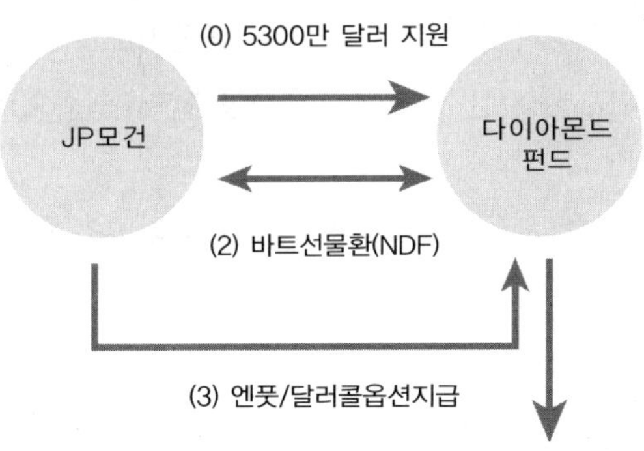

3. 인도네시아 루피아 연동채권의 폭락

스트럭처드 연동채권은 내셔널 웨스트민스터(National Westminster) 은행이 발행한 유로중기채(Euro Medium Term Note)로서, 만기는 1998년 1월 31일로 되어 있었다. 이 채권의 가격은 액면의 100%, 즉 소위 PAR채권이었다. 1년 동안 두 번의 이표(Coupon)를 지급하고 만기에 원금이 지급되도록 되어 있었지만, 원금이 0이 될 수도 있는 매우 위험한 구조였다. 한마디로 이 채권은 채권투자라기보다는 루피아 통화에 대한 강한 투기성 거래를 하는 수단이었다. 즉, 절하가 예상되는 통화를 차입하는 동시에 절상될 통화를 매입하되 엄청난 레버리지(leverage)를 통해 포지션을 구축하는 투기적 공격형태의 채권인 것이다.

따라서 이 채권을 샀다는 것은 액면 8700만 달러의 3배에 해당하는 2억6100만 달러를 조달하여 루피아에 대해 환투기를 한 것과 동일한 것이다. 따라서 매입한 루피아 가치가 상승할 때는 상당한 이익을 얻지만 반대로 루피아화가 폭락할 때는 엄청난 손해를 보게 되는 것이다. 결국 루피아는 폭락했고, 다이아몬드펀드는 8700만 달러의 원금 중에서 약 7700만 달러를 잃고 고작 1000만 달러만 찾을 수 있었다. 따라서 다이아몬드펀드의 지분을 61%나 가진 JP모건의 보유주식가치도 5300만 달러에서 600만 달러 수준으로 폭락한 셈이다.

그러나 앞에서 언급한 대로 JP모건은 5141만 달러를 되찾을 수 있도록 미리 약정해 놓았다. 결국 600만 달러를 주고 5141만 달러를 받게 되므로 다이아몬드펀드는 159만 달러의 수수료를 받은 대가로 혼자서 7700만 달러의 손해를 고스란히 책임지게 되어버린 것이다. JP모건은 이처럼 매우 위험한 채권 포지션을 다이아몬드에게 떠넘

겼고 주식 스왑을 통해 자신의 원금은 보존할 수 있었다.

4. 불평등한 계약 구조

다이아몬드펀드에는 바트에 대한 선물환 포지션이 포함되었다.[1] 이 거래에서 바트의 만기시점 환율이 25.88바트/$보다 절상될 경우, 즉 환율이 24바트/$나 23바트/$가 될 경우 다이아몬드펀드는 이익을 보지만, 반대로 바트환율이 절하될 경우 즉 27바트/$나 28바트/$가 될 경우 평가절하분만큼 손해를 보게 된다.

이 포지션이 삽입된 이유는 JP모건이 동남아 통화 포지션을 줄이기 위한 것이라고 해석할 수 있다. 「아시아 리스크(ASIA RISK)」지에 의하면 1997년 동남아 금융거래 중 바트와 루피 부분은 JP모건이 수위를 차지하고 있다. 따라서 이 거래는 JP모건의 동남아 포지션을 털어내기 위한 거래로 파악하는 것이 타당하다.

이 공식에 쓰인 '25.88'은 계약 당시의 현물환율이다. 일반적인 선물환거래의 경우 금리차를 감안한 선물환율로 거래하는 것이 보통인데, 이 상품은 계약 당시의 현물환율로 거래를 체결한 것이다. 이 당시 적정 균형선물환율은 약 27.43 정도였다. 따라서 27.43에 체결할 수 있는 선물환계약을 25.88에 체결했다는 것은 곧 6%×5=30% 정도의 프리미엄을 포기했다는 뜻이 된다. 즉, 만기환율이 27.43 이하일 경우 이익을 볼 수 있는 상황을 25.88 이하일 경우에

---

1) 이 선물환거래는 우선 차액결제선물환(NDF)으로서 만기 때 미리 정한 바트환율과 ASKRL 시점 현물환율의 차이 ASK이 결제되는 구조를 가지고 있었다. 즉 다이아몬드펀드는 JP모건에게 다음의 액수를 지급한다.

$$\text{지급액수} = 5 \times 5300\text{만 달러} \times \frac{B_T - 25.88}{B_T}$$

이익을 볼 수 있도록 만들어서 처음부터 상당한 손해를 보고 거래를
시작한 셈이다.

또한 〈그림 2〉에서 보듯이 선물환계약에는 캡이 씌워져 있었다.
가능성은 작지만 혹시 바트화가 절상되면 다이아몬드펀드가 이익을
보는데, 이때 이익이 아무리 커져도 다이아몬드펀드가 받는 액수는
5300만 달러로 제한되어 있었다. 이는 바트의 절상률이 20%(환율
21.56바트/$)만 되면 더 이상 환율이 올라가도 이익은 전혀 늘어나지
않도록 되어 있었다는 뜻이다. 이러한 캡 선물환은 일반적인 선물환
계약에 행사가격이 21.56인 외가격옵션을 매도했다는 것을 의미한

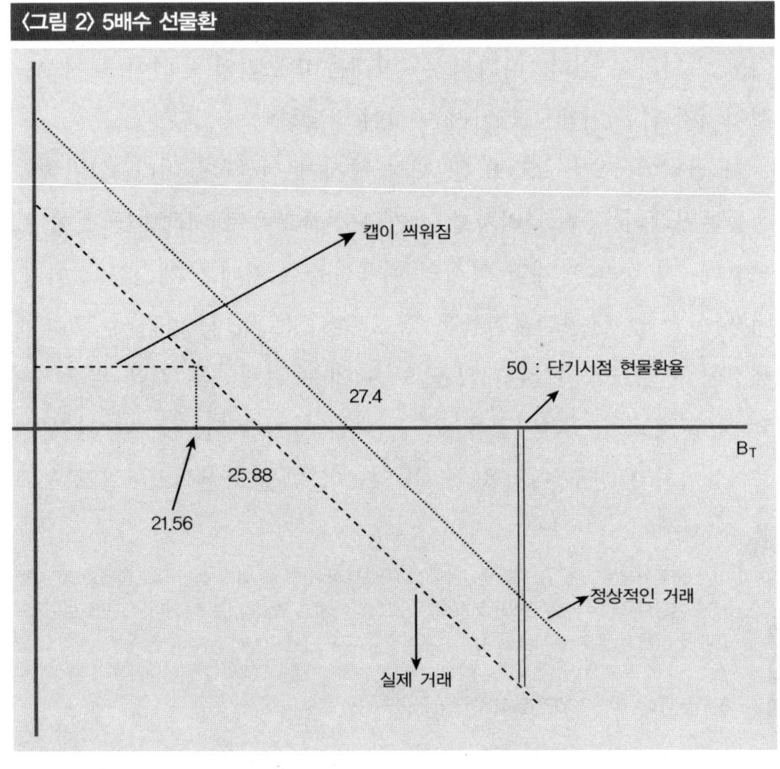

다. 여기서 우리는 다음의 두 가지 의문이 생긴다.

- 매도한 옵션에 대해 정당한 가치를 지급받았는가?
- 선물환거래에 콜옵션매도포지션을 붙여 상승포텐셜은 5300만 달러에서 제한시킨 반면 바트화 하락시 그 손해는 무한한 기형적인 계약 구조를 사전에 정확하게 인지하고 있었는가?

우선, 첫 번째 문제에 대한 해답을 찾기 위해 당시 5년간의 바트/$ 환율을 분석해 보면, 환율의 변동성은 연율로 0.0284에 불과해 상당히 안정적이었던 것을 알 수 있다. 결국 이러한 바스켓 시스템으로 인해 매우 안정성을 보였다는 점이 오히려 큰 문제를 야기한 것이다. 따라서 바트화의 변동성이 낮았으므로 옵션의 가치는 매우 낮았다고 볼 수 있다. 결국 이를 대입해 계산해 보면 해당 외가격옵션의 가치는 0에 가깝다.

이는 많은 것을 시사해 준다. 결국 선물환에 캡을 씌우기 위해 판 옵션은 이론적으로는 전혀 가치가 없는 옵션이었으며, 따라서 이를 판 것은 아무런 하자가 없었다는 점이다.

두 번째 문제에 대한 해답은 다음 질문과 함께 고려해 보자. 만일 다이아몬드펀드가 바트 20% 평가절하시 더 이상 지급액수가 늘어나지 않도록 하는 풋옵션을 매입했더라면 어땠을까? 이 옵션을 매입했더라면 〈그림 3〉에서 보듯이 전체 포지션의 구조는 소위 칼라(collar)와 같아지게 된다. 이러한 외가격풋옵션매수를 붙였더라면 손실은 5300만 달러에 그쳤겠지만, 외가격옵션을 부가하지 않아 손실은 1억3700만 달러 수준으로 늘어나버린 것이다. 이렇게 보면 이 상품거래를 주도한 실무담당자들은 계약의 비대칭성에 대해서는 고

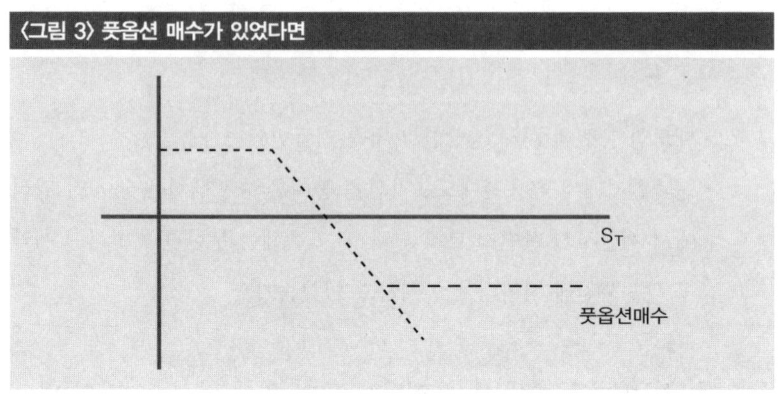

려하지 않았던 보인다. 즉, 가치가 0에 가까운 두 개의 옵션을 동시에 삽입한 칼라 구조에 대해 신경을 쓰지 않은 것으로 판단된다.

스왑계약 이후 : 소송과 이면계약

수많은 홍보와 기대감에서 출발한 TRS는 곧이어 터진 바트화의 추락과 한국의 외환위기로 최악의 상태로 치닫게 되었다. 특히 다이아몬드펀드와 어드밴스드펀드에 모두 참여한 SK증권은 계약이 종료된 1998년 2월, 총 손실액수가 3억5000만 달러에 이를 정도로 엄청난 타격을 입었다. 물론 이는 앞에서 살펴본 대로 인도네시아 루피아 연동채권과 바트선물환에서 입은 손실이었다. 이를 갚지 못한 SK증권은 일단 JP모건을 사기혐의로 서울민사지방법원에 제소했고, 이에 맞서 JP모건도 SK증권을 뉴욕법원에 제소했다. 동일한 사안에 대해 두 도시에서 동시에 원고와 피고가 바뀐 소송이 진행된 것이다.

그러나 일단 소송이 제기된 이후 물밑 접촉이 꾸준하게 이루어지면서 양자간에 계속 대화가 오갔다. 결국 SK는 소송이 아닌 화해를 통해 문제를 해결하기로 하고 1999년 11월경 이면계약을 통해 소송을 중도에서 포기했다. 이때 TRS의 손해액수 전체를 갚기로 하는데 전액을 즉시 현금으로 갚지 못하고 유예시켰다. 그 과정에서 JP모건은 다시 복잡한 장외파생상품 계약을 요구하게 되었고, 이 계약에 대한 보증으로 다른 계열사들이 동원되었다. 결국 한 계열사의 부실을 다른 계열사가 책임지게 되면서 이면계약에 대한 배임문제가 제기되었고, 이로 인해 앞에서 본 대로 더욱 복잡한 문제가 야기되었다. 여기에서는 TRS의 소송포기 이후에 벌어진 이면계약을 개략적으로 살펴보기로 한다.

1. 이면계약의 구조

1) 우선 3억5000만 달러 전액을 다 갚는 것을 원칙으로 한다.
2) SK가 신주를 발행하여 조달한 자금 약 1억8000만 달러 정도를 우선 갚는다.
3) 나머지 1억7000만 달러의 미지급금에 대해서 SK증권은 JP모건에게 이 액수만큼의 SK증권신주를 발행하여 지급하되 이 중 약 2500만 주에 대해서는 별도의 보증을 해준다(약 1억 달러 부분에 대한 보장).
4) 이 별도 보증은 JP모건이 보유하게 된 SK증권 주식을 일정기간 후 미리 정한 일정한 가격에 사주기로 하는(JP모건이 주식을 팔 때의 일정 가격을 보장하는) 계약이었다.
5) 우선 보증을 해줄 주체는 SK증권이 아닌 계열사로서 한국회사가 아닌 외국회사여야 한다는 조건이었다. 그 결과 SK글로벌

의 싱가폴 현지법인(이하 SKGS)과 SK글로벌의 미국 현지법인
(이하 SKGA)이 이 역할을 하는 것으로 결정되었다. 문제는 여
기서부터 시작되었다. 한 계열사(SK증권)의 손실을 다른 계열
사가 책임지는 문제점이 발생한 것이다.

6) SKGS에 대해서는 8500만 달러 정도, SKGA에 대해서는 3200
만 달러 정도의 보증을 분담하기로 결정되었다.

7) 보장방법은 JP모건과 SKGS 및 SKGA 사이에 일명 'SHARE
CALL AND PUT 계약'을 각각 체결하는 것이다.

2. 보장계약의 구조 : SHARE CALL AND PUT 계약

이 계약은 SKGS에 대해서는 3년만기, SKGA에 대해서는 2년만기로
설계되었는데, 개략적 구조는 다음과 같다.

1) JP모건이 보유한 2500만 주의 SK증권 주식에 대해 JP모건은
이를 만기 때 주당 6000원에 팔 수 있는 권리를 가진다. 즉, 행
사가격이 6000원인 풋옵션을 받는다. 물론 이 풋옵션은 SKGA
와 SKGS가 발행한 풋옵션이다.

2) 따라서 SK증권의 주식이 주당 6000원 이하로 떨어질 때 JP모
건은 이들 두 회사에게 주식을 6000원에 팔 수 있으므로 주가
하락의 위험을 두 회사가 책임지는 것이다.

3) 그 대신 JP모건은 SK증권에도 콜옵션의 기회를 주었다. 복잡한
구조를 단순화해 보면, JP모건이 보유한 SK증권 주식을 만기
이전에라도 주당 6000원에 사들일 수 있는 권리를 SKGA와
SKGS에게 부여한 것이다. 예를 들어 SK증권 주식이 6000원
이상 상승할 경우 이를 6000원에 매입하라는 것이다.

4) 이처럼 이면계약의 핵심은 'JP 모건 : 풋옵션매수/콜옵션매도, SK계열사 : 풋옵션매도/콜옵션매수'로 요약되는 포지션이었다. 〈그림 4〉는 JP모건의 포지션을 그래프로 나타낸 것이다.

3. SKGS에 대한 CLN계약

1) 한편 SKGS에 대해서는 3년만기로 풋/콜옵션계약을 하되 계약 당시부터 이에 대한 별도의 보증이 제공되었다. SKGS의 행위 자체가 주식을 일정가격에 되사주는 보증행위였는데, 그 보증행위에 대해 다시 2차 보증이 들어간 셈이다. 그런데 2차 보증자는 바로 SK증권이었다. 이렇게 보면 상당히 복잡한 구조가 된 셈이다.

2) SK증권 주식에 대해 SKGS가 1차 보증을 한 상태에서 다시 발행자인 SK증권이 SKG싱가폴의 보증을 2차 보증하는 겹겹의

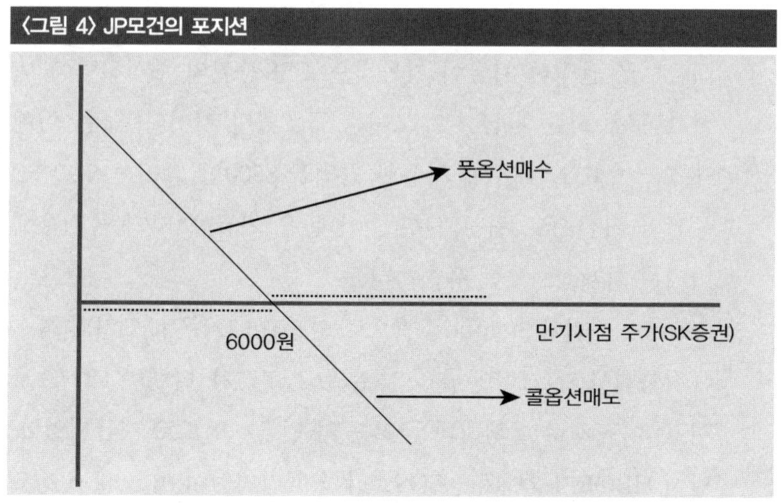

안전장치가 작동하도록 조치된 것이다.

3) 이 보증행위의 정체는 바로 SK증권이 SKGS의 신용과 연계된 CLN(신용연계증권)을 매입하는 것이었다. 신용연계증권(CLN)은 특정 주체(SKGS)가 계약을 어기거나 파산할 경우, SKGS의 신용과 연계된 증권, 곧 CLN을 매입한 제3자(SK증권)가 이를 책임지되 CLN을 최초 매입할 당시에 지불한 대금에서 변제하는 방법으로 보증을 하는 것으로서 일종의 현금담보를 제공하는 거래이다.

4) 결국 SK증권이 매입한 CLN의 대금은 JP모건이 SK증권 주식을 매도할 때 이를 책임지지 못할 경우에 대비한 현금담보로 제공되었다. SK증권으로서는 자신의 주식을 JP모건이 보유한 상태에서 주가가 6000원 이하로 하락할 경우, SKGS가 이를 6000원에 사주기로 1차 보증을 한 상태에서 SKGS가 이를 이행하지 못할 경우에 2차 보증을 한 것이다. SK증권은 8500만 달러를 내고 CLN을 매입했고, 이 돈은 5% 정도의 이자율을 계산해 JP모건에게로 넘어갔다. SKGS가 의무 불이행시 SK증권이 CLN 대금으로 납입한 자금이 자동적으로 SK증권의 주식하락에 대한 보증을 하는 자금으로 쓰이는 구조였던 것이다. 물론 이때 SK증권이 CLN 매수에 사용한 납입금 8500만 달러는 일단 SK증권의 자산으로 처리되므로, 이 돈을 자급해 버리는 경우에 비해서 회계상으로는 유리하다.

5) Crombie증권과 Shirane증권으로 명명된 CLN은 JP모건의 특수목적자회사(Special Purpose Vehicle : SPV)가 발행한 CLN으로서, 무이표채로 발행하되 금리는 약 연 5% 정도로 지급되었다. 당시 LIBOR가 약 4% , CDS스왑의 프리미엄이 약 300bp 정도

를 감안할 때 시가보다 싼 금리를 받은 것으로 보인다.

6) 만일 SKGS가 의도적으로 SK증권 채무보증 부분을 이행하지 않을 경우, 이는 해당채무에 대한 디폴트로 간주되고 이 경우 SKGS에게 자금을 공여한 금융기관들은 자신들에 대한 SKGS 의 채무에는 이상이 없더라도 자신에 대한 채무에 디폴트가 일어난 것으로 간주할 수 있다. 이처럼 돈을 빌려간 채무자가 제3 자의 채무에 대해 디폴트를 할 경우 이자를 정상적으로 지급하고 있더라도 디폴트를 한 것으로 간주할 수 있다는 조항을 '교차디폴트(cross-default)' 조항이라고 한다. 따라서 SKGS는 교차디폴트 조항 때문에 JP모건과의 이면계약을 중시할 수밖에 없다.

결론

앞에서 지적한 대로 이 사건의 파장은 매우 큰 혼란을 불러일으켰다. 현재 SK의 위기는 바로 토털리턴스왑에서 초래된 것이다. 한 대기업이 국제 금융자본에 의해 커다란 손실을 본 뒤 이를 수습하는 과정에서 국제 금융자본의 요구대로 계열사 보증을 하게 되었고, 결국 이 의무를 이행하는 과정에서 언론의 보도와 국내 시민단체의 고발, 검찰 총수 구속이 이어지고 이에 따라 주가가 폭락하면서 일찍부터 적대적 M&A를 준비하던 또 다른 투기자본이 공격을 개시하는 빌미를 제공한 것이다. 한편 5% 공시의무를 위반했다고 검찰에 고발조치하자, 검찰은 무혐의 처리를 해버렸다. 검찰, 시민단체, 그리고 출자총액제한제도같이 진정한 국가의 이익을 위해 존재해야 할 기관과 제도가 정유산업에서 마지막으로 남은 국내기업을 외국인의 손에 내줄지도 모르는 위기를 초래하는 데 본의 아니게 기여한 것이다. 우리가 만든 기관과 제도가 거꾸로 우리의 기업을 옥죄는 데 사용되는 현실을 직시하고, 외국인과 국내기업에 대한 평등한 대우를 추구하고, 이러한 문제를 다루는 데에 종합적인 코디네이션 기능을 해야 할 기관이나 제도를 구축해야 한다. 앞으로 그 추이를 좀더 지켜봐야 하겠지만 정치권을 포함한 많은 참여자들의 인식이 더욱 필요한 시점이다. 특히 외국 투기자본의 국내기업에 대한 적대적 인수합병을 막기 위한 각종 제도적 장치를 시급히 마련함으로써 40년 경제성장의 과실이 어이없이 투기자본의 손에 넘어가지 않도록 해야 할 때이다.

소버린의 SK(주) 경영권 위협

◎ 김용기(삼성경제연구소 수석연구원)

연구 배경

1997년 외환위기 이후 이른바 영미식 기업지배구조가 한국에 이식되었다. 일부에서 영미식 시스템이 한국에 적용될 때 나타날 부작용에 대한 우려의 의견도 있었으나, 그 심각성이 사회적으로 인식된 것은 한국의 주요 대기업 중 하나인 SK(주)에 대한 해외 사모펀드 소버린의 주식 매집이 알려진 2003년 4월 이후의 일이라 할 것이다.

2003년 4월 조세회피지역 모나코에 근거를 둔 사모펀드 소버린은 자신의 100% 자회사이자 영국영 버진아일랜드 조세피난처에 등록을 한 페이퍼컴퍼니 '크레스트 씨큐러티스(Crest Securities)'를 통해 SK(주) 주식 14.99%를 매집했다. 소버린의 공식 명칭은 소버린자산운용(sovereign asset management)이다. '자산운용'이라는 단어 때문에 마치 특정한 금융기관처럼 느껴질 수도 있지만, 소버린은 뉴질랜드 출신 리처드 챈들러와 크리스토퍼 챈들러 형제의 개인 돈을 굴리는 투자회사이다.

크레스트 씨큐러티스 또한 마찬가지다. 일부 국내 언론에서는 이를 크레스트증권이라고 표현하지만, SK(주)를 매집한 크레스트 씨큐러티스는 우리가 알고 있는 증권회사와는 전혀 다른 페이퍼컴퍼니일 뿐이다.

2003년 4월까지 이른바 주주 자본주의론과 소액주주운동은 정부와 참여연대 경제개혁센터와 같은 일부 사회단체에 의해 우리 사회의 주요한 개혁 아젠다 중 하나로 자리잡아 왔다. 하지만 소버린의 SK(주) 주식 매집을 계기로 주주 자본주의론을 지탱하는 근본 원리들에 대한 의문이 제기되었다. 서구에서는 1990년대 말부터 주주 자본주의론의 장단점에 대한 활발한 논쟁이 계속되고 있다. 주주 자본주의론을 둘러싼 이론적 쟁점은 대개 다음과 같은 세 가지로 요약될 수 있다.[1]

1) 기업지배구조란 무엇인가? 주주의 권한은 어디까지인가?
2) 영미식 기업지배구조는 글로벌스탠더드인가? 모든 나라가 그것을 따르고 있는가?
3) 특정 모델(영미식 모델)이 다른 모델(독일식 혹은 일본식)보다 경제적으로 우월한가?

이러한 이론적 쟁점이 논의되고 있지만, 한국에서 이보다 더 심각하게 논의된 것은 과연 한국의 증권관련 법 제도가 한국 국민들과 기업의 이익을 충분히 보존할 수 있도록 기능하고 있는지, 외국자본

1) 주주 자본주의의 문제점에 대해서는 정승일 박사의 글을 참고하라.

에게는 활동의 자유를 보장하면서 국내자본의 활동은 억압하는 이른바 '역차별'의 소지는 없는지에 관한 문제였다.

필자 역시 이 글에서 주주 자본주의에 대한 근본적인 문제제기나 분석보다는 현행 인수합병(M&A) 관련 법 제도와 그 운용이 소버린과 같은 외국 사모펀드들의 국내에서의 투기적 활동을 적절히 규제할 수 없다는 점을 지적하는 데 목적을 두고 있다.

국내법규상의 허점과 역차별 소지

1. 현행 '5% 룰'의 맹점

현재 소버린은 SK(주) 투자로 1조 원 이상의 시세차익을 얻은 것으로 나타났다. 소버린은 SK(주) 주식 1902만8000주(14.99%)를 자회사인 크레스트 씨큐러티스를 통해 작년 4월 주당 평균 9293원에 총 1768억 원어치를 사들였다. 11월 5일 SK(주) 종가 5만8000원을 기준으로 계산하면, 소버린 보유지분 가치는 무려 1조1036억 원에 달한다.

소버린은 SK(주) 의결권 주식의 14.99%를 보유하고 있음에도 불구하고 자금 출처, 인수 의도, 인수가 성사될 경우 해당기업에 대한 운영계획 등에 대해서 공개하지 않고 있다. 이는 원칙적으로 '5% 룰'의 정신을 위배한 것이며, 이것이 실정법을 위반한 것이 아니라면 한국 규제제도의 허점을 드러내는 좋은 예라고 할 것이다.

본래 '5% 룰'의 기원은 미국에서부터 시작되었다. 미국은 1968년에 증권거래법(The Securities Exchange Act of 1934)을 수정하고 인수 및 공개매수에 관한 공시규정(takeover and tend-offer disclosure provisions)을 삽입했다. 이 규정은 다른 기업의 지분 5% 이상을 매입한 모든 법인(개인 포함)이 지분을 매입하는 데 소요된 자금의 출처, 인수할 의도가 있는지의 여부, 만약 인수가 성사될 경우 해당 기업에 대한 운영계획을 반드시 공개하도록 의무화하고 있다.[2]

한국증권거래법은 제2002조의 2(주식의 대량보유 등의 보고)에 의해 "주권상장 법인 또는 코스닥 상장법인의 주식 등을 대량보유(본인과 특별 관계자가 보유하게 되는 주식 등의 수의 합계가 당해 주식 등의 총수의 100분의 5 이상인 경우)하게 된 때와 보유비율이 당해 법인 등의 주식 등의 총수의 100분의 1 비율 이상 변동된 경우" "5일 이내 금융감독위와 (증권)거래소에 보고"토록 규정하고 있다.[3]

하지만 한국증권거래법은 미국증권거래법에 비해 허점이 많다. 우선 한국의 5% 룰의 경우 미국과 달리 자금의 출처 및 기업의 M&A 의도의 여부에 대해 아무것도 밝히지 않는 것이 가능했다. 2004년 10월 6일 금융감독위는 '보유목적 기재방식 이원화' 등 5% 공시개선을 통해 만약 주식을 인수하려고 하는 기업에 대한 M&A 의도가 있다면 이를 밝히도록 공시제도를 바꿨지만 여전히 자금의 출처에 대해 밝힐 의무를 부과하지 않고 있다.

아무튼 소버린은 SK(주)의 의결권 지분 14.99%를 보유하는 단일 최대주주이고, 2004년 정기주주총회에서 신임이사 후보를 추천함으로써 명백하게 경영권에 도전했다. 또한 최근에는 최태원 SK(주) 회장 겸 SK(주) 이사의 사임을 요구하며 임시주총을 소집하라고 요구하기까지 했다.

---

2) John H. Kareken, 「Securities and Exchange Commission:securities fraud and insider trading」 in The New Palgrave Dictionary of Money and Finance, The Macmillan Press Limited, 1992.
3) 증권거래법 및 관련규정(http://law.fss.or.kr/kor/lms/index.jsp).

하지만 이토록 기업의 경영권에 심각한 변동을 줄 수 있는 주식의 실제 인수자가 누구인지, 자금의 출처는 무엇이고, 인수할 경우 어떻게 기업을 운영할 것인지, 소버린이 기존에 투자하고 있는 기업과 SK(주) 간에는 어떠한 상관관계가 존재하는지를 밝히지 않고 있다. 소버린이 이처럼 투자자의 투자의사결정에 결정적으로 영향을 미칠 수 있는 정보를 공개하지 않고 있다는 점은 현행 한국의 5% 룰의 취약함을 그대로 드러내는 사례라 할 것이다.

금융감독원은 최근 이러한 비판을 수용해 개인이나 법인이 5% 이상의 주식을 보유했을 때 '지배권 취득 영향력 행사'의 목적이 있는지의 여부를 밝히고, 그러한 목적이 있는 경우에는 경영권 변경, 추가매매 등에 대한 세부계획 등을 선택 서술하도록 5% 보고서의 서식을 개정하였다.[4] 하지만 기존의 5% 이상 보유자의 경우 이러한 공시규정을 적용하지 않고 있으며, 또 초기에는 '단순투자' 목적이라고 밝혔다가 추후에 바꿀 경우 어떻게 할 것인지에 대한 처벌방안이 분명치 않다. 다시 말해 여전히 논란의 소지가 있고 이에 따라 법규정을 빠져나갈 구멍이 그대로 남아 있다고 할 수 있다.

특히 미국의 5% 룰과 달리 왜 자금의 출처를 밝히지 않는데도 허용하는지 그 이유가 분명치 않다. 이러한 점에 대해 금융감독당국은 분명한 설명책임(Accountability)을 다하지 않고 있다.

2. 5% 룰의 사실상 무력화

소버린은 결과적으로 현행 5% 룰의 취약한 부분을 충분히 활용하고 있을 뿐 아니라 현행 법 규정이 가진 문제점을 활용해 사실상 5% 룰

---

4) 금융감독원, '보유목적 기재방식 이원화' 등 5% 공시 개선, 정례 브리핑 자료, 2004년 10월 5일.

의 법 정신을 무력화시키고 있는 것으로 보인다.

증권거래법 제200조의 2에 나타난 5% 룰의 목적은 "대주주 등이 적대적인 M&A에 대항해 방어조치를 취할 수 있도록 하는 한편, 시장의 투명성을 제고하여 투자자를 보호하고 불공정거래 감시장치로서의 역할을 수행토록 하는 것"이다.[5]

또 증권거래법 188조(내부자의 단기매매 차익 반환 등) 2항은 10% 이상 지분을 소유한 자는 주요주주로서 5일 이내 보고하도록 규정하고 있다.

〈표 1〉에서 보듯이 소버린은 결제일 기준으로 2003년 3월 26일부터 SK(주)의 지분을 인수하기 시작했고, 5% 이상의 지분을 확보한 것은 3월 28일이다. 하지만 실제 주식시장에서 거래가 행해진 지 3일째 되는 날에 결제가 이뤄지는 것을 감안하면, 소버린이 SK(주)의 지분을 인수하기 시작한 것은 3월 24일이며 SK(주) 5% 이상의 지분을 사실상 확보한 것은 3월 26일이다.

증권거래법 시행령은 5일 이내 대량보유 보고의 기준일을 거래일이 아닌 결제일로 규정하고 있다. 소버린은 3월 28일부터 제5일에 해당하는 4월 3일 5% 이상 주식보유 사실을 공시했다. 하지만 주식시장에서 거래를 통해 확보된 주식의 양을 살펴보면, 소버린은 첫 번째 공시를 통해 당시 검찰의 수사로 어려움을 겪고 있던 SK(주)에 대한 소버린의 주식 매집이 주식시장에 공시를 통해 알려지기 전날인 4월 2일 이미 10.5%의 지분을 확보했음을 알 수 있다(결제일 기준으로 4월 4일자 지분율).

다시 말해 소버린은 거래를 통해 5% 이상의 지분을 확보한 후 7

<hr>

5) 금융감독원, 기업공시제도 해설, 2003.

변동일 (결제일)	변동 내역			취득단가	지분율	5% 보고일
	변동 전	증감	변동 후			
03.03.26	0	3,000,000	3,000,000	8,379	2.36%	03년 04월 03일(결제일로부터 5일 이내)
03.03.27	3,000,000	2,160,000	5,160,000	8,669	4.06%	
03.03.28	5,160,000	1,210,000	6,370,000	8,734	5.02%	
03.03.31	6,370,000	1,430,000	7,800,000	8,730	6.14%	
03.04.01	7,800,000	1,618,730	9,418,730	8,595	7.42%	
03.04.02	9,418,730	1,550,000	10,968,730	8,325	8.64%	
03.04.03	10,968,730	1,590,000	12,558,730	8,676	9.89%	03년 04월 10일
03.04.04	12,558,730	775,000	13,333,730	8,878	10.50%	
03.04.07	13,333,730	785,720	14,119,450	9,202	11.12%	
03.04.08	14,119,450	187,120	14,306,570	9,264	11.27%	
03.04.09	14,306,570	1,419,320	15,725,890	10,293	12.39%	
03.04.10	15,725,890	2,643,020	18,368,910	11,764	14.47%	03년 04월 16일
03.04.11	18,368,910	659,090	19,028,000	11,776	14.99%	

자료 : 금융감독원.

일간(이틀 후 3일째 결제되는 것을 감안할 때 5일+2일) 지속적인 거래를 했고, 5% 룰에 따라 지분 매집을 공시하던 2003년 4월 3일 이전인 4월 2일에는 이미 10.50%의 지분을 확보한 것이다.

또 소버린은 4월 14일 증권거래법 제188조에 의한 임원 주요주주 (10% 이상 보유주주)의 주식소유상황을 보고했다. 말하자면 거래를 통해 이미 10.5%를 보유한 4월 2일 이후 12일 만에 보고한 것이다. 법을 위반했다고 할 수는 없지만 현행 법의 맹점을 충분히 활용해 5% 룰 공시를 훼손했다는 비판을 면하기는 어렵다고 할 것이다.

금융감독당국 또한 이처럼 5% 룰의 목적이 무력화되는 사태를 방지할 수 있도록 제도를 개선해야 할 것이다. '일단 5% 이상을 보유할 경우 즉시 공시를 하기 이전에는 더 이상 보유를 목적으로 한 거래를 할 수 없다'라는 식의 문구가 새롭게 삽입되어야 할 것이다.

3. 국내법인에 대한 '역차별' 초래

현행 상법 제409조는 3% 이상 주주는 감사위원인 사외이사를 선임할 때 초과지분에 대해 의결권을 행사하지 못하도록 규정하고 있다. 다시 말해 3% 이하 주주의 의결권을 충분히 인정하는 반면, 대주주의 지분 의결권은 제한하는 게 이 법의 취지이다.

소버린은 2003년 12월 29일 크레스트 씨큐러티스가 보유하고 있던 14.99%의 주식 중 12.03%를 페이퍼컴퍼니 5개에 분산매각했다(《표 2》 참조). 만약 소버린이 주식을 분산해서 매각하지 않았다면 소버린은 감사위원인 사외이사 선임에서 3%의 의결권만을 행사할 수밖에 없었다.[6] 소버린은 이 같은 주식의 분산에 대해 그 이유를 '리스크 매니지먼트'라고 공시했다. 반면 SK그룹 측 주주인 SKC&C등은 3%를 초과하는 지분의 의결권을 제한당했다.

내국인은 금융실명제법을 준수해야 하고 해외에서 페이퍼컴퍼니의 설립을 통해 국내주식을 매입할 수 없기 때문에 결국 상법 제409조는 국내기업과 투자자들에게 해외투자자에 비해 '역차별'을 가하고 있다.

4. 공정거래위의 기업결합심사 기준

공정거래법에 따르면 개인이나 법인이 15% 이상의 지분을 보유하

---

6) 좋은기업지배구조연구소, 「의결권제한 규정 회피를 위해 주식 분산보유」, 『이슈리포트 소버린』 2004년 1월 9일자.

	소유지분율	의결권 지분율*	감사위원선임의결권 지분율
크레스트	2.96	2.98	2.98
Legend Secs Ltd	2.89	2.91	2.91
Horizon Secs Ltd	2.72	2.74	2.74
Vista Secs Ltd	2.34	2.36	2.36
Sage Secs Ltd	2.09	2.10	
Quartz Consulting Ltd	1.99	2.00	2.00
계	14.99	15.10	15.10

주 : 의결권 지분율이 소유지분율보다 다소 높은 이유는 SK(주)가 보유한 자사주의 의결권이 제한되기 때문이다.
자료 : 금융감독원, 좋은기업지배구조연구소.

게 될 경우 기업결합심사를 받도록 되어 있다. 기업결합심사를 받을 경우 해당 개인이나 법인은 지분 보유를 위해 동원한 자금의 출처를 밝혀야 할 뿐 아니라 자신의 기존 투자내용을 보고해야 한다. 지분의 보유가 동종업계에서 독점의 강화로 나타나는지를 판단하기 위해서이다.

기업결합신고를 하기 위해서는 투자한 회사(이 경우에는 크레스트 씨큐러티스)의 주주현황과 그 회사의 계열회사 등을 밝히도록 규정하고 있다. 이는 독점규제 및 공정거래에 관한 법률 제12조(기업결합의 신고) 및 동법 시행령 제18조(기업결합의 신고 등)에 명시되어 있다.

공정거래법은 설사 15% 이상의 지분을 보유하지 않더라도 공정거래위가 기업결합심사를 할 필요가 있다고 판단하면 결합심사를 할 수 있도록 규정하고 있다. 실제 공정거래위는 2002년 KT(한국통신)의 민영화 당시 SK텔레콤이 KT 지분의 11.34%를 보유했을 때 결합심사를 검토한 적이 있다.

　소버린은 이미 잘 알려진 것처럼 러시아의 에너지업체인 가즈프롬의 지분을 갖고 있다. 따라서 소버린의 SK㈜ 지분의 보유가 소버린의 가즈프롬 지분 소유와 어떠한 관련이 있는지 공정거래위가 심사하는 것은 당연한 의무라 할 것이다.

3부 | 외국 투기자본의 본질

12장 **신자유쥬의질서 – 세계경제 번영의 길인가, 투기의 세계화인가** | 조원희 (국민대학교 경제학부 교수)

13장 **개혁으로 덧칠된 투기경제화** | 장진호 (미국 일리노이대 사회학 박사과정)

14장 **주주이익 극대화의 함의** | 정승일 (국민대학교 경제학부 겸임교수)

15장 **기관투자가의 발전과 기업지배** | 조복현 (한밭대학교 경제학과 교수)

신자유주의질서―세계경제 번영의 길인가 투기의 세계화인가[1)]

◎조원희(국민대학교 경제학부 교수)

독일의 유명한 사회학자 울리히 벡(Ulrich Beck)은 9.11사태에 즈음하여 「파이낸셜 타임스」에서 "9.11사태는 신자유주의의 약속, 즉 시장중시정책이 세계경제의 번영과 안전을 가능하게 할 것이라는 전망이 잘못되었음을 드러낸 사건"이라고 규정했다(FT, 2001.11.6). 그는 그 이유에 대해 상세하게 설명하는 대신 9.11사태에 중요한 영향을 미친 항공보안체제의 변화를 지적했다. 유럽과 달리 미국의 공항 검색 업무는 민영화되었고, 안전요원은 패스트푸드 가게의 점원보다 보수가 적은데다가 아주 유연한(언제든지 고용과 해고가 가능한) 시간제 근로자들로 구성되어 있다. 즉, 이런 사람들에게 자신의 업무 공공성과 중요성을 기대하는 것은 어렵다는 것이다.

국가의 갈등과 그에 따른 정치적·군사적·경제적 위기를 해결하려면 공적영역이 필요하고 민주주의와 공론의 장으로서의 시민사회

1) 이 논문은 2002년도 학술진흥재단의 지원에 의하여 연구되었다(KRF-2002-074-BM1001).

가 있어야 한다. 보안업무까지 시장에 편입되어 시장과 구분되는 영
역이 사라지고 모든 업무를 시장(장터)에서 해결해야 한다면, 개인
은 자신에게 닥칠 위험에 대해서는 대처할 수 있겠지만 사회적 위기
에는 무력하게 될 것이다.

국가나 공적영역에서의 민주적 과정을 통한 문제해결, 다시 말해
정치를 포기하고 경제가 모든 것을 흡수해 버린 상황에서는 문제해
결을 위한 다른 방법이 없다. 만약 그 역할이 한층 강화된 시장이 한
국가나 국제적인 차원에서 경제적 사회적 양극화를 강화하거나 혹
은 갈등의 가능성도 이에 비례해서 증대시킨다면, 정작 위기가 발생
할 때 이를 해결할 채널은 없어진다. 그러면 국가가 폭력적이고 물
리적인 방법을 동원할 가능성이 높아진다. 국제적인 차원에서 전개
되고 있는 테러와의 전쟁 같은 것이 좋은 예이다. 자본주의와 국가
의 퇴각은 권위주의적이고 무서운 얼굴을 한 국가의 재등장으로 귀
결되는 것이다. 결국 이 이야기들은 신자유주의의 미래에 대한 개략
적인 윤곽을 시사해 준다.

신자유주의에 대해서는 많은 의견들이 있다. 그런데 이런 의견들
은 구체적인 정책들을 바탕으로 한 논의가 아닐뿐더러 신자유주의
정책의 핵심에 대해 일괄적으로 정리한 것들이 아니다. 따라서 우리
는 이 장에서 보다 기본적인 내용과 귀결을 살펴보기로 하자.

신자유주의는 시장에 전인격을 포획하려는 정치적 기획이다

기본적으로 신자유주의란, 국가가 경제에 개입하는 것을 최소화하
면서 경제적 기능을 시장으로 되돌리고 나아가 사회 전체를 시장에

서 해소하려는 거대한 기획이라고 할 수 있다. 구체적으로 보면 신자유주의란 ① 전통적인 경제영역에서 시장을 즉각적/무조건적/무제한적으로 확대·강화하고 ② 비경제적인 영역까지 포함해 인간생활 전반을 시장원리로 해결하자는 정책이념이며, 따라서 ③ 시장에 전인격을 포획하고자 하는 기획이다.

전형적인 신자유주의 정책들, 즉 민영화, 무역/투자/자본자유화, 복지축소, 노동시장의 유연화, 규제완화 등 5가지 정책들을 검토하면 이를 더 잘 이해할 수 있다.

1. 민영화

1980년대 영국 대처정부에서 시작한 민영화는 보수정당과 사회민주주의당, 그리고 선진국과 후진국의 구분 없이 신자유주의 사조가 강화되는 가운데 전 세계적으로 유행했다. 그 동안 항구, 전력, 상하수도 사업, 철도, 공항 등은 대부분 국유·국영기업으로 성장해 왔다. 이들은 민간자본의 활동 공간을 축소한 것이 아니라 반대로 민간자본의 안정적인 생산기반의 역할을 수행했다. 그러나 1970년대 이후 민간자본이 과당경쟁, 수익성 악화 등으로 고전하자, 상대적으로 안정적인 수익을 내는 공영사업은 사업 확장의 좋은 본보기가 되었다.

민간자본의 입장에서 보면 공기업은 이윤을 주지 않는다는 점에서 '비생산적인' 경제였다. 또한 고속도로뿐 아니라 감옥 서비스, 의료, 교육 등이 '사회적 서비스'로서 이윤을 창출하는 영역이 될 수 없다는 것에 불만이 많았다. 이는 사유재산(권)을 신성시하는 경향 때문이다.

2. 자유화

만약 자본의 이동이 국경을 넘어 자유롭게 이루어진다면 국가는 재정, 금융정책을 통해 경제적 사회적 목표를 기대했던 만큼 추구하기 힘들다. 예를 들어 생산하는 데 필요한 자본의 투자가 국가 간에 완전히 자유롭다고 하면 조세체계가 다른 두 나라는 존재하기 어렵게 된다. 보다 낮은 조세를 부과하는 나라로 자본이 이동하기 때문이다.

마찬가지로 금융정책을 통한 이자율 조정도 어렵게 된다. 한 국가가 통화 공급을 증대시켜 경기를 부양하려는 경우, 물가가 상승하고 실질이자율이 낮아지면 금융자본은 다른 나라로 이동할 것이다. 2차 세계대전 이후 성립된 수정자본주의체제는 자본의 국제적 이동에 대한 국가의 통제를 기본조건으로 성립되었다.

신자유주의 사상에서는 자본의 국제적인 이동을 방해하는 어떤 정책도 받아들일 수 없다. WTO 협상이나 투자협정(BIT), 자유무역협정(FTA) 관련 협상에서 한 국가가 환경, 지역사회의 유지를 위해 농업은 예외로 인정되어야 한다고 주장하거나 영화 산업은 문화라는 특수 영역이므로 비교우위의 논리에 일정한 제약을 가해야 한다는 식으로 주장하면, 신자유주의자들은 시장은 무제한적/무조건적/즉각적으로 확대되어야 마땅하다고 말할 것이다. 왜일까? 그 이유는 바로 '시장은 효율적이고 선한 것'이기 때문이다.

자유화는 자본이 국가를 길들이고 시장의 요구에 반대되는 어떤 간섭도 하지 못하도록 하는 데 가장 효과적인 수단이다. 신자유주의가 신자유주의 세계화와 동전의 양면과 같이 불가분의 관계인 것은 이런 이유 때문이다.

하지만 이럴 경우 한 국가의 조세체계와 수준은 변하지 않을 수 없다. 국가 간의 자본유치 경쟁으로 인해 상대적으로 국제적 가동성이 높은 자본에 대한 과세를 줄이라는 압력이 발생하기 때문이다. 점점 더 가동성이 낮거나 실제로 거의 없는 노동에 대한 과세는 당연히 증대한다(Rodrik, 1997). 결국 총 조세수입이 거의 증대하지 않거나 심지어 감소하는 가운데 이차적으로 노동자와 국민에 대한 복지 지출은 자연스럽게 감소하게 된다.

3. 복지축소

수정자본주의체제의 가장 큰 성과 가운데 하나는 실업, 질병, 장애 등과 관련된 사회복지 서비스를 경제적 기능과는 무관하게 시민으로서 당연히 갖는 사회적 권리(social rights)로 확보했다는 것이다. 이는 종종 적극적인 숙련 개발을 위한 훈련, 교육 서비스의 제공 등과 연계되었다.

신자유주의는 무엇보다도 개인적 책임을 강조하며, 개인의 복지는 시장을 통해 자신이 가진 자산이나 노동력을 판매, 확보하는 것이다. 그래서 실업은 개인의 게으름이 원인이며, 일하지 않는 자에게 빵을 주는 것은 게으름을 조장할 뿐이라고 여긴다. 또한 시장경제에 필연적으로 수반되는 개인생계의 불안정, 실업과 질병의 위험, 노후생계 문제 역시 개인의 책임이라고 본다.

따라서 신자유주의는 사적보험의 필요성을 강조한다. 사적보험은 그 기금을 관리하는 보험회사의 활동 규모와 영역을 대폭 확대한다. 사적 의료보험, 퇴직연금, 개인연금, 생명보험은 물론이고 위험을 표준화해 상품화할 수 있는 것들은 모두 보험업의 대상이 된다. 그러나 오늘날 보험업은 위험을 함께 나누는 기능(pooling of risks)보다는 더 위험한 사람과 덜 위험한 사람을 보험 프리미엄을 통해 차별함으로써 개별화하고 있다(Ericson & Doyle, 2000).[2] 그래서 사고가 잦은 운전자는 보험회사에서 환영받기 힘들다.

한편 신자유주의가 의도한 것은 아니지만 공적복지 서비스가 축소됨으로써 사적 영역의 각종 자선단체(charities)가 많아졌다. 개인들, 그 중에서도 특히 빈곤층은 변덕스러운 시장 환경하에서 아무리 노력해도 기본적인 조항의 위험을 피할 보험상품조차 구매할 여력이 없다. 여기서 '사적인 선물(private gifts)'로서 자선사업이 환영받고 있다.

우리나라에도 각종 자선단체가 수없이 설립되는 것은 결코 우연이 아니다. 아담 스미스(Adam Smith)는 "타인의 자선에 의지해 생활하는 자는 거지"라고 했는데, 아이러니컬하게도 '빈민의 거지화'를 자선단체가 조장하는 꼴이 되고 말았다. 적어도 신자유주의를 유지하고 강화하는 데 기여하는 한에서 자선단체는 원하지 않더라도 그 기능을 수행하고 있는 것이다.

대부분의 사람들은 악화된 상황을 참지 못하거나 자선단체의 도움으로도 생활하기 힘들면 종종 범죄에 빠져든다. 그렇게 되면 수형자들은 늘고 감옥의 규모도 커진다. 미국에서는 수감자들이 점점 늘어 2001년의 경우 약 200만 명에 육박했는데, 이 수는 인구당 세계 최대를 자랑한다. 현 상황에서 개인의 책임을 중시하는 것은 사회적 일탈이 늘어날 수밖에 없는 상황에서 그 일탈에 대한 엄한 처벌을

---

2) Ericson & Doyle(2000)은 보험업이 피보험자뿐 아니라 보험회사, 보험회사 종업원들의 비도덕적이고 위험한 행동을 조장하고 이에 따라 규제당국의 감시 비용을 증대시킨다고 주장한 바 있다. 그는 신자유주의가 공적보험, 국가복지지출의 모럴해저드와 효율성 저하를 비판하고 있으나 사적보험에는 새로운 모럴해저드가 만연한다고 했다. 특히 보험회사들이 보험의 핵심 기능인 위험공유(pooling of risk)를 피하고 피보호험자의 속성을 세분화해 결국은 각 개인에게 그 위험을 귀착시킨다고 지적했다.

강조하는 것으로 연결된다. 게다가 신자유주의는 감옥이 늘어나는 것을 결코 비난하지 않으면서 다만 감옥 서비스를 민영화하면 효율이 개선될 것이라는 점만 강조하고 있다.

4. 노동시장의 유연화

사유재산권과 계약자유의 원칙을 강조하는 신자유주의는 고용관계의 특수성을 인정하지 않으려는 경향이 있다. 고용과 해고, 근로 조건, 임금의 결정이 노동시장이 아니라 노사의 정치적 타협과정에서 결정되는 일은 시장원칙이 무시된 결과라는 것이다. 국가가 입법을 통해 노동자의 권리를 명문화하는 것 역시 마찬가지다.

노동자의 단체행동에 대한 제한, 파견직, 계약직, 시간제근로의 활성화 등이 구체적인 정책대안으로 제시된다. 이는 장기고용, 직업훈련에 대한 관심, 상호협조적 노사관계, 기업경영에 대한 일정한 참여와 책임의식 고양 등과 같은 사회민주주의적 원리와 대립된다.

5. 규제완화

사회민주주의적 원칙에 의하면 국가는 기업활동의 자유를 제한하고 사회적 책임을 강조하고, 기업은 자본가나 주주만의 것이 아니라 사회적 자산으로서 공공의 이익을 추구해야 하며 여러 이해당사자의 이익과 복지를 동시에 고려해야 한다. 그러나 신자유주의는 이러한 원칙을 강하게 비판한다. 단지 기업의 '주인'인 자본가와 주주의 이익을 높이고 경영자의 이른바 모럴해저드를 방지하기 위해 기업활동의 투명성과 책임성을 강화하는 조치가 뒤따른다면 충분하다고 본다.[3]

신자유주의는 결국 주주 자본주의다

사유재산권과 자유계약의 원칙이 지배하고 거래당사자의 경제적인 원칙뿐 아니라 다른 원칙들도 배제되는 상황에서는 과연 누가 권력을 갖게 될까? 모든 사람들이 자유롭게 시장에 참여하면 완전한 시장민주주의가 실현되는 것일까? 물론 아니다. 이런 상황에서 지배권을 갖는 것은 자본(가)이다. 거대기업은 대부분 주식회사의 형태를 취하므로 이런 원칙이 실현된 체제를 '주주 자본주의' 라고 부른다.[4]

여기서 주목할 점은 과연 '주주란 누구인가' 라는 것이다. 일반적으로 주주는 노동자나 서민과 구분되는 대자산가라고 생각한다. 하지만 규모 면에서 보면 궁극적으로는 자산가뿐 아니라 노동자, 서민들이 더 큰 자본의 소유자이다. 노년에 대비한 공적연금, 기업연금(퇴직금), 개인연금, 각종 보험금, 저축 등이 가장 큰 규모의 자금이며 그 규모는 점점 커지고 있다. 이 자금들은 대부분 은행, 각종 투자기관, 보험사에 의해 관리·운영되는데, 이 금융기관의 참여자(은행원, 펀드매니저, 증권분석가, 투자기관 종사자)들은 일종의 대리인으로서 거대한 자본을 통제하고 있는 것이다. 따라서 주주 자본주의는 '금융 주도 경제체제' 라고도 불린다. 과거의 노동자들이 국가-산업경영자-노동자가 주도권을 가지고 상호공조하는 이른바 경영자 자본주의 체제였다면, 주주 자본주의는 금융-대자산가(기업소유자)가

---

3) 자본주의에서 주주의 이익은 당연히 보장되어야 한다. 그러나 신자유주의는 오로지 주주 이익의 극대화만을 실현시키려는 점에서 문제가 있다. 소액주주운동이 문제가 되는 것은, 이러한 신자유주의에 편승해 재벌개혁을 시도함으로써 이해관계자들을 배제하는 효과를 초래하고 시장지배를 강화하는 데 기여하기 때문이다.

4) 따라서 신자유주의는 시장경쟁을 촉진시키기도 하지만 거대자본의 지배를 강화함으로써 시장독점을 조장하는 경향도 강하다.

연합해 국가, 경영자, 노동자들을 헤게모니적으로 지배하는 금융주도 체제이다. 이 체제를 받아들이는 노동자는 노동자로서의 권리를 포기하는 대신 주주 자본주의에 편승해 주주로서 자기 이익을 실현할 수밖에 없다.

금융자본이 추구하는 주요 목표는 '수익성'과 '유동성'이다. 그런데 경제적 부는 궁극적으로 생산을 통해 창출되며, 이는 자본이 화폐자본의 형태로부터 산업자본으로 전환되어 생산에 일정 기간 '헌신'하는 것을 전제로 한다. 더구나 자본주의가 성숙하면 할수록 생산과의 연관성은 심화되며, 부의 증대를 위해서는 자본의 본질적인 욕구인 유동성은 더욱더 제한되어야 한다. 물론 지나친 제약은 자본주의의 경제적 성장을 억제하므로 유동성과 헌신성 간의 일정한 균형이 필요하다. 이런 관점에서 볼 때 금융자본이 추구하는 극단적인 유동성과 단기수익성의 추구는 이러한 균형을 파괴한다. 이를 보다 자세히 살펴보자.

일반적으로 금융자본은 '시간당 수익률이 얼마인가'라는 기준으로만 판단한다. 즉, 현실적인 생산은 일정한 공간과 시간 안에서 이루어지지만, 금융자본은 공간이 제거된 '순수지속(pure duration)'의 개념을 포함하고 있다. 여기서 심각한 모순이 발생한다. 이 점을 살펴보자.

국가 간 무역을 포함해 재화의 거래, 직접투자 등 실물투자, 금융시장 등이 차별 없이 자유로워진다고 하더라도 속성상 금융자본이 가장 큰 이동의 자유를 얻는다. 무차별적이며 즉각적인 자유시장, 유연한 시장의 결과가 바로 이것이다. 그런데 현실에서 생산활동의 여건은 어떠한가? 과연 이러한 금융자본의 속성과 부합하는가? 1차산업 이외에는 여전히 시간의 흐름 속에서 일어나며 생산력의 확보와 개선은 구체적인 공간 안에서 서서히 진행될 뿐이다. 금융자본이 갑자기 줄어들거나 사라지게 되면 수십년간 성장해 온 산업생산력이나 지역사회는 붕괴되고, 노동자뿐 아니라 산업자본, 나아가 자본 전체에 큰 문제가 발생할 수가 있다. 이 파괴적 영향력은 각 생산단위 간의 분업이 심화될수록 증대한다.

결론적으로 현재의 물질생산력이 증대된 발전 조건하에서 19세기적인 시장자유로의 복귀란, 안정적인 성장에 대한 부정이며 부의 극대화를 방해하며 사회적 경제적 양극화의 경향을 초래하는 경향을 내포한다. 금융자본의 지배란 자본정신의 퇴행, 광적 착란상태를 의미할 뿐이다. 바로 여기서 생산으로부터 완전히 해방될 수 있다는 믿음을 가진 자본의 형태가 주도권을 장악해서는 안 된다는 결론이 도출된다.

신자유주의는 경제적 성장에 필요한 유연성을 높이는 데 기여하고 그 경계 안에서 자유주의적 보편성을 인정할 수 있다. 적어도 그동안 수십년에 걸친 개입주의 정책이 지나친 경직성을 초래했다고 인정하는 경우에는 그러하다. 문제는 급진적이고 무차별적인 자본의 자유가 보편성의 관점에서 정당화될 수 없을 정도로 편파적인 특수이익을 보호해 준다는 점이다. 신자유주의가 시장 근본주의(market fundamentalism)라고 불리는 것은 이슬람 근본주의와 마찬가지로 현실의 조건을 무시한 채 세상을 기계적으로 선과 악(시장=선, 국가=악)의 이분법적으로 접근하기 때문이다.

투기 : 신자유주의의 필연적인 병리 현상

앞에서 살펴보았듯이 주주 자본주의란, 금융자본의 헤게모니를 전제로 하며 자본시장의 압력이 압도적인 힘으로 경제 과정을 통제하기 때문에 실현된다. 이처럼 금융자본의 헤게모니가 실현된 이유는 각국이 다양한 방면에서 신자유주의 개혁, 대외적인 자유화의 상승 작용을 만들어냈기 때문이다.

예를 들어 금융자본의 과도한 힘은 노동시장 유연성의 심화, 노동시장의 금융시장에의 종속을 떠나서는 생각하기 힘들다. 과거 수정 자본주의하에서는 주주(금융자본)의 발언권이 많은 제약을 받았다. 주주권이 제한된 가운데 경영자들이 주도권을 행사했으며 기업의 경영자는 노동자와 노사협력 체제를 구축했다. 이 경우 기업의 수익성이 낮은 경우에도 경영자와 노동자들의 이익을 위해 기업의 구조조정이 지체되고 투자확대가 이루어졌다. 하지만 이제 수익성의 감소에 대해 경영권을 압박하고 경영자가 노동자를 언제든지 해고할 수 있게 되면서 일차적으로 주주의 이익이 고려되었다.[5]

나아가 자본자유화(이른바 금융세계화)에 의해 국내의 수익 기회가 정부정책으로 축소될 때, 해외로의 유입이 자유로워지면 금융자본의 자유는 극단적으로 강화된다. 실제로 이런 신자유주의 정책을 통해 미국과 영국에서는 경영자 자본주의가 급속히 약화되고 주주 자본주의가 성립했다. 이에 따라 금융자산은 대거 자본시장으로 몰리

---

5) 기업 차원에서 금융자본이 단기이익을 극대화하는 전형적인 수법으로는 M&A가 있다. 이 방법은 일시적으로 수익성이 악화된 기업을 인수하여 인력 감축을 중심으로 한 구조조정을 실시해 단기적으로 수익성을 개선하고 그 결과 가치가 증대된 기업을 되팔아 이익을 남기는 방법이다.

게 되고, 유동성을 최고의 가치로 여기고 거대한 금융자본이 지배하는 시장중심경제가 성립된다. 이 장에서 주장하는 바는 이러한 유동화된 금융자본이 주도하는 자본주의의 대한 것이다. 한마디로 전 세계 5대 주의 수십억 개의 일자리와 수천만 개의 기업들이 변덕스러운 금융자본의 단기적인 이익의 요구에 따라 움직이면서 구조조정을 강요받고 있다는 것이다.

금융자본은 생산에서 자유로운 자본 형태다. 또한 신자유주의 정책 덕분에 생산자본(산업자본)으로부터 자립하면 할수록 투기적 자본으로 변질된다. 금융자본은 현재의 시장 조건하에서 당장 자신에게 오는 이득에만 관심을 가질 뿐, 불특정의 타인이 가져갈 이득이나 장기적으로 경제 전체에 발생하는 이익에는 관심을 가지지 않기 때문에 부의 극대화를 저해한다. 물론 미래의 불확실한 이득도 금융자본의 좋은 투기대상이다. 가동성을 본질로 하는 금융자본의 투자는 항상 이윤이 기대되는 부문으로 과도하게 몰리거나 반대로 전망이 좋지 않은 곳으로 과소 투자된다. 이때 급작스러운 철수 가능성은 산업의 발전과정을 위축시킬 것이다. 세계적 규모에서 주도권을 장악한 금융자본의 자유로운 활동이야말로 세계경제의 불안정과 불건전성(=투기성)이 증대하는 근본 원인이라고 볼 수 있다. 자본주의에서 일정한 투기는 불가피하지만 투기자본이 경제 주도권을 완전히 갖게 되어서는 안 될 것이다.

금융주도체제와 투기성 심화의 관련성에 대해 보편적인 차원에서 정리해 보자. 이 문제에서 핵심 사항은 신자유주의하에서는 생산으로 인한 부가가치와 이익은 금융자산의 소유자에게 집중되고, 반대로 그 손실은 노동자 및 사회 전체에 귀착된다는 점이다.

여기서 비용의 사회적 전가 문제를 좀더 자세히 살펴보자. 과거의 수정자본주의체제에서는 생산적인 부문에서의 기술 변화, 지역적 재배치 등에 따른 자본의 가치저하 및 폐기비용, 직종의 변화에 따른 구숙련의 가치저하 및 실업에 따른 비용, 새로운 숙련의 훈련비용 등을 기업이나 국가가 부담하고, 그 비용은 자본과 노동 전체 또는 그 국가의 국민경제적 측면에서 모두 부담했다. 따라서 이익과 손실은 즉각적으로 그리고 주주에게만 귀착되는 것이 아니라, 서서히 그리고 폭넓게 사회 전체에 퍼져나가는 구조였다.

하지만 신자유주의 체제에서는 다르다. 예를 들어보자. 10년에 걸쳐 많은 비용을 투자해 개인이 획득한 숙련을 어떤 다국적기업이 이용하게 되었다고 하자. 그런데 5년 뒤 이 사업의 전망이 나빠져 다국적기업이 사업을 철수하고 다시 외국으로 나가버리면 노동자는 미처 자신의 투자비용도 건지지 못하고 실업자 신세가 될 것이다. 그 비용은 고스란히 그 개인에게 귀착되거나 복지비가 삭감된 경우에는 과거보다 적은 정도로 일부 비용을 국가가 부담하게 된다. 물론 이때의 복지비용도 궁극적으로는 그 나라를 떠날 수 없는 노동자가 부담하게 된다. 한마디로 국제적 가동성으로 무장한 자본과 발이 묶인 노동자 간의 불평등한 게임의 필연적인 결과이다.

오늘날 엄연히 존재하는 국적을 무시하는 '국제주의자'인 시장논자들은 "지속적인 구조조정은 수익성이 낮은 부문에서 높은 부문으로 자원을 신속하게 전환하고 자원배분(이용)의 효율성을 높여 궁극적으로는 경제성장에 기여할 것이다"라고 말한다.

하지만 그들은 두 가지 사실을 간과하고 있다. 첫째, 개별적인 주권으로 분리되어 있는 현재의 세계정치질서에서 자본에 대한 과세권은 다른 나라에서는 영향력을 발휘하지 못한다. 둘째, 자본은 일정 크기의 자본으로는 이윤을 창출하지 못하며, 오랜 기간에 걸친 노동의 훈련, 기술 개발, 사회적 인프라의 구축, 생산의 분업망, 물적투자의 결과이며 주주의 단기적인 손익계산서로는 계산되지 않는 이익과 비용을 포함하고 있다. 물론 시장주의자들은 이렇게 반박할지 모른다.

"과거 복지국가의 지출은 이런 자본의 이익과 일치하는 비용만을 사회화한 것이 아니라 이윤활동에 장애가 되고 단지 노동자의 복지에만 도움이 되는 비용도 사회화했다."

분명히 복지국가의 지출은 자본의 이익만을 위한 것이 아니라 사회복지의 증진이라는 진보적 가치가 반영된 측면도 있다. 수정자본주의체제는 여전히 이 측면뿐 아니라 자본주의 생산력의 고도화에 따른 안정적인 성장을 보장하는 면도 강하다. 그러나 신자유주의는 이를 부정하고 정반대의 극단으로 치달았다.

그렇다면 세계 금융자본의 게임은 궁극적으로 세계경제의 번영을 가져올 것인가? 우선 증대된 이윤기회는 동시에 개별투자자에게 투자위험도 발생시키기 때문에 위험에 그만큼 노출된다. 따라서 투자자들은 불확실한 미래의 이익과 손실을 서로 나누려는 경향을 갖게 되는데, 이런 이유로 금융기법을 통한 거대한 규모의 금융자본 간 이익-위험 공유체제를 발전시킨다. 이것이 오늘날 각광받고 있는 위험관리(risk management) 산업이다. 가장 핵심적인 수단은 그 규모를 측정할 수 없을 정도로 성장한 파생상품시장이다.

노동자와 일반 서민이 배제된 '금융자본의 사회주의'는 그들의 시장논리에 따라 시장을 통한 이익-손실 공유제인 것이다.[6] 그러나

---

6) 한 예로 주가지수선물을 들 수 있다. 주가의 변동률은 대략 주식 전체의 평균적인 수익률의 변동으로 해석할 수 있다. 따라서 주가의 평균적인 상승에 편승해 자본에 대해 발생하는 이익에 참여하려는 투자자는 가급적 자산을 널리 분산해 소유하게 된다. 그러나 미래

이 게임은 어디까지나 카지노 게임과 같은 '돈놀이'일 뿐 부가가치를 생산하는 생산적인 활동이라고 볼 수는 없다. 이 시장에는 단지 위험을 회피(hedge)하려는 자들만 존재하는 것이 아니다. 온전히 투기적 이익만을 목표로 하는 투기꾼이 득세할 수도 있다. 일시적으로 위험에 노출된 국민경제나 기업들은 투기꾼의 좋은 먹잇감이며 가장 손쉬운 단기이익의 원천이기 때문이다. 신자유주의가 극단적으로 전개될 경우에는 결국 투자와 투기를 구분할 수 없게 되며, 투자는 투기에 종속되게 된다. 투기가 활성화되었을 때 그 동력에 의해 투자도 일어난다. 반대로 투기가 위축되면 자본은 빠지고 투자도 위축된다.

혹자는 이러한 투기활동만을 주목해 투기를 억제하기만 하면 된다고 주장한다. 특히 스티글리츠(Joseph Stiglitz) 같은 신고전파 비주류 경제학자들이 대표적이다. 그러나 문제의 근원은 신자유주의에 있다. 이 체제가 강화되는 한 위험관리의 수단이 없다면 투자는 위축될 것이므로 시장론자들은 비대한 금융산업을 생산적이라고 강변할 것이다. 신자유주의는 체제적 위험에 대해서는 어떤 방어수단도 갖지 못했으며, 오로지 시장에 참여하는 개인의 시장수단을 이용한 '사적 방어행위'만이 주어져 있다. 따라서 시장을 통한 위험회피는 수익률 확보와 생존에 있어 필요불가결한 사항이 된다. 사실 개별투자자의 입장에서는 종목별, 지역별 분산투자나 자산의 시간에 따른 가격 변화로 인한 위험을 피하기 위해 구입하는 옵션상품이 합리적이고 가치 있는 상품이라 할 수 있다.[7]

의 주가가 하락할지도 모르기 때문에 투자자가 일정 가격에 매도하게 되면 평균적인 주가가 그 이하로 하락(=지수하락)하는 경우 발생하는 손실을 일정 정도 회피할 수 있게 된다.

7) 옵션(option), 선물(future) 등은 기초상품의 가격이 불안정하게 움직이는 상황에서 개별행위자가 수익구조를 안정화시킬 수 있는 핵심수단이다.

노동자나 일반 서민 또한 어떤 보호장치도 없이 경제생활을 영위해야 하므로 위험에 대비해 개인적인 자구책으로 각종 보험상품을 구입하지 않을 수 없다. 그러면 자본뿐 아니라 노동자도 추가적으로 시장에 얽혀든다. 이렇게 하여 보험산업은 위험을 상품화하여 노동자를 더욱 시장에 포획하게 된다.

이러한 거대한 '사적 방어기제'는 제대로 작동할 것인가? 거대한 금융피라미드는 결코 허물어지지 않고 꾸준히 확대될 수 있을 것인가? 아마 '사적 보험기제'에 필연적인 투기세력의 공격이 이를 용인하지 않을 것이다.[8] 만약 결과가 예상과 일치하지 않았을 경우에는 남보다 먼저 빠져나가면 된다는 생각에 금융자본은 몇 년 전의 벤처 열풍에서 보듯이 약간의 초과이익이 예상되면 과도하게 몰리고, 그 결과 자산가격에 거품이 생기는 현상도 불가피하다. 또한 극장에 불이 나면 한꺼번에 입구로 몰려 아무도 빠져나가지 못하고 사상자가 발생하듯 과도한 자금의 유출은 자산가치의 폭락을 유도하기도 한다. 이것을 '떼거리 행동'이라고 한다.

그런데 체제위기의 보다 근본적인 원인은 금융시장 내의 불건전한 세력 내부에 있는 것이 아니다. 오히려 세계적 규모에서 금융자본의 이익을 추구하기 위해 소모품으로 이용되다 버림받은 사람들의 반격이 사회적 갈등과 정치적 불안정을 야기한다. 이런 정치적 위기가 궁극적으로 금융시장의 불확실성을 야기하고, 손실을 회피하고자 하는 금융자본이 탈출하면서 안전자산의 가격을 더 올리고 불안전자산의 가치를 더욱 낮추는 상황을 연출해 위험회피 전략의

---

8) 가장 투기성이 강한 자본은 헤지펀드(hedge fund)이다. 1990년대 초 약 1700억 달러 규모였으나 2004년 현재 약 1조 달러 규모로 증가했고, 2008년에는 2조4000억 달러까지 폭발적으로 증대할 것으로 예상되고 있다(Economist 2004.10.9).

근본을 흔들면서 위험관리를 불가능하게 만든다.[9] 물론 통상의 경제적 불황 또한 금융위기를 촉발할 수도 있다. 세계화에 따라 경제적 연관성이 증대되면서 각국의 경제위기는 그 규모가 커지는 경향이 있다. 자산 간의 상호연관성이 증대해 그 가치변동도 같은 방향으로 움직이기 때문에 금융적 조작에 의한 위험회피 전략이 더욱 어려워지는 것이다.[10] 연금으로 생활하는 세계의 수많은 사람들의 생계도 금융시장에 투자된 원금이 위험해짐에 따라 그 기반이 더욱 취약해진다.

결론적으로 신자유주의, 또는 신자유주의 세계화는 세계번영의 원리가 아니라 세계적 규모의 투기화와 불안정화의 길이다. 신자유주의는 결코 같이 번영하는 보편원리가 아니며 자유주의자도 반대할 수밖에 없는 비정상적인, 극단적인 근본주의 사상이라는 결론을 내리게 된다.

사회적으로 통제된 시장만이 대안이다

우리는 신자유주의의 본질과 신자유주의가 어떻게 작용하는지에 대

---

9) 파생금융상품을 이용해 위험을 회피하면서 일정한 수익을 얻는 데 있어서 가장 기본적인 원칙은 상대적으로 고평가된 자산에 매도 포지션을 취하면서 저평가된 자산에는 매입 포지션을 갖는 것이다. 그러나 만약 순수하게 경제적인 원인에 의한 금융위기의 가능성이나 사회, 정치적인 외적 원인에 의한 것이라면, 신속히 안전자산으로 도피하려고 하기 때문에 고평가된 안전자산의 가치는 더 오르고, 저평가된 위험자산의 가치는 더 떨어지는 일이 발생한다. 이렇게 되면 금융포트폴리오의 가치는 급락하게 된다. 1990년대 말 미국의 헤지펀드인 롱텀캐피탈의 파산이 그 예이다(MacKenzie, 2003). 참고로 이 펀드에는 옵션가격이론으로 노벨경제학상을 받은 블랙과 숄즈도 파트너로 참여했다.
10) 지역 간 분산투자된 자산이 서로 영향을 많이 주지 않는 경우에는 한쪽에서 잃는 것을 다른 쪽에서 만회하거나 적어도 손실을 줄여 전체 수익률을 안정화시킬 수 있다.

해 살펴보았다. 특히 신자유주의가 의도했으며 필연적으로 초래하는 이익의 독점, 비용의 전가 부분에 주목했다. 일반론적으로 볼 때 사회적 비용의 전가를 초래하는 사유재산제도와 시장은 사회적 분업의 심화 과정인 생산력의 발전을 촉진한다. 그러나 시간이 지나면서 사회적 비용을 둘러싼 사회경제적 갈등의 폭은 확대되고 '보이지 않는 아우성'도 커질 것이다. 그래서 사회적 생산관계로서의 사유재산제도와 근대적 생산력의 기반인 생산의 사회화(사회적 분업)는 점차 서로 양립하기 어렵게 될 것이다.

우리는 변증법을 통해 번영의 절정에서 쇠퇴의 시작점을 볼 수 있다. 신자유주의의 문제점 또한 이런 관점에서 분명해진다. 시장과 사유재산제도는 생산력의 발전에 따라 외부충격을 증대시킨다는 점에서 사회적 통제하에 두거나 그에 상응하여 증대되어야 한다. 이때 자본주의 자체의 생존도 보존되겠지만 신자유주의는 그 정반대로 나아가려고 할 것이다. 19세기 말의 이른바 1차 세계화가 궁극적으로는 사회적 비용을 외부에 전가하면서 사회적 갈등으로 무너졌듯이 현재의 신자유주의 세계화도 같은 이유에서 종말을 향해 가고 있다(Rodrik, 1997).

총체적으로 볼 때, 신자유주의란 개별 국민경제들의 문을 활짝 열어놓은 다음 이 문을 통해 이익을 취하는 대신 그 손실은 개별국가나 그 국가의 국민들에게 떠넘기려는 거대기업 및 금융산업의 이익을 위한 이데올로기라고 정리할 수 있다. 하지만 이런 행동은 전 세계를 경제적으로 양극화시킬 뿐 아니라 거대자본도 역시 위험해질 수도 있으며, 결국에는 세계경제를 총체적인 위기로 몰고 갈 위험을 내포하고 있다. 다시 말해 신자유주의 질서는 세계경제가 번영하는 길이 아니라 세계적 규모의 모럴해저드(moral hazard)를 조장하는 체제이며, 투기 세계화의 길이다.

　이렇게 볼 때 일반론적인 차원에서 시장의 폐기는 아니라 해도 최소한 시장을 사회의 통제[11]하에 두면서 관리하는 것이 타당할 것이다.

| 참고문헌 |

강성구, 『신자유주의의 역사와 진실』, 한울, 2000.

조원희 & 김영용, 「사유재산, 시장제도와 외부화—시장근본주의 비판을 위한 일반이론」, 『한국사회경제학회 2003년 봄학술대회 자료집』, http://home.paran.com/jowh, 2003.

조원희, 「신자유주의 세계화의 배경과 역사적 의미」, 『실천문학』(겨울호), http://home.paran.com/jowh, 2001.

G. Dumênil & D. Lévy, 『*Capital Resurgent*』, Harvard University Press, 2004.

R. Ericson & A. Doyle, 「The Moral Hazards jof Neoliberalism: Lessons from the Private Insurance Industry」, *Economy and Society* 29(4), 2000.

W. Gleider, 『*One World, Ready or Not*』, Simon & Schuster, 1997.

J. Gray, 「*False Dawn-The Delusion of Global Capitalism*」, Granta Publications, 1998.

D. MacKenzie, 「Long-term Capital Management and the Sociology of Arbitrage」, *Economy and Society* 32(3), 2003.

D. Rodrik, 「*Has Globalisation Gone Too Far?*」, IIE, 1997.

A. Shleifer & R. W. Vishney, 「The Limits of Arbitrage」, The Journal of Finance, LII(1), 1997.

11) 사회적 통제란 자본의 세계화에 발맞춰 한 국가의 차원에서뿐만 아니라 국제적 차원에서의 통제를 내포한다. 최근까지 가장 많이 논의된 제안은 단기자본의 유출에 대해 이른바 토빈세(Tobin Tax)를 물려 가동성 자체를 약화시키면서 그 수입으로 국제적인 빈곤퇴치, 사회개발에 투자하자는 방안이 있다. 국제적인 금융자본의 가동성을 억제시킨 다음 자본시장과 주주의 발언권을 약화시키고 이해당사자들의 참여를 확대, 효율과 형평이 함께하는 체제로 구축해 나가야 할 것이다.

13장

개혁으로 덧칠된 투기경제화

◎장진호(미국 일리노이대 사회학 박사과정)

급격한 투기화의 사회적 조건

금융위기 이전 한국경제 구조의 기본은, 이른바 경제발전의 세 축이 긴밀하게 결합된 '국가-은행-재벌 연계(state-banks-*chaebols nexus*)' 구조였다(신장섭, 장하준, 2004). 세 축이 갖는 관계의 긴밀성에 대해서는 '주식회사 한국(Korea Inc.)'이라는 다소 오해의 소지가 있는 명칭도 존재하지만, 국가가 은행 등의 금융수단을 가지고 민간 대기업 집단인 재벌의 성장을 지원한 것이 한국 경제성장의 근간을 이루어왔다는 점은 부인할 수 없을 것이다.[1] 한국의 경제발전에서 '국가통제하에 있는 금융의 역할'은 주요 논제로 오랫동안 계속 연

1) 따라서 한국의 발전시스템 혹은 경제발전 모델에 대해 학계에서는 '발전국가 (developmental state)'라는 개념을 중심으로 한 이론으로 설명해 왔다(Woo-Cumings, 1999). 이는 일본의 사례 분석에서 시사점을 얻어 후발산업화 사례인 동아시아의 국가 중심적 발전모델을 설명하는 광범위한 이론으로 1980년대 이후 굳어졌다(Johnson 1982; Amsden, 1989; Wade, 1990). 최근에는 발전국가론이 아시아를 넘어 독일 등 유럽 사례

구되어 왔다(Woo, 1991). 또한 과거 경제개발계획의 수립과 시행에서 보듯 재벌들은 국가의 산업정책 구도에 협력해 가며 자신들의 사업분야를 개척하면서 성장해 왔다(Chang, 1994).

그런데 1997년의 금융위기와 이후의 구조개혁은 복합적인 내외 요인들에 의해 수십 년간 '점진적이지만 가속적으로' 변형되어 오던 한국의 경제모델을 '급격하게' 와해시켰다. 이는 특히 앞에서 언급된 바대로 '위기'라는 시기적 상황과 더불어 그 위기의 원인으로 국내의 정경유착과 재벌체제의 모순 등이 강조되었기 때문이기도 하다. 따라서 개혁의 방향으로 '기존 구조 및 제도와의 단절'이 제시되었다. 특히 1997년 대선으로 야당이 집권하게 되면서 과거 군사정부 및 구(舊)여권과 밀착해 왔던 재벌의 정당성은 급속히 추락하였고, 그 동안 재벌의 정치지향 및 권력남용을 경험한 신(新)집권세력 역시 재벌의 권력을 정치적으로 축소시키려 했다.[2]

따라서 IMF와의 구제금융 협약하에 금융, 기업, 공공, 노동 등 4대부문 구조개혁을 추진하게 된 김대중 정부는, 기존 한국의 발전모

에 적용되는 경우도 있다(Weiss, 1998). 경제성장 동력으로서의 대기업과 국가 간 관계에 있어서도 에반스의 경우 '국가자율성'의 입장에서 한국의 산업화 기간 중 국가의 대기업 육성 측면에 보다 주목하는 한편, 김은미의 경우 재벌 성장이 국가관료제와 아무런 갈등 없이 이루어진 것이 아님을 보여주며 '기업가의 자율성'에 주목하는 등 내부적으로 강조점의 차이는 보인다(Evans, 1995; Kim, 1997).

2) 국내에서 재벌의 권력 및 위상과 관련해 살펴보면, 전두환 정권 시기에는 1985년 국제그룹 해체 등으로 재벌에 대한 통제가 '정권의 권위주의적 상위관계'에 있었던 것으로 보이지만, 노태우 정권 시기에는 '재벌공화국'이라는 용어가 언론에 자주 등장할 만큼 역설적이지만 민주화 효과로 인한 정권의 권위주의적 성향의 약화와 맞물려 재벌의 힘이 크게 부상하였다. '문민정부'란 이름으로 스스로 탈군사정권임을 강조한 김영삼 정권 시기에는 정권에 대한 재벌 일반의 권력이 가장 커진 시기였다. 하지만 1992년 정주영 회장의 대선 출마로 정권 초기에 그다지 환영을 받지 못한 현대 등 여타 재벌보다는 삼성 등의 특정 재벌이 정권과 더욱 밀착되는 등 재벌 내에서도 '정권과 관계상의 밀착도 분화'가 두드러진 시기였다(홍덕률 1996; 신장섭, 장하준 2004).

델에서 최대한의 이익을 얻기 어려웠던 외국자본과 초국적 행위자들이 바라던 국내경제를 재편한다. 그 과정에서 재편에 대한 큰 갈등 없이, 오히려 이에 전향적으로 부응하는 방향으로 구모델을 해체할 수 있었다. 즉, 국내활동에서 외자는 제한이 없을 정도로 개방되었고 국내 경제모델에 남아 있던 내국자본 중심의 발전주의적 요소들—국가정책과 긴밀히 연결된—을 제거한 것이다.[3] 이러한 방향을 국민정부는 '민주적 시장경제론'이라고 명명했는데, 이는 사실상 구조재편의 본질을 놓칠 수 있는 이데올로기적 정치수사이다. 부의 사회적 재분배를 소수의 국내외적 상위층에게 급격히 몰아주는 이러한 구조개혁의 방향은 보다 이론적으로 '신자유주의'라는 명칭으로 요약될 수도 있고, 복잡한 이론적 논의와 논쟁을 떠나 단순화시키면 그 과정과 결과의 함의상 '투기경제화'라고 명명할 수도 있다.

위기 후 한국의 경제구조 재편을 이끌었던 국내 정책추진 주체들과 초국적 행위자들은 '개혁'과 '개방'이 갖는 내용상의 함의에서는 서로 약간씩 차이가 있었을지라도 사실상 수렴이 가능한 것이었고, 많은 경우 개혁 프로그램과 의도상 구별이 거의 불가능할 정도였다. 이는 한편으로 경제위기시의 제약이라는 특수상황 속에서 정책 선택상 폭이 협소해진 탓도 있지만, 다른 한편으로는 국내 정책엘리트나 여론주도집단의 '사고(思考) 상의 초국적 동질화'와도 무관하지 않은 것이다. 더 직접적으로 말하면 국내 지배엘리트의 '미국화'가 한국의 경제구조 재편에 있어서 국내외의 상이한 주체들 간의 사고

---

3) 따라서 1997년 외환위기 및 IMF와의 협정체결 직후 한국 언론에 자문 역으로 등장하기도 했던, 미국의 대표적인 자유시장 경제론자인 MIT 교수 돈부시는 미국의회에서 "이제 한국 경제는 미국의 통제하에 들어왔다"고 증언하기도 했다. 실제로 IMF가 요구한 한국의 경제구조 재편은 미국 측에서 장기간 끌어온 한미 양국 간의 쌍무적 경제협정 등을 통해서도 이루지 못한 것들을 단기간에 관철시킨 성과로 평가받았다(Ellwood, 2001).

혹은 이해관계의 동질성을 가져온 가장 큰 요인 중 하나가 되었다는 것이다.[4]

따라서 국내경제의 개혁을 주도하는 목소리 중에는 심지어 현실과 다르게 '이상화된(idealized) 영미식 경제시스템'을 지향하는 경향마저 두드러지게 되었다. 이는 주주 중심의 기업지배구조와 주식시장 중심의 금융시스템, 유연한 노동시장을 가진 영미식의 시스템을 투명성과 책임성의 이상적 경제모델로 간주하면서, 위기 직후 경제구조와 관행상의 '글로벌스탠더드'라고 알려진 것들을 영미식과 동일시하는 태도이다. 그런데 한국의 금융위기와 러시아 채무불이행 선언 직후 미국의 헤지펀드인 롱텀캐피탈이 파산 위기에 처하자, 국민경제를 고려해 이 민간기업을 살리기 위해 보여준 미국정부 주도하의 정책적 구제협조나 엔론사태 등으로 드러난 미국 시스템의 불투명성은 미국 내부에서조차도 회의적이었다. 그러나 국내의 구조개혁 주도층은 이런 현실에는 신경쓰지 않는 듯했다. 그들이 신봉하는 영미식 모델은 영미의 현실과도 다른, 그야말로 영미식 '이데올로기'에 가까운 것으로 보였다. 또한 이러한 교조주의와 이데올로기적 맹목성은 한국의 신자유주의적 구조조정에 있어 중심부 신자유주의 국가들과도 차이나는 국제위계상의 종속성을 반영한다.[5]

4) 이에 대해서는 국내의 경우 한국경제전문가 앰스덴이 선구적으로 주목한 바 있다. 하지만 1980년대 이후 급속하게 신자유주의화가 진행된 남미의 경우에서도 지배엘리트의 충원과 재생산에서의 미국화로 일컬어지는 중심부 연결 혹은 의존이 남미 개별국의 내부 경제구조 재편에 큰 영향을 가져온 것으로 분석된다(Amsden, 1994; Babb, 2001; Dezaley & Garth, 2002). 국내 사례에 대한 더 자세한 논의들도 약간 존재한다(윤상우, 2002: pp. 172~173; 신장섭, 장하준 2004: pp. 116~121, pp. 221~222).

5) 좀더 확대해 보면, 현재 영미식 경제모델에 대한 추종은 마치 조선시대 성리학자들이 중국을 지나치게 이상화하다가 아편전쟁 이후 중국의 현실을 본 국내 개화파가 급격히 혐중론으로 돌아선 것이나, 1980년대 국내 운동권에서의 러시아, 중국 사회주의에 대한 이상화를 상기시키는 바와 같다.

1997년 이후 변화된 경제적 분위기 중 가장 두드러진 특징은 '외자유치에 대한 강박'이라고 할 수 있다. 이에 대해서는 문제제기조차 불가능한 분위기였다. 이는 그 동안 내부자본에 대한 불신이 축적되어 온 이유도 있겠지만 경제위기를 계기로 초국적 행위자들—구제금융의 주체인 IMF, 국내경제의 목줄을 쥐고 흔드는 무디스, S&P 등의 국제신용평가기관들을 비롯한—의 압력 탓도 있을 것이다. 특히 정치적으로도 내부자본의 주축이 된 재벌은 민주적 선거로 집권한 최초의 야당 출신 대통령에게 호의적이지 않았다. 그래서 내부자본보다 외자선호는 투명성, 책임성과 함께 더욱 민주적이라는 포장까지 하게 된 것이다.

하지만 이와 같은 '민주주의의 신자유주의적 나포(democracy hijacked by neoliberalism)'는 국내에서만 발견되는 현상이 아니었다.[6] 우리나라처럼 권위주의와 결합한 내부자본이 지배하던 비중심부 신흥시장에 초국적자본 및 이를 행하는 집단이 지배기반을 다지고자 할 때, '민주주의'는 매우 효율적인 기제였다. 그들에게 민주주의는 신자유주의적으로만 이용 가치가 있었다. 특히 한국의 1980년대 민주화운동은 곧 개혁담론을 정당화하는 기제로 작용하여, 급진적인 신자유주의적 구조재편을 하는 데 큰 도움이 되었다.

이처럼 국내정책 엘리트들의 초국적 동질화와 미국화, 그리고 정치적 민주주의의 신자유주의적 나포와 같은 조건은 한국에서 단기간에 신자유주의적 구조변화를 추진했음에도 불구하고 별다른 대중

6) 여기서 국제자본이 주도하는 신자유주의는 대중적인 '참여민주주의'를 나포하여 기술관료적인 '교도민주주의(guided democracy)'로 형해화하는 동시에 참여민주주의의 아우라를 활용한다. 시장의 논리와 두 가지 민주화의 논리에 대해서는 임현진, 정일준(2003: 344)의 논의를 참조하라.

적 저항 없이 이룰 수 있게 해주었다. 즉, 사회적으로 불평등을 구조화한다는 점에서 반민주주의적이고 권위주의적인 신자유주의는 국내에서 개혁과 민주주의의 수사 아래 정당성을 주장하며 관철될 수 있었던 것이다. 최근 신자유주의를 관철시키기 위해 국제자본이 동원되는 것은 한국의 경우만 해당되는 것은 아니지만, 국내에서 이런 모습은 매우 전형적인 형태로 현실화되었다.

그런데 신자유주의적 경제구조 재편에 대한 대중저항의 온건화와 관련해 특히 주목해야 할 사실은 지금까지 경제민주화 운동에 참여해 온 시민운동들이 시민사회 수준에서 국제 투기자본에 의한 국내 경제구조의 신자유주의적 재편에 정당성을 제공하는 역할을 담당했다는 점이다. 한국에서 급격한 신자유주의화에 정당성을 부여해 준 것은 정치사회적 차원에서는 정권교체였다면, 시민운동단체는 신자유주의적 담론을 경제민주주의를 표방하는 차원에서 유포해 이를 시민사회적 수준에서 완결지음으로써 대중들에게 신자유주의의 본질을 정확히 인지시키지 않고 대중적이고 조직적인 저항을 온건화했다는 것이다.

다시 말해 신자유주의는 정치사회적인 '정당성 경쟁(legitimacy competition)'에서 승리해 독점적 지위를 차지했다. 이는 1997년까지는 정당성을 상실하고 있던 국내의 권위주의적 지배집단에 의해 '경제주의적 방식'으로 유포되던 신자유주의가(가령 김영삼 정권 시기 노동법개정 시도 등을 통한 노동유연화 강제 및 '당신의 경쟁상대는 누구입니까?'라는 국가 캠페인을 통한 무한경쟁사회 촉진 등) 이에 대항하던 정치사회 집단에 개혁과 민주주의의 담론을 통해 '정치적으로 외연을 확장'함으로 가능해졌다는 것이다. 여기에는 금융위기 이후 신자유주의적 재편 과정에서 신자유주의를 편의적으로 활용하려고 했던 국내자본(특히 재벌)이 결과적인 부메랑 효과를 예측하지 못하고 편승한 측면도 있다. 즉, 신자유주의가 궁극적으로 중심부 국제자본에 의한 논리로서, 국내 대자본조차 궁극적으로 그 보편성의 논리(글로벌스탠더드)에 대해 철저히 복종을 강요당할 수 있다는 가능성을 예측하지 못했던 것이다.

특히 국내기업들에 대한 신자유주의적 구조조정과 외자에 의한 국내경제 지배는 IMF와 한국정부가 체결한 기업부문 구조조정 프로그램에 의해 관철된 측면과 함께 국내 시민운동단체인 경실련의 유산과 참여연대의 소액주주운동 등이 지원해 주었다는 것을 부인할 수 없다.[7]

1980년대 민주화운동에서 경제정의를 표방한 최초의 시민운동단체로 꼽히는 경실련은 대중적으로 경제정의와 경제민주화를 내세웠다. 금융위기 이전까지 이들의 활동은 주로 재벌 문제에 집중되었고 여기서 소유와 경영의 분리 원칙 및 재벌(대기업)과 중소기업 간의 공정성을 포함하는 '시장에서의 공정경쟁을 위한 재벌규제'가 목표가 되었다. 이런 공정경쟁론은 김영삼 정권 당시 불어닥친 탈규제론과 맞물려 시장질서의 자율성을 만들어냈다. 즉, 경실련은 "한편에서는 관치와 규제에서 벗어난 시장질서를 옹호하면서, 다른 한편으로는 그것을 달성하기 위한 정부의 새로운 규제를 요구"(이공순, 2004: 1~2)하며 중소자본가의 호응을 받았다. 이런 주장으로 재벌규제적 시장정의론(fairness in the market)은 1990년대 중반까지 '시민사회의 목소리'로 받아들여지게 되었다. 하지만 금융위기후 시장주의가 사회의 보편적 의제가 되고, 국내 경제질서가 새로운 변화를

---

7) 이하 국내 주요 시민운동 일각의 '신자유주의적 동원와 기여'에 대해서는 실업극복국민연대 이공순 정책실장의 논의에 동의하며 이에 전적으로 의존한다(이공순, 2004).

겪으면서 시민운동으로서의 경제정의운동은 힘을 잃고 대신 현재 강철규 공정거래위원장 등 과거 경실련 내 학자 출신의 중심인물들이 정부 경제부처와 조직의 주요 지위에서 시장주의적 규제론을 실현하고 있는 것으로 보인다.

주로 정책전문가 집단으로 구성된 중앙조직의 활동체로 평가되기도 하는 참여연대는 경실련의 보수성에 대한 대응으로 태동했다고 하겠다. 참여연대가 사회적으로 주목을 받은 데 있어서는 소액주주운동의 역할이 두드러지는데, 소유권을 가진 이들 사이에서의 권리 개념을 확정하는 것이 이 운동의 주요 활동목표였다. 이 운동 초기에 재벌오너경영의 전횡과 비합리성을 견제한다는 측면에서 시민사회 내에서 정당성을 확보하고 주목을 받았던 것이다.

하지만 소액주주운동은 침해받을 수 없는 소유권이라는 '권리의 등가성'을 전제로 하기 때문에 권리의 사회적 역할과 목적에 대한 질문은 주변화되거나 제한되고, 참여의 대상은 배타적으로 한정(주주)된다. 2003년 촉발된 SK사태에서 보듯 '기업의 지배권이 누구에게 넘어가는가' 하는 것은 부차적인 문제이며, '누가 소액주주의 권리를 더 잘 보호해 줄 것인가' 하는 것이 유일한 기준이 된다. 여기서 딜레마는 그 운동이 주주 중심적인 입장이라 개인의 권리와 이익이 사회적 이익과 충돌했을 때 필요한 논의 구도상 한계가 있었고, '법/권리 담론'에 의존하고 있었기 때문에 법기술 전문가의 영역으로 한정되면서 대중으로부터 멀어지게 된다. 또한 이 운동은 '소유권의 배타성'을 확립하는 데 일조했는데, 넓은 의미에서 경실련의 운동이 중소자본가층의 이해를 대변한 반면 참여연대의 소액주주운동은 신중산층, 전문가집단의 의식을 표명하는 운동으로 평가될 수 있다(이공순, 2004).[8]

이상의 논의를 요약하면, 한국에서 금융위기 이후 초국적 투기자본의 경제적 지배확대와 신자유주의적 구조재편은 몇 가지 사회적 조건으로 인해 가능했다고 볼 수 있다.

먼저, 1997~1998년의 경제위기상황은 전 사회적으로 '급박성'과 '필연성'의 분위기를 일으켰다. 이는 주류정책적 담론과 추세에 대한 차별화된 견해를 권위적으로 봉쇄하는 효과를 낳았다. 여기서 구제금융과 이에 수반하는 정책부과의 주체로 등장한 IMF, 국제신용등급 부과를 통해 국내 경제재편의 방향을 통제할 수 있는 무디스 등의 신용평가기관, 여론에 막강한 영향력을 미칠 수 있는 각종 조언자로 등장한 초국적 컨설팅그룹 등의 초국적 행위자들은 국내 구조재편이 신자유주의적 방향에서 벗어나지 않도록 막강한 영향력을 행사했다. 이처럼 외부의 주도적 행위자의 방향 설정과 더불어 국내에서는 일부 엘리트들이 초국적 행위자들의 방향 설정에 반대하지 않고 오히려 적극 부응했는데, 이는 미국, 유럽, 일본과 다른 세계체제상 비중심부 지역 엘리트들에게 공통적으로 드러나는 '구조화된 종속성'의 소산이다(Babb, 2001).

또한 1997년의 민주적 정권교체 및 시민운동의 개혁 요청으로 인한 구질서에 대한 맹목적인 전면거부는 신자유주의로의 구조재편을

8) 1998년 6월 한창 경제위기가 우려될 무렵, 미국의 경제주간지 「비즈니스위크(Business Week)」지는 '아시아 경제위기를 헤쳐나갈 50인' 중에 한국인을 4명이나 포함시켰다. 그 4명이 바로 김대중 당시 대통령, 유종근 당시 대통령 경제정책 보좌관, 참여연대의 소액주주운동을 주도하던 장하성 교수, 그리고 아직 대중에게 낯설었던 김정태 당시 동원증권 사장이었다. 여기서 이들의 위치는 외자유치, 배타적 소유권의 확립, 주주이익 경영의 모범적인 사례들로 요약된다. 이후 주택은행과 통합한 통합 국민은행장이 된 김정태는 스타 CEO로 부상했는데, 그의 경영방식은 투기자본과 맞아떨어지는 것으로 ① 정부간섭 배제 ② 주주 중심의 배타적 소유권 옹호 ③ 구조조정의 표본이 특징이었다. 경실련의 시장주의와 소액주주운동의 배타적 소유권 옹호는 여기서 '한국판 CEO자본주의'로 체화한다(이공순 2004: 4).

촉진화시켰다. 이 또한 '자유시장과 민주주의의 결합'이라는 초국적 의제를 통해 전 세계적으로 관철되었다. 재벌들 또한 신자유주의적 재편에 편의적이고 선택적인 방식으로 일조한 측면이 있는데, 정부개입과 관련해 규제완화와 노동유연화의 요구 등에서 적극적이었다는 점을 들 수 있다. 결과적으로 신자유주의가 재벌소유주 및 노동자의 이해관계, 그리고 국민경제 전반의 이익과 상충되는 지점까지 진행되었다는 점에서 재벌들에게는 부메랑 효과가 있었다는 것이다.

투기화의 진행과 사회적 결과

이와 같은 조건하에 현실화된 한국의 경제구조 재편은 기존의 '자국 대자본 중심의 발전모델'에서 '외자지배적인 경제시스템'이라는 방향으로 진행되었다. 특히 은행과 증권사, 투신사, 보험업, 심지어 대금업을 비롯한 금융권의 외자지배는 한국을 금융주권이 침식당한 금융식민지에 비유해도 지나치지 않을 정도이다(이병천, 2004: 6). 또한 국내기업 주식에 대한 외국자본의 대규모 소유는 주주 중심의 가치를 바탕으로 기업과 산업의 장기성장을 위한 모험적 투기조차 회피하도록 한다.

주주 중심주의적 투기경제화는 본질상 노동유연화를 선호하며 이를 강제한다. 따라서 한국의 노동유연성이 현재 OECD 28개국 중 12위의 중상위권이라 하더라도(「한겨레」 2004년 9월 1일자) 기업가들과 외국인 투자자들은 "더욱더 유연하게"라고 말할 뿐이다("외국인 관심 1위, 노조 기업지배구조 아직 미흡", 「매일경제」 2003년 8월 21일자;

"아시아경제발전 위해 노동유연성 절실", 「매일경제」 2004년 6월 14일자).

정리해고제와 근로자파견제로 대표되는 고용유연화 정책은 대량 실업을 촉진함으로써 실업자를 양산하는 동시에, 이렇게 발생한 실업자의 생계해결을 위한 서로 모순된 정책을 추진하게 하고 있다. 임시직과 일용직 등 비정규직 노동자의 증가로 인해 고용의 질이 악화되는 것도 유연화정책의 결과 중 하나이다. 외환위기 전 40%대였던 비정규직 노동자의 비율은 2003년 8월 784만 명으로 전체 임금노동자의 절반 이상인 55.4%에 이른다(김유선, 2003). 이들의 임금은 정규직의 절반 정도에 해당한다. 1999년 6.8%로 최악이었던 실업률은 점점 감소하고 있지만, 그 이면에는 주로 취업곤란 계층인 장기실업자의 증가와 비정규직 노동자의 증가가 포함되어 있다. 노동자의 실질임금도 경제위기 이후 5년간 오히려 삭감되었다. 물가상승분을 고려한 실질임금은 1997년을 100으로 했을 때 2001년 98.1로 오히려 줄어들어 같은 시기 생산성의 45.4% 증가와 대조를 이루었다. 또한 한국의 장시간 노동시간은 2001년까지도 여전히 OECD 국가 중 1위를 차지한다(김성희, 2004: 436~438).

또한 금융위기 직후 4대부문의 신자유주의적 개혁에 노동부문을 포함시켰다. 김대중 정부가 노사정위를 통해 포섭적 노사관계를 지향하는 외양을 띠었지만 실제로는 더욱 배타적이고 억압적이었다. 따라서 구속노동자 숫자를 비교해 보면, 김영삼 정권은 5년 동안 632명을 구속한 데 반해 김대중 정권은 5년 동안(2002년 11월 말까지) 878명을 구속하여 40% 이상 증가했다. 부당해고와 부당노동행위에 대한 각급 노동위원회에의 진정건수도 김대중 정권 시기에 늘어난 것을 볼 수 있다(김성희, 2004: 431~432).

금융위기 이후 국내 빈부격차도 증가한 것으로 드러났다. 소득분배 구조를 나타내는 지니계수상 한국은 2000년 OECD 국가 중 소득 불평등 정도가 최악인 멕시코와 미국에 이어 세 번째로 '가처분소득에 대한 지니계수'가 높은 것으로 나타나 소득 불평등 정도가 심각함을 보여주었다. 아시아 국가 중에는 1999년 기준으로 태국, 필리핀, 중국만이 한국보다 불평등도가 높게 나타났다. '임금소득의 불평등도'는 OECD 국가 중 2위인 미국을 크게 제치고 가장 높은 것으로 드러나기도 한다(이영환, 2003: 240). 절대빈곤가구의 비중은 1996년 5.91%에서 2000년 11.46%로 두 배 가까이 늘어났고, 중산층 노동자의 소득증가율도 노동자 전체평균에 훨씬 못 미치고 있다(성낙선, 2004: 445). 이는 고용유연화에 따른 결과와 관련된 것으로 보인다.

한편 월급여 300만 원 이상의 고소득자도 2003년 6월 기준으로 1999년에 비해 3배 가까이 증대한 것으로 드러나, 빈부격차의 증가가 단지 절대빈곤층의 증대만이 그 이유가 아님을 보여준다(「오마이뉴스」 2004년 10월 25일자). 특히 국내에서 심각한 투기대상이 된 주택보유 여부에 따른 자산불평등이 심화되고 있으며, 저소득층의 경우 주거불안 계층으로 전락하고 있다.[9]

여기서 또한 경제활동을 하고 있지만 만성적으로 가난한 '노동빈곤층(Working Poor)'으로 대변되는 '신빈곤' 문제가 주목된다. 이는

---

9) 이와 관련해 다음의 지적은 의미심장하다. "1431만 가구 가운데 주택을 전세나 월세로 임대해 사는 615만 세대와 주택을 소유한 775만 세대 간의 재산 격차는 부동산 가격의 상승 폭만큼 크다"(신광영, 2003: 40). 또한 과거 부동산투기에 대한 도덕적 비난은 급격히 줄어들고, 최근에는 이를 '부자아빠의 능력' 등으로 선전하며 장려하는 '망국적 재테크 문화'가 자리잡아 온 국민을 '부자되기'의 경쟁 대열로 몰아가고 있다. 이러한 '부자 바이러스'의 확산은 사회 내에서 자연스레 '가난(한 이들)에 대한 경멸'을 동반한다(한상복, 2003: 296).

먼저 비정규직을 양산하는 노동시장의 유연화 혹은 연봉제로 대표되는 노동내부의 위계적 균열과 관련이 있다. 이혼여성의 노동시장 진입 등과 관련된 사회적 배제의 문제, 그리고 특히 교육기회 차등화를 강조하는 신자유주의적 분위기 속에서 증대하는 사교육비를 포함한 소비문화적 차원의 사회적 박탈감과도 이와 관련된다(노대명, 2003). 전체적으로 경제위기 이후 투기화가 불러온 신자유주의적 사회변화로는 자본가계급과 자산계급(금융자산, 주식, 부동산 등을 소유하고 여기서 수익을 올리는 비취업집단)으로 구성된 소유계급에게 유리한 환경조성으로 계급 간 불평등이 심화되고, 노동유연화로 노동계급 내부의 불평등이 점점 커지고 있는 것으로 요약할 수 있다.

금융위기 이후 외자에 대한 맹목적 동경이나 집착, 외자의 국내경제 지배는 전 사회적으로 더욱 극단적으로 '외국적인' 것(주로 미국)을 동경하게 만들었다. 중산층 이상 가구 자녀들의 아동 영어교육 열풍(심지어 원어민과 같은 영어발음을 가능하게 한다는 상술에 빠져 아동의 혀수술이라는 극단적이고 인권침해적인 형태마저 낳은), 미국 초중고 조기유학이나 대학학부 입학열, 심지어 일부 상류층의 미국 원정출산 붐은 계층 간의 경제적인 격차의 심화에 더해 문화적 차원뿐 아니라 국민내부의 이질화를 극대화하고 있다. 동시에 중산층 및 국내 엘리트의 초국적 동질화를 가속화시키며 향후 한국사회경제의 전면화된 외자지배와 투기화에 보다 유리한 배경을 만들어줄 가능성도 배제할 수 없다. 이처럼 신자유주의적 구조 변화는 국민내부적 이질화와 중산층 이상의 초국적 동질화를 동시에 증대시키고 있다.

부의 독점이 가속화되고 이것이 노동빈곤층을 양산하는 사회는 결코 미래를 약속할 수 없다. 국내에서 이민자가 계속 증가하고, 출산율이 급락하여 조숙한 고령화 추세를 고민하게 된 점도 경제위기 이후 급격하게 진행된 신자유주의적 구조재편 및 이에 따른 대중 다수의 희망 상실과 무관하지 않다. 빈곤, 불평등 및 고령화 등의 사회문제는 이러한 경제구조의 변화로 인한 것이고, 따라서 정부에서는 고용유연화를 촉진장려하면서(재경부, 노동부) 다른 한편에서는 분배에 더욱 신경을 쓰겠다고 공언하는(청와대, 복지부) 희비극적인 모순은 자제해야 할 것이다.

이로써 우리는 한국의 급격한 신자유주의적 구조재편을 가능하게 한 사회적 조건들을 살펴보았다. 사회해체를 막는 일은 마찬가지로 앞서의 조건들을 극복하고 교정해 나가는 과제와 긴밀하게 연결되어 있다.

무엇보다도 경제위기 이후 금융 및 주식시장을 장악한 외자에 의해 투기장으로 변질된 국민경제의 틀과 행태를 변모시켜야 한다. 그러기 위해서는 현재 국내에서 맹목적이고 광적인 신앙에 가까운 '외자만능론'을 재고하고, 유입되는 외자들의 성격을 객관적으로 차분히 점검하는 동시에, 최소한 투기적 성격이 강한 이들에 대해서는 내부자본에 대해서와 마찬가지로 필요한 규제조치를 마련하여 엄정하고 균형감 있게 적용하는 일이 시급하다. 또한 주요 기업들의 대주주들로 인해 사회의 중심의제가 되어버린 주주만능주의적 사고와 행위, 구조변화가 불러오는 사회적 악영향을 직시하여, 사회구성원 전체를 배려하고 '만인의 만인에 대한 투쟁'으로 치닫는 상황을 방지할 수 있는 방안을 보다 진지하게 고려해야 할 것이다. 최근에는 사회적 연대감을 상실하여 절망한 이들이 '부자 바이러스'와 복권과 같은 일확천금을 꿈꾸게 되는데, 이는 바람직한 미래 준비와 사회정책이라고 하기에는 너무 무책임한 행위다.

신자유주의적 투기화에 대한 대안이 없는 것은 아니다. 이런 현상은 필연적이고 그에 대한 대안이 없다고 믿는다면, 그것은 우리의 상상력과 의지가 결핍된 것일 뿐이다. 대안의 필요성조차 느끼지 않는 이들에 대해서는 그냥 '맹목과 무지 속에서 안주함'을 안쓰러워하기로 하자.

| 참고문헌 |

김성희, 「왜곡된 제도화와 진전된 유연화: 김대중 정부의 노동정책 평가」, 전창환, 김진방 외, 『위기 이후 한국자본주의』, 풀빛, 2004, pp. 419~444.

김승식, 『한국증시에 한국인은 없다』, 시공사, 2004.

김유선, 「비정규직 증가 원인」, 『사회경제평론』 21: 2003, pp. 289~326.

노대명, 「한국의 빈곤실태, 그 현황과 쟁점」, 『기억과 전망』 5(겨울): 2003 pp. 194~217.

성낙선, 「외환, 금융위기 이후 사회복지제도의 변화와 빈곤문제」, 전창환, 김진방 외, 『위기 이후 한국자본주의』, 풀빛, 2004, pp. 445~490.

신광영, 「한국의 사회계급과 불평등 실태」, 『경제와 사회』 59(가을): 2003, pp. 32~54.

신장섭, 장하준, 장진호 역, 『주식회사 한국의 구조조정, 무엇이 문제인가』, 창비, 2003.

윤상우, 「동아시아 발전국가의 위기와 재편: 한국과 대만 비교연구」, 고려대학교 사회학과 박사 학위논문, 2002.

이공순, 「투기자본의 사회적 기초」, 9월 23일 금융경제연구소 간담회 발제문, 2004.

이병천, 「급진적 자유화와 혁신경제 이행의 함정: 양극화와 탈민족화의 위험」, 10월 14일 금융경제연구소 간담회 발제문, 2004.

이영환, 「한국사회의 빈곤과 사회정책」, 『기억과 전망』 5(겨울): 2003, pp. 238~250.

임현진, 정일준, 「한국 민주주의의 현주소: 세계화 정책과 신자유주의적 구조조정」, 강정구 외, 『한국사회발전연구』, 나남, 2003, pp. 339~364.

한상복, 『한국의 부자들』, 위즈덤하우스, 2003.

홍덕률, 「1987년 이후의 정부와 재벌관계의 변화」, 『경제와 사회』 30(여름), 1996.

홍영기, 「위기 이후 금융시스템 전환의 성격과 한계」, 전창환, 김진방 외, 『위기 이후 한국자본주의』, 풀빛, 2004, pp. 305~335.

Amsden, Alice, 『Asia's Next Giant: South Korea and Late Industrialization』, London: Oxford University Press, 1989.

Amsden, Alice, 「The Spector of Anglo-Saxonization Is Haunting South Korea」, in Lee-

Jay Cho & Yoon-Hyung Kim (eds.) 『*Korea's Political Economy: An Institutional Perspective*』, Boulder: Westview, 1994.

Babb, Sarah, 『*Managing Mexico: Economists from Nationalism to Neoliberalism*』, Princeton: Princeton University Press, 2001.

Chang, Ha-Joon, 『*The Political Economy of Industrial Policy*』, New York: St. Martin's Press, 1994.

Dezalay, Yves & Bryant G. Garth, 『*The Internationalization of Palace Wars: Lawyers, Economists, and the Contest to Transform Latin American States*』, Chicago: University of Chicago Press, 2002.

Ellwood, Wayne, 『*The No-Nonsense Guide to Globalization*』, London: Verso, 2001.

Evans, Peter, 『*Embedded Autonomy: States and Industrial Transformation*』, Princeton: Princeton University Press, 1995.

Johnson, Chalmers, 『*MITI and the Japanese Miracle*』, Stanford, CA: Stanford University Press, 1982.

Kim, Eun Mee, 『*Big Business, Strong State: Collusion and Conflict in South Korean Development, 1960~1990*』, Albany, NY: State University of New York Press, 1997.

Wade, Robert, 『*Governing the Market: Economic Theory and the Role of Government in East Asian Industrialization*』, Princeton: Princeton University Press, 1990.

Weiss, Linda, 『*The Myth of the Powerless State. Ithaca*』, Cornell University Press, 1998.

Woo, Jung-en[Meredith Woo-Cumings], 『*Race to the Swift: State and Finance in Korean Industrialization*』, New York: Columbia University Press, 1991.

Woo-Cumings, Meredith(ed.), 『*The Developmental State*』, Ithaca, NY: Cornell University Press, 1999.

14장

주주이익 극대화의 함의

◎정승일(국민대학교 경제학부 겸임교수)

금융세계화와 신자유주의

1980년대 말 소련과 동구권이 붕괴하자 자본주의는 장애물 없는 순탄대로를 쾌속질주하기 시작했다. 터보엔진을 가속하며 달려가는 경주용차 같은 모습을 일컬어 미국의 경제학자 에드워드 러트웍(Edward Luttwak)은 '터보 자본주의'라고 불렀다. 그런데 자본주의 체제가 승리한 후 나타난 현상은 프란시스 후쿠야마(F. Fukuyama)가 주장한 것과 같은 '역사의 종말'이 아니었다. 역사의 종말 이전에 세계화 시대가 터보 자본주의의 형태로 등장했고, 1990년대 초부터 새로운 시대, 세계화의 시대가 시작되었다.

우리나라에서는 1993년 출범한 김영삼 정부가 '무한경쟁'과 '세계화'를 내걸고 무역과 금융을 개방함으로써 터보 자본주의에 참가했다. 그런데 이 터보 경주에서 한국은 인도네시아, 말레이시아 등 동남아 4개국과 함께 경제가 뒤집어지는 대형사고를 당했다.

그러자 IMF와 세계은행, 그리고 미 재무부는 동아시아 국가들의 어리석음과 미숙함을 비난하면서 모든 것을 각 국가, 즉 운전자의 책임으로 돌렸다. 즉, 동아시아 특유의 관치금융과 재벌체제, 그리고 강성노조가 궁극적 원인이라는 것이다. 속도제한 없는 위험한 터보 자본주의의 위험성에 대한 비판은 묵살되었고, 규제완화(deregulation)를 통한 무제한의 자유시장(free market) 추구와 세계화가 초래하는 수많은 금융사고와 금융위기의 가능성에 대한 비판은 무시되었다.

특히 보수와 진보 모두 서방에 대한 사대주의가 심한 한국에서는 열등감과 함께 운전자 책임론을 그대로 받아들였다. 1998년 출범한 김대중 정부는 기업지배구조개혁(재벌 혁파), 금융개혁(관치금융 혁파), 노동개혁(강성노조 혁파), 공기업 민영화(관치경제 혁파)를 통해 글로벌스탠더드(global standards)에 어긋나는 일체의 동아시아적 요소들을 척결해 나갔고, 금융/증권시장과 적대적 M&A 시장을 외국자본에 완전개방함으로써 터보 게임의 완성, 세계화의 완성을 향해 나아갔다. 김영삼 시절이 세계화 1단계였고 절반의 세계화를 추진했다면, 미완의 세계화에서 1997년 위기의 원인을 찾은 김대중 정부는 세계화의 2단계, 그 완성을 향해 나아갔다.

세계화되는 금융투자자들과 글로벌 기업들의 터보 질주를 정당화하는 이념이 있는데 그것을 (신)자유주의라고 한다. 그것은 기본적으로 자유방임주의(laissez-faire)이며 자유시장(free market) 숭배론이고 주식투자에서의 대기업 해외매각, 그리고 문화(스크린쿼터제)에서 가정생활에 이르는 모든 인간사가 '시장논리'를 따라야 한다는 시장 근본주의(market fundamentalism)이다. 이들은 시장법칙과 시장규율이 모든 것을 지배해야 한다고 말한다.

오스트리아의 경제학자 하이에크와 미국의 경제학자 밀턴 프리드 만이 내세운 신자유주의 이론은 1980년대에 미국의 레이건, 영국의 마가렛 대처의 정책으로 실천되었고, 1990년대부터는 한국 등 동아시아에서도 정책결정과 사회조류에 많은 영향을 미쳤다. 특히 미국에서 교육받고 훈련받은 한국의 관료와 학자들, 재계인사들, 지식인들, 시민운동가들은 보수와 진보를 막론하고 영미식 모델의 숭배자가 되었다.

경영자 자본주의에서 주주 자본주의로

지금부터 90년 전 미국의 헨리 포드는 자사 노동자들의 일당을 여타 자동차 회사의 2배인 5달러로 높였다. 당시 「월스트리트저널」은 포드의 이런 행동을 "경제적 죄악"이라고 비난했다. 물론 헨리 포드는 삼성의 이병철, 이건희 회장과 마찬가지로 반노조주의자였는데, 그러나 노동자들에게 고임금을 지불하면 회사에 대한 충성심과 생산성이 높아지고 이들이 장차 포드 자동차의 고객이 될 것이라고 믿었다.

그 후 1930년대의 대공황을 극복하는 과정에서 미국의 루즈벨트 대통령은 뉴딜정책의 일환으로 포드 자동차 등 모든 대기업에 노동조합 설치를 의무화하고 사회보장제도를 도입했다. 1970년대까지 계속된 뉴딜체제에서 미국의 노동자들은 고임금과 사회보장제도, 그리고 이에 기반한 대량소비 체제에서 '자본주의의 황금기'를 보냈다. 그래서 프랑스의 조절이론(regulation theory)가들은 이 시기의 복지/소비 자본주의를 헨리 포드의 이름을 따서 '포디즘(Fordism)'이라고 부른다.

또한 이 시기에 자유시장(free market)의 원칙은 유린되고 국가(정부)는 금융시스템 안정과 외환안정, 사회보장을 위해 시장경제에 깊이 개입했다. 그래서 경제학자들은 이 모델을 '케인즈 자본주의' 혹은 '혼합 자본주의'라고도 부른다.

이 시기에 미국 대기업들의 주식소유는 분산되어 주주들(소액주주들)은 힘이 없었고, 경영자들은 강성노조의 지원하에 경영자 권력을 추구했다. 갈브레이스(Galbraith) 같은 학자들은 이를 '경영자 자본주의'라고 불렀고, 나아가 자본주의와 사회주의의 대립, 사유재산제와 공유재산제의 대립은 무의미하며 양 체제는 모두 테크노크라트(technocrat, 즉 경영전문가와 행정관료)의 지배로 수렴되고 있다고 진단했다.

하지만 1980년 들어 포디즘과 케인즈, 경영자 자본주의의 시대는 막을 내렸다. 금융과 외환, 사회보장의 모든 영역에서 정부는 50년 만에 후퇴하여 '자유시장'에게 자리를 내주었다. 자유시장 원칙의 부활과 함께 사유재산제(주주권)의 전능성(全能性) 역시 부활했고, 그 결과 갈브레이스가 찬양했던 경영자 자본주의는 주주 자본주의로 대체되었다.

금융세계화와 주주 자본주의의 세계적 확산

금융세계화의 시대인 오늘날의 주식거래는 국경을 넘나들며 진행되고 있다. 이미 외국인 투자자들은 한국 우량기업 주식의 절반 이상을 소유하고 있고, 증시 시가총액을 보더라도 2004년 10월 현재 44%를 보유하고 있다. 외국인 투자자들이 증시에 영향력을 행사하는 이러한 현상은 세계적 현상으로, 유럽의 노키아, 다임러, 포다폰, 일본의 소니, 도요타와 같은 우량 대기업들 역시 주식의 절반 이상을 외국인이 소유하고 있다.

하지만 이러한 국제적 주식거래는 각국 간의 동등하고 호혜적인 관계와는 거리가 멀다. 국제적 금융거래의 중심은 뉴욕과 런던이고, 이 둘은 오늘날 세계화된 금융시장을 일방주의적(unilateral) 방식으로 지배한다. 그리고 두 나라에 몰려 있는 초대형 투자펀드들과 연금펀드들, 투자은행, 보험사들이 서울, 도쿄, 상하이에서 프랑크푸르트와 스톡홀름에 이르는 증권시장과 금융시장을 지배하는 외국인 투자자들이다.

흔히 금융세계화의 파괴성에 대해 말할 때 소로스의 퀀텀펀드 같은 헤지펀드를 주목한다. 하지만 더 중요한 것은 월스트리트와 런던에 집중되어 있는 글로벌 투자은행들과 상업은행들, 그리고 보험사들이다. 최근 한미은행을 인수한 미국의 씨티그룹은 투자은행, 상업은행, 보험사를 포함해 자산규모만 해도 한국의 금융자산 총계보다 더 많은 1조2000억 달러에 이르는 초대형 금융자본이다.

또한 금융세계화의 추진세력에는 초대형 펀드들도 포함된다. 1980년대 이래 연기금과 뮤추얼펀드 같은 기관투자자들의 주식투자가 본격화되면서 이들의 주식지분 비중이 크게 확대되고 있다. 미국의 경우 1000대 상장기업에서 기관투자자들은 약 58%의 지분을 확보하고 있으며, 27개 기관투자자가 전체 기관투자자 보유주식의 47.9%를 차지하고 있다. 그리고 세계 최대 20개 투자펀드 회사들은 14조 달러에 이르는 전 세계 펀드 자산의 절반이 넘는 8조 달러를 운용하고 있다. 이들의 평균 자산규모는 2000억 달러(230조 원)로, 단 하나의 자산운용사가 우리나라 최대 은행인 국민은행의 총 자산

규모(215조 원)보다 더 큰 자산을 전 세계 증시에 투자하고 있다.

다시 말해 외국인 주식투자자들은 결코 소액주주가 아니다. 그럼에도 불구하고 이들은 분산투자(portfolio investment) 원칙을 지키는 까닭에 대부분의 상장기업에서 개별적으로는 소수주주(minority shareholders)로 등장하며, 따라서 소수주주권 강화 운동을 통해 가장 큰 이익을 얻고 있다.

앵글로색슨계 펀드매니저들은 해외투자에서 높은 투자수익을 얻으려고 노력한다. 따라서 각국에 대해 '주주이익 극대화'를 저해하는 관행과 제도를 폐지하고 자신들에게 익숙한 앵글로색슨 제도와 관행을 도입할 것을 요구한다. 그 대표적인 것이 소수주주권(소액주주권) 강화와 적대적 M&A 허용으로 대표되는 주주가치(shareholder values) 추구와 이를 위한 기업지배구조(corporate governance structure) 개혁, 회계투명성 강화, 공시제도 강화 등이다.

주주가치 압력과 주주행동주의

아시아와 유럽을 막론하고 오늘날 모든 상장기업의 경영자와 대주주들은 앵글로색슨 투자펀드들의 주주권 행사 위협과 주주이익 극대화 압력에 시달리고 있다. 특히 캘리포니아 공무원연금기금(CalPERs : 캘퍼스)은 그 힘이 막강하다. 캘퍼스는 1990년대 초반부터 제네럴모터스(General Motors : GM)와 아메리칸 익스프레스의 CEO를 이사회 혁명을 통해 바꾸는 데 앞장섰고, 최근에는 미국 디즈니랜드의 CEO를 축출하는 데 나섰다. 캘퍼스가 선도하고 있는 '좋은기업지배구조(Good Corporate Governance) 캠페인'은 세계은행과 OECD가 적극 후원하고 있고, 한국에서는 참여연대 경제개혁 센터와 함께 좋은기업지배구조연구소의 탄생을 도왔다. 좋은기업지 배구조 캠페인은 미국과 세계, 그리고 한국에서 소수주주권과 적대적 M&A 촉진을 위한 제도개혁과 함께 주주총회 참여 등을 통한 '주주행동주의(shareholder activism)'를 확실하게 보여주었다.

하지만 이러한 활동을 통해 앵글로색슨 투자펀드들이 노리는 궁극적인 목적은 경제민주화도 경제정의도 아니다. 캘퍼스는 1990년대 후반부터 해외투자를 20% 늘리고 있는데, 캘퍼스 같은 앵글로색슨 투자펀드의 관점에서 한 회사(corporation) 혹은 한 사업부(division)가 자기자본 대비 수익성(ROE)에서 10% 이하를 달성하는 것은 비효율적이다. 그런데 이런 회사들은 미국과 영국 밖에서는 부지기수다. 이 경우 캘퍼스는 이른바 '디스카운트'를 비난한다. 한국에 대해서는 '코리아 디스카운트(Korea Discount)'를 들먹이며 "재벌들의 기업지배구조 때문에 주가가 30% 정도 저평가되었다"고 비난하고, 독일에서는 "폴크스바겐의 공동결정제(노동자 경영 참가) 때문에 주가가 저평가되고 있다"고 비난하며, 스웨덴에서는 사회복지제도와 강력한 산별노조, 그리고 발렌베리 재벌그룹의 존재를 비난하며 '스웨덴 디스카운트'를 언급한다.

그리고 소수주주권을 무시하고 주주이익을 침해하는 대주주와 경영자들에 대해서는 적대적 M&A의 위협을 가한다. 캘퍼스의 주요활동목표는 적대적 M&A를 촉진하고 권장하는 것이다. 왜냐하면 기업지배권(경영권) 위협을 받지 않는 대주주와 경영자들은 주주이익 극대화에 태만하다고 믿기 때문이다. 따라서 캘퍼스와 영국의 허미스(Hermes) 펀드, 그리고 각국의 좋은기업지배 캠페인 조직들은 적대적 M&A를 촉진하는 제도개혁을 요구한다. 예컨대 참여연대 경제개혁센터와 좋은기업지배구조연구소는 출자총액제도를 강화하고 금융계열사 의결권을 제한함으로써 삼성전자를 적대적 M&A 위협에 노출시킬 것을 공공연하게 요구하고 있다. 그렇게 해야만 주주권익이 신장되고 기업가치(주주가치)가 향상된다는 것이다.

소주주주권 강화와 적대적 경영권 위협에 직면한 대주주와 경영자들은 결국 주주가치 경영에 나설 수밖에 없는데, 주주가치 극대화를 위한 가장 손쉬운 방법이 노동시장 유연화와 노조 압살이다. 한국만이 아니라 미국과 유럽에서도 주주가치 압력에 직면한 기업들은 정규직을 해고하고 비정규직 고용을 늘리며 노조 압살과 같은 정책을 펼친다. 이때 경영자에게 제공되는 주식보너스(스톡옵션)가 주주이익과 경영자 이익의 일치를 유도한다.

오늘날 이른바 '시장개혁' 세력은 영미모델, 특히 미국모델의 우월성을 주장하는데, 이것은 외환금융위기를 겪은 한국과 동아시아에서만이 아니라 독일 등 유럽에서도 마찬가지다. 독일에서는 그 대표적인 예가 다임러의 슈렘프 회장이었다. 슈렘프는 1995년 다임러그룹의 부실계열사들을 매각하고 3년 내에 5만6000명을 해고하겠다고 발표했다. 그러자 다임러의 주가는 20% 상승했고 「월스트리트저널」과 「비즈니스위크」는 그를 "노동자에게 아부하는 독일의 관행을 깨뜨리고 드디어 주주이익을 지향하는 기업구조를 도입한 혁명가"로 추켜세웠다. 독일 회사들 중 스톡옵션을 처음으로 도입한 것도 슈렘프였다. '주주가치 극대화'를 내걸고 슈렘프가 추진한 독일 다임러와 미국 크라이슬러의 합병(1998년) 이후 주가는 큰 폭으로 올랐고, 이로 인해 슈렘프의 스톡옵션 주가도 높아졌다. 하지만 2000년 이래 4년이 지난 지금도 통합 다임러-크라이슬러는 만성적인 영업부진과 주가하락의 중병에서 헤어나지 못하고 있다.

독일의 주주가치 혁명가가 슈렘프라면 한국에서는 국민은행 김정
태 행장이 그 역할을 담당했다. 국민-주택은행 통합으로 유명해진
김정태 행장은 증권맨에서 대형 시중은행장으로 거듭난 입지전적인
인물로 'CEO 주가'라는 신조어를 탄생시킬 만큼 주식시장의 기대
를 한몸에 받은 인물이었다. 그는 1997년 당시 주택은행 행장으로
우리나라에서 처음으로 스톡옵션을 도입해 '주주가치 경영'을 처음
으로 실행에 옮겼다. 또한 2001년 출범한 통합 국민-주택은행의 행
장으로 골드만삭스 등 영미계 투자자들의 이익을 옹호하는 주주이
익 극대화의 모범이었다. 그는 주주 아닌 그 누구의 눈치도 보지 않
는다고 공언해 왔으며, 주주이익에 반하는 의사결정은 결코 하지 않
는다는 것이 소신이었다.

김정태 행장은 상업은행의 준공공적 기능을 도외시하며, 금융시
스템 위기 때마다 주주이익 극대화를 내걸고 이기적으로 행동했다.
2003년 말 LG카드 사태가 터졌을 때 정부는 국민은행이 최대은행,
선도은행으로서 LG카드에 대한 출자전환을 통해 금융시스템 안정
화에 앞장서주기를 기대했지만, 김 행장은 국민은행 주가하락과 주
주이익 침해 가능성을 들어 공동행동을 거부했다. 이에 이헌재 부총
리는 2004년 2월 취임하면서 "일부 금융기관이 자사 이기주의에 빠
져 금융시장 전체의 안정을 돌보지 않는다"며 "시장은 아이들의 놀
이터가 아니다"며 김 행장을 힐난했고, 이에 맞서 김 행장은 '신관
치금융'을 비판했다. 그러자 「월스트리트저널」, 「파이낸셜타임스」,
「블룸버그통신」 등의 경제지들과 참여연대 장하성 교수, 금융통화
위원회 김태동 교수, 한겨레신문이 한 목소리로 김정태 행장을 지원
하며 '(자유)시장 원칙'과 주주권 원칙을 옹호했다. 결국 수백만 명
의 예금자산에 대한 책임과 국민경제에 대해 책임져야 하는 상업은

행의 사회적 책임, 공공적 책임은 '신관치' 마녀사냥 소동 속에 간과되었다.

주주에 대한 책임과 사회적 책임

주주권 이론의 전제인 신고전파 경제학은 시장은 최적의 효율성과 최적의 자원배분 메커니즘이라고 여긴다. 또한 시장 중의 시장인 금융시장, 그 중에서도 주식시장은 가장 효율적인 메커니즘이기 때문에 주식시장이 기업과 경제를 규율, 지배하게 되면 최적의 자원분배와 최적의 경제성장과 분배가 달성된다고 주장한다.

주주가치 이론가들은 이상적 주식시장이 달성되기 위해서는 소수주주권이 강화되고 적대적 M&A가 무제한으로 허용되어야 한다고 주장한다. 영국과 미국의 신고전파 학자들과 이들로부터 교육받은 한국의 경제학자, 경영학자들은 뮤추얼펀드의 성장과 연기금의 주주행동주의에 크게 기대했었다. 왜냐하면 캘퍼스와 같은 투자펀드들이 주주행동주의(shareholder activism)를 통해 적극적으로 주주총회와 언론매체에서 발언함으로써 경영자와 지배주주의 기회주의와 모럴해저드를 감시하고 주주에 대한 책임(accountability to shareholders)을 요구할 수 있기 때문이었다.

한편 투자펀드들이 주주이익만을 추구하면서 기업들에게 주주에 대한 책임만을 요구할 뿐 기업의 사회적 책임, 기업에 대한 사회와 국가공동체의 이익은 무시한다는 비판이 제기되자, 이들은 '사회적 책임투자(SRI)'라는 신조어를 만들어냈다. 한국에서 사회적책임투자 캠페인은 '한겨레신문'과 그 자매지인 '이코노미21'이 주도하고 있는데, 한거레신문은 사회적책임투자를 통한 '주주혁명'이 참여연대가 펼치는 '소액주주혁명'과 함께 경제민주화에 크게 기여한다고 주장한다. 그리고 재정경제부와 한국증권연구원 역시 사회적책임투자 캠페인을 적극 후원하고 있다.

하지만 사회적책임투자가 가장 활성화된 미국의 경우 전체 7500개의 뮤츄얼펀드 중 불과 175개사만이 사회적책임 지침을 가지고 있다. 그리고 이 지침도 기껏해야 담배와 술, 무기를 취급하는 상장사에 대한 주식투자를 거부하는 수준이다. 예컨대 사회적투자펀드의 대표격인 도미니(Domini Social Equity Fund)는 독점 혐의를 받고 있는 마이크로소프트, 시스코, 인텔 등에도 막대한 투자를 하면서 다국적 담배회사 필립모리스에 대한 주식투자를 거부하는 정도다. 캘퍼스 역시 가령 이라크 전쟁용 토마호크 미사일과 전투기를 생산하는 보잉-맥도널드사의 주식을 거부한 적이 없다.

결국 근본적인 문제는 사회적책임투자에 참여하고 있는 모든 펀드들은 주주이익 극대화를 지향하고 있으며, 사회적책임에는 무관심하다는 점이다. 모든 펀드들은 전문적인 펀드매니저들에 의해 관리되고 있다. 이들은 대체로 40대 미만의 젊고 우수한 인재들이지만 이들 보수의 절반은 투자수익률 달성과 연동된 성과급이다. 따라서 펀드의 수익실적이 업계평균에 미달할 경우에는 처벌과 벌금이 따르고, 결국 이들은 모두 단기실적과 고수익 달성에만 관심을 갖는다. 대형 연기금을 포함한 모든 투자펀드들은 단타매매자들(day traders) 다음으로 투기적 성향이 강하며, 따라서 펀드매니저들은 투자의 사회적 책임과 같은 주제에는 관심을 가질 여유가 없다.

오늘날 미국경제가 주주이익 극대화에 포획됨에 따라 미국은 선진국 중 가장 빈부격차가 극심한 나라가 되었고, 미국기업들은 주주만 책임질(accountable) 뿐 일자리 창출, 생태환경 보호, 사회공헌 등 기업의 사회적책임(accountability)에는 무관심한 기업지배구조가 되었다. 주주이익 극대화에만 좋은 기업지배구조는 우리나라를 비롯한 세계 각국에서 성장 지체와 고용불안, 경제 양극화, 일자리 파괴, 생태환경 파괴, 사회보장제 파괴를 초래하고 있다. 캘퍼스와 허미스(Hermes), 그리고 한국의 참여연대와 좋은기업지배구조연구소가 표방하는 '좋은 기업지배'는 단지 주식투자자들에게만 좋을 뿐, 사회과 국민경제(민족경제)에는 좋지 않다.

주식시장과 주식투자의 역기능

"주식투자도 투기"라는 것은 상식이다. 그런데도 한국의 관료들과 학자들, 그리고 시민단체들은 여전히 주식투자는 건전한 생산적 투자라고 믿으면서 주식투자자 이익 위주의 재벌개혁과 금융개혁에 나서고 있다. 하지만 주식투자가 가장 발달한 영미식 자본주의에서 주식시장이 기업의 생산적 투자를 위한 자금조달 기능을 멈춘 지 50년이 지났다. 그들은 "주주는 더 이상 투자자가 아니라 투기꾼"이라고 말한다. 주주들이 투자리스크를 감당한다고 경제학자들은 주장하지만, 오늘날 그것은 생산적 리스크가 아닌 도박꾼들의 투기리스크일 뿐이다.

주식투자가 '건전한 투자', 즉 생산적 투자로 전환되는 것은 오직 기업들이 설비와 연구개발, 고용을 늘리기 위한 자금조달을 위해 신규주식을 유상으로 발행할 때뿐이다. 하지만 오늘날 영미에서 주식시장이 기업에 생산적으로 기여하는 바는 없다. 미국연방준비은행의 자료에 따르면, 최근 몇 년간 주식시장에 투자된 자본 중 신주매입을 통해 기업의 생산적 투자에 사용된 것은 불과 100달러 중 1달러뿐이고 나머지 99달러는 투기에 사용되었다고 한다.

더구나 이 수치마저도 부정확한데, 주식시장은 1달러의 투입 대가로 기업들로부터 5달러 이상의 투자수익(배당금과 자사주매입)을 요구하기 때문이다. 즉 스톡옵션을 부여받아 자사의 주가에 유난히 관심이 많은 미국의 경영자들은 주가부양을 위해 배당금 지급과 자사주 매입에 많은 자금을 쏟아붓고 있다. 이러한 자금 마련을 위해서는 종업원 임금삭감, 장기투자 취소도 마다하지 않는다. 1987년에서 2000년까지 14년간 다우존스공업평균은 500%나 상승했지만, 미국의 종업원 실질임금은 10% 하락했다. 이렇듯 주주들이 역기능적 역할을 하는데도 오늘날 미국기업의 유일한 목적은 사유재산 소유자들, 즉 주주들 이익의 극대화뿐이다.

경제학자들 역시 영미식 주식시장의 역기능을 인정하고 있다.

<표 1> 선진국에서 비금융기업의 투자자금 조달원천(1970~1989년, 평균)　　(단위 : %)

	미국	영국	일본	프랑스	독일
내부자금	91.3	97.3	69.3	60.6	80.6
은행조달	16.6	19.5	30.5	40.6	11.0
채권발행	17.1	3.5	4.7	1.3	−0.6
신주발행	−8.8	−10.4	3.7	6.0	0.9
상업신용	−3.7	−1.4	−8.1	−2.8	−1.9
자본이전	−	2.5	−	1.9	8.5
기타	−3.8	−2.9	−0.1	−6.5	1.5
통계상 불일치	−8.7	−8.0	0	2.5	0

자료 : Allen and Gale(2001).

<표 2> 상장등록기업 주식시장 자금 유출입(2003년)　　　　　　　　　　(단위 : 억 원)

자금유입			자금유출		
	거래소	코스닥		거래소	코스닥
자사주 매각	17,791	55	자사주 매입	98,696	792
신규 공개	5,247	5.777	배당	48,988	3,081
유상증자	71,662	11.154			
소계	94,700	16.986	소계	147,684	3,873
합계	111.686		합계	151,557	

자료 : 금융감독원.

1970년부터 1989년까지 비금융기업들이 투자자금을 어떤 재원으로 조달했는지를 조사한 연구에 따르면, 영국과 미국의 기업들은 거의 모든 투자자금을 내부유보금(당기순이익에서 세금, 주주배당금, 임직원 상여금 등을 뺀 나머지)에서 조달했다(Allen and Gale). 이들 나라에서 주식시장은 기업에 대해 오히려 심각한 역기능 역할을 하고 있다. 즉, 영미기업들은 IPO 혹은 유상증자를 통해 주식시장으로부터 조달한 금액보다 더 많은 액수를 배당금과 자사주매입의 형태로 주식시장에 돌려주었고, 그 결과 신주발행을 통한 기업투자자금 조달은 -8.8(미국), -10.4(영국)로 나타나고 있다. 반대로 주주권 보호와 적대적 M&A가 가장 미진하고 주식투자문화가 미발달했으며 가족소유, 정부소유, 은행소유하에 기업지배권이 안정된 프랑스와 일본, 독일에서는 주식시장이 기업의 투자자금 조달에 긍정적 역할을 하고 있다.

우리나라의 경우를 보더라도 재벌체제와 관치금융으로 금융시장과 주식시장이 억압당했다고—이른바 금융억압(financial repression) — 비판받는 1970년대와 1980년대에 주식시장은 기업 투자자금 조달에 큰 역할을 했다. 오히려 영미식 시스템과 유사한 모습으로 탈바꿈하고 있는 최근 들어 주식시장은 기업으로부터 자금을 빼내가는 비생산적 역할을 하고 있다.

1999년과 2000년의 '바이 코리아' 열풍과 코스닥 시장이 인기를 끌던 시절에는 상당수 기업들이 신규주식을 발행했지만, 2001년 이후에는 대부분의 기업들과 주식시장이 신주발행을 꺼리고 있다. 오히려 삼성전자, KT 등 우량기업들이 주가관리를 위해 자사주 매입 소각에 나선다는 소식이 들려오곤 한다.

결국 소수주주권 존중과 적대적 M&A 허용, 외국인의 무제한 주식투자 허용으로 '주주가치'가 부각된 오늘날 주식시장은 기업으로부터 자금을 빼앗아가는 역행적인 역할을 하고 있다. 2003년의 경우, 한국의 국내 상장 등록기업들은 주식시장으로부터 11조1686억 원을 조달한 반면 배당금, 자사주 매입의 형태로 주식시장에 15조1557억 원을 분배하였다. 즉, 4조 원의 자금이 오히려 기업으로부터 주식시장으로 유출된 것이다.

2004년 들어 주식시장의 역기능은 더욱 심각해져 상반기에만 기업들은 주식시장에 무려 7조3000억 원을 나눠줬다. 금융감독원에 따르면, 2004년 상반기 동안 기업들이 유상증자와 기업공개를 통해 주식시장에서 조달한 자금은 4조1836억 원에 그쳤다. 이에 반해 같은 기간 상장기업의 자사주 매입 규모는 4조3110억 원에 달했고, 12월 결산 상장기업들이 상반기에 지급한 주주배당금은 7조2266억 원으로 사상 최대치를 기록했다. 결국 상장기업들은 올해 상반기 동안에만 주식시장에 11조5376억 원의 회사자금을 나눠준 셈인데, 주식시장이 기업에 조달해 준 4조1836억 원을 빼더라도 주식시장은 7조3540억 원만큼을 상장회사들로부터 가져갔다. 주식시장과 주식투자자들의 기업 수탈 기능이 날로 심각해지고 있는 것이다. 오늘날 한 국경제에서 경제성장을 가로막는 최대의 분배주의자들은 노무현 정부나 노동운동이 아니라 "투자보다는 분배!"를 외치는 주식시장과 주식투자자들이다.

발행시장보다는 유통시장 중심의 주주가치 원리

앞서 살펴본 바와 같이 주주이익 극대화 원리의 모국인 영국과 미국에서도 주식발행을 통한 기업 투자자금 공급 기능은 제대로 작동하지 않고 있다. 더구나 양국 모두에서 사실상 기업투자 자금의 최대 원천은 내부자금(내부유보금)이며, 단지 약간의 은행대출과 회사채 발행(미국)이 외부자금 공급 역할을 수행할 따름이다.

더구나 한국에서는 주식시장 완전개방에 따라 뉴욕과 런던의 펀드매니저들이 요구하는 주주가치 압력에 노출된 까닭에 훨씬 심하게 발행시장보다는 유통시장 중심의 구조로 굳어지고 있다. 이렇듯 발행시장의 실패를 발판으로 '유통시장으로서의 주식시장' 의 승리를 구가하는 주주이익 극대화 원리의 확산은 한국에서 주식시장의 발전을 근본적으로 가로막고 있다.

주주이익 극대화와 전반적인 투자부진

영미식 시장개혁이 이루어진 이래 지속되고 있는 전반적 투자부진, 특히 시설투자의 부진은 노무현 정부가 공언하는 기술혁신주도형

	1996	1997	1998	1999	2000	2001	2002	2003	2004(1)
외부자금	75.6	76.0	66.4	37.3	25.4	21.9	19.9	16.0	15.6
차입금	72.8	72.6	57.7	25.2	23.1	19.2	19.6	15.8	15.4
(금융기관)	33.2	34.7	20.4	11.7	12.0	8.0	12.7	10.3	11.1
(회사채)	23.7	20.1	27.3	8.8	6.8	8.5	4.0	3.8	3.9
주식	2.8	3.4	8.7	12.1	2.3	2.7	0.3	0.2	0.2
내부자금	24.4	24.0	33.6	62.7	74.6	78.1	80.1	84.0	84.4
전체	100.0	100.0	100.0	100.0	100.0	100.0	100.0	100.0	100.0

자료 : 한국은행 보도자료, 최근의 설비투자 동향과 특징, 2004.7.27.

경제로의 이행을 잠재적, 현실적으로 가로막는 매우 심각한 난관이다. 그리고 그 가장 큰 원인은 바로 잘못된 금융개혁과 기업개혁으로 인해 기업들의 자금줄이 말라버렸다는 데 있다. 즉, 기업들의 투자자금 조달방식이 근본적으로 변하고 있다.

기업들의 투자자금 조달방식이 근본적으로 변했다는 점은 제조기업 장기투자(설비투자) 자금의 조달 원천에서 차지하는 외부자금과 내부자금 비율이 위기 이전의 3:1에서 위기 이후의 1:3으로 역전되었다는 점에서 가장 잘 나타난다. 즉, 오늘날 거의 대부분의 제조기업들은 투자자금의 대부분을 당기순이익에 기반한 내부유보금에서 충당하고 있으며, 위기 이전과 같이 은행차입금과 회사채발행에 의존하는 것이 힘들어졌다. 주식발행을 통한 외부자금 동원 역시 더욱 힘들어졌다.

구조적으로 은행권과 자본시장으로부터의 외부자금 조달이 힘들어지고, 내부유보금에 의존한 시설투자가 주된 형태가 되었다는 것은 설비투자 액수가 그만큼 줄었다는 것을 의미한다. 한국은행 조사에 따르면, 설비투자가 GDP에서 차지하는 비중은 2002년의 10.4%에서 2003년 9.5%로 하락했다. 이것은 외환위기 직후인 지난 1998년의 8.4% 이후 가장 낮은 것으로 GDP 대비 설비투자 비중은 지난 1995년, 1996년의 14.0%대에서 1998년 8%대로 급격히 떨어진 이후 1999년 10.3%, 2000년 12.8%로 상승했으나 2001년(11.0%)부터 다시 하락세를 이어가고 있다.

<표 4> 실질설비투자 추이(1995~2003년)　　　　　　　　　(단위 : 십억 원)

연도	실질 설비투자액	연도	실질 설비투자액
1995	71,226	2000	74,161
1996	77,759	2001	67,488
1997	70,308	2002	72,556
1998	40,586	2003	71,436
1999	55,513		

자료 : 한국은행.

더욱 심각한 것은 물가상승률을 제거한 실질 설비투자액으로 2003년에도 1995년의 수준에 머물고 있다는 점이다. 실질 설비투자액은 2003년 71조4359억 원으로 2002년의 72조5564억 원에 비해 1조1205억 원이 줄었는데, 이는 1995년의 71조2260억 원과 비슷한 수준이고 1996년의 77조7592억 원에 비해서는 8.1% 적다. 올해 (2004년)의 설비투자 역시 지난해에 비해 크게 늘지 않을 전망이다. 10년째 실질 설비투자액이 70조 원대에 머물면서 약간씩의 변화만 보일 뿐이다.

일자리 창출 부진, 성장-분배 선순환 붕괴 등 기업들의 전반적인 투자부진은 다른 통계에서도 나타나는데, 한국은행의 기업 현금흐

름 분석에 따르면 제조업 기업들은 2003년 중 영업활동 현금수입액
이 투자를 위한 현금지출액을 상회했다. 특히 기계설비 같은 유형자
산 구입액은 회사당 평균 72.3억 원으로 외환위기 이전(1994~1997
년)의 평균 115.7억 원에 비해 2/3에 불과했다.

투자지출 현금흐름이 영업이익 현금흐름보다 적은 것은 분명 안
정적인 현금흐름을 통해 기업의 재무구조를 개선하는 긍정적 효과
가 있다. 그리고 이런 점에서 영미식 시장개혁은 목표를 거의 대부
분 달성했다. 하지만 이와 같은 '성공적인 시장개혁'의 결과, 오늘
날 기업들은 보수적 투자로 일관하고 있으며 설비투자 부진과 일자
리 창출 부진은 구조적으로 고착화되고 있다.

혁신주도형 경제로의 이행을 거부하는 주주가치

영미식 주주 자본주의의 우월성을 주장하는 논자들에 따르면, 발달
한 주식시장은 투자자가 언제든지 주식매각을 통해 유동성(liquidity)
을 확보할 수 있도록 함으로써 주식보유에 따른 위험(risk) 회피 가
능성을 부여하고 기업에 대한 외부투자 자금 공급을 원활하게 한다.

〈표 5〉 대기업 및 중소기업의 전년대비 투자증가율 추이(1999~2004년) (단위 : %)

	1999	2000	2001	2002	2003	2004*
제조업 전체	4.3	37.7	-12.7	-0.7	24.8	29.3
대기업	-2.7	41.8	-16.3	18.9	27.4	31.7
중소기업	39.8	13.7	-0.2	41.6	-3.4	-6.1

자료 : 한국산업은행, 「설비투자계획조사」, 각년도.

특히 은행에 비해 높은 투자리스크를 감수할 능력을 갖춘 자본시장은 정보통신과 생명공학과 같은 최신의 기술혁신이 내포하고 있는 높은 투자리스크를 감당할 능력이 있으며, 따라서 영미식 자본주의가 기술혁신 경제로의 이행을 위해 필수적이라고 이들은 주장한다. 그리고 영미에서 활발한 기술혁신형 벤처기업의 성장과 발달은 주주 자본주의의 우월성을 주장하는 표준논거가 되고 있는데, 스톡옵션이 벤처기업 임직원에게 주는 인센티브 효과와 함께 주주 자본주의는 기술혁신형 기업을 키우기 위한 필수적 제도기반이라고 말한다. 예컨대 참여연대의 장하성 교수와 김기원 교수는 재벌을 약화 혹은 해체하여 재벌체제에 묶여 있는 자본과 기타 자원을 해방시키고, 그것을 기술혁신형 벤처기업으로 이동하게 함으로써 기술혁신 주도형 경제를 만들어낼 수 있다고 주장한다.

하지만 주식시장이 그 발행시장 기능을 통해 IT산업, 생명산업과 같이 고성장과 고수익이 기대되는 소수의 신생업종에서 생산적 투자자 기능(발행시장 기능)을 한다고 하더라도 그 의미를 확대해석해서는 안 된다. 이것은 일부 업종에서, 더구나 아직 상장되지 않은 초창기(early stages) 회사들에게만 타당한 예외적 현상에 불과할 뿐이다. 오히려 고성장과 고수익이 기대되지 않는 반성숙 혹은 성숙산업에서, 더구나 한국과 같은 기술후발국에서, 영미식 주식시장은 단기주의와 투기성을 부추김으로써 기술혁신과 기술학습에 필요한 장기적이고 헌신적인 투자를 가로막는다.

앞서 지적했듯이 주주가치 원리는 주식시장의 발행시장 측면보다는 유통시장 측면에 기반을 두고 있는, 생산적 투자와 장기투자에 따른 리스크를 회피하는 원리이다. 따라서 단기적 주주이익만을 중시하는 주주자본은 원리상 생산적인 모험정신을 거부하고 기술혁신적 모험자본이기를 거부한다. 즉, 주주가치 원리는 슘페터가 말하는 자본주의 체제의 역동성(dynamism), 다시 말해 기업가정신 (entrepreneurship)으로 충만한 혁신(innovation)을 거부한다. 결론적으로 한국경제에서 지난 7년간의 앵글로색슨형 제도개혁이 확립한 주주가치 원칙은 역동성과 기업가정신을 질식시키고 있다.

주식회사 제도의 장점을 파괴하는 주주가치 극대화

일반적으로 기업의 투자, 특히 설비투자와 기술개발 투자는 본질적으로 그 투자수익이 발생하기까지 최소 수년 이상 잠겨 있는 매몰비용이며 고정된 투자이다. 따라서 투하되는 자금은 즉각적으로 현금화, 즉 유동화되지 않는다. 그래서 모든 생산적 투자에 필요한 생산자본은 기본적으로 '인내하는 자본(patient capital)'이라고 할 수 있다. 이는 곧 생산적 투자자는 유동성과 환금성을 희생해야 하는 리스크를 안고(risk taking) 있음을 의미한다.

더구나 현대의 대공업 발전에 필요한 시설투자와 기술투자를 위해서는 대규모 자본투하가 필수적이며, 여기에는 대규모의 투자리스크가 동반된다. 그런데 사적 개인들(private individuals)은 이러한 대규모 투자리스크를 감당하기에 역부족이다. 따라서 투자리스크를 보다 많은 사람들에게 분산시킬 필요가 있다. 이러한 리스크 분담 (risk sharing)을 위한 근대적 해결방식의 하나가 주식회사 제도이다. 상장된 주식회사에서 지배주주(controlling shareholders)는 주식공개 및 유상증자를 통해 외부주주(소수주주)로부터 자본을 조달하고, 동시에 외부주주와 투자리스크를 공동으로 분담한다. 이것이 19세기

중엽부터 선진국에서 본격적으로 발전한 주식회사라는 신용제도가 생산적 투자를 촉진하는 메커니즘이다.

물론 리스크를 공동으로 분담한다고 하더라도 지배주주와 비지배주주(소수주주)는 여전히 서로 다른 입장과 이해관계를 가진다. 결정적인 차이점은 해당 주식회사가 영업부진과 순손실, 그에 따른 주가하락을 당했을 때 나타난다. 이 경우 지배주주는 주식매각을 통한 이탈(exit) 옵션을 선택할 수 없으며, 주가하락과 심지어는 배당금 지급 중지와 같은 손실을 그대로 감수할 수밖에 없다. 즉, 지배주주는 기업의 경영권(지배권)마저도 매각하겠다고 결정하지 않는 이상, 그 회사의 모든 손실 가능성(투자리스크)을 떠안고 가야 하는 위험감수(risk-taking)의 적극적 주체이다. 이에 반해 비지배주주인 외부주주들(소수주주들)은 손실이 예상될 시 주식을 매각함으로써 손실과 투자리스크를 회피할 수 있다. 하지만 이 경우에도 '전체로서의' 주식시장은 그 기업의 리스크를 여전히 공유하고 분담하는데, 다른 주식투자자가 그 주식을 매입할 것이기 때문이다.

이렇듯 지배주주와 비지배주주의 이익과 책임, 행동양태가 확연하게 구별되는 전통적인 주식회사 제도에서 기업들은 일단 주식공개 혹은 유상증자를 통해 자금을 조달한 이후에는 주식시장에서의 매매와 주가등락과는 '무관하게' 경영을 할 수 있었다. 즉, 지배주주와 경영자들은 주가변화에 상관없이 장기적인 안목으로 영업과 투자행위를 할 수 있었다. 다시 말해서 '유통시장으로서의 주식시장'에서 등장하는 주식투자자들의 본래 속성인 단기수익 추구와 유동성 추구가 기업의 의사결정과정(즉 기업지배구조)에 '외재화' 되어 주식회사 제도는 원래의 순기능을 발휘하는 것이다.

하지만 1980년대부터 주주권 이론과 함께 영미에서 등장한 주주가치 원리는 주식회사 제도와 주식시장의 리스크 담지(risk taking) 및 리스크 공유(risk-sharing) 메커니즘을 파괴한다. 그 이유는 소수주주권 강화와 적대적 M&A 활성화로 인해 지배권이 끊임없이 위협받고 지배권의 변동이 활발하게 일어나는 상황에서 지배주주와 비지배주주 간의 구별은 유동적이게 되며, 지배주주의 행동양태와 비지배주주의 행동양태가 서로 비슷해지기 때문이다. 비지배주주의 지배주주화는 소수주주권(소액주주권) 강화와 증권애널리스트의 역할 강화에 따른 외부주주의 적극적 기업지배 참여에서 잘 관찰되며, 역으로 지배주주의 비지배주주화는 스톡옵션을 제공받은 지배적 경영자들(controlling CEOs)의 단기적 수익추구에서 관찰된다.

그래서 주식시장의 본래적인 단기수익 추구와 유동성 추구(리스크 회피)가 주주 자본주의라는 특수형태의 자본주의에서는 기업의 의사결정 과정(기업지배)에 내재화된다. 기업의 장기적 가치(내재가치=fundamental)를 향상시키려면 장기적 기술투자와 시설투자가 필수적이며, 이를 위해서는 리스크 감수와 리스크 공유가 절실하다. 그럼에도 불구하고 기업의 전략적 의사결정은 언제든지 해당기업 주식을 투매하고 떠날 준비가 되어 있는 무책임한 소수주주들의 변덕스럽고 투기적인 매매행동에 따라 좌우된다. 과거에 비해 더 많은 권리와 권한을 가졌지만 여전히 책임은 회피하는 소수주주들의 행동이 기업의 의사결정 과정의 핵심에 자리잡으면서, 주식회사 법인 형태가 가지는 본래적 장점인 리스크 담지, 그리고 주식시장 전체에 의한 리스크 공유 원리가 파괴된다. 그 결과 주식회사, 즉 상장회사들에서 높은 리스크를 내포한 장기투자(시설투자와 기술투자)가 현격하게 위축된다.

주주 자본주의와 경제민주화

동유럽 사회주의가 몰락하고 공산독재가 종식되어 민주주의가 달성되었을 때 사람들은 잠시 환희에 잠겨 '역사의 종말'을 기대했다. 하지만 감격은 잠시, 민주주의만으로는 굶주림이 해결되지 않으며 오히려 민주주의와 함께 들어온 자유는 '자본의 자유, 시장의 자유'에 불과했다. 그래서 1990년대 초에 폴란드의 한 대자보에는 이렇게 씌어 있었다: "우리는 원래 민주주의를 원했었다. 그런데 막상 우리가 얻은 것은 알고 보니 자본주의였다."

이런 일이 지금 우리에게도 벌어지고 있다: "우리는 원래 경제민주화를 원했었다. 그런데 막상 우리가 얻은 것은 알고 보니 주주 자본주의였다." 주주혁명의 옹호자들은 기업의 투명성을 주장하면서 재벌들의 불투명성과 불법비자금 조성을 질타했고, 한국 최고부유층인 재벌들의 뻔뻔스럽고 도덕타락적인 행태에 분노한 서민들은 경제민주화의 이름을 건 시민단체들의 주주 자본주의를 후원했다. 하지만 막상 우리가 얻은 것은 알고 보니 경제민주화가 아니라 '주식투자자의 자유', 즉 적대적 M&A와 주식투기꾼들이 판치는 정글 자본주의였다. 투명성 역시 기업사냥꾼을 위한 투명성에 불과했다.

물론 주주권 이론을 따르는 재벌개혁론자들은 개미투자자인 소액주주의 이익을 증진시키는 재벌개혁은 서민과 외국투자자가 모두 평등하게 이익을 얻는 윈윈게임이라고 주장한다. 하지만 통계는 우리나라 주식투자자 중 불과 10명 중 1명만이 수익을 얻으며 9명은 손해를 본다고 지적하고 있다. 주식투자자 중에는 재산을 탕진하고 심지어 직장까지 잃은 사람이 한두 명이 아니다. 또한 통계는 우리나라 주식시장에서 가장 큰 이익을 얻고 있는 것은 1~2만 개의 외국계 펀드들, 특히 영미계 투자펀드들이라고 지적하고 있다.

결국 소액주주운동이 주장하는 경제민주화란 수십만의 국내 주식 투자자들, 그리고 1~2만의 영미계 투자펀드들을 위한 부의 재분배에 불과하다. 이런 의미에서 소액주주운동은 분명 경제민주화를 일부 달성했는데, 과거 수백, 수천 명에 불과한 극소수의 재벌가족과 고위관료들, 장군들에게 특권적으로 독점되었던 부와 재산이 주주혁명의 결과 수십만 명의 국내외 상류층에게 골고루 재분배되고 있다. 즉, 경제민주화가 달성되었으되 수십만 명에게만 달성되고 있다.

그렇다면 앞으로 소액주주운동과 주주이익 극대화를 통해 경제민주화의 수혜자를 수백만 명, 나아가 수천만 명으로 확대할 가능성은 없는 것일까? 전혀 없어 보인다. 왜냐하면 영미식 시장개혁은 새로운 형태의 경제독재, 20 대 80의 사회가 등장했음을 공공연하게 표방하고 있기 때문이다. 주주 자본주의의 진전은 앞서 지적한 다양한 형태의 투자 양극화와 소득 양극화, 그리고 그로 인한 저투자, 저성장과 함께 고용 없는 성장과 빈부격차 심화, 비정규직 확대를 초래하고 있다. 결론적으로 '시장개혁'이라는 구호 아래 지난 7년간 그리고 앞으로도 계속 우리 앞에 전개될 사태의 본질은 경제민주화가 아니라 인구의 20%인 신흥부유층이 부를 독점하고 나머지 80%의 신흥빈민들은 교육기회와 일자리를 포함한 모든 면에서 희망을 잃어버리는 과정, 자유시장 혁명(free market revolution)의 전개과정이다.

15장

기관투자가의 발전과 기업지배

◎조복현(한밭대학교 경제학과 교수)

머리말

최근 해외 기관투자가들이 국내 대기업 및 금융기관을 매수해 직접 경영에 참여하거나 매수위협을 통해 경영권에 영향을 미치는 일이 빈번해지고 있다. 이러한 현상에 대한 국내 정부, 경제계, 학계 등의 반응은 크게 두 가지로 나뉘어져 왔다.

먼저 이를 긍정적으로 해석하는 입장은 해외 투자펀드들의 기업이나 금융기관 경영 개입이 해당 기업의 경영효율성을 개선시켜 수익성을 높이고, 그 결과 주가를 상승시킴으로써 주주의 이익이 향상된다고 주장하고 있다. 더욱이 투자펀드의 직접경영이나 경영 개입으로 보다 우수한 선진 경영기법을 배울 수 있는 장점도 있다고 주장한다.

다음으로 부정적 해석을 취하는 입장은 이들의 경영권 인수나 개입이 기업의 장기생존과 성장을 목표로 하지 않고, 단기적인 주가상승을 통한 자본 이득을 목표로 하기 때문에 국내기업의 장기적 목표를 손상시킨다고 주장한다. 게다가 이들의 단기적 목표는 정부의 경제정책이나 국내 경제적 이익에 상충하는 행동을 자주 유발해 국내 경제 전반에 부정적인 효과를 미친다고 말한다.

최근 부정적 해석에 동조하는 정부나 경제계, 학계 등에서는 해외 자산운용업자의 국내 침투에 대항하기 위해 국내 사모펀드의 육성을 대책으로 제시했다. 특히 정부는 지난 3월 자산운용업과 관련된 법규를 정비해 국내 사모펀드의 육성을 현실화시킬 계획까지 마련했다.

그러나 해외 기관투자가에 의한 국내기업의 경영권 지배는 단순히 기관투자가인 투자펀드의 국적성 문제만이 아니라, '일반적인 기관투자가의 기업지배 방식'과 '기관투자가의 경영권 지배가 가져오는 일반적인 경제적 효과'라는 보다 근본적인 문제를 안고 있다.

여기서는 이러한 기관투자가의 발전이 경제에 어떤 영향을 미치는가에 대한 이해를 위해 국적이 어디든 관계없이 일반적인 기관투자가의 기업지배 방식의 독특성과 기관투자가의 경영권 지배가 가져다주는 일반적인 경제적 효과를 검토해 보고자 한다.

기관투자가의 성장과 형태

1. 기관투자가의 성장

기관투자가는 OECD의 정의에 따르면, '금융시장에서 개인이나 비금융회사의 저축을 주식이나 채권 등의 유가증권에 투자하는 금융기관'이며, 보험회사, 연기금, 투자회사 등이 이에 해당된다.[1] 그러

	1981	1985	1990	1995	2000
독일	18.4	25.4	32.8	45.3	79.8
일본	–	–	82.3	88.6	97.7
영국	51.4	91.7	103.9	162.8	212.8
미국	69.9	93.2	113.2	151.8	198.7

* 출처 : OECD Statistics on Institutional Investors – Data from 1980 Onwards.

나 일반적으로 주식시장에서 새롭게 등장하는 주체로서의 기관투자가를 말할 때는 보통 연기금(Pension Fund)과 투자회사인 뮤추얼펀드(Mutual Fund), 사모펀드(Private Equity Fund), 헤지펀드(Hedge Fund) 등을 가리킨다.

기관투자가의 자산 규모는 OECD 국가 전체로 볼 때, 1981년 3.2

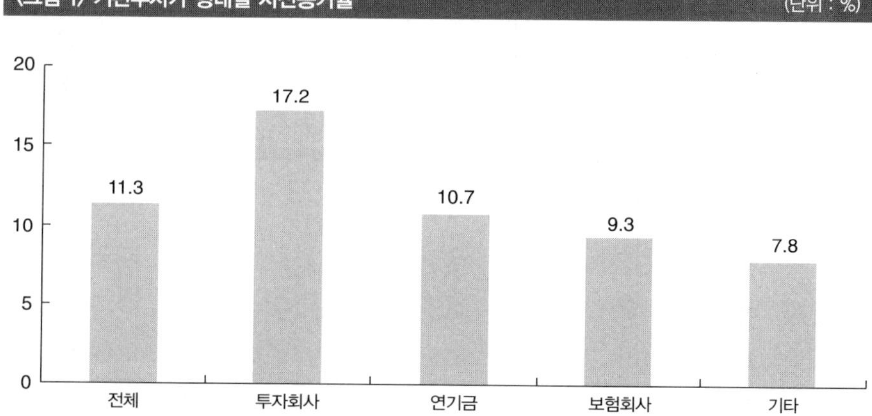

* 출처 : 「Recent trends: Institutional Investors Statistics」, 「Financial Market Trends」 No. 80, OECD, September 2001.

1) 반면 우리나라에서는 은행신탁부, 증권회사, 종금사, 투신 및 자산운용사, 종금사 등 자본시장에 투자하는 모든 금융회사를 기관투자자에 포함시켜 다루고 있다.

조 달러, 1991년 16.3조 달러, 2000년에는 36.6조 달러로 지난 20년간 거의 100배 이상 증가했다. 또한 미국 등 주요국 기관투자가의 금융자산 보유. 증가를 각국의 GDP 대비비율로 살펴보면, 독일과 영국의 경우 1990년대에 GDP의 증가보다 기관투자가의 금융자산이 두 배 이상, 미국도 거의 두 배 증가한 것을 알 수 있다.

2. 기관투자가의 형태

1) 뮤추얼펀드

뮤추얼펀드는 일반투자자로부터 자산을 모아서 주식, 채권, 단기 금융상품에 투자하는 투자회사로서, 법인 형태나 신탁수익증권 형태

〈표 2〉 뮤추얼펀드의 순자산						(단위 : 조 달러)
	1998	1999	2000	2001	2002	2003
전 세계	9.3	11.4	11.9	11.6	11.3	13.4
아메리카	5.8	7.3	7.4	7.4	6.8	8.0
미국	5.5	6.8	6.9	7.0	6.4	7.4
캐나다	0.2	0.3	0.3	0.3	0.2	0.3
유럽	2.7	3.2	3.3	3.2	3.4	4.6
영국	0.3	0.4	0.4	0.3	0.3	0.4
독일	0.2	0.2	0.2	0.2	0.2	0.3
프랑스	0.6	0.6	0.7	0.7	0.8	1.1
아시아	0.7	0.9	1.1	1.0	1.0	1.4
일본	0.4	0.5	0.4	0.3	0.3	0.3
한국	0.2	0.2	0.1	0.1	0.1	0.1
아프리카	0.01	0.01	0.02	0.01	0.02	0.03

자료 : Mutual Fund Fact Book 2004, ICI.

로 운영되고 있다. 뮤추얼펀드는 1924년 보스턴에서 처음으로 탄생했으며, 특히 1990년대에 들어 그 규모가 크게 증대했다. 뮤추얼펀드의 종류로는 수익증권 형태의 폐쇄형 뮤추얼펀드와 주식회사 형태의 개방형 뮤추얼펀드가 있다.

전 세계적으로 뮤추얼펀드의 규모는 2003년 말 현재 13조9575억 달러에 달하며,이 중 미국이 절반 이상인 7조4140억 달러를 차지하고 있다. 미국의 뮤추얼펀드의 운용자산 규모는 1990년에 1조 달러에서 2003년 말 현재 7조4000억 달러로 매우 빠른 증가세를 보였으며, 이 규모는 금융기관 중 상업은행에 이어 두 번째로 큰 규모다. 그리고 펀드의 수는 2003년 말 현재 8126개에 달한다. 뮤추얼펀드의 펀드 형태를 보면, 1970년대까지는 주식펀드 투자가 주를 이루다가 1980년대에는 MMF가 주식펀드를 능가했다. 그러나 1990년대 후반 이후 다시 주식펀드가 주종을 이루고 있다.

펀드의 투자자는 가계, 은행 등 신탁기관, 기타 기관투자가 등으로 그 중 가계가 77%를 차지하고 있다. 특히 가계의 경우 미국 전 가구의 47.9%가 뮤추얼펀드에 투자하고 있다. 또한 뮤추얼펀드가 소유하고 있는 미국 법인주식은 상장된 주식 전체의 22%이며, 미국 퇴직연금 시장에서도 22%를 점하고 있다.

〈표 3〉 미국의 펀드 형태별 펀드 수와 자산운용액		(2003년 말 현재)
펀드 형태	펀드 수	자산운용액
주식펀드	4,601개(56.6%)	3.685조 달러(49.7%)
채권 및 하이브리드펀드	2,552개(31.4%)	1.678조 달러(22.6%)
MMF	973개(12.0%)	2.052조 달러(27.7%)
계	8,126개(100.0%)	7.415조 달러(100.0%)

<table>
<tr><td colspan="5"><표 4> 세계 5대 뮤추얼펀드 운용사   (2003년 6월 말)</td></tr>
</table>

순위	펀드	소속	규모
1	Fidelity Investments	미국	9,955억 달러
2	State Street Global Advisors	미국	9,012억 달러
3	Barclays Global Investors	영국	8,968억 달러
4	Deutche Asset Management	독일	6,817억 달러
5	The Vangard Group	미국	6,470억 달러

자료 : 『Global Investor Magazine』 Special Report, 2003.12.17.

2003년 6월 말 현재 세계 5대 뮤추얼펀드 운용사를 보면, 〈표 4〉에서 보듯이 미국계가 1, 2위를 차지하고 있으며, 영국과 독일계는 3, 4위를 따르고 있다.

2) 헤지펀드

헤지펀드(hedge fund)는 금융감독기관이나 증권거래소에 등록할 필요가 없는 사적 투자파트너십으로 여러 시장에 투자하고 거래하는 펀드이다. 펀드의 구성은 보통 100만 달러 이상의 투자를 하는 100명 이내의 투자자로 구성된다. 뮤추얼펀드와는 달리 투자자를 비공개적으로 모집하기 때문에 투자자에게 주기적으로 펀드의 가치나 투자 내용을 알리도록 하는 규제나 감독을 받지 않는다.

주요 헤지펀드로는 로버트슨이 1985년에 설립한 타이거매니지먼트(Tiger Management)와 소로소의 퀀텀펀드(Quantum Fund), 슈타인하르트가 1967년에 설립한 슈타인하르트 파트너(Steinhardt Partners) 등이 대표적이며, 이들 3사는 1995년에 전체 헤지펀드 자산의 25%를 운용했다.

특히 헤지펀드 시장을 주도하고 있는 투자펀드인 '매크로헤지펀

〈표 5〉 헤지펀드의 규모		(단위: 개, 십억 달러)				
		1999	2000	2001	2002	2003
미국 헤지펀드*	펀드 수	4,150	4,250	4,400	4,600	4,875
	운용액	255	280	315	340	420
Offshore 헤지펀드**	펀드 수	2,050	2,250	2,600	2,900	3,225
	운용액	225	240	285	310	400
글로벌 헤지펀드	펀드 수	6,200	6,500	7,000	7,500	8,100
	운용액	480	520	600	650	820

* 미국 헤지펀드는 일차적으로 공개시장의 증권이나 금융파생상품에 투자하는 미국 내의 유한책임 투자조합 또는 유한책임 투자회사임.

** Offshore 헤지펀드는 역외 조세피난처에 등록하고 증권과 파생상품에 투자하는 회사임.

자료 : 「Size of the Hedge Fund Universe」, Van Hedge Fund Advisors International, LLC.

드(macro hedge fund)'는 개별 주식의 주가동향이 아닌, 이자율 변화와 같은 거시변수의 변화로부터 이익을 얻는 전략을 취하고 있는 투자펀드이다. 이 펀드는 상업은행으로부터 자본의 20배까지 차입해 투자하거나 파생상품 투자시 레버리지를 이용해 더 많은 투자를 하고 있다. 즉, 적은 운용자산을 가지고도 매우 큰 금액의 투자를 할 수 있는 펀드이다.

3) 사모펀드

사모펀드(private equity fund)는 창업기업에 투자하거나 아직 공개되지 않은 기업의 주식이나 이미 공개된 기업의 주식을 매수해 구조조정을 거친 후 되팔아 이익을 얻는 펀드이다. 이 펀드의 매수기업에 대한 투자 기간은 대체로 3년에서 5년 정도다.

사모펀드는 18세기 영국에서 신흥기업가가 그들의 프로젝트를 조달하기 위해 부자들을 동원한 것을 기원으로 삼고 있다. 사모펀드 역시 헤지펀드와 마찬가지로 업무내용과 실적에 대해 공표 의무가 없으며, 규제와 감독의 대상이 아니다.

사모펀드는 1992년 이후 1996년까지도 누계로 2000억 달러에 미치지 못했으나, 그 후 2002년까지 약 1조2000억 달러의 자금을 운용하고 있다. 2000년 한 해만 하더라도 전 세계적으로 2000억 달러 이상이 사모펀드로 유입되었다. 주요 사모펀드로는 칼라일, 블랙스톤, KKR, 론스타펀드 등이 있다.[2]

(1) 칼라일

칼라일(Carlyle)펀드는 카터 행정부의 국내정책 담당 보좌관을 지낸 데이비드 루벤스타인이 1987년 윌리엄 콘웨이 등 동료 2명과 함께 설립한 펀드이다. 존 메이저 전 영국 총리, 제임스 베이커 전 미 국무장관, 아서 레빗 전 미 증권거래위원회(SEC) 의장, 프랭크 칼루치 전 미 국방장관, 클린턴 대통령의 비서실장을 지냈던 토마스 맥라티, 루이스 텔레즈 전 멕시코 에너지 장관 등이 칼라일에서 활동하고 있으며, 조지 부시 전 미국 대통령과 피델 라모스 전 필리핀 대통령도 각각 지난해 8월과 올해 2월까지 칼라일에 몸담았었다. 이 때문에 PEF 본래의 경쟁력보다 거물들의 명성, 로비 네트워크에 의존해 거래를 성사시키거나 투자자를 모집한다는 의혹을 받아왔으며, 현재는 전 IBM 사장 루이 거스너가 회장을 맡고 있다. 칼라일은 12개국, 항공우주, 방위산업에 175억 달러를 투자하고 있다.

---

2) 사모펀드의 구체적 내용에 대해서는 강호병, "사모펀드의 개념과 현황"(제2차 투기자본 연구모임 주제발표, 2004. 7. 12)에서 인용하였음.

(2) 블랙스톤

블랙스톤(Blackstone Group)은 1987년에 설립되었으며, 140억 달러 규모의 자금으로 유럽 지역에 투자하고 있는 펀드이다. 이 펀드의 특색은 목표산업 내 기업의 임원과 돈독한 유대관계를 형성하여 사업기회를 발굴하고, 파트너기업과 합작으로 투자하는 것이다. AOL 타임워너, 소니, 유니언카바이드, AT&T 등 파트너 기업이 투자한 지분 비중이 66%로, 목표 투자금액은 1억에서 4억 달러이며 블랙스톤 캐피탈 파트너스 펀드(BCP) I.II.III.IV시리즈, 블랙스톤 커뮤니케이션 파트너스 펀드(BCOM, 2000년에 20억 달러 조달)를 가지고 있다. 통신 관련 펀드가 따로 있을 정도로 통신관련 투자를 많이 하고 있다.

(3) KKR

KKR(Kohlberg Kravis Roberts)은 1976년 설립돼 가장 오래되었으며 경험이 많은 펀드로, 314억 달러의 RJR 나비스코의 매각(buyout)을 성사시킨 것으로도 유명하다. 규모가 너무 크면 구조조정이 힘들다는 점을 고려해, 보통 매출이 1억 달러에서 15억 달러 정도에 이르는 소규모 회사를 목표로 하고, 소유 기간은 보통 8년이며 10년이 넘는 경우도 많다. 스스로 인내하는 투자자로 자처할 정도로 장기적 성과를 중시하며 화학, 소비재, 의료, 소매유통, 호텔, 통신 및 미디어, 보험, 전자장비 등 투자포트폴리오가 다양한 점이 특징이다. 이 펀드는 Beatrice Companies, Inc., Safeway Inc., Storer Communications, Fred Meyer, Inc., Union Texas Petroleum, Duracell, Inc., Motel 6, Inc. 등에 투자하고 있다.

(4) 론스타펀드

론스타펀드(Lone Star Funds)는 뉴브리지캐피탈 설립자인 미국 텍사스퍼시픽(TPG)의 본드만 회장이 존 그레이켄과 1995년에 공동 설립한 펀드로서, 주로 한국, 일본, 중국, 대만 등 아시아의 부실채권, 후순위채, 부동산에 투자하고 있다. 지금까지 모집한 펀드는 80억 달러(약 9조6000억 원)로 이 중 40%가 한국에 투자하고 있는 것으로 추정된다.

론스타펀드 IV	2001년 12월 42억 달러, 투자자 45인	담보/무담보채권, 기업인수, 부동산
론스타펀드 III	2000년 7월 22억 달러, 투자자 30인	무담보채권, 기업인수, 부동산 : 80%가 일본, 한국에 투자
론스타펀드 II	1998년 12억 달러	아시아 부동산투자 : 75%가 일본, 한국에 투자
론스타펀드 I	1996년 4억 달러	

이외에도 미국 텍사스퍼시픽(TPG)과 블럼캐피탈파트너스가 1994년에 설립해 주로 아시아에 투자하고 있는 17억 달러 규모의 뉴브리지캐피탈(Newbridge Capital), 120억 달러 규모에 주로 성장회사에 투자하는 토마스 H. 리 파트너스(Thomas H. Lee Partners), 58억 유로로 유럽 지역에서 활동하는 BC파트너(BC Partner), 소버린자산운용(Sovereign Asset Management) 등이 있다.

(5) 연기금

연기금(pension fund)은 확정급부형과 확정갹출형이 있으며, 또 운영주체에 따라 공적연기금과 사적연기금이 있다. 퇴직연금이나 기금으로서 금융자산에 직접 투자하기도 하고, 뮤추얼펀드나 헤지펀드, 사모펀드 등을 통해 간접투자하기도 한다. 대표적인 사례로 캘리포니아 공무원연금(CalPERS)의 경우에는 전체자산 1600억 달러 중 10%를 사모펀드에 투자하고 있다.

기관투자가의 형태별 투자 특성

투자펀드는 각 펀드마다 약간의 차이가 있으나 대체로 부유한 가계나 연금기금, 대학재단기금 등의 투자자로부터 자금을 조성해 다음과 같은 목적으로 투자하고 있다.

> 첫째, 국내외의 주식, 채권, 단기 금융상품에 자본이득을 목적으로 투자한다.
> 둘째, 창업기업에 투자해 증권시장에 공개함으로써 창업이득을 얻을 목적으로 투자한다.
> 셋째, 기존기업을 매수해 구조조정 혹은 분할해 기업가치를 높인 다음 판매를 통해 이익을 취할 목적으로 투자한다.

뮤추얼펀드나 헤지펀드는 자본이득을 목적으로 투자하고 있으며, 사모펀드와 헤지펀드는 창업이득을 목적으로 하거나 기업가치를 높인 다음 매각하여 이익을 취하기 위해 투자하고 있다. 그러나 최근에는 펀드들이 각자 독특한 특성을 가지면서 목적의 구분 없이 이익을 취하고 있는 상황이다.

1. 뮤추얼펀드

뮤추얼펀드는 일반대중을 대상으로 투자자를 모집해 자금을 조성하고 그 자금을 유가증권에 투자하고 있다. 뮤추얼펀드는 주식형, 채권형, 혼성형, 단기 금융시장형 등의 다양한 펀드를 구성해 운영하기 때문에 투자자들에게 다양한 기회를 제공한다(미국의 경우 2003년 말 주식형에 49.7%, 채권형에 16.7%, 혼합형에 5.9%, 단기 금융상품에 27.7%를 편성 운영하고 있다). 대부분 1년 내지 3년 정도의 투자기간을 설정해 중장기적 수익을 목표로 하고 있으며, 최저투자금액은 제한되어 있지 않으나 500달러~1000달러가 주를 이루며, 2만5000달러 이상으로 하는 펀드도 있다.

뮤추얼펀드는 증권거래소에 등록해야 하며 개방형 뮤추얼펀드의 경우 매일 가격이 형성된다. 투자자는 언제나 자신의 지분을 처분할 수 있기 때문에 유동성도 매우 크다. 또한 일반대중을 대상으로 투자자를 모집하기 때문에 6개월 간격으로 감독기구에 운용 상태를 보고해야 하며, 투자회사법과 증권법 및 증권거래법의 적용을 받는다.

2. 헤지펀드

헤지펀드는 특정소수, 즉 부유한 개인 등 100명 이내의 회원을 대상으로 비공개적으로 투자자를 모집하는데, 회원 일인당 투자액은 최저 100만 달러 규모이다. 헤지펀드의 투자기간은 짧은 편이지만 기업매수 후 정리판매와 같이 일정기간 동안 투자하는 경우도 있다. 증권거래소에 별도로 등록할 필요가 없고 공시 의무도 없다. 또 기존 투자에 대한 투명성 제공 의무도 없다.

1997년 이전에는 재규어펀드, 퀀텀펀드, 타이거펀드 등 높은 레버리지를 활용하는 고위험 고수익 펀드가 유행했다. 그러나 최근에는 메릴린치, 페인웨버 등 미국의 대형 증권사들이 헤지펀드 상품을 판매하고 있으며, 미국의 캘퍼스나 유럽의 연기금들도 헤지펀드에 투자규모를 확대하는 등 헤지펀드의 기관화가 진행 중이다.

3. 사모펀드

사모펀드 역시 특정 투자자들을 비공개로 모집하여 구성하는데, 주요 투자자로는 부유한 개인이나 대학기금, 연금기금 등을 꼽을 수 있다. 유럽의 경우 사모펀드가 벤처캐피탈도 포함하고 있으나, 미국의 경우는 주로 저평가된 기업을 인수 후 구조조정을 거쳐 재매각하는 펀드를 지칭하고 있다.

사모펀드는 회사의 경영권을 지배할 수 있을 정도의 주식에 투자함으로써 경영자를 교체할 수 있는 파워를 갖는다. 그리고 기업매수 후 3년에서 10년 정도의 기간 내에 구조조정이나 분할 등 회사재편을 거치는데, 이 경우 비공개기업은 공개를 통해 공개기업은 주식매각을 통해 이익을 얻고 있다.

최근에는 이들 펀드에 대한 규제논의가 이루어지고 있으나 아직까지 규제방법이 없는 실정이다. 헤지펀드와 마찬가지로 투명성을 요구받지도 않고 공시 의무나 규제대상도 아니다.

기관투자가의 발전과 기업지배

1. 기관투자가들의 법인 지배력 증대

선진 각국에서 기관투자가들의 법인 주식보유가 크게 증가하고 있다. 길란과 스라크스에 따르면, 미국의 경우 1999년에 기관투자가가

총 주식의 50% 이상을 보유하고 있으며, 영국에서는 1990년대 중반에 이미 발행주식의 76.5%를 보유했다. 프랑스와 독일에서도 기관투자가의 주식보유는 매우 큰 편인데, 1990년대 중반에 각각 59.8%, 39%를 차지하고 있다(Gillan and Srarks 2002). 사모펀드의 경우 자산운용을 비공개로 하기 때문에 그들이 얼마나 주식을 보유하고 있는지 정확히 알 수는 없으나, 이들의 주식보유도 매우 클 것으로 보인다.

이러한 기관투자가들의 주식보유 증대는 당연히 이들의 법인지배력을 크게 만든다. 이들의 법인지배력은 그들이 소유하고 있는 주식 수 이상이며, 영향력을 행사하는 방식도 개인투자자들과는 다른 방식을 취한다.

2. 기관투자가들의 법인지배력 행사방식과 목표

기관투자가들의 법인 경영활동에 대한 영향력은 월스트리트 룰(Wall Street Rule)[3] 대신 개입(voice) 방식을 취한다. 즉, 기관투자가들은 개인투자자들과는 달리 주식을 시장에서 처분하고 빠져나오는 월스트리트 룰에 따라 경영불만을 나타내는 대신, 경영활동에 직접 개입해 그들의 의사를 표시한다. 왜냐하면 투자회사를 포함한 기관투자가들은 막대한 물량의 주식을 보유하고 있어 이를 처분할 경우 주가하락이 발생하는 제약이 따르기 때문이다.

또한 기관투자가들의 경영개입 목표는 법인의 장기성장보다는 단기적 주가수익 극대화를 목표로 한다. 따라서 기관투자가들은 유럽의 은행처럼 경영활동에 직접 개입하기는 하지만, 그들과는 달리 기

3) 매력적이지 않은 기업의 주식을 시장에 내다파는 행위. 주식을 시장에서 처분함으로써 경영 불만에 대한 의사를 표시한다.

업의 장기적인 성장보다는 단기적인 수익극대화를 목표로 경영에 개입하게 되는 것이다. 이처럼 기관투자가들이 단기적 수익극대화를 목표로 삼는 이유는 다음과 같은 이유 때문이다(Harmes, 1998).

1) 개인고객들의 단기실적 요구 : 개방형펀드의 경우 특히 분기별 실적이 공개되고 이 실적이 다른 펀드에 비해 뒤처질 경우 고객의 이탈이 발생한다.
2) 펀드매니저의 보상구조 : 펀드매니저에 대한 보상이 연도별 실적 기준으로 이루어지기 때문에 펀드매니저들은 보다 높은 보수를 위해 단기실적을 중요하게 여긴다.
3) 프로그램 매매 : 거래의 프로그램화는 일정한 손실이 발생하면 자동적으로 보유주식을 처분하도록 하고 있어서 주식 보유의 단기화를 부추긴다.
4) 차입 레버리지를 통한 투자 : 헤지펀드의 경우처럼 차입을 통한 투자는 채권자에 대한 기간별(적어도 1년) 상환이 필요하고 이자 지불 의무가 있어 단기적 관점을 갖게 된다.

이와 같은 기관투자가들의 단기 수익극대화를 목표로 하는 경영 개입의 구체적 내용은 비용절약적 투자의 증대와 장기 연구개발 투자의 억제로 나타난다. 먼저 기관투자가는 단기적 주가상승을 위해 경영자에게 비용 절약의 일환으로 노동자를 해고하고 자산을 처분하도록 요구한다. 그리고 자사주 매입을 통해 주가를 부양하도록 요구하기도 한다.

1992년 제너럴모터스의 주식을 보유한 기관투자가들이 새로운 CEO를 내세워 북미회사의 노동력을 23%나 감축하도록 한 경우가 이러한 비용절약 요구의 대표적인 사례에 해당한다고 볼 수 있다. 그 결과 「포춘」지 500대 기업의 고용자 수를 보면, 1980년에는 1600만 명이었던 것이 1990년에는 1200만 명으로 크게 줄어들었다.

또한 기관투자가들은 경영자에게 높은 단기수익을 요구하기 때문에 장기 연구개발투자를 어렵게 한다. 1992년 미국 CEO 멤버들이 상원은행위원회에서 연기금(pension funds)이 단기 주가실적을 이유로 경영자에게 장기투자를 억제하도록 압박했다고 제소한 사례는 기관투자가들의 경영개입 행태를 잘 보여준다(O' Barr and Conley, 1992). 이러한 기관투자가들의 단기주의 압력은 영국에서도 마찬가지다. 데미락은 영국의 기업이사들을 대상으로 기관투자가 주주들의 행태에 대한 설문조사를 실시했는데,[4] 그 결과는 다음과 같다.

1. 주주로부터 단기 이윤극대화 압력을 받았다는 응답 : 33.2%
2. 주주가 장기 고위험투자보다는 단기 저위험투자를 선호한다 : 51.1%
3. 회사의 인수위협을 받은 일이 있다 : 30.5%
4. 주주를 만족시킬 이윤을 얻기 위해서는 연구개발투자가 어렵다 : 31.5%

우리나라의 경우도 지난 5월 상공회의소의 KOSPI 200기업에 대한 조사에 따르면,[5] 외국인 주주로 인해 경영상의 어려움을 겪었다고 응답한 기업이 13%에 달하며, 그 내용으로는 설비투자 대신 배당확대를 요구하기 때문이라는 응답이 47.6%를 차지했다. 그리고

---

4) Demirag(1995, 1998).
5) 대한상공회의소 보도자료, 「국내기업의 경영권 불안 및 대응실태 조사」, 2004. 5. 21.

외국인 투자자로부터 M&A위협을 크게 느끼고 있다는 응답도 적지
않았다.[6]

기관투자가 발전의 거시경제적 효과

과연 기관투자가의 발전이 금융의 기능인 저축의 동원, 자금의 효율
적 배분, 경영자 감시를 개선시켜 거시경제, 즉 투자와 경제성장을
자극하는가? 이들의 역할에 대한 긍정적인 평가도 있지만, 이들의
행태는 부정적인 결과를 초래하는 경우도 많다.

1. 기관투자가의 발전과 금융기능의 개선 여부

1) 저축증대 효과

먼저 직관적으로 볼 때, 기관투자가가 발전한 미국이나 영국의 개인
저축률이 유럽 국가들의 저축률보다 낮게 나타나고 있는 것을 보면
기관투자가의 발전이 저축을 증가시키는 것은 아니라는 사실을 알
수 있다. 그리고 이론적으로도 개인들의 저축액은 은행예금이나 주
식투자, 펀드투자 등의 저축 형태와 관계없이 그 크기가 미리 정해
지기 때문에 기관투자 펀드에 대한 저축의 증대는 다른 형태의 저축
을 감소시킨다. 따라서 기관투자가의 발전이 저축을 더 증가시킨다
고는 볼 수 없다. 결국 기관투자가의 발전이 저축을 증가시킬 것이
라는 근거는 별로 없다(Davis, 2003).

　이와 관련된 개별적인 연구들을 보면, 페산도(Pesando, 1992)는 미

---

6) 외국인 투자자가의 66%가 기관이라는 점을 고려하면 외국인 투자자의 행태는 기관투자
　자의 행태를 대변한다고 할 수 있다.

국에서의 확정급부형 연금증대 1단위가 개인저축을 0.35~0.5 단위 증대시켰다고 분석하고 있다. 그러나 뱅크스 등(Banks et. al., 1994) 의 연구는 미국에서의 단기 투자펀드의 발전이 개인저축의 증대를 가져오지 못했다고 분석했다.

2) 자금배분의 효율성 개선

기관투자가들의 발전은 자금배분의 효율성을 개선시키는 데에도 기여하지 못했다. 오히려 기관투자가들의 발달에 따라 주식시장에서의 자금배분이 집합적으로 이루어지고, 또 양떼행동을 따르기 때문에 자금배분의 효율성을 저하시키는 결과를 낳았다. 실제로 주식시장에서는 '개인<뮤추얼펀드<매크로헤지펀드' 순의 하이어라키가 존재하는데, 매크로헤지펀드가 투자를 하면 뮤추얼펀드나 개인들이 뒤따라 투자하는 양떼행동이 나타난다. 또 기관투자가들 사이에는 유사한 경제기초 평가모델을 이용하기 때문에 자금의 배분이 집합적으로 이루어지기 쉽다.

더욱이 기관투자가들은 여러 방법을 이용해 시장을 조작하기도 한다. 헤지펀드들은 'pumping up the tulips' 라고 알려진 전략으로 시장을 조작했다. 이 전략은 차입으로 투자자금을 조달해 어느 한 자산을 매입하여 가격을 끌어올리면 기술적 투자를 하는 기관투자가가 구매를 시작하는데, 이러한 과정을 거쳐 계속적인 가격상승과 기술적 투자가 진행되면 헤지펀드 매니저는 높은 가격에서 이윤을 실현하고 빠져나오는 전략이다. 피델리티의 마젤란펀드를 운영하던 비닉(Vinik)이나 1993년에 뉴몬트 마이닝(Newmont Mining and Gold)의 주식을 사들였던 소로스 등은 이 전략기법을 사용한 대표주자들이다(Harmes, 1998).

3) 경영자 감시와 경제성장

대주주로서의 기관투자가는 기업을 감시하고 이들의 감시가 기업성
과를 개선시켰다는 실증적 보고가 많이 있다.[7] 또한 대형 기관투자
가들은 그들이 얻은 정보를 금융시장에 전파함으로써 기업경영자
감시효과를 얻기도 한다(Chidambara and John, 2000).

기관투자가들은 그들의 투자전략, 고객 등에 따라 경영자 감시의
형태나 경영자에 대한 요구가 다르게 나타난다. 높은 회전율과 모멘
텀(momentum) 투자를 주로 하는 투자가는 경영자의 단기행동을 고
무시키고(Bushee, 1998), 기관소유의 집중이 큰 경우는 경영자의 보
수가 성과급 제도를 가지는 경향이 있다.

그러나 기관투자가들은 유동성을 얻기 위해 분산투자를 하고 그
것이 경영자 감시에 수동성을 갖게 한다는 주장도 강하다. 바이드
(Bhide, 1994)는 분산원칙이 어떤 한 기업의 주식을 소수만 소유하게
하고 기관투자가를 수동적으로 만든다고 주장한다. 실제로 기관투
자가의 주주로서의 적극적 개입과 소유 집중에는 많은 비용이 수반
된다. 따라서 최근 기관투자가들은 비통제방식(non-control-related)
의 모니터를 증가시켜 가고 있다(Gillan and Starks, 2002).

그러나 문제는 앞에서 살펴본 바와 같이 감시의 주 내용이 무엇인
가 하는 것이다. 기관투자가들의 감시 내용은 주로 단기적 수익실적
과 그에 따르는 주가부양을 목적으로 하고 있다.

---

7) Bethel, Liebenkind, and Opler(1998).

2. 거시경제적 효과

1) 투자의 증가 여부

기관투자가의 발전과 주주 중시 경영체제의 형성은 다음과 같은 이유로 장기 생산성향상 투자를 억제하고 단기 비용절약적 투자를 강화시킴으로써, 결과적으로 투자전체의 저하를 야기한다.

1. 내부유보와 재투자 대신 감량경영과 배당을 중시함(Lazonick and O' Sullivan, 2000).
2. 기업들이 이윤을 생산적 투자 대신 금융투자로 전환함(Stockhammer, 2004).
3. 금융수익성 규준이 투자의 기대수익률 최저기준을 높게 만들기 때문에 수익성 낮은 투자가 이루어지지 못함(Boyer, 2000).

그러나 미국이나 영국의 경우 사모펀드의 한 종류인 벤처캐피탈이 정보통신 분야의 투자를 증대시키는 데 크게 기여하는 등 은행 대신 혁신의 조달자 역할을 함으로써 벤처기업의 등장을 수월하게 해주었다. 따라서 기관투자가의 발전이 투자의 증가 또는 감소에 일방적으로 영향을 미치는 것은 아니며, 대체로 기존 기업의 투자를 억제하는 대신 새로운 모험기업의 출현을 장려한다고 볼 수 있다. 그러나 이러한 벤처캐피탈의 투자증대 효과는 벤처캐피탈의 위험을 타인에게 전가시키고 유동성을 향상시킬 수 있는 자본시장의 존재를 전제로 하기 때문에 만약 자본시장이 이러한 역할을 하지 못하는 경우에는 은행이 그 역할을 해야 한다.

2) 경제성장

기관투자가가 기존 기업의 생산적 투자를 감소시키고 단기적 시계에만 머무르게 한 채, 새로운 중소기업의 혁신조달에도 기여하지 못한다면 기관투자가의 발전은 성장을 저해할 것이다. 그러나 기관투자가의 발달이 중소기업의 기술혁신을 지원하는 자금조달처로서 역할한다면 경제성장이 개선될 수도 있다.

3) 금융시장의 안정

기관투자가의 발전이 개별 국가에서의 금융시장 불안정을 강화시켰는지에 대한 연구 결과는 혼재되어 있다. 그러나 기관투자가의 신흥시장에 대한 투자증대가 신흥시장에서의 금융불안정성을 강화시켰다는 주장은 실증적으로뿐만 아니라 이론적으로도 입증되고 있다.

1990년대의 중남미, 아시아, 러시아의 금융위기와 그 세계적 전파는 금융세계화를 주도한 뮤추얼펀드와 헤지펀드와 관련이 있다는 주장이 있다(Kaminsky, Lyons, and Schmukler, 2000).

4) 정책자율성

대부분의 경우 신흥시장에서 기관투자가들은 해당 국가의 정책자율성을 떨어뜨린다. 이때 기관투자가들의 행동은 직접적인 파워행사로 나타나지 않고 구조적인 파워행사로 나타난다. 즉, 어떤 나라가 팽창정책을 통해 인플레이션이 예상되면 기관투자가들은 그 나라의 금융자산을 팔아서 그 나라의 통화가치를 더욱더 떨어지게 만든다. 그렇게 되면 그 나라의 팽창정책은 더 이상 지속되지 못한다. 또한 기관투자가들은 일반적으로 긴축정책과 노동시장 유연화를 선호해 정부로 하여금 이들 정책을 우선하도록 강제하기도 한다.

| 참고문헌 |

Banks, J., Blundell, R. and Dilnot, A., 「Tax-based Savings Incentives in the U.K.」, Presented Paper at the Conference *International Comparisons of Household Savings*, OECD, 1994.

Bethel, J., Liebeskind, J. and Opler, T, 「Block Share Purchases and Corporate Performance」, 『*Journal of Finance*』 Vol. 53, pp. 605~635, 1998.

Bhide, A., 「Efficiency Markets, Deficient Governance: U.S. Securities Regulation Protect Investors and Enhance Market Liquidity, But Do They Alienate Managers and Shareholders?」, 『*Harvard Business Review*』 No. 72, 1994, pp. 128~140.

Boyer, R., 「Is a Finance-led Growth Regime a Viable Alternative to Fordism? A Preliminary Analysis」, 『*Economy and Society*』 Vol. 29, No. 1, 2000, pp. 111~145.

Bushee, B., 「The Influence of Institutional Investors on Myopic R&D Investment Behavior」, 『*The Accounting Review*』 Vol. 73, 1998, pp. 305~333.

Chidambaran, N. and John, K., 「Relationship Investing and Corporate Governance」, 『*Tulane University and NYU Working Paper*』, 1997.

Davis, E. P., 「Institutional Investors, Financial Market Efficiency, and Financial Stability」, Presented Paper at the European Investment Bank Conference *Europe's Changing Financial Landscape*. European Investment Bank, 2003.

Demirag, I., 「Short-Term Performance Pressures: Is There a Consensus View?」, 『*The European Journal of Finance*』 Vol. 1, 1995, pp. 41~56.

Demirag, I., 「Boards of Directors' Short-Term Perceptions and Evidence of Managerial Short-Termism in the UK」, 『*The European Journal of Finance*』 Vol. 4, 1998, pp. 195~211.

Gillan, S. and Starks, L. T., 「Institutional Investors, Corporate Ownership, and Corporate Governance: Global Perspectives」, TIAA-CREF Working Paper Series 5-110101, New York, 2002.

Harmes, A., 「Hedge Funds As A Weapon of State?: Financial and Monetary Power in an Era of Liberalized Finance」, 『*YCISS occasional paper*』 No. 57, 1999.

Harmes, A., 「Institutional Investors and the Reproduction of Neoliberalism」, 『*Review of International Political Economy*』 Vol. 5, No. 1, 1998, pp. 92~121.

Kaminsky, G., Lyons, R. and Schmulkler, S.), 「Mutual Fund Investment in Emerging Markets: An Overview」, 『*World Bank Working Paper*』 No. 2529, 2001.

Lazonick, W. and O'Sullivan, M., 「Maximizing Shareholder Value: A New Ideology for Corporate Governance」, 『Economy and Society』 Vol. 29, No. 1, 2000, pp. 13~35.

O'Barr, W. and Conley, J.), 「Managing Relationships: The Culture of Institutional Investing」, 『Financial Analysts Journal』 Sep.-Oct., 1992, pp. 21~27.

Pesando, J. E., 「The Economic Effects of Private Pensions」, in 『Private Pensions and Public Policy』 No. 9, OECD, 1992.

Stockhammer, E., 「The Macroeconomics of Shareholder Value Orientation」, Sabaci University Discussion Paper Series in Economics: 2004~01, 2004.

Vittas, D., 「Institutional Investors and Securities Markets: Which Comes First?」, 1998.

결론 | 대안정책의 모색

대안정책의 모색 | 이찬근 (인천대학교 무역학과 교수)

1, 2차 투기자본 국민대토론회 – 투기자본 감시활동 어떻게 할 것인가

대안정책의 모색

◎이찬근(인천대학교 무역학과 교수)

금융개혁의 완전한 실패

국내 금융권은 재벌체제-정경유착-관치금융으로 얽힌 연결고리의 한 매듭으로서 외환금융위기를 초래한 주범으로 인식됨으로써 그동안 엄청난 구조개혁을 강요당했다. 그 과정에서 금융의 중심축을 은행에서 자본시장으로 이동하려는 시도, 전면적인 외자지배를 허용하려는 시도, 금융기관 간의 무차별 통합을 통한 대형화 시도가 이루어졌다.

대안연대 등 진보적 학자·전문가 진영에서는 이미 외자지배와 대형화는 독과점화와 위험과다 회피 등 역기능이 오히려 클 수 있다고 경고해 왔다. 그 이유로 금융은 원천적으로 실물경제의 지원산업인데 급격한 자본시장 중시의 개혁은 실물경제와 금융을 괴리시키고 기업금융의 위축을 가져와 제조업의 경쟁력을 훼손할 수 있다는 것이다. 또한 국내 금융산업은 앞으로도 상당 기간 로컬산업의 한계를 벗어나지 못할 것이라는 관측도 그 이유로 들 수 있다.

그러나 정부 측에서는 금융산업이야말로 중국과 차별화할 수 있는 21세기 고부가가치 전략산업이라고 믿었다. 따라서 윔블던화의 위험을 감수하더라도 자본시장을 적극 개방하고 선진 금융기관을 유치해야 하며, 금융의 수익성 강화를 위한 대형화를 허용해야 한다는 입장을 취해 왔다. 결국 금융개혁은 정부의 뜻대로 이루어졌고, 그 결과 금융시장의 불안, 투자의 위축, 금융배제의 문제를 심화시키면서 모두 실패로 끝난 것으로 보인다. 그 판단의 근거는 다음과 같다.

첫째, 신용대출도 제대로 받지 못했던 기업이 절대 다수인 상황에서 금융의 중심축을 은행으로부터 불특정 다수의 시장참가자에게 자신의 신용을 입증해 재원을 조달해야 하는 자본시장 중심으로 이동시키려 한 것은 국내 기업현실을 도외시한 조치였다. 그 결과 '국내저축-국내투자 간의 연계관계'가 더욱 단절되었다.

둘째, 전면 외자지배 체제에 들어간 은행권은 수익성 지상주의에 빠져 기업금융을 외면하고 가계금융에 치중함으로써 미증유의 가계금융 파탄을 초래했다. 뿐만 아니라 카드사태와 같은 시스템적 위기 상황에서도 주주이익만을 의식해 최소한의 위험분담을 기피함으로써 '금융시장 안정화'를 저해하고 있다.

셋째, 국내에서 이루어진 은행 대형화는 고객기반, 지역기반, 사업기반에 있어서 하등의 차별성이 없는 시중은행 간의 합병이 대부분이었다. 그로 인해 원천적으로 시너지의 가능성이 없을 뿐만 아니라 조직문화의 충돌로 인해 최소한의 규모의 경제효과도 상쇄시키며, 오히려 독과점화의 폐해, 사업의 단작화(monoculture)에 따른 수익성 급등락 현상만을 심화시키고 있다.

넌센스 재벌개혁

금융개혁만이 아니라 재벌개혁 또한 외자지배라는 국민경제의 새로
운 변화를 적극적으로 고려하지 못한 채 오랜 관성에 의해 그대로
추진되고 있다. 따라서 재벌개혁은 여전히 경제정의적 관점에서 재
벌총수의 지배권을 압박하는 데 중점을 두고 있을 뿐, 외자지배에
따른 국민경제의 전략적 자유의 제약이라는 문제를 적극적으로 인
식하지 못하고 있다.

현행 재벌개혁 방식의 이러한 한계성은 2003년 4월에 발생한
SK(주)에 대한 외국계 투기자본의 지배권 위협사건을 계기로 표면
화되었다.[1] 논쟁의 한 축인 참여연대는 국민경제의 최대 모순은 경
제민주화의 발목을 잡고 있는 기득권적 재벌이며, 국내외 자본 모두
가 독과점적 이익을 추구한다는 점에서 자본의 국적을 구분하는 것
은 무의미하다고 주장했다. 이런 관점에서 참여연대는 주주가치에
입각한 자유시장주의적 재벌개혁을 계속 추진해야 하며, 이는 자본
주의 발전에 있어서 반드시 짚고 가야 할 단계이자, 현 상황에서 별
다른 대안이 없으므로 필요에 따라 외국자본을 재벌개혁의 지렛대
로 삼아야 한다는 입장을 취한다.

이에 대해 대안연대 측은 국민경제의 최대 모순은 자본자유화 이
후 초국적 금융자본에 의해 국민경제가 장악된 것이며, 재벌은 여러
가지 파행성에도 불구하고 사회적 국민적 요구를 부정할 수 없다는
점에서 일정 수준 국적 자본의 성격을 띤다고 주장했다. 이런 관점
에서 대안연대는 외국자본에 의한 물적기반의 파괴현상이 매우 심

1) 자세한 내용은 이찬근, 「유럽소국의 기업지배권 방어기제 : 국내재벌 개혁에의 시사점」,
『사회경제평론』 21호, 사회경제학회, 2003을 참조하라.

각하므로 이상론적인 주주가치 방식의 재벌개혁을 지양하고, 외자로부터 국내 재벌의 지배권을 지킬 수 있는 새로운 대안을 모색해야 한다는 입장을 취했다.

그러나 이러한 논쟁에도 불구하고, DJ 정부에 이어서 현 정부 내 재벌개혁 방침은 대체로 참여연대 측의 입장과 대동소이하다. 이들은 여전히 외자순기능론에 경도되어 있으며, 한국의 재벌을 외국자본에 넘겼을 때 국민들의 삶에서 얻을 수 있는 이득은 무엇인가라는 의문에 제대로 대답하지 못하고 있다.

즉, 이들은 재벌이 갖는 두 가지의 특징을 제대로 이해하지 못하고 있다. 재벌에게는 각종 탈법, 불법을 일삼아 유지해 온 족벌세습 구조라는 경제정의에 어긋나는 단점만 존재하는 것이 아니다. 재벌에게는 복합그룹 경영을 통해 내부 자본시장, 내부 경영자시장을 형성함으로써 대규모 위험사업에 대한 위험분담자로서 기능해 왔다는 장점이 동시에 존재한다.

따라서 외자에 의한 재벌사의 적대적 인수는 복합적인 의미를 갖는다. 특히 외자인수로 인해 재벌이 해체될 경우, 재벌의 단점이 시정된다는 긍정적인 측면 외에도 재벌구조를 통해 한국경제가 누려 온 차별적인 강점까지도 파괴된다는 사실에 심각한 문제가 있다.

대내조절 장치로서의 자본의 국적성

국민경제의 총체적 파탄, 경제의 투기화 만연, 그리고 금융개혁의 완전한 실패와 넌센스 재벌개혁이란 현실 인식에 비추어볼 때, 영미식 모방의 시스템 개혁에 대한 근본적인 반성이 요구되지 않을 수 없다. 대안연대와 제도경제연구회 등 진보학계의 일각에서는 영미식 자본주의의 결함에 대한 연구, 유럽대륙형 자본주의의 차별적 특성에 대한 연구 등을 통해 '자본주의 시장경제의 다양성'을 제기함으로써 국가적 위기상황에서 제도적·정책적 상상력을 확대할 필요가 있음을 역설해 왔다.

이와 관련해 유럽의 소국이 새롭게 관심을 끌었다. 유럽의 소국인 스웨덴, 핀란드, 네덜란드, 스위스 등은 유럽의 대국인 영국, 프랑스, 독일, 스페인, 이태리보다 잘살거나 삶의 질적인 면에서 뒤지지 않는다. 이들 나라들은 매우 개방적이라고 알려져 있지만, 그렇다고 세계적인 기업을 키우고 경제력을 높이는 데 외국자본에 크게 의존한 것은 결코 아니다.

유럽소국을 선구적으로 연구해 온 피터 카젠스타인(Peter Katzenstein)은 이들 유럽소국들은 개방을 원칙적으로 수용했으나, 경제대국과는 달리 국적자본을 키우고 다스리는 방식으로 다양한 국내적인 조절장치를 마련함으로써 개방의 코스트를 최소화하면서 국민경제의 안정적 발전을 기했다는 점을 중시한다.[2] 예를 들면 미래를 대비해 국내기업들에게 투자적립금을 쌓아두게 하거나, 국적은행을 통해 지역-산업정책을 추진하거나, 노동자의 경영참여를 통해 사회적 통합을 이루어내거나, 혹은 유력기업의 지배권을 보호하는 대신 자본의 사회적 책임을 추궁했다는 점 등을 이들 나라의 차별적인 대내적 조절장치로서 높이 평가할 수 있다.

미국과 같은 경제대국은 개방을 해도 그 충격이 경제규모에 비해

---

2) Katzenstein, P. Corporatism and Change : Austria, Switzerland and the Politics of Change, Ithaca: London(1984), Small States in World Markets: Industrial Policy in Europe, Ithaca: London(1985).

〈표 1〉 유럽 개방소국의 국내적 조절기제

범주/영역	조절기제의 예
기업지배권 방어 관련	스웨덴 : 차등주식제, 피라미드형 소유구조 네덜란드 : 신탁회사 위탁형 주식발행, 우선의결권 주식발행 스위스 : 등기부 주식발행과 소유권 이전 규제(Vinkulierung) 벨기에 : 지주회사 제도의 광범위한 활용 오스트리아 : 주요 산업 및 금융기관의 국유화 공통적 기제 : 기업–금융기관 간 상호 주식보유(안정주주공작)
기업지배권 방어 관련	노사정 위원회 공동의사결정제 이중이사회
투자 및 고용 관련	투자적립금 설정(스웨덴, 노르웨이) 소득정책과 중앙임금 교섭 체계적인 직업교육훈련 공공부문을 통한 일자리 창출 연대임금제도를 통한 지속적 구조조정(렌–마이드너 모델) 정부에 의한 산업기술혁신 지원(산업밀착형 R&D정책, 산업클러스터 조성)
은행의 사회경제적 역할	정부의 산업정책/지역개발정책의 창구역 기업의 사회적 책임의 조정역(임원파견 및 감독이사회 적극 참여, 대리의결권 행사) 저부가가치 산업의 구조조정 유동성 위기에 처한 유력 대기업 구출

그다지 크지 않아 개방코스트의 흡수가 용이하다. 게다가 필요에 따라서는 패권적 지위를 이용해서 타국에 코스트를 전가할 수 있으므로 군이 대내적 조절장치를 마련하지 않아도 되겠지만, 경제소국의 입장에서는 대외개방과 대내조절을 교차시키는 노력이 필요했을 것이라는 분석이다.

이들 유럽소국은 그 동안 높은 수준으로 자본시장을 개방했지만, 그렇다고 주요 기업의 지배권이 외국자본에 넘어갔다고는 볼 수 없다. 이른바 주요 기업과 금융기관에 대한 '자본의 국적성'이 많은 부분에서 관찰된다. 자본이란 이윤을 추구한다는 점에서 동질적이지만, 국민경제와 사회의 공동체적 이익의 관점에서는 일정 수준 통제성을 가질 수 있는 혹은 사회적 책임을 요구할 수 있는 자본이 무엇인가를 통해 자본의 국적성을 논의할 수 있다.

자본주의의 다양성과 스웨덴

한국경제가 금융세계화와 투기화의 파고를 극복해 경제의 건전한 성장력과 안정을 기하기 위해 가장 필요한 것은 '상상력의 해방'이다. 미국과는 전혀 다른, 우리에게 너무도 생소한 또 다른 형태의 자본주의 시장경제가 존재한다는 것을 많은 사람들이 이해하는 것이 중요하다. 즉, 새로운 가능성의 모색은 '자본주의의 다양성'이 존재한다는 사실을 인식하는 것에서부터 출발해야 한다.

이런 관점에서 볼 때 유럽소국인 스웨덴은 매우 흥미로운 나라다. 특히 스웨덴의 정치는 힘겨루기와 세력교체의 싸움판이 아니라 대중들의 삶을 위해 존재하고 있다는 점이 가장 두드러진 특징이다. 정치가 과연 국민을 위해 부가가치를 창출할 수 있는지에 대해 항상 회의(懷疑)하는 우리로서는 본받아야 할 점이다.

대중들의 높은 연대의식과 정치인의 실사구시가 시너지효과를 창출하는 스웨덴의 정치는 일찍이 '인민의 가정'을 목표로 삼았다. 스웨덴에서는 가정을 통해 안식을 얻듯 국가가 존재하는 이유는 그 따뜻함을 공식화·제도화시키기 위한 것이라고 본다. 따라서 국가가 하는 일은 철저히 인민의 삶을 대상으로 한다. 국가는 끊임없이 일자리를 창출함으로써 노동을 통한 복지를 구현하고, 개개인이 시장을 통해 자유롭게 경쟁할 수 있도록 교육과 의료, 주택을 책임진다.

한마디로 스웨덴은 '형평과 복지'라는 사회적 이상을 최우선으로 중시했고, 이를 자본주의 시장경제를 통해 구현할 수 있다고 믿고 실천했다. 과연 어떻게 이것이 가능했을까? 효율의 희생 없이 어떻게 사회적 형평을 달성할 수 있었을까? 도대체 글로벌 시장에서 어떻게 자국 산업의 경쟁력을 확보했기 때문에 고복지의 비용을 무리 없이 충당할 수 있었던 것일까?

스웨덴이 글로벌 산업경쟁력을 확보한 이유나 과정에 대해서는 한마디로 정의내리기가 어렵다. 몇 차례 현지조사를 통해 필자가 파악한 스웨덴의 몇 가지 시스템적인 특성에 대해 간단히 언급하기로 하자.

첫째, 스웨덴의 평등주의가 스웨덴의 경쟁력에 크게 이바지했다. 한 예로 우리에게 익히 알려진 스웨덴의 연대임금제도(동일노동 동일임금의 원칙)는 일차적으로 사회적 형평을 달성하려는 시도였지만, 그 자체에 경쟁력을 의식한 치열한 구조조정의 메커니즘이 담겨 있었다. 높은 이윤을 창출하는 기업에게는 상대적으로 연대임금의 수준이 낮았기 때문에 실물투자와 일자리 창출의 여지가 더 많이 주어졌고, 이윤을 제대로 창출하지 못하는 기업들은 연대임금의 수준을 맞추기 어려워 가혹한 구조조정의 대상이 되었다. 그리고 이러한 상시적 구조조정이 사회적 갈등 없이 추진될 수 있었던 것은 실업자에 대한 생계보장과 재취업 교육이란 형평시스템이 뒷받침되었기 때문이다.

둘째, 대기업의 소유-지배 문제를 이념적으로 접근하지 않았다. 스웨덴에는 한국의 삼성을 능가하는 발렌베리(Wallenberg) 가문이라는 막강한 재벌이 있다. 발렌베리의 산하 14개 상장기업군이 스톡홀름 증권시장 시가총액의 40%를 차지할 정도니 그 규모를 미루어 짐작할 수 있다. 그렇다고 발렌베리 재벌이 한국의 참여연대가 요구하는 식으로 소유-지배의 투명성을 확보한 것은 결코 아니다. 이들은 국내 재벌 이상으로 편법을 써서 스웨덴의 유력기업군을 지배하고 있다. 일례로 일반인이 가진 주식은 1주 1표인데, 발렌베리 가문이 가진 주식은 1주 10표이고 심지어는 1주 1000표도 허용되었다. 그렇다면 진보를 표방하며 70여 년간 장기집권한 스웨덴 사회민주당은 왜 이런 소액주주의 권리를 무시하는 재벌을 용인한 것일까? 대기업이 존재하는 이유가 양질의 일자리를 창출하고, 첨단기술의 개발로 국가의 기술경쟁력에 기여하며 벌어들인 돈을 국가의 복지사회 구현을 위해 세금으로 내놓는 것이라면, 이를 따르는 재벌에 대해서는 소유와 지배를 크게 문제 삼을 필요가 없다고 생각한 것이다.

셋째, 국가경쟁력의 근본이 노동시장의 안정에 있다고 보았다. 스웨덴은 인건비가 매우 비싸고 세제 면에서 인센티브가 없는데도 국내자본의 해외이탈이 많지 않은 편인데다 외국자본이 직접투자처로서 선호하는 나라가 되었다. 그래서 제조업이 아직까지도 활기를 띠는 나라다. 이는 1930년대부터 이어진 계급타협의 정신과 전통이 있었기 때문에 가능한 것이다.

스웨덴은 국내시장이 협소해 해외시장이 필요했고, 호혜원칙하에 개방경제를 받아들였다. 그러나 작은 경제는 개방으로 인한 충격을 각오해야 했다. 경제대국은 개방의 충격을 쉽게 흡수하고 그 비용을 외국에 전가하기도 하지만, 소국의 경우 그 운신의 폭이 좁아 경제가 쉽게 흔들리고 사회통합이 위태로워지기 마련이다. 따라서 이들은 대내적 조절장치를 마련해야 한다는 문제의식을 갖게 되었고, 그 일환으로 계급타협을 통해 노동시장의 안정을 추구했다. 이로써 일자리 창출을 최우선으로 하는 기업경영, 생산성 향상을 위한 과감한 설비투자, 인력의 스킬 향상을 겨냥한 끊임없는 교육훈련 투자, 이를 지지하는 국가의 산업정책이 호순환의 구조를 만들어 지금까지 제조업의 경쟁력을 지키고 있다.

이처럼 현재의 스웨덴은 하루아침에 만들어진 것이 아니다. 자신들의 현실에 맞게 제도와 정책을 만들어냈기에 오늘의 그들이 있는 것이다. 그렇다면 한국은 어떻게 해야 할 것인가? 지지부진한 실물투자, 자신감을 상실한 제조업, 안정을 찾지 못한 채 투기성만 높아지는 금융시장, 일자리 전망의 부재와 빈부격차의 심화가 우리를 옥죄고 있다. 그 가운데 위세등등한 초국적 금융자본은 한국을 포위했고, 강한 자의 논리로 자본의 자유, 그리고 주주의 일방적 권리를 외치고 있다. 이런 상황에서 보수는 기득권을 지키는 데 연연하고, 진보는 정치권의 니전투구(泥田鬪狗)에 골몰해 삶의 문제와는 무관한 집단이 되었으며, 시민사회단체는 변화된 조건을 읽지 못한 채 유치한 경제정의관에 빠져 있다.

이제 우리에게는 전략적 사고가 필요하다. 기업에만 전략이 있는 게 아니라 국가에도 전략이 있다. 한국과 같은 소국은 남과 화합하되 남과 다른 길을 걸어야만 살 수 있다. 따라서 미국식의 강대국 모델은 우리에게 전혀 맞지 않다. 우리는 차별화를 의식하고, 이를 전제로 우리의 문제가 무엇이고 제약조건은 어떤 것이며, 제약조건을 극복 또는 우회해서 문제를 해결할 수 있는 방법은 무엇인가를 고민해야 한다. 하지만 무엇보다도 이런 문제해결의 과정에서 우리가 좀 더 폭넓은 선택을 하기 위해서는 치열한 '상상력의 해방'이 이루어져야 한다.

새로운 돌파구의 모색

이상과 같은 문제의식에 비추어 우리나라가 추진 중인 경제사회 개혁은 근본적으로 방향을 수정할 필요가 있다. 그 동안 우리나라의 개혁 논리는 영미식 자유주의에 입각한 자유시장경제 논리로, 연고주의와 모럴해저드에 빠진 구체제를 개혁하자는 것이었다. 하지만 이는 외자지배의 모순을 극대화함으로써 국민경제의 파탄을 초래한 것으로 판명되었다. 그 대안으로 진보진영의 일각에서 제시한 것이 유럽식 사민주의에 입각한 사회적 시장경제의 논리였으나, 이 역시 미국의 과잉 패권주의, 자본시장의 폭주란 엄혹한 현실 조건에 비추어볼 때 적용이 불가능하다고 보아야 한다.

이에 한국의 경제사회가 지향해야 할 노선은 절충적인 형태로서 '경쟁적 사민주의' 혹은 '사회적 자유주의'와 같은 한국판 제3의 길이 되어야 한다고 판단된다. 그 주요한 방향성은 다음과 같다.

첫째, 영미식 개혁이 우리에게 맞지 않는다고 영미식 스탠더드를 완전히 거부할 수 없는 것이 현실이다. 무엇보다도 미국의 강력한 영향권 아래 있는 한국은 자본시장 개방과 이를 통한 외자의 강도 높은 개입을 거부하기 어렵다. 또한 국민연금의 천문학적인 규모 팽창에서도 확인되듯이 내부사정에 의해서도 경제의 금융화 추세가 불가피하므로, 향후 자본시장의 존재를 인정하는 방향에서 경제의 안정화를 위한 정책대안을 마련할 필요가 있다.

둘째, 개방을 대전제로 인정하되 국민경제의 안정화를 도모할 목적으로 다양한 대내적 조절장치를 마련해야 한다. 자본은 속성상 이윤을 추구한다는 점에서 동일하지만, 사회적 목표의 달성과 경제의 안정화를 추구하는 데 있어서는 이에 협력하는 자본과 그렇지 않은 자본을 구분하는 것은 가능하다. 따라서 '자본의 도덕성'과 별개로 '자본의 국적성'이 일부 존재한다는 점을 인식하고, 사회적 통제를 수용하는 국내자본을 대상으로 소유지배권의 안정을 기할 필요가 있다.

셋째, 자본시장의 개방을 받아들여야 하는 제약조건을 인정하면서 국민경제의 성장동력을 회복하고 동시에 사회적 형평성을 높일 수 있는 방안은 국내의 보수진영(대자본)과 진보진영(노동) 간의 '사회적 대타협'을 이루어내는 것이다. 그 동안 주주가치 패러다임이 고착화됨에 따라 금융부문은 실물경제와 유리되었고, 국내의 재벌자본은 지배권을 위협받기에 이르렀다. 또한 국민 대중은 일자리의 전망을 상실했으며, 정부는 정책적 행동폭을 상실한 채 좌불안석이 되어 있다. 이러한 상황은 한국판 사회적 대타협을 가능하게 한다(〈표 2〉 참조).

그러나 노동계와 진보학계에서는 재벌에 대한 불신이 남아 있으며, 이를 해소하기 위해서는 자본의 국적성을 인정받기 위한 재벌자본의 차별화 노력이 필요하다고 판단된다. 이와 관련해 노동계와 진보학계의 문제인식에 대해 간략히 정리하고자 한다(박스 참조).

〈표 2〉 자본, 노동, 정부 3자가 처한 위협과 대타협의 토대

자본	주주가치/자본시장 개방에 의해 기업지배권 위협에 직면
노동	주주가치/자본시장 개방에 의해 노동유연화 위협에 직면
정부	주주가치/자본시장 개방에 의해 금융통제 상실 위협에 직면

1. 노동 측의 문제인식

국민경제에 대한 외국자본의 지배력이 강화되고 재벌경영권이 위협받자, 재벌들은 국민국가, 국민경제론을 내세워 재벌의 배타적 소유경영권을 주장하면서 정부의 재벌개혁정책에 저항하고 있다. 이 같은 재벌의 움직임은 외국자본의 투기자본화와 미흡한 정부정책, 한국경제의 구조적 위기, 민족주의적인 국민정서 등과 맞물려 호소력을 가지고 있다. 하지만 이는 재벌자본이 한국경제를 지배하면서 발생한 문제를 해결하는 근본적인 방안이 될 수 없다.

현재의 재벌체제는 개발국가 시대에 형성된 것으로 사실상 권위주의 정권과 독점자본의 이해를 유지하기 위한 재벌독재체제로, 민주화되어야 할 대상이다. 산업화 과정에서 재벌체제가 기여한 효율성과 기업민주주의 문제는 별개의 문제다. 박정희 정권이 산업화에 기여했다고 해서 민중에 대한 수탈과 정치적 독재가 용인되는 것은 아니며, 재벌의 소유지배권도 무조건 보호해야 하는 것은 아니다.

가령, 삼성의 경우 노동자에 대한 감시탄압은 물론이고 노조결성조차 허용하지 않고 있다. 그리고 대부분의 재벌대기업이 노동운동에 대해 적대적이며, 비정규직이나 정리해고를 양산하고 환경을 침해하며 산업재해에 무관심할 뿐만 아니라 대부분 우리 사회의 민주주의 발전에 역행해 왔다. 이런 상황에서 재벌의 소유지배권을 보장해 주자는 의제는 사회적 공감과 지지를 얻기 힘들다. 재벌이 변화하지 않는 한, 노사정 타협론은 노동운동의 역할을 재벌의 하위파트너로 제한하는 결과만 가져올 위험이 크다. 따라서 현안문제로 제기되고 있는 외국자본에 대한 감시와 통제 문제, 재벌개혁과 관련된 문제역시 지배계급과 내외독점자본 간의 이해를 조절하고 봉합하는 차원을 넘어서야 한다. 그리고 그 동안 한국사회가 이룩한 사회적 가치를 이어받고 지속가능한 경제발전이 가능한 배제와 차별이 없는 사회통합적인 참여민주주의를 발전시키는 방향에서 다루어져야 한다.

2. 진보학계의 문제인식

외환위기 이후 재벌 구조조정의 특징은 부실 재벌기업을 다른 기업이 인수하는 형태가 아니라 외국자본이 개입되었다는 점이다. 외국자본에 의한 재벌의 적대적 M&A 가능성으로 표현되는 재벌과 외국자본의 딜레마는, 독재적 경영권의 세습 문제를 소홀히 한 채 주식시장을 전면개방한 결과다. 외국자본이 재벌총수의 자리를 차지했을 때의 부정적 효과가 바로 그것이다. 유능한 경영자가 자신의 사적이익을 위해서가 아니라 여러 이해관계자의 이해관계를 조정하고, 이 역할을 제대로 해내지 못할 경우 교체되는 것이 정상적인데, 이러한 제반 여건이 전혀 갖추어지지 않은 채 외국자본의 지배 가능성만 높아진 것이다. 최근에는 삼성이 주도하는 금융계열사의 지분권 문제가 크게 이슈화되고 있는데 큰 설득력을 갖지 못한다. 계열금융사 의결권 인정, 차등의결권 도입 등은 국민적 동의가 필요한 사항들이다. 일방적으로 추진될 경우 기존 재벌총수의 지배력을 강화하는 방향으로 바뀌기 때문에 문제를 악화시킬 뿐이다.

따라서 외자의 문제는 금융부문에 집중해서 우선적으로 풀어야 할 문제이고, 외자 지배를 빌미로 재벌총수의 사적지배력을 아무런 사회적 대가 없이 강화시켜서는 곤란하다. 주식지분과 지배력 간의 격차(의결권 승수)는 이미 충분히 높은 상황이기 때문이다.

재벌의 정당성을 국민이 인정할 정도로 재벌이 스스로 실질적인 자구노력과 지배구조의 투명화하고, 때로는 소유와 지배의 택일 등과 같은 결단을 해야 논의의 분위기가 형성될 것이다. 구조적으로 총수의 들러리일 수밖에 없는 사외이사제도를 채권단과 노조의 추천에 의한 감사위원회의 구성과 이사진의 구성으로 바꾸는 것도 시작이 될 수 있다.

몇 가지 구체적인 대책

사회적 대타협은 문제해결의 접근방식을 의미할 뿐 중요한 것은 '무엇을 대타협의 내용으로 삼을 것인가'이다. 국민 대다수의 삶의 질을 높이는 것이 목표이고, 이를 위해서는 지속적인 성장과 동시에 형평성을 높이는 방안이 강구되어야 한다. 이때의 제약조건은 자본시장이고, 자본시장을 통한 주주의 단기적 압력이다. 따라서 구체적 정책대안은 자본시장의 존재를 인정하되 주주이익 극대화의 한계를 극복할 수 있는 것이어야 한다. 그런 식으로 위험의 적극적인 분담이 가능해져야 인내하는 자본(patient capital)이 공급되고 중장기 경영이 재차 확립될 수 있기 때문이다. 필자는 구체적 대안정책을 다섯 가지로 정리하고자 한다.

첫째, 사회적 책임을 전제로 비금융계열사에 대한 재벌의 지배권을 인정해야 한다. 재벌의 내부 자본시장은 자원의 내부적 배분과 집중을 통해 인내하는 자본을 공급함으로써 자동차, 반도체와 같은 대규모 위험사업을 가능하게 하는 장치이다. 따라서 국내 자본시장의 발전이 아직 취약하다는 점을 감안할 때, 복합그룹 체제를 통한 재벌의 내부 자본시장의 장점을 인정해야 한다. 단, 이런 조치는 재벌의 사업영역이 비금융권에 한정된다는 조건하에서 이루어져야 한다. 그 동안 제2금융권을 중심으로 이루어져온 재벌의 금융사 지배는 사금고로서의 폐해뿐만 아니라, 은행과 제2금융권 간의 유기적인 결합을 제약함으로써 겸업화, 복합화를 통한 금융산업의 발전을 가로막는 요인이 되었으므로 이를 시정해야 한다. 이는 금융전업그룹이 발전할 수 있는 중요한 조건이다.

한편 재벌계 금융사의 분리과정에서 재벌의 지배권이 불안해질 수 있으므로, 비금융계열사에 대한 지배권 안정을 위한 특단의 배려가 필요하다. 이러한 특혜를 대가로 재벌은 사회적 공헌을 제도화해야 한다. 지금까지 재벌은 국가적 지원과 국민적 희생 덕분에 발전할 수 있었다. 하지만 이제 글로벌 경쟁논리로 인해 고용창출의 기제로서 한계에 봉착해 있다. 따라서 재벌은 사회적 타협의 관점에서 이윤의 일정비율을 사회공헌기금 혹은 주력업종의 발전기금으로 출연해야 한다. 이렇게 조성된 재원은 무엇보다도 고용창출에서 많은 기능을 하는 중소기업의 역량확충을 위한 재원으로 사용해야 한다. 특히 중소기업의 금융접근성을 높일 목적으로 금융기관이 중소기업 관련 신용정보 시스템을 정비하고, 담당인력(RM)을 확충하며 신용 정보를 축적하는 데 사용할 수 있다.

둘째, 주요 금융기관에 대한 안정주주화가 필요하다. 특히 우리금융지주의 해외매각은 국내 금융권에 대한 외자지배를 완결짓는 것으로서 실물경제와 금융 간의 연계성을 파괴하고, 나아가 국민경제의 물적기반 붕괴를 가속화시킬 것이므로 이를 강력히 저지해야 한다. 또한 주요 금융기관에 대한 지배권을 국내에 유지함으로써 국적 자본-외자 간의 최소한의 균형된 경쟁구도를 구축하고, 금융권의 안정을 기해야 한다. 그렇다고 국내 산업자본에 의한 금융기관 추가인수를 허용해서는 안 된다. 정부당국이 금융기관을 감시·감독하고 금융기관이 기업체를 감시·감독하는 것이 시장경제 체제 내에서의 위험관리를 위한 역할분담이므로, 산업자본이 금융자본을 인수하는 것은 이 같은 대원칙을 부정하는 것으로서 금지해야 한다. 특히 재벌에 의한 금융기관 인수 및 보유는 재벌의 위험과 금융기관의 위험을 중첩시켜 국민경제의 위험을 가중시킨다는 점에서도 철저히 불허해야 한다.

한편 우리금융지주에 대한 국내적 인수대안으로서 토종 사모펀드 (PEF) 조성방안이 제기되었으나, 사모펀드가 특성상 투기적 금융자본의 속성으로부터 자유롭지 못하다는 점에 비추어 새로운 국내적 인수대안을 모색해야 한다. 남아 있는 대안은 많지 않다. 노후생계자금인 국민연금을 주식에 투자할 수 없다는 연금운용에 대한 보수성의 원칙도 중요하지만 연금의 전략적 활용이 국민경제 안정화의 중요한 대안이라면 운명공동체적 관점에서 유연하게 접근할 필요가 있다. 필요하다면 국민연금의 주식운용을 재무목적의 효율적 자산운영과 공공목적의 전략적 자산운용으로 회계를 구분하고, 전략적 자산운용을 통해 주요 금융기관에 안정주주로 출자할 수 있도록 해야 한다.

셋째, 주식시장을 교란하고 국부를 탈취하는 투기행위에 대한 감시 및 규제책을 마련해야 한다. 외환위기 당시 외환시장을 교란하는 투기행위에 대해서만 관심이 집중되었으나, 이제는 주식시장에 참여하는 금융자본의 파행성에 관심을 집중해야 한다. 이를 위한 방안으로서 유상감자, 고배당 등 계속기업의 원칙을 위배하는 투기적 행위에 대해 정부가 조사권을 발동할 수 있어야 하며, 주식시장에 대해 최소한 선진국 수준으로 주식거래세, 자본이득세를 도입해야 한다. 이러한 대책은 국내 주식시장을 폐쇄하겠다는 것이 아니라 주식시장의 건전성을 높이기 위한 최소한의 조치임을 이해해야 한다. 한편 선진 각국의 사정에 비추어볼 때, 오늘날 주식시장은 유통시장의 기능에 치우쳐 신규자본의 조달원으로서의 역할이 미미하므로, 국내의 자본시장은 주식시장 중심에서 채권시장 중심으로 바꾸어 육성해야 한다. 이런 채권시장의 육성은 동북아 전진기지 개발 및 국토 균형발전이라는 시대적 과제를 추진하는 데 인프라 조성 재원의 적극적인 조달원으로서 중요한 의미를 가질 수 있다.

넷째, 금융대형화가 아니라 금융겸업화를 체계적으로 추진해야
한다. 우리 경제가 추구해야 할 금융의 경쟁력은 경쟁질서를 왜곡시
키는 대형화가 아니라 은행과 자본시장을 유기적으로 결합시키는
겸업화이다. 따라서 시너지효과를 원천적으로 기대할 수 없는 방향
으로 이루어진 대형화에 대해서는 조직분할과 같은 특단의 시정조
치를 요한다.

한편 자본시장 육성의 불가피성과 금융의 겸업화 추세, 근접자본
으로서의 관계금융 강화 필요성에 비추어볼 때, 가장 시급한 것이
복합상품 판매능력, 컨설팅 능력을 갖춘 금융인의 양성이다. 따라서
금융기관은 단기수익 극대화 논리에 치우쳐 인원 구조조정에 급급
할 것이 아니라 인력이 전략적인 자원임을 재인식하고 사내에 소정
의 여유인력 풀을 유지함으로써 체계적인 교육훈련 프로그램을 개
발하고 적극적으로 교육에 투자를 해야 한다. 이러한 금융 인적자원
의 육성을 통해 금융기관은 기업고객 관리자(RM)를 대거 확충함으
로써 상시적 정보채널을 가동해 정보의 비대칭성을 해소하고, 신용
평가능력을 높여 근접자본으로서 기업고객의 니즈에 다각적으로 부
응할 수 있다.

다섯째, 주주-경영자-정규직 노동자 간의 이윤 나눠먹기의 연결
고리를 끊어야 한다. 스톡옵션은 경영자를 주주가치 패러다임에 포
획시킴으로써 기업이 사회적 역할을 포기하도록 하는 장치이므로,
주주-경영자 간의 이윤 나눠먹기를 방지하려면 스톡옵션의 행사를
규제해야 한다. 이에 대한 방안으로는 발급 후 일정 기간이 지난 후
스톡옵션을 행사할 수 있도록 하고, 동 기간 중 자산매각, 정리해고
등 무리한 이윤창출 행위가 있었을 경우 스톡옵션의 행사를 불허해

야 한다.

한편 미국식 기업지배구조는 주주에게만 발언권(voice option)과 이탈권(exit option)을 모두 보장하고, 종업원에게는 발언권과 이탈권을 일체 부정하는 왜곡된 형태이다. 그래서 종업원의 소유지분을 높여 소유구조를 안정화시킴으로써 주주가치 패러다임의 일방적인 전횡을 저지하고, 종업원 발언권을 통해 중장기 경영을 구축할 필요가 있다. 이를 위해서는 우리사주제도의 적극적인 개혁을 통해 종업원이 자신의 현금부담으로 지분을 확대하는 방식이 아니라, 기업이 창출한 경영성과의 일정 비율을 우리사주조합에 주식으로 출연하도록 해야 한다. 이는 미국식 종업원지주제도(ESOP)의 도입을 의미하나, 우리나라의 경우 미국식 ESOP에서 매우 제한적으로 허용된 종업원 경영참여를 보다 적극적으로 허용할 필요가 있다. 단, 치열한 경쟁환경에서 경영자에 의한 독립적인 경영판단도 중요하므로, 종업원의 경영참여는 경영개입의 방식보다는 경영감시를 위주로 하는 것이 바람직할 것이다.

투기자본 감시활동 어떻게 할 것인가[1]

__ **최정식** UNI한국협의회

나는 1997년 IMF 외환위기가 아시아를 휩쓸면서 핫머니와 헤지펀드 같은 투기자본에 관심을 갖게 되었다. 물론 이전에도 국제회의나 관련 자료에서 신자유주의 정책의 폐해를 알고는 있었지만, 한국에 외환위기가 불어닥치자 투기자본의 문제가 심각하다는 것을 깨닫기 시작했다.

그런데 당시 한국은 김대중 정부의 출범과 함께 민주주의와 시장경제의 병행발전이라는 국정 슬로건 아래 4대부문, 금융, 재벌, 노동, 그리고 정부부문의 개혁을 단행했다. 그 중에서 금융과 노동부문이 투기자본의 우선 공격대상이었는데, 그로 인한 폐해가 가장 심각하게 나타났다.

---

1) 이 글은 2004년 8월 25일에 열린 투기자본감시센터 창립 대토론회 2부 패널토론과 10월 27일에 열린 금융경제연구소 주최 토론회 중에서 일부를 녹취 · 정리한 것이다.

당시 가장 먼저 투기자본의 모럴해저드를 제기한 것은 대구라운드 글로벌 포럼이었다. 당시 50여 명의 외국교수, 변호사, 노동조합 간부, NGO활동가들이 모여 외환위기와 투기자본의 연관을 논의하고 신자유주의 정책을 비판하는 토론을 벌였다.

그 후 금융노조는 IMF 제소투쟁을 벌였다. 대구라운드 글로벌 포럼 활동가들과 금융노조 간부로 구성된 대표단이 G7정상회의에 항의하는 전 세계 NGO대회와 ATTAC회의 등에 참가했다. 한국의 IMF 제소투쟁은 전 세계 언론은 물론 수많은 NGO들에게 신선한 충격을 안겨주었다. 안타까운 것은 IMF 제소기각 결정 이후 대응프로그램을 갖지 못했다는 것이다. 물론 금융노조가 국민은행 합병 반대 총파업을 벌이고, 사무금융연맹이 증권사·카드사 구조조정에 맞서 투쟁을 벌였지만, 일반시민들은 이를 노조의 이슈로만 이해하고 있었다. 그리고 2002년 대구에서 토빈세 관련 세미나가 열렸지만 언론이나 학계, 노동계의 주목을 받지 못했다.

투기자본감시센터의 발족은 IMF 제소투쟁 이후 우리의 싸움이 제2라운드에 돌입했다는 것을 뜻한다. 여기서 외국의 상황을 잠깐 살펴보자.

1978년 노벨 경제학자인 제임스 토빈(James Tobin)이 모든 외환거래에 0.1~0.2%의 거래세를 부과하자고 제안했지만 이 주장은 한동안 주목받지 못했다. 그러다가 프랑스 사회운동의 대부인 「르 몽드 디플로마티크」의 편집국장 라모네가 1996년 1월호 사설에 "언제쯤이면 EU 15개국의 노동조합과 시민들이 통합된 시위를 통해 진정으로 하나된 유럽을 건설할 수 있을까" 하고 제기하면서 분위기가 달라지기 시작했다. 스웨덴의 5개 노조의 신문 편집장들(식품노조, 농업노조, 임업노조, 운송노조, 서비스노조)은 1996년 6월호에 '금융소득에 대한 조세' 요구에 대해 기고했다. 이 글에서 그들은 "모든 외환거래에 세금을 부과하고(토빈세), 유엔에 경제안정보장이사회를 설치하며, 연금과 보험기금을 비투기적 목적으로 사용하라"는 세 가지 주장을 제시했다. 즉, 자본과 금융소득에 세금을 부과해 모든 사람들에게 일자리를 제공하자는 요지였다.

그 후 1999년 3월에 캐나다 의회가 국제사회와 함께 외환거래세를 입법화하는 법안을 통과시켰다. 이러한 움직임은 EU의회, 프랑스 의회, 영국 하원의회, 스위스, 독일의회와 핀란드 정부 등에서 결의문을 채택하는 것으로 확산되었다. 그리고 2000년 4월에는 미국의 하원과 상원의회에서도 두 의원의 발언 이후 결의문이 채택되었다. 이 결의문은 토빈세 혹은 스펀세[2] 식의 투타이어(two-tier) 방식의 조세 도입에 관한 것이었다.

가장 고무적인 소식은 벨기에 의회가 올 7월 1일자로 스펀세 도입을 결정했다는 사실이다. 이 처벌성 세금은 1987년 블랙먼데이(Black Monday) 이후 뉴욕증권거래소에서 도입된 서킷 브레이커(circuit breaker, 종합주가지수가 전날보다 10% 이상 급락할 때 20분 동안 주식거래를 중단시키는 제도)와 유사한 개념이다. 요즘 한 기업의 주가가 지나치게 폭등하면, 그 기업의 주식거래가 자동적으로 중지되는 것과 같은 맥락이다. 현재 증권거래세는 G10 국가 중 6개 국가에서 실시하고 있으며, 영국은 0.5%의 스템프 의무예치세금을 부과해 연

---

2) 독일 프랑크푸르트 대학의 금융이론 교수. 1990년대 초반 IMF 컨설턴트를 역임한 Paul Bernd Spahn의 제안으로 그의 이름이 붙여졌다. 토빈세가 일률적으로 0.1% 내지 0.2% 부과하는 것에 반해서, 스펀세(Currency Transaction Tax : 통화거래세)는 정상적인 외환거래에는 낮은 세금(0.1%)를 부과하되, 투기자본의 총거래액이 단기간에 미리 정해 둔 환율변동폭을 초과할 경우 그 자본거래에 80%의 무거운 처벌성 세금을 부과하는 것이다.

간 45억 파운드의 조세수입을 올리고 있다.

인도의 경우에도 주목할 필요가 있다. 인도는 지난 5월 총선에서 의회정부(Congress Party)가 압도적으로 승리한 이후 만모한 싱 수상이 집권하면서 전기부문의 민영화 계획을 취소한 바 있다.

ILO의 공식집계에 의하면, 1997년 아시아 외환위기로 약 1000만 명이 일자리를 잃었으며, 전 세계 경제성장률도 1% 감소되었다. 투기자본은 마치 흡혈귀와 같다. 무자비하고 반노동·반인권적이며 국가의 경제주권을 단숨에 삼켜버리는 막강한 힘을 가지고 있다.

최근 고구려사 왜곡과 관련해 중국의 동북공정 계획에 대한 논란이 많다. 이에 대해 북한이 10년 이내로 붕괴할 것에 대비해 중국이 북한을 흡수하기 위해 미리 정치적인 전략을 계획한 것이라는 분석도 있다. IMF 경제위기를 힘들게 견뎌내고 나자, 바로 한국경제 시스템에 빨간불이 켜진 것이다. 경제는 성장하고 있지만 일자리는 줄고, 투기자본은 엄청난 이익을 챙겨가지만 정부관료들은 규제방안이 없다고 핑계대고 있는 실정이다. 그 사이에서 고통받고 있는 것은 IMF 위기 당시 고통을 분담하자고 금 모으기 운동에 참여한 건전한 중산층과 빈곤층이다.

한국정부는 국내외 현실에 어둡고 정책 실수만 계속 반복하고 있다. 이제 노동자, 서민, 양심 있는 지식인들이 나서서 우리의 경제주권을 지키고 경제사회의 시스템을 바로잡아야 할 때이다.

끝으로, UNI도 2002년 브라질 리오 데자네이로에서 열린 금융분과대회에서는 토빈세 도입을 촉구하는 결의문을 채택하고 매년 10월 13일을 토빈세 행동의 날로 정했다. 이제 한국의 투기자본감시센터도 UNI와 ATTAC 등 국제조직과 함께 투기자본을 감시하고, 토빈세나 스펀세를 도입하는 운동에 적극 참여해 많은 국민들이 이러한 운동에 동참할 수 있도록 노력해야 할 것이다.

_ 김어진 다함께 운영위원

나는 투기자본감시센터의 운동방향에 대해 네 가지로 짧게 말하고
자 한다.

최근에 '뱅켄슈타인'이라는 말이 새로 생겨났는데, 이는 '뱅크'와
'프랑켄슈타인'의 합성어이다. 뱅켄슈타인은 세계은행과 IMF뿐만
아니라 은행, 증권, 보험부문에서 투기를 일삼는 기업들을 모두 가
르키는 말이다. 뱅켄슈타인을 어떻게 규제하고 처벌할 것인가 하는
주제로 첫 번째 이야기를 하고자 한다. 먼저 자본규제 법안들이 필
요하다는 말에 전적으로 공감한다. 1995년도 조사에 의하면, 외환거
래에 0.25%의 조세를 매기면 3000억 달러의 조세수입이 발생한다.
전 세계에서 기초교육에 투자되는 돈이 600억 달러인 것에 비하면,
3000억 달러라는 수치는 이에 다섯 배가 넘는 어마어마한 돈이다.
물론 나는 토빈세와 같은 것들이 효과를 거두기 위해서는 한 나라에
서의 입법으로는 부족하고 불충분하다고 생각한다. 그럼에도 불구
하고 이를 사회운동의 의제로 만들기 위해 적극적으로 나서야 한다
고 생각한다.

앞서 장화식 선생님은 "투기자본에게 세금을, 노동자에게 일자리
를"이라고 했는데, 이런 구호가 사회운동의 한 지표가 될 수 있지 않
을까 하는 생각이 든다. 프랑스에서는 2001년에 토빈세 법안이 의회
에서 통과되었다. 이는 프랑스 사회에서 상당한 논쟁을 불러일으켰
는데, 여러 당 소속의 의원들을 완전히 두 패로 분열시켰다. 이는 사
회운동으로 요구할 때마다 자본이 없기 때문에 안 된다며 회피하던

정부와 부자들에게 좋은 반박이 될 것이다. 이 운동을 통해 우리에게도 대안이 있다는 점을 보여줄 수 있을 것이다. 이 운동은 정당하며 사회운동에서 강화되어야 한다.

둘째, 이 운동에는 다른 운동들에서 정세를 분석하고 그 속에서 다양한 연대를 조직하는 것이 필요하다. 투기자본감시센터 홈페이지(www.specwatch.or.kr)에 접속해 보면, 프랑스 ATTAC의 아기통이 연대사를 보냈는데 후반부에 반전운동에 관해 언급한 부분이 있다. 그 속(반전운동)에서 투기자본 감시운동이 중요한 일부가 될 수 있다는 지적이다. 아직도 반전이냐라고 말하는 사람도 있을 것이다. 하지만 여전히 다국적기업과 세계 대규모 기업들의 화력인 조지 W. 부시의 군대가 침략 전쟁을 지속하고 있고, 따라서 이곳이 신자유주의 세계화의 핵심고리 중 하나가 된다. 반전운동이 우리 사회운동의 의제라면, 그 속에서 투기자본감시센터의 운동이 중요한 위치를 차지할 것이다. 예를 들면 석유, 가스, 항공우주공학 등 다양한 분야에 투자하고 있는 대표적 투기펀드 칼라일에서 아버지 부시는 중심적인 인물이다. 이 칼라일 그룹이 우리나라에서 저지른 사례를 굳이 예로 들지 않더라도 우리는 투기자본 반대운동과 반전운동을 연결할 수 있다.

셋째, 서로 다른 영역의 운동과 연대하는 것이다. 다양한 운동과의 연대가 힘을 분산시키면 안 된다. 적절하게 뭉치고 정보도 교환하면서 표면적으로는 서로 다른 적처럼 보이지만 뿌리가 같은 신자유주의 세계화 반대운동을 함께 펼쳐나가는 것이 필요하다. 물론 다양한 논쟁점이 있겠지만, 토론과 논쟁을 통해 운동을 강화할 수 있을 것이다.

넷째, 국제연대에 관한 부분이다. 어느 활동가가 의약품 제조회사

노바티스에 반대하는 캠페인을 벌인 적이 있다. 국내에서 몇 년 동안 노바티스 반대운동을 벌였지만 아무런 반응이 없었다. 그런데 그가 세계사회포럼에 가보니 자신이 발표한 성명서가 그 동안 모두 언론에 발표되고 있었다. 그는 혼자서 고립된 활동이 아니라는 생각에 힘을 얻었다고 한다. 구체적으로 내년에 계획되어 있는 포르토 알레그레에서 열릴 세계사회포럼에 투기자본감시센터가 참가하는 게 어떨까 하는 생각이다. ATTAC은 회원수가 3만 명인데, ATTAC과 연대해 투기자본 감시운동을 펼치면 파급력과 효과에서 많은 이득을 얻을 수 있을 것이다. 이 운동이 한국사회운동의 중요한 지표를 마련하기를 진심으로 바란다.

__ 박하순 노동조합기업경영연구소장

나는 한국은행이 2002년부터 작성하기 시작한 국제 투자대조표라는 통계를 소개할까 한다. 국제 투자대조표는 세계적으로 3, 40개 국가에서 작성되고 있는데, 우리나라의 경우 2003년부터 작성하기 시작했다. 우리는 이 투자대조표를 통해 외국인 투자와 해외에 나간 대외투자 전체를 파악할 수 있다.

우선, 투자와 투기의 개념 구별과 관련해 한마디하고자 한다. 구조적 불황시기에 투자와 투기 사이의 구분은 뚜렷하지 않다. 그래서 현재 투자는 투기적인 금융자본이 주를 이루고 있다. 국제 투자대조표는 이런 것들을 전체적으로 볼 수 있는 통계이다. 우리나라에서 외국에 나가 투자하는 것을 대외투자라고 하고, 외국인들이 우리나라에 들어와서 투자하는 것을 외국인 투자라고 한다. 대외투자에는 직접투자, 증권투자, 기타투자, 그리고 준비자산이 있다. 준비자산은 흔히 이야기하는 외환보유고를 말한다. 외환보유고 자체도 투자 개념으로 집계되고 있다. 대외투자가 한국의 대외자산이라고 한다면, 부채로 볼 수 있는 것은 외국인 투자라고 할 수 있다. 외국인 투자에도 직접투자와 증권투자가 있다. 대신 외환보유고가 없다.

여기서 투자는 플로우(flow)가 아니라, 즉 매년 어느 정도의 돈이 들어오고 나간 것을 말하는 것이 아니라 매년 돈이 들어오고 나간 것들이 누적된 것, 다시 말해 stock을 말한다. 물론 가격 변화도 포함된다.

대외투자를 보면 2000년 말에는 1816억 달러, 2001년에는 1865억 달러였던 것이 2002년에는 2077억 달러가 되었다. 반면 외국인 투자는 2000년 2342억 달러, 2001년 2505억 달러, 2002년 2803억 달러로 나타난다. 대외투자에서 외국인 투자를 뺀 순국제투자는 2000년 -525억 달러, 2001년 -639억 달러, -726억 달러로 마이너스 규모가 계속해서 커지고 있다. 그런데 한국경제는 그 동안에 경상수지 흑자를 기록했다.

왜 이런 현상이 생기는가 하면, 경상수지 흑자는 준비자산의 증가, 즉 외환보유고의 증대와 대외투자의 증대로 나타나기 때문이다. 그래서 외환보유고와 대외채권(외환보유고는 대외채권의 한 부분)이 많이 쌓이고, 그 결과 순채권 국가가 되어 외채위기에서 벗어난 것처럼 보인다. 이는 틀린 이야기는 아니지만 그렇다고 한국경제가 외국자본의 지배에서 벗어났다고 이야기할 수는 없다. 왜냐하면 대외채권 대외채무에는 직접투자와 주식투자가 포함되어 있지 않기 때문이다.

국제 투자대조표에는 이 모든 것들이 다 포함되어 있는데, 이것을 모두 포함하면 순국제투자의 마이너스 규모가 계속해서 증가한다.

2003년 들어서는 순국제투자의 마이너스 규모가 더 커지는데, 내가 추정한 바로는 -1000억 달러 정도가 예상된다. IMF 직전 최악의 시기에 순 국제투자가 -850억 달러 정도로 추정되는데, 그렇다면 순국제투자 개념에 입각해 보면 IMF 전보다 한국의 투자포지션이 훨씬 악화되었다는 뜻이다. 이는 외국인의 직접투자와 주식투자에서 엄청난 이익을 남겨서 발생한 현상이다. 예를 들어 외국자본은 증권거래에서 상장기업투자에서만 1998년에서 2003년 사이 약 85조 원 정도의 평가이익을 얻었고, 직접투자에서도 이에 못지않은 이익을 얻고 있다. 즉, 직접투자와 주식투자까지 포함하면 한국경제에서 초국적 자본의 지배력이 오히려 증가했다는 의미이다.

외국인 자본들이 한국기업들을 지배하고 있는데, 이는 상시적인 구조조정, 그 결과로 불안정 노동의 증대 문제를 야기하고 있다. 그리고 고율배당, 주가부양 및 경영권 방어를 위한 자사주 매입, 그리고 유상감자를 통한 자본철수, 단기주의 등으로 인해 현재 문제가 되고 있는 투자부진 문제를 초래하고 있다. 그리고 최악의 경우 IMF 때와 비슷한 문제가 재발될 가능성도 있다. 그래서 외국인 투자에 대한 적절한 통제를 요구하고 현재의 정책을 비판하는 반대운동이 필요하다. 이론적 차원에서는 노무현 정권과 참여연대 등 시민단체들의 개혁 이데올로기에 대한 비판이 있어야 할 것이고, 실천적으로는 구조조정 반대나 신자유주의 세계화 반대투쟁이 필요하다. 그리고 이런 투쟁은 일국적 차원만이 아니라 세계적 차원에서 이루어져야 할 것이다. 참고로 세계적으로는 아탁운동, 외채탕감반대운동 등이 활발히 진행되고 있다.

마지막으로 재벌과 금융투기자본의 관계를 살펴보면, 나의 경우 소수지분을 가지고 경영자 역할을 하고 있고, 여러 개의 계열기업을 거느리고 있는 재벌들이 초국적 금융자본의 하위 파트너가 되어가고 있다. 금융투기자본에 반대한다고 재벌과 연대할 수는 없다. 문제를 해결하기 위해서는 재벌과 초국적 자본에 대해 민중적으로 통제하는 방법이 가장 좋다고 생각한다.

_ 장하준 케임브리지대학교 교수

많은 분들의 말씀에 대해 나는 이해영 교수님이 지적한 FTA의 위험성을 다시 강조하고 싶다. 칠레는 1990년대 단기 투기자본이 많이 들어왔는데, 투기자본의 30~40%를 중앙은행에 맡기면 1년 이내에 투자를 회수하지 못하도록 하는 제도를 시행했다. 그러나 최근 칠레는 미국과 FTA를 맺으면서 그런 제도를 시행하지 않겠다고 약속했다. 다시 말해 투기자본감시센터를 발족하고서 아무것도 하지 못하는 사태가 생길 수도 있다는 뜻이다. 따라서 그런 일이 발생하지 않도록 사전에 미리 대비하고 준비해야 할 것이다. 더불어 경영자들이 단기 주주 자본주의로 빠져들지 않도록 스톡옵션 제도에 대해서도 투기자본감시센터에서 신경을 써야 할 것이다.

_ 신학용 열린우리당 국회의원

우선 국민들과 금융인들에게 현 상황의 문제점을 제기할 기회가 생겨서 기쁘다. 나는 국회정무위에서 금융감독을 하는 국회의원이다. 정무위 업무를 하면서 투기자본의 문제에 대해 인식하게 되었고, 갑작스러운 자본자유화 과정에서 외국자본이 은행을 점유하는 등의 문제가 얼마나 심각한지 알게 되었다. 많은 문제를 양산하고 있는 사모펀드, 투기자본의 향방이 어떻게 될지에 관심 있는 바 국가경제 차원에서 감시해야 한다는 의견이다. 특히 단기적으로 이익의 극대화를 실현하고 빠지는 것에 대해 남미식 경제현상이 나타나는 것이 아닌지 우려된다. 당장 표출되고 있는 소버린의 SK M&A 가능성, 혹은 그로 인한 경영권 간섭, 또는 막대한 이익유출 등의 부작용이 서서히 드러나고 있다. 앞으로 더 많은 문제에 대비해 연구하고 예방책과 규제책을 마련해야 할 것이다.

단기적으로는 투기자본에 대해 당국의 감독 심사를 철저히 하는 것이 우선이다. 금융당국자들에게 철저한 감독을 촉구하고 싶다. 대주주 적격심사, 공시제도 강화, 투자계획의 면밀한 검토, 승인, 정기적 조사, 지키지 않을 경우에는 조사권 발동, 문제 발생시 처분매각 명령 등의 후속 대책이 있어야 할 것이다.

_ 김기준 금융산업노조 정치위원장

예전과 달리 대중들의 의식이 많이 변했다. IMF 당시 IMF 프로그램은 초국적 투기자본을 위한 것이라고 규정하면서 금융노조가 소송을 제기하는 등의 투쟁을 벌였다. 그러나 극소수만 관심을 보였고, 다수는 이를 집단이기주의의 발로로 치부해 버렸다. 그러나 그 이후에 전개된 과정을 보면 IMF 프로그램은 투기자본, 외국자본의 이익을 한국에서 실현시킨 것이었음이 증명되었다.

정부는 IMF 프로그램에 따라 공공, 노동, 금융, 기업의 네 부문에 대해 '개혁'을 실시했는데, 그 결과는 경제의 탈민족화와 경제의 양극화로 표현된다. 대국민 서비스인 공공부문은 이를 확대할수록 국민의 삶의 질이 높아진다. 그런데 이를 민영화해서 경쟁력을 높인다고 한다. 지금까지 사회적 자원이 많이 투자된 공공부문을 외국자본에 넘기는 것은 결코 개혁이라고 볼 수 없다. 노동부문 역시 노동유연화를 시행한 결과, 현재 사회적 문제가 되고 있는 비정규직의 확대 양산으로 나타났다.

이것은 과연 누구를 위한 개혁인가. 국민의 대다수인 노동자 서민을 위한 개혁은 아니었음이 명백하다. 기업부문에서는 무조건 재벌이 변해야 한다는 구호만 외치며 변화를 추구했고, 외자지배로 인한 문제점이 드러났다. 이를 두고 재벌은 외자에 대한 방어책을 마련해 줄 것을 요구하는데, 외자지배체제와 재벌지배체제가 다르다고 주장하려면 재벌이 먼저 변해야 한다. 특히 재벌은 노동을 인정해야 한다. 삼성같이 무노조를 고수하는 재벌이 외국자본과의 차별성을 인정해 달라고 요구하는 것은 억지라고밖에 볼 수 없다. 국내에서 고용창출, 재투자, 고배당 금지를 할 수 있는 사회적 약속이 전제된다면 외국자본과 구분해서 접근할 수 있다.

금융부문을 살펴보면, 현재 금융기관에서는 기업대출을 안 한다. 이것은 금융기관의 목적이 주주가치 극대화에 초점이 맞춰져 있기 때문에, 은행은 장래의 위험부담을 감수하지 않으려 하고 정부당국 역시 이런 은행의 태도에 아무런 제재를 가하지 않고 있다. 그 결과 은행과 기업의 유기적 관계가 무너지고, 은행과 국민경제의 선순환적 연관이 깨져버렸다. 시중은행의 60% 이상을 외국자본이 장악하고 있고, 몇몇 은행은 아예 외국자본의 소유로 넘어갔다. 주주이익 극대화 논리의 기수였던 김정태 전 국민은행장이 최고의 경영자로 평가받고 있는 것이 한국의 한심한 현실이다. 금융공공성에 관한 부분은 정부와 관료가 먼저 문제를 제기해야 하는데 김용기 박사의 발제에서 보듯이 재벌 산하 연구소가 먼저 문제제기한 것은 무척 아이러니컬하다. 최근 이런 부분들에 대해 이헌재 부총리가 주주자격 심사를 강화하겠다고 발표했는데, 그는 그럴 자격이 없다. 은행들이 기업에 대출을 하지 못하도록 소유, 지배구조를 만든 당사자가 다시 부총리로 돌아와 과거에 대해 한 마디 반성도 없이, 왜 기업대출을 안 하냐고 다그치는 것은 정말 코미디가 아닐 수 없다.

그렇다면 앞으로 어떻게 해야 하나? 금융산업은 민간기업과 다르다. 국민경제와 유기적인 연관이 있으므로 우리는 이를 공공성이라고 한다. 다시 관치금융으로 가자는 것이 아니다. 정부가 은행산업, 기업 발전, 재투자, 미래위험부담 등을 다각적으로 검토해 기업에 투자할 수 있는 조건을 만들어내는 것이 핵심이다. 이는 은행 스스로의 발전을 위해서도 필요한 일이다. 즉, 은행은 공공성을 확대해 나가야 한다. 그러기 위해서는 앞으로 은행의 소유 지배구조를 공공성에 맞춰 방향 전환을 해야 한다. 이미 투기자본에 넘어간 것은 연기금을 활용해서라도 되찾아올 필요가 있다. 막연한 대형화가 독과점을 통해 고객에게 많은 부담을 주고 있는데, 이것 역시 방안은 아니다. 금융감독 기능의 강화가 이루어져야 한다. 우리나라 국민경제의 발전과 은행산업의 지속적인 발전이라는 목표 아래 이러한 변화가 이루어져야 하는데, 글로벌스탠더드라는 부적절한 잣대를 버리고 적절한 입법조치가 필요하다.

_ 심상정 민주노동당 국회의원

나는 재경부 소속으로 활동하고 있는데 이번에 '모피아(Mofia)'라는 말을 실감했다. 재경부 소속으로는 여러 부처들이 있다. 국세청은 세금을 잘 거둬야 하고, 금감원은 금융감독을 잘해야 하는 등, 축구로 따지면 11명 선수들이 각기 자신의 포지션이 있으며 맡은 바 책임을 다 해야 하는데, 현재 우리나라는 11명 선수 모두 골키퍼 역할만 하고 있다. 감독이 그 한 가지 일만 하도록 지시한 것이다. 그 골키퍼 일이라는 것은 '기업에 부담이 되면 안 된다' 는 것이고, 그 감독은 재경부이다. 모든 위원회며 기관에 70% 정도를 재경부에서 추천하도록 되어 있다. 각 기관들이 자신의 본연의 임무에 충실해 시스템이 제대로 돌아가도록 해야 할 것이다.

또 하나, 이번 국정감사에서 느낀 것은 비밀이 너무 많다는 것이다. 165조 공적자금을 관리하는 공자위 같은 경우, 외국의 경우에는 입찰제안서부터 시작해 모든 관련 자료가 공개되어 있는 데 반해 우리나라는 의원이 요구해야 그제야 영양가 없는 자료가 몇 가지 나올 뿐이다. 한마디로 비밀이 너무 많다. 특히 "돈이 있는 곳에 비밀이 많다"고 한다. 보물찾기 국정감사라고 할 만하다. 150조 공공자금을 투여해서 IMF 이후 구조조정을 한 결과, 최대 수혜자는 일부 재벌과 외국자본이다. 반면 최대의 희생양은 금융시스템의 붕괴와 노동자들의 고용불안 증폭이다.

투기자본에 관한 문제는 다른 조치를 취해 보기에는 이미 많은 문제점이 발생했기 때문에 분발해야 한다. IMF 수석부총재인 스탠리 피셔가 제주에서 "한국은 국보급 알짜기업을 왜 이렇게 헐값에 외국에 파는지 이해가 안 된다. IMF에서 그렇게 하라고 한 것이 아니다. 중국은 70%가 직접투자로 이어져 외국자본이 잠재성장력에 기여를 하는데 한국은 5%뿐이다. 중국과 너무 대비된다"고 말했다. 상징적인 언급이다. 금융 측에서 외국투자자가 늘어나고 검증되지 않은 무리한 대형화 추진이 금융기관의 단기주의 행태를 가져왔다. 이것이 투자와 소비의 감소를 통해 경제양극화를 불러온 핵심 문제다.

그 원인으로는 첫째, IMF 구조조정 프로그램을 들 수 있다. 이 프로그램은 멕시코나 아르헨티나처럼 미국의 금융시장에 직접적으로 편입시키는 것이 목적이다. 그런데 재벌이 적극 방어했다면 막을 수 있었을 텐데, 재벌들 역시 노동조합과 정부의 개입으로부터 자유로워지기 위해서 거꾸로 IMF를 활용하겠다는 욕심이 두 번째 원인이다. 포스트 케인지언인 제임스 크로티가 이 점을 잘 지적하고 있다. 세 번째로는 정부의 무능력과 미국식 사고에 젖은 경제학자와 관료들 때문이다. 그들이 워싱턴 컨센서스(Washington Consensus)를 무비판적으로 수용해 한국이 외국자본의 앞마당이 되어버렸다.

외자의 힘을 빌려 무엇인가를 이루어보려던 재벌은 오히려 자승자박(自繩自縛)의 형세가 되었다. 외자는 이제 금융기관을 비롯한 경제의 핵심 부분을 장악해 가고 있고 불평등, 일자리 파괴, 성장률 하락은 계속 이어질 것이다. 그렇다면 앞으로 우리는 어떻게 해야 할까?

이제 시작이고 출발이다. 원내에서는 비밀공간을 철저히 드러내야 하고, 시민단체 등은 외자의 현황 실사를 통해 국민적 공감대 확산을 위한 노력으로 외자의 횡포에 맞서야 한다. 또한 재벌, 대기업들은 외자에 대한 과도한 특권이 경영권을 위협한다고 말하는데, 이것은 재벌에 특권을 줄 것이 아니라 외국자본의 특권을 제거해 나가는 쪽으로 규제를 강화해 동일한 경제조건을 확보하는 방식으로 가야 한다.

재벌도 더 이상 적대적인 노사관계를 유지해서는 안 된다. 반기업 정서가 팽배해진 것은 그 동안 재벌의 행태가 누적되어 나타난 결과다. 국민적 지지를 모으기 위해서는 피나는 노력이 있어야 한다. 근본적인 패러다임 전환을 조망하는 대안을 모색해야 한다.

__ **고진화** 한나라당 국회의원

이번 국정감사 때 문제제기가 많아 국회 차원에서 해결방안을 마련해 나갈 수 있을 것이다. 어떤 문제가 발생하면 그 문제를 끝까지 추적해 원인을 규명하고 그 다음 조치를 취해야 하는데, 우리 사회에는 그러한 과정이 없다. IMF 당시 워싱턴에 머물고 있었는데, 당시 IMF 문제를 언급하는 한국 인사들의 강연을 들어보면 매우 공허했다. 원인과 과정, 시스템을 규명해 각 분야별 대응이 없었다는 점이 큰 문제라고 본다.

카드대란에 대해서도 마찬가지고 항상 때늦은 후회만 하고 있는 실정이다. 이건희 회장이 메기론을 자주 언급하는데, 우리 내부에 메기 역할을 할 사람이 없다. 언론, 학계, 정치권, 노동조합 등이 메기 역할을 해야 하는데, 이런 역할을 할 사람도 없는 상황에서 재벌은 외자유입을 환영해 받아들이고 있으니 문제는 아주 심각하다. 따라서 무엇보다도 가장 시급한 것은 감시 시스템이라 하겠다.

국민경제, 국가경쟁력은 무엇인가? 재벌들의 논리는 왜 항상 멀게만 느껴지는 걸까? 대기업의 논리 전개를 보면, 국민경제 전반에 대한 걱정보다는 오직 자신의 기업에 대한 역할만 이야기할 뿐이기 때문이다. 그러면 국민적인 합의를 이끌기가 어렵다. 재벌이 뼈를 깎는, 혁신적으로 변화된 모습을 보여줘야 하는데 오히려 정계, 언론에 구축된 힘을 이용해 자신들의 입장만을 외치고 있다.

금융부문에 관한 문제는 해결될 수 있을 것이다. 이는 대기업 문제와는 다른 문제이다. 우선 단기자본, 투기자본의 구성요소, 실체를 면밀하게 파악해야 한다. 로또에도 외국계 펀드가 포함되어 있다. 이익을 남겨 가져가는 것도 문제지만, 한국의 이해집단과 연계되어 있는 것이 가장 큰 문제다. 왜냐하면 사회적으로 큰 파장을 일으키는 돈세탁 등에 자본이 이용되기 때문이다.

또한 금융감독기구의 개편이 제대로 진행되어야 한다. 그 과정에서 공동대응을 해나간다면 현실적으로 대응이 가능할 것이다. 오늘 제시한 합리적 대안들이 실질적으로 작용할 수 있도록 국회에서 역할을 해야 한다. 국회 내에서 이 문제해결을 위한 의원연구모임을 만들도록 노력할 것이다.

_ 정기승 금융감독원 은행감독 국장

우선 감독당국 실무자로서 이런 토론이 이루어지게 된 데 대해 책임을 느끼고 죄송한 마음뿐이다. 질책과 제안을 채찍으로 알고 받아들이겠다. 감독정책 문제에서 외국자본의 투기 문제는 앞으로 예방책과 사후보완책을 마련할 것이다. IMF 이후 불가피한 선택이었지만 이제 시정해 나가야 할 점이다.

현재 은행감독을 담당하는데, 은행권의 외국자본 지배에 대한 논의를 해보겠다. 남미의 특정국가 사례를 분석해 보면, 부정적 영향이 컸던 사례도 있지만 오히려 긍정적 평가가 내려진 것도 있다. 양면이 동시에 존재하는데 긍정적 측면이 우수하게 발휘되는 것은 그 나라의 금융이 얼마나 강한가에 의해 좌우된다.

사모펀드는 단기수익의 목적을 가지고 있어서 장기발전의 우려가 있다는 것은 은행의 성장가능성이 제로에 가깝다면 맞는 말일 것이다. 그 은행이 성장가능성이 있다면 수익을 남기고 매각하고 나가더라도 큰 문제는 아니다. 사모펀드를 통한 수익유출이 있으나, 그보다는 수익을 전혀 못 내고 은행을 망치는 것이 더 큰 문제다. 외자의 금융지배 현상이 현실화되는 것을 막는 것이 감독당국의 책무인데,

그것은 우리나라 금융이 강하고 건전하게 성장해 나가는 것이다. 은행에 투자하는 외국자본이 높은 투자수익을 얻을수록 국내 은행사업은 전망 있고 튼튼하게 발전한다는 반증이다. 비정상적인 수단을 통해 수익을 창출하는 것은 감독당국이 대비해야 한다.

단기수익 경영행태 외에 우려할 것은 외자의 시장지배력 확대를 적정 수준으로 제어하지 못하는 것이다. 남미에서는 50% 이상이 지배하고 있는데, 이런 나라에서는 독자금융정책이 불가능하고 외국의 흐름에 민감하게 된다. 결국 경쟁력 있는 국내은행을 육성하는 것이 가장 중요하다. 국내뿐 아니라 아시아, 세계에서도 선진자본과 경쟁할 수 있도록 키우는 것이 급선무다. 강한 은행, 경쟁력 있는 은행을 육성하는 것이 문제해결의 지름길이다. 정책당국의 의지만으로 해결되는 것이 아니므로 국민과 시장참여자들이 모두 협조해야 한다. 우리 금융계는 이뤄낼 능력이 있다. 따라서 금융과 정책당국을 믿고 지원해야 할 것이다.

＿ 김광수 재정경제부 금융정책 과장

사안에 대한 해답보다는 현재의 문제점을 알려주기 위해 이 자리에 선 것 같다. 이와 같은 토론회 과정을 통해 재경부에서는 제도 개선을 통해 새로운 상황을 타개하도록 하겠다.

현재는 유통주식의 70%를 외국인이 다루고 있다. 이 상황에 대해 보다 구체적이고 정확히 운용할 필요가 있는가에 대해서는 오늘의 논의 내용을 감안해 객관적으로 받아들이고 개선하도록 하겠다. 한국의 금융시장은 상당히 얇은 편이다. 이렇게 된 이유는 우리 금융이 크게 발전하지 못했기 때문이다. 다른 나라의 경우 금융자산이

GDP의 1배, 2배 정도가 되는 데 비해 우리나라는 50%밖에 안 된다. 따라서 앞으로는 시장을 심화시킬 수 있는 정책을 다각적으로 추진해야겠다. 정부는 모든 의견을 다 들어보고 객관적으로 접근해야 한다. 어떤 일이 터졌을 때, 팩트파인딩(fact finding)을 해주는 작업이 상당히 중요하다.

그 동안 은행들은 기업금융에만 편중해 왔다. 그래서 기업 위기가 다가오자 은행도 위기를 맞은 것이다. 공적자금을 이용해 이 위기를 벗어났더니 이번에는 소매금융에 치중해 신용불량자, 카드 문제가 터져나온 것이다. 은행이 운용하는 900조에 해당하는 자금은 어디든지 운용을 해야 하는데, 이를 가계금융 쪽에만 하게 되면 또 위험해진다. 어떤 사안에 대해서 구체적으로 논의되면 정책이 지금과는 다른 방향으로 나아가는 토대가 되지 않을까 생각한다.

_ 이회수 전 민주노총 대외협력실장

최근 신문을 보면 수출은 2000억 달러 수준인데 고용창출은 계속 감소하고 있다. 재벌의 성장만큼 고용은 창출되지 않는다는 뜻이다. 5대 수출이 진행될수록 오히려 중소기업이 죽어가고 있다. 우리는 이 문제를 국민경제 차원에서 살펴봐야 한다.

기업의 자구책은 여러 가지가 있을 수 있다. 외환위기를 극복하는 과정에서는 무엇보다도 정부의 역할이 중요하다. 초국적 자본에게 다 갖다바쳤는데, 이를 다시 되돌릴 수 없을 정도로 제도화시키는 것이 아닌가 넓고 깊게 고민해야 한다. 정치권에서도 이 문제에 대해 투기자본감시센터와 시민사회의 문제제기를 적극 활용하고 수렴해 직접 문제를 해결해야 한다.

__ **이병천** 강원대학교 경제무역학부 교수

한국경제는 기로에 서 있다고 생각한다. 중남미화 경향에 확실하게 진입했지만, 브라질이나 멕시코처럼 진행될 것이라고 보지는 않는다. 동아시아에서 성장한 한국경제는 남미와 기초가 다르기 때문이다. 그러나 외국자본의 천국으로 변하고, 국민 대부분의 삶을 위기로 몰아가고 있는 것은 바로 경제 브라질화의 핵심이다. 도대체 누구를 위한 변화인지 물어봐야 한다. 동북아 중심 국가라든가 국민소득 2만 달러가 가능할까 하는 문제는 차치하고, 국민 대다수를 위기로 몰아넣으면서까지 달성하고자 한 것이 무엇인지, 그것이 어떤 의미인지 묻고 싶다.

금융당국자들의 말을 들어보면, 문제가 있다는 것은 알지만 그 문제를 보는 깊이, 심각성을 인지하는 데는 학계, 노동계, 시민단체 등과 큰 차이가 있다는 것을 알 수 있다. 따라서 정책 담당자, 국회의원, 많은 학자들의 생각이나 정책의 패러다임이 바뀌지 않는 한 한국의 문제는 풀리지 않고 더 악화될 것이다. 외환위기 이후 7년이 지났고 지금도 늦긴 했지만, 앞으로 5년이 지나면 구제할 수 없는 문제가 될 것이다.

투기자본에서 투기성이 무엇이냐 하는 문제가 있는데, 이에 대해서는 폭넓게 생각하자. 그리고 외환은행 인수와 관련해서는 법적 논란뿐 아니라 국회청문회 등 제도권에서 광범하게 제기해 해결책을 마련하자. 오늘 국회의원들의 약속을 들었으니 지켜보기로 하겠다.

KI신서 634
한국경제가 사라진다

지은이 | 이찬근 외

1판 1쇄 인쇄 | 2004. 11. 30
1판 1쇄 발행 | 2004. 12. 6
펴낸곳 | (주)북21
펴낸이 | 김영곤
책임편집 | 권정희 · 김기정
영업마케팅 | 정성진 · 안경찬 · 이종률 · 김진갑 · 이희영 · 박진모 · 이연정 · 박창숙
관리 | 이인규 · 이도형 · 고선미
제작 | 강근원 · 이영민

등록번호 | 제10-1965호
등록일자 | 2000. 5. 6.

주소 | 경기도 파주시 교하읍 문발리 파주출판문화정보산업단지 500-11 2, 3층(413-756)
전화 | 031-955-2100(대표), 031-955-2121(기획 · 편집)
팩스 | 031-955-2151(대표)
e-mail | book21@book21.co.kr
홈페이지 | http://www.book21.co.kr

값 15,000원
ISBN 89-509-0700-3 13320

* 잘못 만들어진 책은 구입하신 서점에서 교환해 드립니다.